Beck'sche Reihe
BsR 1043

In keinem anderen Land gibt es in der Geschichte intellektueller Frauen einen so tiefen Riß wie in Deutschland: Erst 1908 wurden die preußischen Hochschulen für Frauen geöffnet, und erst nach dem Ersten Weltkrieg gelangen die ersten Habilitationen – Voraussetzung für alle, die die Wissenschaft zum Beruf machen wollten. 1933 war alles wieder zu Ende: Alle Jüdinnen wurden aus den Hochschulen vertrieben, und auch viele nicht-jüdische Frauen verloren ihre Stellen. Die Folgen dieses Risses sind bis heute spürbar: An deutschen Universitäten fehlen zwei Generationen von Frauen; auch heute ist es immer noch nicht selbstverständlich, daß Frauen wissenschaftlich arbeiten. Um die Spuren einer intellektuellen Kultur von Frauen zu zeigen, die kaum begonnen dann wieder zerstört wurde, als das Denken zum Geschäft des „deutschen Mannes" wurde, versammelt der Band Porträts von sechzehn Frauen, deren Leben und Arbeiten exemplarisch für diese verschüttete Tradition sind.

Die Herausgeberin *Barbara Hahn* studierte Literaturwissenschaft, Philosophie und Geographie in Berlin, Stuttgart und Marburg. Privatdozentin an der Universität Hamburg. Sie arbeitet derzeit an einer von der Deutschen Forschungsgemeinschaft geförderten mehrbändigen Edition von Rahel Levin Varnhagens Briefwechseln.

Frauen in den Kulturwissenschaften

Von Lou Andreas-Salomé bis Hannah Arendt

Herausgegeben von
Barbara Hahn

VERLAG C.H.BECK MÜNCHEN

Mit 15 Abbildungen

Die Deutsche Bibliothek – CIP-Einheitsaufnahme

Frauen in den Kulturwissenschaften : von Lou Andreas-Salomé bis Hannah Arendt / hrsg. von Barbara Hahn. – Orig.-Ausg. – München : Beck, 1994
(Beck'sche Reihe ; 1043)
ISBN 3 406 37433 6
NE: Hahn, Barbara [Hrsg.]; GT

Originalausgabe
ISBN 3 406 37433 6

Einbandentwurf von Uwe Göbel, München
Umschlagabbildungen: von links nach rechts: Hannah Arendt (Hannah Arendt Literary Trust, New York); Edith Stein (Edith-Stein-Archiv, Köln); Lou Andreas-Salomé (Lou Andreas-Salomé-Archiv, Göttingen)

Gesamtherstellung: Appl, Wemding
Gedruckt auf säurefreiem, aus chlorfrei gebleichtem Zellstoff hergestelltem Papier
Printed in Germany

Inhalt

Einleitung

„Laßt alle Hoffnung fahren ...“ Kulturwissenschaftlerinnen vor 1933

von Barbara Hahn

München 1917. Max Weber hält vor Studenten eine Rede, die unter dem Titel *Wissenschaft als Beruf* später berühmt werden wird. „Das akademische Leben ist ein wilder Hasard“, heißt es da. „Wenn junge Gelehrte um Rat fragen kommen wegen Habilitation, so ist die Verantwortung des Zuredens fast nicht zu tragen. Ist er ein Jude, so sagt man natürlich: lasciate ogni speranza“ – laßt alle Hoffnung fahren.[1] Daß eine Frau diese Frage stellen könnte, scheint völlig undenkbar; sie muß nicht einmal verneint werden. Wenige Jahre später erscheint eine Broschüre über *Die Berufsaussichten der deutschen Akademikerinnen,* in der wir uns ebenfalls vor dem Eingang zur Hölle in Dantes *Comedia Divina* wiederfinden: „Man ist versucht, den Frauen, die den Weg zur Universität zum ersten mal beschreiten wollen, die Worte zuzurufen, die Dante über der Höllenpforte las: ‚Lasciate ogni speranza voi ch'entrate‘“, so schreibt Elisabeth Altmann-Gottheiner, eine der ersten Sozialwissenschaftlerinnen in Deutschland.[2] Dabei geht es hier lediglich um die Frage, ob eine Frau studieren solle. Von ihrer *Berufung* zur *Wissenschaft* ist nicht einmal die Rede.

Wenn dies nur nostalgische Erinnerungen an die „großen Zeiten“ der deutschen Universitäten wären, könnten wir uns heute mit leisem Schauder von diesen Höllen abwenden. Doch die völlig unterschiedlich strukturierten Ausschlüsse, von denen in den beiden Texten die Rede ist, wirken bis heute. Seit die Nationalsozialisten die Universitäten zur Heimstatt des

„deutschen Mannes" gemacht haben, gibt es kaum noch jüdische Wissenschaftler in Deutschland. Wer also sollte heute die Frage stellen, die Max Weber so vehement verneinte?

Den Frauen ist es anders ergangen. Nach ihrer späten Zulassung zum Studium und Habilitation wurde nie ein Gesetz verabschiedet, das sie auf der Grundlage einer sexistischen Bestimmung aus den Universitäten wieder ausgeschlossen hätte. Und heute studieren in Deutschland ebenso viele Frauen wie in anderen vergleichbaren Ländern. Doch nach wie vor können in der Bundesrepublik erheblich weniger Frauen die Wissenschaft zum Beruf machen. In keinem anderen Land wurden die höheren Ränge der Universität so erfolgreich gegen Frauen abgeschottet; auch die Universitäten der Ex-DDR wurden nach 1990 in dieser Hinsicht mit großem Erfolg auf „Westniveau" gebracht. Von der Weimarer Republik über Nazideutschland bis in die Bundesrepublik spannt sich hier eine beispiellose Kontinuität – in allen Regimes klangen Frau und deutscher Professor nicht zusammen.

Man könnte einwenden, daß Frauen heute – zumindest auf den ersten Blick – allenthalben gefördert und ermutigt werden. Es locken Sonderprogramme für Frauen, die promovieren, nach einer Unterbrechung wieder einsteigen oder sich habilitieren wollen. Sind diese Hürden genommen, stehen alle Wege offen: In jeder Stellenanzeige für Professuren wird beteuert, daß die entsprechende Universität bemüht sei, den Anteil von Frauen zu erhöhen. Manche begrüßen Bewerbungen von Frauen, andere ermutigen diese besonders, wieder andere fordern sie gar ausdrücklich zur Bewerbung auf.[3] Und manche Professuren sind von vornherein nur für Frauen vorgesehen. Goldene Zeiten – so scheint es.

Doch seit Frauen so nachdrücklich gefördert werden, ist ihr Anteil an den Lehrenden nicht etwa gestiegen, sondern leicht gefallen: Fünf Prozent – das ist nach wie vor die magische Grenze; höher war der Anteil von Frauen an den Professoren nie.[4] Und seit bei jeder Bewerbung ausgiebig über das Geschlecht des Kandidaten debattiert wird, hat keine Frau mehr die Chance, „aus Versehen" durchzurutschen und Professorin zu werden. Weit schlimmer und folgenreicher ist aber, daß mit dieser Sortierung eine Definition des theoretischen Ortes einhergeht, den Frauen an heutigen Universitäten einzunehmen haben. Frauen haben fast nur noch auf den sogenannten Frauenstellen eine Chance, wobei es selbstverständlich keine Männerstellen gibt. Auf einer Frauenstelle wird Frauenforschung betrieben, und die ist im Kanon der Fächer ebenso marginalisiert wie die dazugehörige Wissenschaftlerin.[5] Doch gerade an diesem abseitigen Ort wird eine Arbeit geleistet, die an heutigen Universitäten offenbar unverzichtbar ist. Im Unterschied zu früheren Zeiten geht es nicht mehr ohne Frauen; nur sie bringen im Chaos universitärer Strukturen, im Dickicht zerstrittener Theorien alles noch einmal unter einen Hut. Nur ihnen ist auferlegt, sich qua Geschlecht mit ihrem Forschungsgegenstand zu identifizieren.[6]

Das Unbehagen über diese Entwicklung wächst. Doch in Debatten zeigt sich schnell, daß wir viel zu wenig über die Gründe dieser fatalen Koppelung von Zwangsintegration und Ausschluß wissen.[7] Die vorliegenden Geschichten der deutschen Universitäten geben wenig Aufschluß über die Frage, warum es in diesem Land für Frauen besonders schwer war und ist, sich einen Platz an der alma mater zu erobern.[8] Angesichts der heutigen Situation sind Zweifel an der schönen Geschichte von Fortschritt und Emanzipation der Frauen angebracht, die sich erst den Zugang zum Studium, dann das Habilitationsrecht und schließlich die sogenannte „Frauenforschung“ erkämpften.[9] Wer etwas über unsere Vorgängerinnen wissen will, wird ebenfalls ins Leere greifen. Ihre Namen sind vergessen, ihre Bücher wurden kaum jemals gelesen. Auch die intellektuellen Arbeitsteilungen, in die Männer und Frauen eingebunden sind, seit theoretische Arbeit nicht mehr unangefochtenes Terrain von Männern ist, wurden selten rekonstruiert.

Unbehagen und Neugier standen daher am Beginn der Arbeit an diesem Buch. Unbehagen an der prekären Lage von Frauen an heutigen Hochschulen, Unbehagen an einem theoretischen Ort, der Frauen qua Geschlecht zugeschrieben ist. Und Neugier: Wir sind nicht die ersten, die sich an universitären Strukturen reiben und manchmal auch die Köpfe einrennen, es gab Frauen vor uns. Wir sind auch nicht die ersten, die über die Intellektualität von Frauen nachdenken. Es gab eine Kultur theoretischer Debatten und Auseinandersetzungen, deren Rekonstruktion uns vor vermeintlichen Entdeckungen bewahrt.

Damit die verlorene Tradition intellektueller Frauen sichtbar wird, wäre ein enzyklopädisches Vorgehen durchaus angemessen. Die ersten beiden Generationen studierter Frauen haben eine solche Fülle interessanter Arbeiten hinterlassen, daß jede Auswahl ungerecht und unangemessen ist. Deshalb sollen die Namen derer wenigstens genannt werden, die in den vorliegenden Band aus den unterschiedlichsten Gründen nicht mit aufgenommen werden konnten, aber ebenfalls für Beiträge vorgesehen waren: Emilie Altenloh, Else Biram, Gertrud Bäumer, Luise Berthold, Elisabeth Blochmann, Charlotte Bühler, Hedwig Conrad-Martius, Eva Fiesel, Margarete Freudenthal, Marie Jahoda, Käte Hamburger, Helene Herrmann, Ricarda Huch, Katharina Kanthack, Melanie Klein, Elise Richter, Hildegard Schaeder und Marianne Weber. Auch dies eine zufällige und daher vorläufige Reihe, die außerdem nur die eine Hälfte der verlorenen Tradition in den Blick bekommt: Wir haben uns bewußt auf die Arbeiten von Kulturtheoretikerinnen beschränkt, die Naturwissenschaften blieben ausdrücklich ausgespart – diese Geschichte müssen andere rekonstruieren. Vorgestellt werden Frauen, die vor 1933 mindestens zwei größere Arbeiten vorlegten, und zwar unabhängig davon, ob diese zur universitären Qualifikation dienten oder nicht. Hätten wir uns auf Autorinnen konzentriert, die sich habilitieren konnten, wären die Ausschlußmechanismen akademischer Institutionen lediglich ein weiteres Mal bestätigt worden.

Um ein möglichst breites Spektrum kulturwissenschaftlicher Zugänge vorzustellen, wurden bekannte und unbekannte Frauen, Vertreterinnen akademischer Disziplinen und Grenzgängerinnen zwischen Wissenschaft und Theorie ausgewählt. Sie betrieben Geschichte und Literaturtheorie, Philosophie und Kunstgeschichte, politische und Sozialwissenschaften. Die Älteren mußten zum Studium noch in die liberale Schweiz wandern; die Jüngeren wurden 1933 von deutschen Hochschulen vertrieben, mußten das Land verlassen, wurden verfolgt und ermordet. Viele sind so gründlich vergessen worden, daß die in diesem Buch gesammelten Aufsätze die ersten Versuche sind, sich ihnen zu nähern. Das setzte mühselige und oft auch erfolglose Recherchen voraus. Kannten wir zu Beginn häufig nur ein ungewöhnliches Buch, das das Interesse weckte, so kam dann ein komplexes Oeuvre zum Vorschein, vielschichtig und oft auch widersprüchlich. Damit die Leser unseren Fährten folgen können, haben wir einen umfangreichen Anhang zusammengestellt, der alle bibliographischen Funde mitteilt, auf Archivbestände, Nachlässe und biographische Quellen hinweist. Während die Recherchen so umfassend und vollständig wie möglich sein sollten, wollten wir dem Übergangenen nicht mit repräsentativem Schreiben begegnen. Keine „Überblickstexte" also und auch keine ausschließlich biographische Rekonstruktion, sondern ein Dialog mit einem Gegenüber, der sich manchmal an einem einzigen Text, auch an einem „unwichtigen", entzünden kann. Im Mittelpunkt sollten die *Arbeiten* der Frauen stehen, die aus der Überlieferung wissenschaftlicher ebenso wie theoretischer Debatten so häufig ausgespart blieben.

Da das Geschlecht vor 1933 im Unterschied zu heute nicht die Wahl theoretischer Gegenstände diktierte, zeichnen die vorliegenden Beiträge kein einheitliches Bild der wissenschaftlichen Arbeit von Frauen. Frauen bildeten keine eigene theoretische Strömung, sondern befaßten sich mit den unterschiedlichsten Gegenständen. Dennoch lassen sich in der Zusammenschau spezifische theoretische Konstellationen und paradigmatische Lebensläufe erkennen, die bei einer anderen Auswahl nicht wesentlich anders ausgefallen wären. Die wissenschaftlichen Karrieren – gemessen an der Serie von Behinderungen müßte man das Wort in Anführungszeichen setzen – zeigen auffallende Gemeinsamkeiten: Von den sechzehn vorgestellten Frauen haben dreizehn studiert und das Studium mit der Promotion abgeschlossen. Keine akademische Ausbildung bekamen lediglich Lou Andreas-Salomé, Marie-Luise Gothein und Margarete Susman – die ältesten der ausgewählten Frauen. Sieben der dreizehn promovierten Frauen haben mehr oder weniger erfolgreich versucht, eine akademische Laufbahn einzuschlagen: Anna Siemsen, Mathilde Vaerting, Hedwig Hintze, Hanna Meuter, Melitta Gerhard, Edith Stein und Hannah Arendt. Aber nur zwei konnten sich habilitieren; zwei weitere Habilitationen sind gescheitert. Drei Frauen wurden Professorinnen, lediglich eine bekam ein Ordinariat. Warum die anderen promovierten Frauen nicht versuchten, die Wissenschaft zum Beruf zu machen – darüber läßt sich meist nur spekulieren. Doch alle haben nach der Dissertation neben vielen anderen Tätigkeiten auch wissenschaftlich gearbeitet. Und fast alle haben nicht nur mehrfach den theoretischen Gegenstand, sondern auch die Schreibweise gewechselt. Wissenschaftliche Arbeiten stehen neben Essays, Autobiographisches neben Literaturkritik. Das unterscheidet sie von der Mehrheit ihrer männlichen Zeitgenossen. Waren diese institutionell gebunden, findet man selten Ausflüge in andere Schreibweisen. Konnten Männer in akademischen Institutionen keinen Platz finden, weckte dies häufig die Neugier späterer Leser: In den sechziger Jahren wurden viele Texte derer wiederentdeckt, die sich nicht einpassen konnten oder wollten.

Noch schärfer werden die Unterschiede zu Männern, wenn man sich die Lebensläufe ansieht. Fast die Hälfte der Frauen war nicht verheiratet, lediglich fünf hatten Kinder. Der Eindruck läßt sich nicht beiseite schieben, daß intellektuelle Arbeit einen hohen sozialen Preis hatte. Bei den verheirateten Frauen dominiert auffallend die Arbeitsehe; bei fünf Paaren läßt sich intensive Zusammenarbeit bis hin zu gemeinsamem Schreiben nachweisen (Gothein, Hintze, Badt-Strauss, Stern-Täubler, Rühle-Gerstel).

Sieben Frauen hatten 1933 eine Stelle, und alle verloren sie in den ersten Monaten des nationalsozialistischen Regimes. Acht emigrierten – da drei vor 1938 gestorben waren, ein ungeheuer hoher Anteil. Nur eine kehrte nach 1945 zurück; sie bekam ebensowenig wie die, die in Deutschland geblieben waren, eine angemessene Stelle.

Sechs Frauen starben einen gewaltsamen Tod. Drei wurden ermordet, zwei begingen in der Emigration Selbstmord, eine starb im Konzentrationslager. Alle waren Jüdinnen. Deutsche Lebensläufe ...

Ein deutsches Trauerspiel

Daß deutsche Universitäten für Frauen besonders unzugänglich sind, hat Tradition: Bereits bei der Zulassung von Frauen zum Studium bildete Deutschland das Schlußlicht.[10] Als letzter deutscher Staat „und damit auch in ganz Europa"[11] öffnete Preußen 1908 seine Universitäten. Bis 1933 konnten fast 11000 Frauen ihr Studium mit der Promotion abschließen.[12] Der weitere akademische Werdegang von Frauen ist weniger gut erforscht; es gibt keine Studie, in der die Geschichte habilitierter Frauen rekonstruiert wird.[13] Da viele akademische Karrieren von Frauen bereits im Vorfeld scheiterten, müßten auch die Spuren vergeblicher Versuche freigelegt werden, um ein angemessenes Bild vom Ausschluß von Frauen aus der Wissenschaft zu bekommen. Immerhin verfügen wir über Elisabeth Boedekers Dokumentation *50 Jahre Habilitation von Frauen in Deutschland,* in der wenigstens einige Karrieren rekonstruiert wurden.[14] Beginnt man, auf der Grundlage der hier gesammelten Daten zu rechnen, ergibt sich folgendes Bild: Nachdem den Frauen 1919 das Habilitationsrecht formal zugestanden wurde, konnten sich im kurzen Zeitraum bis 1933 62 Frauen habilitieren bzw. bekamen unhabilitiert einen Ruf. Lediglich dreiundzwanzig wurden Professorin, fast durchweg auf außerordentlichen und nicht beamteten Stellen, und nur zwei – Margarethe von Wrangell und Mathilde Vaerting – wurden Ordinaria.

1933 war alles zu Ende. Zum Zeitpunkt der nationalsozialistischen Machtübernahme arbeiteten an deutschen Universitäten 55 Frauen als Privatdozentinnen und Professorinnen, ihr Anteil an den Hochschullehrern betrug ca. ein Prozent.[15] Dreißig, also mehr als die Hälfte, wurden innerhalb kürzester Zeit entlassen. Ein beispielloser Exodus. Da zwischen 1933 und 1939 insgesamt ca. 45% aller Hochschullehrer ausgetauscht wurden, waren Frauen von den Säuberungen stärker betroffen als Männer.[16] Von den dreißig Entlassenen emigrierten zwanzig – die überwiegende Mehrheit bereits 1933 – und nur drei kehrten nach dem Krieg zurück. Auch von den zehn, die in Deutschland blieben, bekamen nur fünf nach dem Krieg wieder eine Stelle an einer Universität. Nach der Säuberung blieben einundzwanzig Frauen übrig,[17] allein elf in Medizin und Biologie. In allen anderen Fächern, die damals an deutschen Universitäten vertreten waren, arbeiteten also nur noch zehn Frauen. Da alle nichtjüdischen Frauen aus politischen Gründen entlassen wurden, kann man sich vorstellen, wer diese Selektion überstand.

In keinem anderen Land gibt es daher in der Geschichte intellektueller Frauen einen so tiefen Riß wie in Deutschland. Die ersten Frauen, die an den Universitäten arbeiteten, konnten ihre Kenntnisse und Erfahrungen nicht weitergeben. Nach 1933 wurden andere Frauen in die Universitäten integriert – auch das zeigt Elisabeth Boedekers Dokumentation in aller Deutlichkeit: Bei den Qualifikationsarbeiten wird man nun vergeblich nach großen und mutigen Themen suchen; seither arbeiten Frauen am Rand der Fächer, wo sie – trotz wechselnder Konjunkturen von Gegenständen – bis heute zu finden sind.

1945 ist in der Geschichte intellektueller Frauen in Deutschland kein Datum. Studiert man die Karrieren von Wissenschaftlerinnen, die während der Nazizeit Stellen bekamen, so findet man zwar seit Ende der 40er Jahre eine Serie von Umhabilitierungen – vorwiegend von Ost nach West –, aber keine Entlassungen. Dann werden langsam, sehr langsam immer mehr Frauen Professorinnen. Über die Lage von Hochschullehrerinnen am Anfang der 50er Jahre informiert uns ein merkwürdig verdrängendes Buch von Charlotte Lorenz. Sie war eine der wenigen Sozialwissenschaftlerinnen, deren Karriere 1933 keinen Knick aufweist. 1953 legte sie eine Studie über die *Entwicklung und gegenwärtige Lage des weiblichen Lehrkörpers an den wissenschaftlichen Hochschulen* vor.[18] Die einleitenden Worte der Vorsitzenden des Deutschen Akademikerinnenbundes klingen nur sprachlich fremd: „Die Lage einer kleinen Gruppe von deutschen Akademikerinnen ⟨...⟩ ist unverdient schlecht", so heißt es da, „vor allem verglichen mit anderen Ländern, und bedarf dringend einer Besserung."[19] In der Studie selbst wird gezeigt, daß die Bundesrepublik Deutschland zusammen mit Argentinien, Venezuela und Kolumbien auf dem vorletzten Platz der Skala rangiert, die den Anteil weiblicher Lehrkräfte im internationalen Vergleich verzeichnet. Über den Grund dafür heißt es lapidar: „Seit dem Jahr 1933 geht dieser Aufschwung ⟨weiblicher Lehrkräfte in der Zwischenkriegszeit⟩ infolge freiwilligen und erzwungenen Ausscheidens einer Reihe von Dozentinnen aus dem Lehramt, dem nur ein vergleichsweise geringer Nachschub gegenübersteht, in rückläufige Bewegung über."[20] Der Bruch ist perfekt – keine Erinnerung, keine Fragen.

Im Unterschied zu Charlotte Lorenz spricht Wanda von Baeyer in ihrem 1954 erschienenen Aufsatz „Die Frau in der Wissenschaft" durchaus von den Frauen, die von den Nationalsozialisten vertrieben und umgebracht wurden, von Elise Richter beispielsweise, der großen Wiener Philologin. „Mit Erschütterung" muß sie „daran denken, daß diese Frau später in ihrem Alter wegen Nichtariertums zu Tode gebracht worden ist."[21] Sie erinnert an Edith Steins „schweres persönliches Schicksal", die „nach Osten abtransportiert wurde und dann in Amersfort umgekommen" ist, und ebenso an das „Emigrantenschicksal Prof. Anna Siemsens" und das vieler anderer „anerkannten deutschen oder ehemals deutschen Forscherinnen".[22] Doch auch für Wanda von Baeyer ist 1933 kein Datum, vielmehr ist die Rede davon, daß man in Deutschland 1952 nicht viel weiter sei als vor 1933. Und im Blick auf eine leicht gebrochene Fortschrittslinie geht auch sie zur Tagesordnung über.

Der tiefe Bruch von 1933 wurde auch in späteren Jahren nicht bearbeitet. Im Zuge der „Neuen" Frauenbewegung – allein diese Selbstbenennung signalisiert die Annahme einer Kontinuität zur Frauenbewegung vor 1914 – wurden Schriftstellerinnen und einzelne „große" Frauen wiederentdeckt, doch theoretische Arbeiten von Frauen blieben eine terra incognita. Irgend etwas scheint die Entwicklung von Fragen zu blockieren, die den sozialen und theoretischen Ort von Frauen an Hochschulen bestimmen.

Die deutsche Universität als Vorbild?

Deutsche Universitäten, nach den Ideen Wilhelm von Humboldts gebaut, galten lange Zeit international als vorbildlich, sogar in den Ländern, die sich diesem Modell nicht anschlossen.[23] Ihr Ruhm beruhte vor allem auf zwei Faktoren: Daß Forschung und Lehre nicht getrennt waren, schien zu garantieren, daß Universitäten nicht zu Paukanstalten degenerierten; daß der Staat und nicht zerstrittene universitäre Gruppen über die Besetzung von Professuren bestimmte, schien einen Wall gegen bornierte Fraktionierungen zu bilden. Doch die Kehrseite dieses Fortschritts klingt bereits in Humboldts programmatischer und nie abgeschlossener Denkschrift zur Reformierung der Universitäten an: „Die Wissenschaften sind ⟨...⟩ in Deutschland mehr durch die Universitätslehrer, als durch die Akademiker erweitert worden, und diese Männer sind gerade durch ihr Lehramt zu diesen Fortschritten in ihren Fächern gekommen. Denn der freie mündliche Vortrag vor Zuhörern, unter denen doch immer eine bedeutende Zahl selbst mitdenkender Köpfe ist, feuert denjenigen, der einmal an diese Art des Studiums gewöhnt ist, sicherlich ebenso sehr an, als die einsame Muße des Schriftstellerlebens oder die lose Verbindung einer akademischen Genossenschaft."[24] Humboldt zementiert in seiner Denkschrift die Universität als homogenen Ort, auf den alle Wissensproduktion zuläuft. Denn die Abwehr von „Schriftstellerleben" und „akademischer Genossenschaft" impliziert eben auch die Ausgrenzung von Wissens- und Überlieferungsformen, die nicht in den Rahmen universitärer Disziplinen passen.

Zusätzlich etabliert die Personalunion von Forschern und Lehrern deutsche Professoren zu Statthaltern der Wahrheit, zu deren Beruf es gehört, diese Wahrheit – beflügelt von pädagogischem Eros – an die nächste Generation weiterzugeben. Wie hätte dieser Platz von einer Frau eingenommen werden sollen? Frauen finden leichter Zugang zu Hochschulen, in denen Abstufungen innerhalb der Lehre ebenso wie innerhalb der Forschung möglich sind, in denen die Personalunion von Lehrer und Forscher nicht den Grundpfeiler des Universitätsmodells ausmacht. „Mein Lehrer“ – das klingt nach ernsthafter Arbeit, „meine Lehrerin“ dagegen nach Grundschule und Klavierstunden. Noch in einem kürzlich erschienenen Aufsatz liest man, daß „anhaltende Lehrer-Schüler-Beziehungen für den Fortgang der Wissenschaft und nicht zuletzt auch für die Anbahnung und Verteidigung institutioneller Vormachtstellungen von kaum zu überschätzender Bedeutung sind, und das zu Recht, denn sie gründen auf einer anthropologischen Konstante, nach der Wissensbewahrung und -weitergabe in vorschriftlichen wie in Schrift-Kulturen vor sich geht“.[25] Wenn Wissen nur in männlicher Genealogie weitergegeben werden kann, sind Frauen immer störende Ausnahmen.

Schließlich hat die Staatsaufsicht über die Universitäten auch den umgekehrten Effekt gezeitigt, und zwar nicht nur dann, wenn es kein demokratischer Staat war, der da entschied. Oppositionelle politische Positionen fanden ebenso wie neue theoretische Zugänge zuletzt Eingang in die Universitäten, die nach dem Humboldtschen Modell angelegt waren. Die Humboldtsche Universität – ein Bollwerk durchschnittlicher, angepaßter Theorie? Eine Institution, in der die Kartelle des Mittelmaßes blühen, wie Max Weber in seiner bereits zitierten Rede von 1917 voll unüberhörbarer Bitterkeit andeutet.

Nicht zufällig knüpft Weber seine Überlegungen zur Wissenschaft als Beruf daran, daß auf dem Weg dorthin eine Hürde liegt – die Habilitation. Auch dies eine Spezialität des Humboldtschen Hochschulsystems, wonach der Nachwuchs danach ausgewählt wird, ob Kontinuität gewährleistet wird und nicht etwa Innovation, oder um Peter Brenners Überlegungen aus einem Band mit dem schönen Titel *Geist, Geld und Wissenschaft* zu zitieren: „Die Habilitation als Verfahren ist so konzipiert, daß sie zur personellen wie sachlichen Konsolidierung etablierter Forschung beiträgt; die Förderung von Originalität und Innovation gehört nicht zu ihren Aufgaben. Sie ist vielmehr Instrument der Integration von Wissenschaftlern durch Internalisierung von Verhaltensformen. Zugleich dienen sie der Stabilisierung einer Disziplin durch Fortschreibung von methodischen Konventionen anhand von in der Regel neuen Materialien. Der Verzicht auf Originalität freilich ist kein Versagen der Institution Habilitation, sondern ihr Ziel."[26]

Diese universitäre Prüfung, die auch als Gegengewicht zur Staatsaufsicht über die Universitäten gedacht war, sortierte nicht nur theoretisch, sondern auch politisch. Und ebenso war sie eine Höllenpforte für die, die über rassistische und später sexistische Bestimmungen ausgeschlossen wurden. Während das preußische Emanzipationsedikt von 1812 noch festlegte, daß Juden „akademische Lehr-, Schul- und Gemeindeämter, zu welchen sie sich geschickt gemacht haben, verwalten" können, wurde diese Bestimmung sukzessive wieder aufgehoben, ohne jemals wirklich angewandt worden zu sein.[27] Auch die rechtlich verbriefte Gleichstellung führte nicht dazu, daß sich die Tore der Universitäten für jüdische Professoren öffneten: Im 19. Jahrhundert hatten ungetaufte Juden kaum eine Chance, und auch die, die dieses Entreebillet in die deutsche Gesellschaft vorweisen konnten, stießen auf enorme Schwierigkeiten. Die „Karriere" von Georg Simmel, die abgebrochenen oder gar gescheiterten Habilitationen von Martin Buber, Georg Lukács oder Walter Benjamin zeigen, daß vor 1933 deutscher Professor und Jude nicht zusammenklangen.[28] Doch auch diese Geschichte wurde noch nicht geschrieben, ebensowenig wie die von im Vorfeld verhinderter oder abgelehnter Habilitationen von Frauen.[29] In bisher vorliegenden Studien ist von ihnen nicht einmal die Rede; in älteren Texten lesen wir vom „Nachwuchsmann" und vom „freien Mann", der „sich ganz seiner Wissenschaft widmet",[30] und auch in neueren, wie der zitierten von Peter Brenner, werden die besonderen Ausschlußeffekte der Habilitation nicht analysiert.

Die Idee der Universität

Daß Frauen am Ende des 19. Jahrhunderts nach langen Auseinandersetzungen endlich Zugang zu den Universitäten bekamen, wird meist als Sieg und als Fortschritt interpretiert. Man könnte jedoch auch zu einer anderen Vermutung kommen: Die Universitäten öffneten sich gerade zu dem Zeitpunkt für Frauen, als ihr theoretischer Ort zu wanken begann und erste fundamentale Kritiken an ihr vorgetragen wurden. 1872 hielt Friedrich Nietzsche seine fünf Reden über *Die Zukunft unserer Bildungsanstalten.* Längst seien die Universitäten zu „Bildungsmaschinen" geworden, zu Institutionen ohne „Ziele, Meister, Methoden, Vorbilder, Genossen".[31] Institutionen, die ihrer Idee beraubt, von innen ausgehöhlt seien. Leere Hüllen, Wissensfabriken.

Aus der Perspektive der um den Zugang zur Wissenschaft kämpfenden Frauen ergibt sich ein völlig anderes Bild. Die Universität erscheint als intakte Welt, als Welt höchster ethischer Werte, in der Frauen nur einen Platz am Rand einnehmen können. In Marianne Webers Aufsatz *Die Beteiligung der Frau an der Wissenschaft* von 1904 werden sie gleich zweifach partikularisiert: „die Kulturbedeutung geistiger Frauenarbeit liegt wahrscheinlich *nicht* in der Förderung des objektiven Kosmos des *Wissens*" – so die erste Einschränkung, und folgerichtig wird Frauen dann die Rolle von Vermittlerinnen zugeschrieben, die „das vom schöpferischen Genius entzündete Feuer von einsamer Höhe hinab in das verschleierte Tal des Lebens tragen".[32] Der in diesem Text ungenannte Ort des Wissens, die Universität, bleibt damit unangefochten und unkritisiert. Ein eigenartig stiller Ort, der eher Antworten bereithält als Fragen zu öffnen, ein Ort ohne innere Dynamik. Ganz anders in Max Webers Sicht. Hier ist es kein Genius, der das Feuer des Wissens entzündet, hier dominiert ein Dämon, der treibt und umtreibt, ein Dämon, der des „Lebens Fäden hält" und den jeder finden und ihm gehorchen muß.[33]

Dieses Umgetriebensein als innerste Triebfeder theoretischer Arbeit zieht sich durch eine Kette programmatischer Texte über den Ort der Universität. Es manifestiert sich in einer zentralen Denkfigur – der des Fragens. „Grenzenloses Fragen und das Nichtwissen im Allgemeinen"[34] privilegiert Karl Jaspers emphatisch als Form des Lernens und zeigt in seiner Schrift *Die Idee der Universität* von 1923 gleichzeitig, wie sehr sich dieses Fragen der Institution Universität entzieht: „Echte Diskussion, die keine Grenzen kennt, gibt es nur zu zweien unter vier Augen", so schreibt er, um dann Formen dieser Kommunikation zu nennen: „Freundschaft zu zweien", „Liebe und Ehe", die ihren „Unterbau in vitalen Beziehungen haben, der Sexualität, der Männerfreundschaft".[35] Die *Idee der Universität* verweist damit auf andere Formen und Orte des „Wissens", die ihr nicht subsumiert werden können. Damit ist ihr eine Heterogenität eingeschrieben, die Jaspers an keiner Stelle seines Textes einzuebnen versucht. Anders in Heideggers Rede *Die Selbstbehauptung der deutschen Universität* von 1933, wo die Emphase des Fragens noch einmal aufscheint, dann aber strikt gebunden wird: „Das Fragen ist nicht mehr die Vorstufe zur Antwort als dem Wissen, sondern das Fragen wird selbst die höchste Gestalt des Wissens. ⟨...⟩ Solches Fragen zerbricht die Verkapselung der Wissenschaften in gesonderte Fächer, holt sie zurück aus der ufer- und ziellosen Zerstreuung und setzt die Wissenschaft wieder unmittelbar aus der Fruchtbarkeit und dem Segen aller weltbildenden Mächte des menschlich-geschichtlichen Daseins". Doch dieses „Dasein" existiert lediglich in harmonisierenden Dreiklängen – „Natur, Geschichte, Sprache; Volk, Sitte, Staat; Dichten, Denken, Glauben; Krankheit, Wahnsinn, Tod; Recht, Wirtschaft, Technik",[36] – in denen Heterogenes gebunden ist. Der Gestus des fragenden Denkens wird daher in einer Bewegung des dreigliedrigen Schließens immer wieder stillgelegt. Folgerichtig situiert Heidegger auch die Universitäten des 20. Jahrhunderts in einer Tradition aus drei Momenten, die er in *eine* münden sieht: Griechische Philosophie, christlich-theologische Weltdeutung und mathematisch-technisches Denken sollen in „deutscher Wissenschaft" zusammenkommen. Da das Judentum zur europäischen Welt des Denkens offenbar keinerlei Beitrag geleistet hat, muß es aus „deutscher Wissenschaft" nicht mehr explizit ausgeschlossen werden; bereits diese Bezeichnung beinhaltet eine so starke Ausgrenzung, daß sich jede Präzisierung erübrigt. In dieser Welt des Wissens erscheint es ebenso undenkbar, daß Frauen an ihr Anteil haben könnten. Denken – ein Geschäft des deutschen Mannes.

Die dringende Frage nach der Idee der Universität ist damit nicht verschwunden. Edmund Husserl hat sie 1935 noch einmal und in geradezu atemloser Bedrängtheit gegen Heidegger gestellt. Für ihn ist nicht die deutsche Universität in eine Krise geraten, sondern das gesamte System europäischer Wissenschaften; eine „deutsche“ Lösung, deren furchtbare Folgen 1935 nicht mehr zu übersehen waren, war daher auch völlig undenkbar.[37] Und Karl Jaspers trug die Frage nach der Idee der Universität, anknüpfend an Nietzsches Warnung vor den „Bildungsmaschinen“ in die Bundesrepublik. In den endlosen Debatten um die *Reform* der Universitäten hatte sie allerdings keinen Platz mehr. Die Dämonen schienen gebannt. Auch der heftigste Kampf um die Universität, der sich an das Datum 1968 knüpft, konnte sie nicht wieder entfesseln. Im Nachhinein könnte man vermuten, daß gerade diese Auseinandersetzungen die „Bildungsmaschine“ so weitgehend zu etablieren halfen, daß die Erinnerungen an andere „Ideen der Universität“ verblaßten.

Und die Frauen? Auch sie repräsentierten noch einmal eine fragende Unruhe. Doch heute sieht es so aus, als wären wir unentrinnbar in die Position einer Antwort gerückt. Frauen, oder besser gesagt DIE FRAU präsentiert den einzig noch klar definierbaren Ort, den heutige Hochschulen zu bieten haben. Auf uns ist die Frage applizierbar, warum man Wissenschaft betreiben und womit man sich beschäftigen soll: Eine Frau beschäftigt sich mit ihren Belangen, die in „Frauenforschung“ kanonisiert werden. Sie repräsentiert die Antwort darauf, was die chaotische und inzwischen auch völlig ineffektive Bildungsmaschine noch zusammenhält. Deshalb braucht man auch immer nur *eine* Frau; Pluralität ist unerwünscht und unerlaubt.

Frau Fichtes Werke. Intellektuelle Arbeitsteilungen zwischen den Geschlechtern

Im 18. Jahrhundert wird dem Schreiben ein Gegensatz implantiert, der vorher keine wesentliche Rolle spielte. Aus wissenschaftlichem Schreiben werden literarisierende Darstellungsweisen ausgeschlossen, die vorher durchaus üblich waren. Literarisches Schreiben gilt nun als vorwissenschaftlich, wird also in ein hierarchisches Verhältnis eingebunden und als Effekt dieser Positionierung als „weibisch" bezeichnet. Innerhalb des literarischen Schreibens zeigt sich ein ähnlicher Prozeß. Allerdings wird hier nicht eine Darstellungsweise, sondern ein Genre mit Weiblichkeit konnotiert: Frauen seien besonders begabte Briefschreiberinnen, so heißt es, und der Brief selbst trage weibliche Züge. Beide Male markiert Weiblichkeit eine Grenze: Wissenschaftliches konstituiert sich über die Ausgrenzung von Literarischem, das literarische Werk hingegen über die Ausgrenzung von Schreibweisen, die nicht an einen Autor zurückgebunden werden können. Wissenschaft grenzt sich ab gegen Literatur, das literarische Werk gegen den Brief. Gegen diese Grenzziehung argumentiert Amalie von Holst in ihrer 1802 veröffentlichten Studie *Über die Bestimmung des Weibes zur höheren Geistesbildung.*[38] Im Gestus einer Verteidigung der wissenschaftlichen Fähigkeiten von Frauen konzentriert sie sich darauf, an Arbeiten von Frauen aus den vergangenen Jahrhunderten zu erinnern und in dieser Erinnerung die Grenze zwischen Literatur und Theorie zu überschreiten.[39]

Den Grenzziehungen zwischen Literatur und Wissenschaft ist allerdings ein grundlegender Unterschied eingeschrieben: Der Ausschluß literarisierender Schreibformen aus der Wissenschaft impliziert auch den Ausschluß von Frauen.[40] Die Koppelung von Schreibweise und Geschlecht verweist Frauen auf den Platz des abwesenden Anderen; in der modernen Wissenschaft ist nun im Unterschied zu früheren Jahrhunderten kein Platz mehr für theoretisch arbeitende Frauen. Anders in der Literatur. Kein Schriftsteller ohne Muse, kein Werk ohne Briefe von Leserinnen, ohne schreibende Frauen also. Die Konstitution des Werkes basiert auf einer Arbeitsteilung, deren Seiten den beiden Geschlechtern zugeschrieben werden. Man tut Marie Tucher, der Frau von Hegel, sicher nicht Unrecht, wenn ihr in einer Hegellektüre kein Platz zugewiesen wird. „Goethe und die Frauen" ist dagegen kein Buchtitel für die Trivialabteilung, sondern bezeichnet eine entscheidende Konstituante des mit diesem Namen gezeichneten Werks. Goethes Werk schließt Texte von Frauen ein, wird von diesen umgrenzt und durchdrungen.

Um 1800 bezeichnet das Verhältnis von Wissenschaft und Literatur also auch das der Geschlechter. Schreibende Frauen sind nur insofern vorgesehen, als sie zur Stabilisierung dieser labilen Konstellation beitragen. Nun entstehen aber zahllose Texte, die diese Verteilung sprengen und sie in Briefen – wo auch sonst – kritisieren. In Briefwechseln von Frauen – namenlosen und nichtautorisierten Produkten – finden sich immer wieder Reflexionen darüber, warum Frauen ihre Autorschaft nicht auf theoretisches Schreiben ausdehnen können. So schreibt Rahel Levin Varnhagen am 9. Januar 1820 an ihren Bruder Ludwig Robert: „Wenn Fichte's Werke Frau Fichte geschrieben hätte, wären sie schlechter? Oder ist es aus der Organisation bewiesen, daß eine Frau nicht denken und ihre Gedanken nicht ausdrükken kann? Wäre dies, so blieb es doch noch Pflicht, oder erlaubt, den Versuch immer von neuem zu machen ‹...› ein Buch muß gut sein, und wenn es eine Maus geschrieben hat, und wird dadurch nicht besser, wenn sein Autor Engelsflügel an den Schultern trägt." Eine Frau müsse gar schreiben, so schließt Rahel Levin den Gedankengang, „wenn sie ein großer Autor ist."[41]

Um 1800 *kann* Frau Fichte keine philosophischen Texte schreiben. Die Überschreitung literarischen Schreibens in Richtung theoretischer Arbeit erscheint als Tabubruch. Nicht nur theoretisches Schreiben ist nicht teilbar, schon das Sprechen über theoretische Fragen markiert eine Grenzverletzung. Im Januar 1825 schreibt Sophie von Grotthuß an Rahel Levin Varnhagen: „die Männer, selbst die ausgezeichnetsten wollen das die Frauen nur wie die Schmeterlinge kosten sollen, die ganze erkuikliche Nahrung schöner und Gesunter Fruchte soll für sie bleiben, wenn Sie mit Weibern raisoniren, so soll das Gesagte oder Gefragte sie neu mit der eignen Tiefe und Gründlichkeit nur mehr bekant machen, und durch den Contrast vergewißern, daher mögen sie keine Philosophisch denkende Frau."[42]

Diese Arbeitsteilung der Geschlechter gerät durcheinander, als am Ende des 19. Jahrhunderts die institutionelle Barriere fällt, die Genres und Geschlechter trennt. Seit Frauen Zugang zur Universität haben, sind sie nicht mehr die, die nur literarisch schreiben. Frau Fichte *kann* jetzt theoretisch schreiben oder philosophieren. Im Blick auf neu entstehende Schreibkonstellationen bekommt man den Eindruck, daß Frau Fichte jetzt sogar schreiben *muß*. Auffallend viele Philosophen, Sozial- und Kulturtheoretiker verbinden sich mit Frauen, die ebenfalls schreiben. Doch Fichtes *Werke* kann eine Frau noch immer nicht verfassen. Männliche Autoren verteidigen ihr Terrain. In Max Webers berühmtem Verlobungsbrief an seine künftige Frau Marianne heißt es: „Du mußt ein Herrschaftsgebiet haben, auf welchem ich nicht, wie auf dem Gebiet des Denkens, mit Dir konkurriere."[43] Und tatsächlich werden Frauen von Philosophen und Kulturwissenschaftlern nach Ausflügen in theoretisches Schreiben doch wieder auf literarisches abgedrängt.[44] Andere nehmen die Konkurrenz auf sich, wobei sich jedoch eine subtile Arbeitsteilung herausbildet. Ihm waghalsige Denkversuche, ihr homogenisierende Texte – paradigmatisch abzulesen an dem Paar Marianne und Max Weber.

Das „Werk" des Autors theoretischer Texte bleibt von diesen neuen Schreibkonstellationen nicht unbeeinträchtigt. Daß alle Alles schreiben können, signalisiert das Ende des Genres „Werk". Etwas anderes beginnt, wovon die nun entstehenden Bücher auf den allerersten Seiten berichten. Während die *Kritik der reinen Vernunft* einem Gönner und *Das Kapital* einem Freund gewidmet war, während die *Phänomenologie des Geistes* ganz ohne Widmung auskam, werden nun ganze Serien theoretischer Bücher, die sonst nichts verbindet, an Ehefrauen adressiert. „Meiner lieben Frau" – diese Zeile lesen wir in Büchern von Martin Buber, Fritz Mauthner und Albert Schweitzer – die Reihe ließe sich endlos fortführen. Neben den legitimen Gattinnen finden wir die Geliebten und natürlich die Mütter: Max Webers *Protestantische Ethik* nennt bekanntlich den Namen der Ehefrau; sie ist Marianne Weber „bis ins Pianissimo des höchsten Alters" gewidmet, die folgenden Bände der Religionssoziologie den Geliebten Minna Tobler und Else Jaffé-von Richthofen. Geliebte und Ehefrauen finden sich ebenso bei Ernst Bloch, Georg Lukács und Walter Benjamin.[45] Dazwischen allerdings auch ein paar Bücher, die an eine Frau als intellektuelle Instanz adressiert sind. Ernst Bloch hat sein Buch über *Thomas Münzer als Theologe der Revolution* „Margarete Susman zugeeignet", Georg Simmels Goethe-Buch ist für Marianne Weber.

Und die Frauen? An wen schreiben sie? Sehr häufig an und sogar mit ihren Männern. Bei den ersten akademisch ausgebildeten Frauen finden wir häufig die Arbeitsehe als Lebens- und Produktionsform. In dieser Form konnte man den intellektuellen Arbeitsteilungen der Geschlechter zumindest ein stückweit entkommen. Sie erlaubte Frauen, sich auf tabuisierte theoretische Terrains zu wagen. Sehr selten adressieren Frauen ihre Bücher an eine andere Frau.[46] Und erst in den 20er Jahren beginnen Frauen, sich intensiv mit theoretischen Texten anderer Frauen zu beschäftigen.

Es ist erstaunlich, daß über diese Konstellationen so wenig nachgedacht wurde.[47] Ihre Rekonstruktion würde auch die Frage danach eröffnen, warum wir am Ende dieses Jahrhunderts so intensiv über Geschlechter reden, während sich die Orte dieses Redens, vor allem die Universitäten, Frauen nach wie vor verschließen. Gerade über dieses Reden vollzieht sich heute der Ausschluß von Frauen. Und das wirft neue und sehr beunruhigende Fragen auf.

Lou Andreas-Salomé (1861–1937)
„Nicht nur Wissen, sondern ein Stück Leben“

von Ursula Renner

Wie eine klug ersonnene Choreographie zur Jahrhundertwende erscheinen Lou Andreas-Salomés Freundschaften mit Nietzsche, Rilke und Freud. Sie sichern ihr ein anhaltendes Interesse, zumindest an ihrem Leben.[1] Was Lou Andreas-Salomé über ihre Begegnungen mit diesen Leitfiguren der Moderne aufschrieb, ist dagegen eher in Vergessenheit geraten. *Henrik Ibsens Frauengestalten* (1892), *Friedrich Nietzsche in seinen Werken* (1894), *Rainer Maria Rilke* (1928), das aus dem Nachlaß veröffentlichte Tagebuch *In der Schule bei Freud (1912/13)* und *Mein Dank an Freud* (1931) führen ein Schattendasein, obwohl sie Dokumente einer offenen und sensiblen Zeitzeugenschaft sind, eines bemerkenswert sicheren Gespürs für die damals noch längst nicht selbstverständlich etablierten Architekten des ‚Projekts der Moderne‘.

Um die Jahrhundertwende umgab ihre Persönlichkeit eine Aura, von deren Wirkung die Memorabilien faszinierter Zeitgenossen zeugen. Offensichtlich war sie eine ideale Spiegelfigur männlicher Intellektueller. 1895, bei ihrem ersten Besuch in Wien, beeindruckte sie den Jung-Wiener Dichterkreis nicht nur als Freundin des ‚großen Umwerters‘ Friedrich Nietzsche,[2] sondern vor allem durch ihre Eigenständigkeit, ihren klugen Kopf und die Tiefenschärfe ihrer Beobachtungen.[3] Arthur Schnitzlers Tagebuchnotizen über sie zeugen von demselben anerkennenden Respekt, den er sonst nur Männerfreunden entgegenbrachte.[4]

Lou Andreas-Salomés eigenes umfangreiches, als Ganzes wenig bekanntes Werk umfaßt belletristische und kunstkritische, kultur- und religionsphilosophische Arbeiten ebenso

Lou Andreas-Salomé

wie Studien zur Psychoanalyse und schließlich ihren postum publizierten *Lebensrückblick*.

Der folgende Beitrag will anhand der exemplarischen Lektüre zweier Aufsätze zeigen, was Lou Andreas-Salomés beschäftigte, wie und in welche Diskussionen sie sich einmischte und warum die Rezeption ihrer Texte schwierig ist; er will aber auch die Richtung andeuten, in der sich Fragen und Auseinandersetzungen Lou Andreas-Salomés bis in die Gegenwart fortgeschrieben haben.

1. Als einzige Tochter des von hugenottischen Einwanderern abstammenden Generals der zaristischen Armee, Gustav von Salomé, und der wohlhabenden deutsch-dänischen Louise Wilm wächst Louise von Salomé unter drei Brüdern im großbürgerlich-aristokratischen Milieu von St. Petersburg auf. Sie wird kosmopolitisch-polyglott erzogen, bricht die Schule jedoch mit elterlicher Zustimmung vorzeitig ab. Einschneidend erfährt sie den Verlust ihres Kindergottes. „Unser erstes Erlebnis ist, bemerkenswerter Weise, ein Entschwund" – mit diesem Satz beginnt ihr *Lebensrückblick.* Dieser Verlust begründet ihr frühes Interesse an religionsphilosophischen Fragen; Sehnsucht nach einem ‚Ursprung' wird zum zentralen Impuls für ihr gesamtes Werk. Mentor der Jugend ist der bewunderte holländische Pastor Hendrik Gillot, dessen Unterricht sie abrupt beendet, als er ihr einen Heiratsantrag macht. Ihre tiefe emotionale Beziehung zu ihm hält lebenslang – eine Reihe ihrer Texte könnte man als ‚imaginäres Gespräch' mit Gillot lesen.

1880 beginnt sie in Zürich das Studium der Religionsgeschichte, Philosophie und Kunstgeschichte, muß jedoch wegen einer Lungenkrankheit nach nur zwei Semestern abbrechen. Während ihres anschließenden Aufenthalts in Rom lernt sie die mit ihren *Memoiren einer Idealistin* (1876) berühmt gewordene Malwida von Meysenbug kennen und durch sie Paul Rée und Friedrich Nietzsche. So vehement die intensive geistige Beziehung zu Nietzsche beginnt, so rigide wird sie von Nietzsche noch im Jahre der Begegnung – 1882 – abgebrochen. In Berlin, ihrer nächsten Station, wird Lou von Salomé durch Paul Rée in die intellektuellen Kreise um den Literaturwissenschaftler Georg Brandes eingeführt, zu denen u.a. auch der Philosoph Paul Deußen, der Soziologe Ferdinand Tönnies und der Psychologe Hermann Ebbinghaus gehören. 1885 erscheint ihr erstes, später von ihr verworfenes Buch *Im Kampf um Gott*, dessen Titel und sprechendes Autoren-Pseudonym – Henri [Gillot] Lou – zwei für sie zentrale Probleme markieren: das der Existenz Gottes und das der (physischen) Liebe.

Nicht lange nach ihrem Abschied von Paul Rée und ihrer Heirat mit dem Orientalisten Friedrich Carl Andreas 1887 nimmt Lou Andreas-Salomé ihre journalistisch-essayistische und literarische Tätigkeit auf. Sie steht im Zeichen der Begegnung mit den Berliner Naturalisten und ist geprägt von deren zivilisationskritischem Blick. Engagiert mischt sie sich in die aktuellen kulturphilosophischen Debatten. Ihr in Lektüre und Gesprächen erworbenes Wissen kompensiert die fehlende akademische Ausbildung. Alle ihre privaten Studien sind ihr jedoch nicht Selbstzweck, sondern Instrument, um ‚dem Leben dienen' zu können. „Nicht nur Wissen, sondern ein Stück Leben"[5] lautet die Maxime der Titelheldin ihrer Erzählung *Fenitschka* (1898), mit der sie Intellektuellenrolle wie konventionelle Frauenrolle – männliches Muster wie patriarchalische Festschreibung der Frau – gleichermaßen in Frage stellt.

Bis zu ihrem Lebensende wird Andreas-Salomé sich einer Fülle von Themen widmen. Die Anfänge der politischen Restriktionen durch den Nationalsozialismus erlebt sie noch. 1934 schreibt sie, politisch im engeren Sinne nicht weiter interessiert, daß an die Veröffentlichung psychoanalytischer Texte nicht mehr zu denken sei. Vor den Konsequenzen, die sie als Analytikerin zu befürchten gehabt hätte, bewahrt sie der Tod 1937.

Insbesondere in jüngeren Jahren publiziert sie Aufsätze und Rezensionen an prominenter Stelle: zunächst vor allem in der von Samuel Fischer verlegten und von Otto Brahm herausgegebenen *Freien Bühne für modernes Leben/Neue Deutsche Rundschau*, jener bedeutenden, 1890 gegründeten Kulturzeitschrift, die wie kaum eine andere zum Austragungsort der Debatten der klassischen Moderne wird.

„Eine freie Bühne für das moderne Leben schlagen wir auf. Im Mittelpunkt unserer Bestrebungen soll [...] die neue Kunst [stehen], die die Wirklichkeit anschaut [...]. Die Kunst der Heutigen umfaßt mit klammernden Organen alles was lebt, Natur und Gesellschaft; darum knüpfen die engsten und die feinsten Wechselwirkungen moderne Kunst und modernes Leben aneinander, und wer jene ergreifen will, muß streben, auch dieses zu durchdringen in seinen tausend verfließenden Linien, seinen sich kreuzenden und bekämpfenden Daseinstrieben" (Heft 1).

Dieses Programm der *Freien Bühne* spiegelt Interesse und Spektrum auch von Andreas-Salomés eigenen Beiträgen. Sie publiziert darüber hinaus in der *Vossischen Zeitung*, in *Cosmopolis*, in der Wiener *Zeit*, in Maximilian Hardens *Zukunft*, im *Literarischen Echo*, in der *Frau*, später in Freuds *Imago*. Der weite Radius und die Bedeutung von Kulturzeitschriften und Feuilletons um 1900 erklärt Andreas-Salomés damals so außerordentlichen Bekanntheitsgrad.

Während ihre Lebensgeschichte – insbesondere dort, wo sich erotische Gratwanderungen vermuten ließen – immer schon Aufmerksamkeit fand,[6] haben ihre belletristischen Texte erst am ausgehenden 20. Jahrhundert – unter dem Signum von ‚Frauenliteratur' – Verleger vereinzelt wieder zu Neuausgaben motiviert. Wobei ihre, soviel sei eingestanden, dem psychologischen Realismus der zweiten Hälfte des 19. Jahrhunderts verpflichteten Texte nicht als große Literatur bestehen können. Doch lohnt die Lektüre allemal wegen der Fragestellungen, die sie enthalten.

Auch die psychoanalytischen Schriften Lou Andreas-Salomés wurden erst in jüngerer Zeit durch feministische oder psychologiegeschichtliche Interessen wieder für diskussionswürdig befunden.[7] Der Großteil ihrer verstreut publizierten Essays zu Religion, Philosophie, Kunst und Literatur wurde noch nicht einer Neuauflage für wert befunden. Eine umfassende Ausgabe ihrer Aufsätze würde aber den kulturphilosophischen Hintergrund der Anfänge der Psychoanalyse weiter erhellen. Und sie würde zeigen, daß die Vielfalt der Themen sich in immer wiederkehrenden Grundgedanken kondensiert, die aus lebensphilosophischen Axiomen gewonnen wurden.

Lou Andreas-Salomés Hinwendung zur psychoanalytischen Tiefenhermeneutik entspricht ihrer besonderen kommunikativen Begabung. Sie antwortet darüber hinaus auf ein Bedürfnis, das schon in ihren frühen Texten erkennbar ist und das durch die Begegnung mit Friedrich Nietzsche Auftrieb erhalten hat, wie es umgekehrt diesen stimuliert haben dürfte: nämlich Lebensphilosophie und Psychologie zu verbinden – weniger in einer ‚Lehre' als in einem ‚Verfahren', das dem Menschen Zugang zur Fülle und Intensität des Lebens als einer letzten, unhintergehbaren Instanz eröffnen hilft. Ihr von Nietzsche vertonter bekenntnishaft-triumphaler *Hymnus an das Leben* kulminiert in der an das Leben gerichteten Invokation: „Hast du kein Glück mehr mir zu schenken [/] Wohlan – noch hast Du Deine Pein."

Am Beispiel der beiden beinahe zeitgleichen, thematisch so verschiedenen Texte *Grundformen der Kunst* (1898) und *Der Mensch als Weib* (1899) soll im folgenden Lou Andreas-Salomés Stimme, wie sie in der Polyphonie der Jahrhundertwende erklang, wieder zu Gehör gebracht werden. Daß die Aufsätze trotz ihres thematischen Unterschieds in denselben lebensbejahenden Versuch nach anthropologischer Selbstbestimmung münden, macht sie zu exemplarischen Texten für ihr Werk insgesamt.

2. Der Aufsatz *Grundformen der Kunst,* in Meier-Graefes exklusiver Jugendstil-Zeitschrift *Pan* 1898 erschienen,[8] sucht das Kunstwerk im Wirkungsfeld zwischen künstlerischer Produktion und Rezeption zu bestimmen. In großer gedanklicher Übereinstimmung mit Rilke[9] – den sie im Jahr zuvor kennenlernt und der ihr bis Herbst 1900 alle seine Liebesgedichte widmet – fragt Andreas-Salomé nach den Antrieben künstlerischer Produktivität. Diese liegen für sie in der Sphäre des Unbewußten oder zumindest dessen, was man als vorbewußt bezeichnen kann. Nicht seine formale Erscheinung, sondern seine Tiefenstruktur interessiert sie am Kunstwerk; daß es etwas vom

Spektrum „geheimster menschlicher Sensationen" (179) kommunizierbar macht.

Im Gegensatz zum Nicht-Künstler lebt, so Salomé, der Künstler seine Empfindungen nicht aus, sondern er leitet sie um: In der noch biologistisch geprägten Metaphorik ihrer Frühzeit spricht sie von den „Sensationsembryos" im Künstler, welche „nicht zu Ende wachsen und nicht über sich zur Klarheit kommen [...], sondern Verbindungen mit der Phantasie eingehn, um eine neue und eigne Welt aus den feinsten und persönlichsten Initiativen zu gestalten" (178). Später wird sie dafür den Begriff der Sublimation verwenden, den sie aber – anders als Freud – im Sinne einer „Realisation unserer selbst" fassen will.[10] Die psychischen Anteile am Kunstwerk ergreifen auch den Rezipienten. Die Kunst entfalte ihre Wirkung nicht durch Sujet und Technik, sondern durch jenen „emotionelle(n) Untergrund", jene „Gefühlsmächte und deren Qualität, die durch künstlerische Mittel dem Betrachter irgend etwas beredt und sichtbar gemacht haben, was sonst in seiner Seele stumm und verhüllt für ihn bliebe" (178). Der Betrachter

> „vermag nun gewissermaßen seine eignen Seelenheimlichkeiten auf dem vor ihm schon angetretenen, geebneten Weg dem Künstler nachzusenden und dadurch zu einer abgeschwächten Freude dessen zu gelangen, was einzig und allein die Seligkeiten des Schaffenden ausmacht: nämlich sich seines Innenlebens als eines Sprungbrettes bewußt zu werden, von dem aus wir das ganze praktische Leben, mit allen seinen direkten und groben Appellen an uns, überfliegen, um erst in unsrer selbstgeformten, selbstgewählten, nur uns gehörigen Heimat wieder Fuß zu fassen" (178).

Das Kunstwerk steht somit im Dienste der Selbsterfahrung und des ‚Lebens'.[11]

Die Analogie zwischen der Psyche des Künstlers, der die schöpferischen Impulse entstammen, und der des Rezipienten, das ‚Wiedererkennen' eines verwandten psychischen Substrats, bestimmt nach Andreas-Salomé die tiefere Wirkung des Kunstwerks, eine These, die auch Freud etwa gleichzeitig (im Briefwechsel mit Fließ und wenig später in seiner *Traumdeutung* 1899/1900) entwickelt. Diese Psychologisierung der Ästhetik einschließlich der existentiellen Grundfragen, die damit verbunden werden, ist freilich am Ende des Jahrhunderts vielfach vorbereitet: Der französische Symbolismus eines Mallarmé oder Maeterlinck will Elementarerfahrungen des Menschen kommunizierbar machen; Nietzsche entdeckt unter dem Schein der Kunst – wie viele bedeutende zeitgenössische Künstler – die ‚Falltüren der Seele';[12] Dilthey geht es um die Erfahrung des Menschen als „großer Tatsache" des Lebens; Freud wird die Betroffenheit des Zuschauers über das Schicksal Ödipus' schließlich damit theoretisch begründen, daß „es auch das unsrige hätte werden können" *(Traumdeutung).*

Für Andreas-Salomé ist in der „wortlosen Fülle" des gesteigerten schöpferischen Augenblicks die Vereinzelung des Menschen aufgehoben. Er erscheint als ein ‚Zeugungsakt' vor jeder rationalen Zergliederung, als Moment der Ganzheit und Einheit. Nicht um das autonome Kunstwerk geht es Andreas-Salomé, sondern vielmehr darum, wie der Produktionsvorgang im Akt des Rezipierens wiederholt wird. Es findet „eine zweite Weltschöpfung" statt, die „ein höheres Analogon des Lebens über dem Leben wiederholt" (179). Das ‚Unsichtbare' wird im Symbolischen des Kunstwerks sichtbar und beredt.

„In solchem Symbolischwerden der Dinge, in solchem schöpferischen Verhalten zu ihnen nennen wir sie ‚schön', und wirken sie auf uns ‚ästhetisch'; die Schönheit an den Dingen ist nichts, was wir aus ihnen herausdestillieren, sondern sie beruht auf dem Umstand (,) daß wir uns ihrer als Zeichensprache bedienen, um uns unsere Geheimnisse zuzuraunen." (179)

Mißtrauisch gegenüber Schlagworten wie dem modischen Dekadenzbegriff, verteidigt Andreas-Salomé den damals vieldiskutierten Rückzug der modernen Künstler aus dem aktuellen Tagesgeschehen. Man meint Rilke zu hören, wenn es über die Einsamkeit als Bedingung künstlerischen Schaffens heißt:

„Es ist ein Suchen und Langen nach Einsamkeit in den vorgeschrittensten Menschen, in Allen, die etwas in sich tragen, was nicht auf dem Markt geboren werden kann, in Allen, die in sich Hoffnung und Zukunft tragen und heimlich fürchten, dass ihnen diese entheiligt werden könnten. Sie wissen wohl, dass aus dem vollen Kontakt mit der ganzen Breite und Tiefe des wirklichen Lebens die großen Werke entspringen [...], aber bis dahin [...] müssen noch viele andere, stillere Werke ihnen voranschreiten [...]" (180).[13]

Dies habe nichts zu tun mit dekadentem Eskapismus, sondern sei

„ein Versuch, den ganzen zartesten Nüancen-Reichtum sich zu eigen zu machen, der sich leise entfaltet, wenn man die Störungen unedler, brutaler Verhältnisse des Tages nur zeitweilig davon fern hält, damit die Kraft erwachse und erstarke, welche mehr und mehr unsere gesamte ernüchternde Welt und entstellte Wirklichkeit mit ihrem machtvollen Frühling überblühen will" (181).

Programmatisch klingt hier an, was die Künstler des Symbolismus und der Sezession in ihren Zeitschriften – *Blätter für die Kunst*, *Pan* oder *Ver Sacrum* („Heiliger Frühling") – im letzten Jahrzehnt des 19. Jahrhunderts propagierten. Und Lou Andreas-Salomé ergreift Partei. Sie nimmt diese modernen Kunstbewegungen vor dem Verdikt des Pathologischen, wie es die ‚Bildungsphilister' der Zeit formulieren, in Schutz. Sie sieht in der Lyrik ihrer Gegenwart – sicherlich auch sanfter Appell an Rilke – „noch in der leisesten Intimität der Seelenregungen" die Suche nach dem ‚ursprünglich Lebensvollen', nach dem ‚unberührt Anfänglichen', nach dem ‚Gesunden'. Damit versucht sie das Innovatorische der – zumeist vorwurfsvoll so apostrophierten – modernen Kunst zu erklären. Dieses entsteht, meint sie, aus Überdruß an einer Tradition, in der die Formen „so bis zur äußersten Banalität mißbraucht worden sind", daß im Lyriker das Gefühl entstünde, „als schliche sich schon mit der Anwendung ähnlicher Formen an sich etwas Banales, Abgegriffenes, Verbrauchtes in den ganzen Komplex seiner Gefühle ein und beraube sie des Kostbarsten, nämlich ihrer eigenen individuellen Unmittelbarkeit" (181). Im Zeichen dieser Krisenerfahrung wird Hofmannsthal wenig später seinen Philipp Lord Chandos an Francis Bacon schreiben lassen – und ihn dem Schweigen überantworten. Daß ‚Umwertung' an die äußersten Grenzen des Sprechens, bis hin zum Sprachverlust führen kann, sah auch Andreas-Salomé. Die prominenten literarischen Beispiele wie eben der *Chandos-Brief* (1902) oder Rilkes *Malte Laurids Brigge* (1904–10), auch Fritz Mauthners philosophische Sprachkritik (1901/2), offenbaren das Krisenpotential einer solchen Absage an die verbürgten Formen rhetorischer Tradition.

Andreas-Salomé wertet diese (wie jede andere geistige oder religiöse) Krise aber als dynamischen Prozeß, den sie voller Zuversicht in die Selbstbehauptung des Schöpferischen münden sieht:

„denn was im Lyriker raunt und redet, das schafft sich immer wieder entweder neue allgemein gültige Außenzeichen, oder es läutert durch seine innere Kraft und Reinheit die bisher geltenden Formen so, daß diese von jedem neuen Wert, den sie empfangen, auch neues Gepräge tragen" (181).

Als herausragendes Beispiel für den formvollendeten Künstler nennt sie Stefan George, wobei es für ihre Urteilskraft spricht, wenn sie Georges Dichtung rühmt, seine Adepten aber mit Skepsis betrachtet.[14]

Programmatisch und in emphatisch ‚hohem Ton' beschließt Andreas-Salomé ihre *psychologische Studie* über die *Grundformen der Kunst*, in der die „Geheimtiefen der Menschenseele" mit „kunstschöpferischer Notwendigkeit, lebensgestaltend und lebensumfassend, ans Licht" wollen. Je reifer eine Kultur, um so ‚psychologischer' sei ihre Kunst, denn „alle Kunst ist schließlich doch nur eines der verborgenen Weglein, die aus dem Heiligtum des Menschlichen emporführen zu dessen Hallelujah und Lobgesang" (182). Der Mensch und seine Selbsterfahrung sind also auch in der Kunst vornehmster Ausdruck des Lebens – eine lebensphilosophisch geprägte Haltung, die Andreas-Salomés Texte durchgängig grundiert.

3. Als Plädoyer für weibliche Selbstbestimmung und -erfahrung kann ihr Aufsatz *Der Mensch als Weib* von 1899 gelesen werden, mit der sie zur Diskussion um die ‚Geschlechterfrage' beiträgt.[15]

Dieser Aufsatz ist nicht nur eine wichtige Voraussetzung für ihre spätere Theorie des – im Unterschied zu Freud entpathologisierten – Narzißmus (*Narzißmus als Doppelrichtung*, 1921).[16] Er zeigt auch die Nähe von Kreativitäts- und Weiblichkeitskonzeption bei Lou Andreas-Salomé.

Der Mensch als Weib steht im Kontext der damals virulenten Debatte über ‚Wesen' und Rolle der Frau. Im Disput der beiden divergierenden Hauptströmungen – einer aufklärerisch-egalitären, die den Gleichheitsgrundsatz vertritt, und einer anderen, die die Geschlechterdifferenz betont – votiert Andreas-Salomé mit ihrem Aufsatz für die Differenz.[17] Bereits der Titel invertiert das von den Gleichheitsverfechterinnen eingeforderte Grundrecht des Weibes „als Mensch".[18] Entsprechend heftig ist der Widerspruch, den er auslöst.

Bemerkenswert ist dieser Aufsatz, weil er die Schnittfläche zeigt, an der die Frauenfrage um die Jahrhundertwende verhandelt wird. ‚Aufhänger' ist Bölsches populärwissenschaftliches *Liebesleben in der Natur*, eine biologistisch-evolutionäre ‚Erzählung' von Liebe und Fortpflanzung in der Natur. Andreas-Salomé deutet Bölsches biologistisches Evolutionsmodell um in eine symbolistisch-mystifizierende Ursprungs- und Geschlechter-Vision, deren Sprache und Bildlichkeit nicht nur Bölsches Metaphorik aufgreifen, sondern auch an das symbolistische ‚Kultbuch' der Jahrhundertwende, Maurice Maeterlincks *Trésor des humbles* (1896, dt. *Der Schatz der Armen*, 1898), erinnern:[19] Aus der „Urtiefe" erschimmere „dunkel ein Spiegel", „auf dessen geheimnisvollem Grund" die Geschlechterphysiognomie „schon im Umriß" erkennbar sei (286). Und das bedeute Anderssein, denn „tief in der Wurzel aller Leben [existiere] schon das weibliche Element als das geringer Entwickelte, als das Undifferenzierte" (286), was für Andreas-Salomé – positiv – Ursprungsnähe bedeutet. In ihrem charakteristischen, durchaus zeittypischen Sprachduktus bestimmt sie das „männliche Zellchen" als das „geborene Fortschrittszellchen", das immer schon arbeitet, strebt, unzufrieden und zielorientiert ist (286), während die weibliche Eizelle so erscheine, als ob sie in „natürliche[r] Heimath" sich selbst besitze, „als habe sie gewissermaßen die letzten Schritte aus sich heraus [...] in die tausend vagen Wesens- und Lebensmöglichkeiten draußen, nicht mehr mitgemacht", als sei sie „mit dem allerhaltenen unendlichen Ganzen noch unmittelbarer verbunden" (286). Lebenszusammenhang, Harmonie und Einheit des Weiblichen versus Partikularisierung, Spezialisierung, Zersplitterung des Männlichen: Andreas-Salomé operiert nicht mit wissenschaftlichen Kategorien, sondern vielmehr mit Begriffen gleichsam als ‚Widerstandsmetaphern', die dem Fortschrittsdenken einer (patriarchalischen) ‚männlichen' Ordnung jenes lebensphilosophisch geprägte, als ‚weiblich' attributierte ‚Andere' entgegenhalten.

Sowohl dem gängigen Klischee vom passiven weiblichen Anhängsel als auch dem der auf Empfangen und Gebären reduzierten „Mütterlichkeit" erteilt Lou Andreas-Salomé eine Absage. Was selbst von den Verfechterinnen der Frauenfrage übersehen werde, sei,

> „daß das Weib zunächst und vor Allem etwas ganz Selbsteigenes ist […]. Das Zusammenkommen der Geschlechter […] ist die Begegnung zweier selbständiger Welten für sich, von denen die eine mehr zur Concentration ihrer selbst, die andere mehr zur Specialisirung ihrer selbst neigt, was sie beide befähigt, sich kraft solcher Verschiedenheit in der Zeugung einer dritten hochkomplizirten Welt gemeinsam weiterzugeben, und sich auch sonst in allen Lebenserscheinungen sehr glücklich zu ergänzen und aneinander zu steigern." (291)

Entsprechend ihrer „Mütterlichkeit" liegt nach Andreas-Salomé auch psychisch bei der Frau „Thun und Sein" (291) viel enger zusammen als beim Mann. Für die unmittelbarer erlebende Frau „tritt das geschlechtliche Leben […] mehr im ganzen physischen Sein, wie als isolirter Einzeltrieb auf" (291). Der Mann, der „zu einer rohen Momentbefriedigung seiner Sinnlichkeit ohne jede nennenswerthe Mitleidenschaft seiner Regungen fähig ist" (291), partikularisiere seine Triebe. Die Frau dagegen erlebe Sinnlichkeit als Ganzheit, die ihr Offenheit und Freiheit ermögliche. „Jungfräulichkeit" und „Mütterlichkeit" werden als die beiden Formen spezifisch weiblicher Identität bezeichnet, an der der Mann nur indirekt – und bestensfalls in Ehrfurcht – partizipieren kann. Die Sexualität der Geschlechter wird dann aber, entgegen ihrer erklärten Absicht, zum Maßstab einer

Wertung. Dem harmonischen Zusammenklang aller Sinne, der tiefer empfundenen und schönen weiblichen Sexualität stellt sie die triebunterworfene, häßliche des Mannes gegenüber.

Die Ästhetisierung und ‚Archaisierung' der weiblichen Sexualität verschwistert Künstler- und Weiblichkeitsmythos. Der Künstler vermag die fehlende öffentliche Repräsentanz der Frau zu kompensieren, ihr Schweigen sprechen zu machen. Denn während der Mann durch seine Leistungen wirke, sich selbst tradiere und sein seelisches Erleben durch die Kunst offenbare, gebe es von der Frau keine vergleichbaren ‚Zeugnisse':

„Aber wie selten haben Frauen ‚sich' gedichtet, – weder unmittelbar, noch mittelbar durch ein weibliches Kunstwerk über den Mann oder die Welt, wie sie ihnen erscheint. Was es davon giebt, ist verschwindend wenig, [...] so müssen wir doch auch jetzt noch den Werken *seiner* Kunst lauschen, wenn wir vom Tiefsten und Holdesten, vom Einfachsten und Stärksten dessen getroffen werden wollen, was im Weibe lebt" (295).

Künstlertum bedeutet für Andreas-Salomé die Fähigkeit zur verschmelzenden Einfühlung, ein „Glück geistiger Schwangerschaft", die in der Gesellschaft in der Regel als weiblich oder ‚unmännlich' empfunden werde. Gerade dieses weibliche Element setze dem Künstler aber „die Königskrone" auf sein „praktisches Mannesthum" (296), lasse ihn sein höchstes Potential erreichen. Bei der Frau hingegen entfalten sich die schöpferischen Kräfte im inneren Erleben, in ihrem unmittelbaren Lebenszusammenhang.

Andreas-Salomé wählt dafür – in der ihr eigenen Vorliebe für Naturmetaphorik – das Bild des Baumes, dessen Früchte nicht zu isolierten Zwecken da seien, sondern der blühe und Schatten spende und darin seine Kraft verbrauche.[20]

Ihr ebenfalls 1899 veröffentlichter Artikel *Ketzereien gegen die moderne Frau* zeigt eine weitere Facette der Diskussion von Frauen um 1900. Andreas-Salomé argumentiert hier öffentlich gegen ihre enge Freundin Frieda von Bülow, deren Artikel *Männerurtheil über Frauendichtung* – im selben Jahr in Maximilian Hardens *Zukunft* erschienen – für eine an eigenen Maßstäben zu messende Literatur von Frauen eintritt.[21] Andreas-Salomé dagegen beruft sich auf einen ‚objektiv' zu fassenden Qualitätsbegriff und marginalisiert die Bedeutung künstlerischen Schaffens für Frauen.

Verständlich wird die Kontroverse vor dem Hintergrund der steigenden Zahl der Künstlerinnen, die in jener dualen Geschlechterideologie zum Problem wurden. Andreas-Salomés Aufsätze *Grundformen der Kunst* und *Der Mensch als Weib* zeigen deutlich, wo sich die Argumentationsfelder ‚Kunst' und ‚Geschlecht' überschneiden. Ihre Lösung: Eine Frau sollte einer künstlerischen Betätigung gar nicht bedürfen, denn ein Werk entstehe immer um den Preis eines inneren Konfliktes oder eines Mangels.

„Daher ist die prinzipielle geistige und praktische Conkurrenz mit dem Mann, – das Beweis-Erbringen ihrer gleichwertigen Leistungsfähigkeit in jedem isolierten Einzelberuf, – ein wahres Teufelswerk, und der äußerliche Ehrgeiz, der dabei geweckt wird, ungefähr die tödtlichste Eigenschaft, die das Weib sich anzüchten kann." (297)

Den Vorzug der Frau – daß sie nämlich dieser männlichen Form der Selbstbestätigung nicht bedarf – ihre größere Genußfähigkeit, ihre „lebensausathmende Selbstsucht" (297), ihre Güte, Wärme und Lebensfreude – all dies gäbe sie auf, wenn sie die „sachliche Selbstlosigkeit" des Mannes, welche Leistung, aber auch Vereinzelung und menschliche Defizienz zur Folge habe, anstreben würde. Die Verankerung ihres Tuns und Denkens im Gefühl – „was nicht in unser Gefühl eintritt, das beschäftigt unser Denken nicht lange" (299) – bedingt das ‚Anderssein' der Frau, welches wiederum gründet in dem Rhythmus des Körpers, Zeichen unhintergehbarer lebensunmittelbarer Zentriertheit. Da die Frau sich organisch ins ‚Lebensganze' einfügt, integriert sie auch den Tod selbstverständlicher in ihr Erleben als der Mann. Der Tod wird so zur Vereinigung mit dem, was wie ein „uralter Traum" ihr Leben grundiert. Selbstbehauptung und Hingabe als die beiden zentralen weiblichen Merkmale entspringen ihrem tiefen Eingebundensein in den Zyklus von Werden und Vergehen. Demgegenüber ist der

Mann der „tragische Typus", der, je erfolgreicher er ist, um so stärker der Natur entfremdet und entsprechend mit seinem Tod um so gewaltsamer zurückgerissen wird (307).

Das klassische emanzipatorische Bedürfnis der Frau, sich jenseits des engen häuslichen Familienkreises Beruf und Selbständigkeit zu erwerben, ist für Andreas-Salomé kein Ziel – Ziel kann nach ihrer Auffassung nur die Selbstwerdung, das stabile, in sich ruhende weibliche Selbst sein. Daher könne es keine Emanzipationsrezepte geben, sondern nur das Prinzip Freiheit – ein Plädoyer für ein selbstbestimmtes, freies (weibliches) Subjekt, dem die Gestaltung des eigenen Lebens selbst überlassen bleiben sollte.

An einer solchen „Philosophie der Geschlechter", deren Rahmen die Differenzvertreterinnen der Frauenbewegung absteckten, waren auch Kultursoziologen wie Karl Scheffler oder Georg Simmel beteiligt. In seiner Schrift über *Das Relative und das Absolute im Geschlechter-Problem* (1911)[22] argumentiert Simmel mit einem Differenzmodell, das dem von Andreas-Salomé verwandt ist. Wenn er auch die Frau – wie sie – mystifizierend überschätzt und sie – anders als sie – im ‚Container' der Männerphantasie ‚projektiv stillstellt', weisen einzelne Überlegungen Simmels – bei aller Fortschreibung der Rollen – bereits in eine Richtung, in der die Asymmetrie des Geschlechterverhältnisses als (patriarchalischer) Diskurs erkennbar ist.[23] Lou Andreas-Salomé jedenfalls fühlt sich in der Geschlechterdebatte von Simmel verstanden: „wie wir darin übereinstimmten, zeigte vor einem $^1/_4$ Jahrhundert sein Brief auf meinen alten Aufsatz: *Der Mensch als Weib*", notiert sie 1912 in ihr Tagebuch.[24]

In Andreas-Salomés Anschauungen scheint ihre eigene Geschichte mitzuschwingen, das, was sie selbst zu leben suchte und was Vertreterinnen des ‚Gleichheitsprinzips', wie etwa Hedwig Dohm, heftig opponierten.[25] Hedwig Dohm läßt Ellen Key, Lou Andreas-Salomé und Laura Marholm zwar als begabte Schriftstellerinnen gelten, verurteilt sie aber zugleich als „Fahnenträgerinnen der Reaktion". Lou Andreas-Salomé selbst sieht sich wie Laura Marholm und Ellen Key zwischen den Lagern der Frauenbewegung. Keys Urteil, daß die „Rückkehr zum eigenen

Ich, zur Urnatur, zu dem Großen, Geheimnisvollen, das unsere Lebensquelle ist", der „bedeutungsvollste Zug am Schluß des Jahrhunderts" sei, stimmt sie uneingeschränkt zu.[26] So mündet Andreas-Salomés Differenzmodell in eben die lebensphilosophisch geprägte Geschlechterideologie, die die Frau zur Mittlerin „einer letzten Harmonie alles Seienden" (307) stilisiert. Sie entbindet „Weiblichkeit" aus jeglichen politischen und sozialen Kategorien und verbindet sie mit dem ‚höheren Menschlichen', das in der modernen Zivilisation – synonym mit Künstlichkeit, Entfremdung, Verflachung der Beziehungen – die Erinnerung einer vormaligen Einheit wachhält.

4. Sowohl die *Grundformen der Kunst* wie *Der Mensch als Weib* stehen im Kontext eines Denkens, das der Moderne die abgekehrte Seite der Vernunft entgegenstellt. Sie bietet ihr in Form von impliziter Idealismus-, Fortschritts- und Zivilisationskritik Paroli. Als Reaktion auf die rasante Entwicklung des 19. Jahrhunderts und die daraus folgende Orientierungslosigkeit lautet ihr Credo, daß „der Wahrheit nichts näher [liege] *als die unermeßliche Ehrfurcht vor allem was ist.*"[27] Wie Hofmannsthal oder Rilke, wie Georg Simmel oder schon – wegweisend und radikal – Friedrich Nietzsche, geht es ihr um die Suche nach einem Verstehensmodell, das, nach dem Ende der Metaphysik, eine Re-Integration von zunehmend disparater werdenden (naturwissenschaftlichen) Einzelerkenntnissen zu einem „Verstand und Gefühl"[28] vereinigenden Sinnzusammenhang leistet. Die Evolutionstheorie verdeutlicht für sie, welcher „Größenwahnsinn" es sei, daß der Mensch „in seinen Moral- und Religionsanschauungen eine erzieherische, knechtende, dominierende Rolle gegenüber dem Körperlichen" einnehme.[29] Dies spiegele sich in den Geschlechterdebatten der Zeit, welche aber womöglich auf einer anderen Kulturstufe überwunden werden könnten.

„Aber wie jede überwundene Kultur nicht nur Neuem den Boden bereitet, sondern auch oft unermeßliche Schätze mit sich begräbt, so wird es auch dann vielleicht einen Verlust zu bedauern geben. Warum sollte nicht gerade aus der noch bestehenden Ungleichheit zwischen den

Entwicklungsstufen von ‚Körper' und ‚Geist' manches Tiefste und Schönste unseres innern Lebens, unsres Liebens, hervorgehen, – warum sollte es nicht gerade an diese Grundkonflikte [...] ja ans Tragische gebunden sein?"[30]

Ein Vergleich von *Der Mensch als Weib* mit ihrem psychoanalytischen Aufsatz *Zum Typus Weib,* der 1914 in Sigmund Freuds Zeitschrift *Imago* erscheint, zeigt, wie sehr Andreas-Salomé auch nach ihrer Begegnung mit der Psychoanalyse, die sie als Bestätigung ihrer zentralen Gedanken und Beobachtungen versteht, an ihren Grundanschauungen festhält. Die Merkmale der Geschlechterdifferenz erscheinen unverändert: Der Mann, der sich spaltet in sexuellen Trieb und Geistigkeit, der sich in der Fortpflanzung ‚altruistisch' opfert, und die in sich ruhende, ‚glücksegoistische' Frau, deren *eine* Kulturtat das Kind ist, Sinnbild der Vereinigung von „Sexual- und Seelenfreude" und Geschenk der Fülle. Die Frau besitzt, was der Mann erst durch seine weiblichen Anteile in seinen großen Werken schafft: die Erinnerung an eine ursprüngliche Einheit. Durchgängig wird es ihr in ihren psychoanalytischen Arbeiten um die Suche nach dem Selbst und nach einem versöhnten Miteinander der Geschlechter gehen, das auf der weiblichen Andersheit besteht, aber die Differenz als Bedingung der Existenz nicht destruktiv wirken lassen, sondern konstruktiv wenden will. Verglichen mit ihren früheren Konzepten wird sie sich die Sprache der Psychoanalyse aneignen, aber dennoch das ihr eigene metaphorische Sprechen wie auch ihre Grundpositionen beibehalten.[31]

Ihre Psychoanalyse praktiziert Andreas-Salomé in großer persönlicher Nähe zu den Analysanden. Als sie diese für sich entdeckt, verliert die literarische Tätigkeit für sie an Bedeutung. Die psychoanalytische Tiefenhermeneutik bietet ihrem immer schon vorhandenen, mit Selbstbeobachtung verschränkten Interesse am Menschen eine methodische Grundlage, die sie sich eigenwillig anverwandelt. Im Rahmen ihrer anthropologischen Orientierung versucht sie – anders als Freud – Psychologie und Philosophie nicht zu trennen, sondern der psychologischen Dechiffrierung eine Sinnkomponente hinzuzufügen, ohne die sie menschliche Existenz nicht denken will. Beispielhaft zeigt das Andreas-Salomés psychoanalytischer Aufsatz *Narzißmus als Doppelrichtung* (1921). Narzißmus oder die narzißtischen Anteile des Menschen werden zurückgeführt auf jenes von ihr früher als „Urgrund" bezeichnete Element einer frühen ganzheitlichen phylogenetischen Stufe. Das Narzißtische ist der Ort, „wo wir trotz aller Entwicklung ewig zuhause bleiben".[32] Nicht zufällig klingt hier das berühmte Wort von Novalis an – „Wohin gehen wir? Immer nach Hause" – als romantische Sehnsuchtsformel, deren utopisches Moment nunmehr in der Metapher des Narziß psychoanalytisch aufgegriffen wird – ins Innere des Menschen verlagertes Relikt eines Urzustandes der Ganzheit und Einheit. Kritisch sieht Andreas-Salomé auch in der Psychoanalyse die Grenzen des „Wissens", besteht sie auf der Gewinnung eines menschlichen Selbst-Bewußtseins, das sich als ‚Selbst' wie als (begrenzter) Teil eines Lebensganzen begreift. Darüber nachzudenken bedeutet freilich, den Diskurs der Psychoanalyse zu verlassen und die Grenzen der Disziplinen zu überschreiten: „In Wahrheit ist ja nämlich die Allverwobenheit des Einzelgeschöpfs, unsere Einheit mit dem Sein außer uns, womit der Philosoph und nicht der Psychoanalytiker sich zu befassen hat".[33]

Marie Luise Gothein (1863–1931) „Weibliche Provinzen" der Kultur*

von Christine Göttler

„Nun das neue Jahr muss mir vieles bringen – obgleich es mir mit dem Buche seltsam geht […], von mir hat es sich schon gelöst und ich merke sogar, dass ich schon gar nicht mehr gerne von andern etwas über Gärten höre […], ich denke oft, wie öde es doch einem Specialisten zu Mute sein muss, der sein ganzes Leben nur ein Gebietchen behandelt – nun es muss natürlich solche Maulwürfe geben."[1]

Marie Luise Gothein notiert diese Worte am 11. September 1913, dem Vortag ihres fünfzigsten Geburtstags, für ihren Mann Eberhard Gothein. Beim Schreiben sitzt sie im eigenen, umsorgten Garten des Heidelberger Hauses an der Weberstraße 10. Eben hat sie das Vorwort zu ihrer zweibändigen *Geschichte der Gartenkunst* verfaßt und damit ihr Hauptwerk abgeschlossen, welches sie 1903 in London mit einer Studie über die Entstehung des englischen Landschaftsgartens begonnen hatte. Acht Jahre lang erforschte sie auf langen Reisen die Gartenkultur vom alten Ägypten bis ins 19. Jahrhundert. 1911 war das Manuskript fertiggestellt. Nach gescheiterten Verhandlungen mit Grote, der ihr eine populäre Fassung aufzudrängen versuchte, dann Teubner und Heymann, konnte sie sich schließlich mit Eugen Diederichs in Jena, den sie für einen „Freimaurerverlag" hielt,[2] einigen.

Mit diesem Buch hat Marie Luise Gothein die Wissenschaft der Gärten begründet und die Anerkennung der akademischen Welt gefunden. In zwei reich illustrierten Bänden und auf 960 Seiten macht sie ihren Lesern deutlich, wie ästhetische Anschauungen, Literatur, Philosophie, gesellschaftliche und religiöse Utopien die wechselnde Gestalt der Gärten bestimmten. Sie leitet die verschiedenen Typen entwicklungsgeschichtlich

Marie-Luise Gothein

her: die Tempel- und Totengärten der Ägypter, den Lustgarten des griechischen Romans, die Kloster- und Burggärten des Mittelalters, den durch Geometrie gebändigten Garten des Barock und die ideale Landschaft des englischen 18. Jahrhunderts. Im Vorwort hebt Marie Luise Gothein die kulturgeschichtliche und soziologische Funktion der Gärten hervor: „Die Kunstgeschichte selber wird hier zu einem Stück Geschichte der Gesellschaft."[3] Renommierte Gelehrte haben auf ihr Werk reagiert: Als erster Theodor Heuss, der es gleich am 2. März 1914 im *Berliner Tagblatt* vorstellt. Unmittelbar nach Erscheinen der Bände druckte auch Max Dvorák eine längere Rezension in den *Kunstgeschichtlichen Anzeigen* ab.[4] Dvorák grenzt darin die „profunde Gelehrtenarbeit" und die „wissenschaftliche Kultur" der Autorin von den ‚coffeetable-books' vor allem englischer Autorinnen ab, die „in Mußestunden" entstanden seien. Mitte März verspricht ihr Georg Lukács, der damals in Heidelberg an seiner Ästhetik arbeitet, eine Besprechung, die allerdings erst 1915 erscheint.[5] Daß die Leistung der Autorin auch Irritation hervorrief, vermerkt diese selbst mit Spott, wenn sie über die „Recension in der Gartenkunst von Leberecht Migge" berichtet, der von ihr „wie von einem Manne" spricht, „einmal sogar der Große Gothein" schreibt.[6] Die *Geschichte der Gartenkunst* ist bis zum heutigen Tag ein wissenschaftlicher Bestseller geblieben. 1926 publizierte Diederichs die zweite Auflage, die 1977 und 1988 wieder gedruckt wurde. 1928 gab Walter P. Wright eine durch zwei Kapitel ergänzte englische Ausgabe heraus, die 1966 und 1979 im Neudruck erschien.

Wer war die gelehrte Frau, die mit diesem „Geschichtswerk großen Stils [...] unbekanntes Land" betrat? Marie Luise Gothein hat weder ein Gymnasium noch die Universität besucht. Sie war die Frau des damaligen Rektors der Heidelberger Universität, des Nationalökonomen und Kulturwissenschaftlers Eberhard Gothein (1853–1923),[8] und Mutter von vier Söhnen. Der Georgeaner Edgar Salin (1892–1974), Ökonom und früherer Assistent ihres Mannes, spricht ihr einen „leidenschaftlichen Bildungswillen" zu,[9] und Marianne Weber (1870–1954), die ebenfalls nur eine höhere Töchterschule besucht hatte, nennt sie „exceptionell gescheidt".[10] Schon vor dem Erscheinen des Gartenbuchs hatte Marie Luise Gothein sich durch zwei Bücher über die englischen Romantiker Wordsworth und Keats, durch Übersetzungen aus dem Englischen und durch archäologische, literarische und religionswissenschaftliche Studien einen Namen gemacht.

1. Als Professorengattin bildete Marie Luise Gothein eine Ausnahme; für eine intellektuelle Frau ihrer Generation war ihr Lebenslauf aber so ungewöhnlich nicht. Marie Luise Schröter wurde am 12. September 1863 in Passenheim als älteste Tochter von vier Kindern geboren.[11] Ihr Vater war Amtsrichter, ihre Kindheit verlebte sie in Ostpreußen. Als Mädchen hat sich ihr „tief [...] der Zwang der täglichen häuslichen Handarbeit eingeprägt",[12] und als sie vor dem Eintritt ins Lehrerinnenseminar ein halbes Jahr zu Hause bleiben sollte, um „allerlei Haushaltsdinge [zu] lernen", langweilte sie sich „masslos, besonders das Kochen war mir ein Greul".[13] Die Wissenschaft, oder, wie sie selbst formuliert, „meines Lebens Freiheit und den weiten Standpunkt",[14] hat ihr Eberhard Gothein ermöglicht, der aus einer jüdischen Familie stammte; es war auch in ihrem Fall der liberale jüdische Umkreis, welcher die günstigen Bedingungen für die Frauenemanzipation schuf.[15] Als Aushilfslehrer an einer privaten Mädchenschule in Breslau hatte sich der frisch promovierte Gothein in „seine beste Schülerin" verliebt, in das „blonde Mädel [...], das während der Stunden so mäuschenstill zuhören konnte". Sie allerdings wurde durch „das ewige Nekken meiner Mitschülerinnen [...] oft ganz rabbiat [...], denn ausser im Lernen war ich eigentlich ein spät und langsam reifender Mensch, noch völlig und mit Leidenschaft Kind, das mit Grauen daran dachte, dass es auch einmal erwachsen sein müsste".[16] Sie heirateten 1885, nachdem Gothein an der Technischen Hochschule in Karlsruhe eine Professur für Nationalökonomie erhalten hatte. Gothein, ein Schüler Burckhardts und Diltheys, hatte sich 1878 mit der Schrift *Politische und religiöse Volksbewegungen vor der Reformation* habilitiert. 1889 verteidigt er mit einem engagierten Text die damals noch junge

Disziplin der Kulturgeschichte,[17] zu der sich auch Marie Luise Gothein bekennt. Gothein fühlt sich denn auch am Ziel seiner Wünsche, als er im folgenden Jahr den Ruf nach Bonn bekommt und er neben „dem Hauptamt als Nationalökonom [...] auch den vollen Lehrauftrag für Kulturgeschichte" erhält.[18] Viel schwerer fiel dem Fünfzigjährigen hingegen die Entscheidung für Heidelberg, wohin er 1903 berufen wurde, und nur langsam faßte auch seine Ehefrau, die im Herbst 1904 mit den drei jüngeren Söhnen nachgekommen war, in der alten „Heidelberger Geheimratsgesellschaft" Fuß.[19] Heidelberg wurde für Marie Luise Gothein zur dritten und letzten Heimat. Sie erlebte die großen Momente des bürgerlichen Städtchens: In den damals neu gegründeten intellektuellen Zirkeln, bei den Eranos-Zusammenkünften und im Janus-Kreis, in der erotischen Befreiungsbewegung und in der Frauenbewegung trafen sehr heterogene Theorien und Lebensphilosophien aufeinander.[20] Marie Luise Gothein versammelte selbst eine Reihe von Wissenschaftlern und Künstlern um sich, und „im Haus Gothein führte sie nicht nur unbestritten das Regiment, sondern bildete auch geistig den Mittelpunkt". Sie erreichte im gesellschaftlichen Leben Heidelbergs bald eine ähnliche Bedeutung wie Marianne Weber, mit der sie heimlich konkurrierte. Vor allem die Jüngeren aus dem George-Kreis zog sie durch ihre „natürliche Jugendlichkeit" an, die sie, „obwohl schon Mitte der 40 stehend, besaß", so daß Norbert von Hellingrath (1888–1916) den Erfolg einer Einladung gar unter dem Aspekt beurteilte, „ob der Alte mehr oder weniger ‚gestört' habe".[21] Marie Luise Gothein erfuhr aber auch den Verlust dieser reichen Kultur durch den Ausbruch des Ersten Weltkriegs, der ihre eigenen Lebenspläne zerstörte. Zwei Jahre nach dem Tod ihres Gatten (1923) unternahm sie eine lange Reise nach Java, China und Japan. Zurück in Heidelberg, bezog sie ein neues, im Bauhaus-Stil errichtetes Haus. Marie Luise Gothein starb am Heiligabend 1931, ohne Hoffnung, berichtete ihr Freund Edgar Salin, daß „noch eine Rettung für Deutschland sei vor dem Sturz in den Abgrund".[22]

Durch die soziale Position ihres Mannes war Marie Luise Gothein nicht auf Erwerbstätigkeit angewiesen. Sie hat es jedoch immer als beschämend empfunden, „so umsonst zu arbeiten",[23] besonders für das Gartenbuch, wo sie sich zudem noch um die Finanzierung der Abbildungen kümmern mußte. Wie waren die Bedingungen ihrer wissenschaftlichen Tätigkeit, die außerhalb der akademischen Strukturen geschah? In erster Linie waren sie und ihr Mann einander wechselseitig kritische Leser, und die aktuellen Arbeiten, von flüchtig notierten Einfällen bis zu ausformulierten Berichten, nehmen am meisten Platz im betriebsamen Briefwechsel des Paares ein. Darüber hinaus waren es Freundschaften mit meist jüngeren Gelehrten, welche ihr „einen geistigen Reichtum" vermittelten.[24] Mit Bewunderung äußert sich Marianne Weber über ihre „viele[n] Freunde [...], mit denen sie regelmäßig korrespondiert, [...] von denen täglich jemand bei ihr ist – (lauter Männer, denn die Frauen sind ihr zu langweilig)".[25] Gegenüber den Dialogen mit Männern, über die Marie Luise Gothein sich öfters in Briefen ausbreitet, bleibt der Anteil von Frauen im dunkeln. Sie schwieg sich über ihre Kolleginnen gerne aus, mit wenigen Ausnahmen, vor allem Else Jaffé geb. von Richthofen (1874–1973), „der ich so viel in meinem Leben verdanke".[26]

2. Wie kam es dazu, daß Marie Luise Gothein gerade die Geschichte der Gärten als ihren Hauptgegenstand wählte? Unter drei Gesichtspunkten läßt sich ihre Themenwahl historisch und biographisch begründen: Marie Luise Gothein verstand die Erforschung der Gärten als Form des Edierens und Übersetzens; sie setzte folglich im Bereich der Kunst- und Kulturwissenschaften eine Methode fort, in der sie als Literaturwissenschaftlerin seit langem geübt war. Darüber hinaus waren ihr die Motive von Garten und Park aus der englischen Romantik und der Lyrik um 1900 vertraut. Schließlich ist das Thema des Gartens in besonderem Maß auch mit weiblicher Autorschaft verknüpft und führt zu einer von Georg Simmel eröffneten Diskussion: der Frage nach einer „weiblichen" Wissenschaft und Kultur.

Marie Luise Gothein sieht den Garten als Palimpsest: als ein sich ständig veränderndes Buch, das im Lauf der Zeit zum Träger verschiedener Texte wird; es ist Aufgabe des Philologen, diese in umgekehrter Richtung wieder lesbar zu machen. Im Vorwort der Gartengeschichte erklärt Marie Luise Gothein ihr Vorgehen beim Entziffern der Gärten: Der jeweils sichtbare Garten sei „wie ein verderbter Text", der „immer erst durch Vergleich mit alten Abbildungen und Nachrichten in seinem ursprünglichen Zustand wiederhergestellt werden" muß.[27] Mit historischer Phantasie, so sagen es auch ihre Briefe, wanderte sie durch die oft nur fragmentarisch erhaltenen Parkanlagen und versuchte, diese durch Lektüre und archivalische Studien in ihrer vergangenen Gestalt zu rekonstruieren. Den verwilderten Garten von Castello beispielsweise, der „in Wirklichkeit so still und verlassen [war], nur die Nachtigallen sangen", läßt sie zugleich als das vom zeitgenössischen Künstlerbiographen Giorgio Vasari (1511–1574) beschriebene technische Wunderwerk lebendig werden:

„ich setzte die herrlichen Blumen an ihre alte Stelle das Labyrinth wuchs empor, die Wände belebten sich mit Brunnen, die Statuen erstanden auf ihren Postamenten und die Grotten ertönten von künstlichem Vogelgesang und Wasserorgelklang."[28]

Auch im „riesigen Gelände" des Wörlitzer Parks, durch den sie Anfang April 1909 „3 1/2 Stunden in tiefster Einsamkeit" geht, hilft ihr die „langjährig geübte Fantasie", die fehlenden „Blumen und Farben" zu ergänzen. Wörlitz verwandelt sich in den sommerlichen Kunstgarten zurück, wo „jeder malerische Effekt berechnet ist", und Marie Luise Gothein wird deutlich, „wie thöricht das Gerede der heutigen Kunstheisssporne ist, dass der englische Landschaftsgarten kein Kunstgarten sei".[29]

Nach einem Besuch des Parkes von Petworth, ein Werk des berühmten Gartenkünstlers Lancelot Brown, hält Marie Luise Gothein im Oktober 1903 dieses frühe Gartenerlebnis fest: Die wie ein Landschaftsbild als ländliche Szene gestaltete Anlage nennt sie „eigentlich nur eine gepflegte Natur".[30] Es waren folglich die Landschaftsgärten der zweiten Hälfte des 18. Jahrhunderts mit ihrem sanft hügeligen Terrain und den vielfach gewundenen künstlichen Seen, die sie zuallererst ansprachen. Eine solcherart vorgetäuschte Natur verband die Gartentheorie mit Vorstellungen von Arkadien und einer utopischen Gegenwelt zur Zivilisation. Florale Motivik ist in der Kunst der Jahrhundertwende von grundlegender Bedeutung. Bei Beginn ihrer Arbeit kannte Marie Luise Gothein neben den Landschaftsschilderungen der englischen Romantiker auch die Gartenikonographie der präraffaelitischen Malerei, etwa eines Dante Gabriel Rossetti (1828–1882), bei dem Bäume, Blumen und Büsche die Staffage abgeben für Personen und traumähnliche Begegnungen aus der Bibel, aus der mittelalterlichen oder romantischen Literatur. Mit Sicherheit war ihr die Garten- und Parklyrik Stefan Georges geläufig, etwa sein relativ bekannter Gedichtzyklus *Jahr der Seele,* den unter anderem Lou Andreas-Salomé, Lukács und Simmel besprachen.[31] In ihrer Korrespondenz läßt sie immer wieder Gemeinplätze romantischer und moderner Garten- und Natursymbolik einfließen: Sie thematisiert sowohl Garteneinsamkeit wie auch mit beißender Ironie den Gegensatz zwischen der „Schönheit der Natur und der Vergangenheit" und der „armselig[en] Gesellschaft" der deutschen Akademiker in Florenz, „die so voll Dünkel ist und so gar nichts mehr leistet und kaum noch etwas denkt".[32]

Als Marie Luise Gothein 1931 von der Universität Heidelberg mit dem Ehrendoktor ausgezeichnet wird, hält ihr langjähriger Freund Friedrich Gundolf (1880–1931) die Laudatio: Sie habe sich „mit mannhafter Helle, Tatkraft, Werkfreude [...] um die Erforschung des Erforschlichen" bemüht, und dies „aus einer weiblichen Lust – ja Neugier – am schönen Überfluß der Welt".[33] Entsprang folglich das Thema des Gartens einer „weiblichen" Freude am Luxuriösen und Verschwenderischen, das etwa im paradiesischen Lustgarten seinen vollendeten Ausdruck findet? Vor dem Hintergrund der kontrovers geführten Diskussion um „weibliche Kultur" und „weibliche Wissenschaft" zu Beginn des Jahrhunderts drängt es sich auf, den Themenbereich des Gartens ebenfalls in diesem Kontext zu betrachten.[34] So scheint es vorerst verlockend, den im Grenzbereich zwischen Natur und Kultur angesiedelten Garten den „weiblichen Provinzen" einer männlich dominierten Kultur zuzurechnen, wie sie Georg Simmel in seinem 1902 erschienenen Aufsatz *Weibliche Kultur* postuliert.[35] Simmel, hier noch den Vorurteilen des 19. Jahrhunderts gegen ‚Weiblichkeit' verhaftet, setzt bei der Frau eine „Unteilbarkeit" und „Einheitlichkeit" der Persönlichkeit und eine intakte „Beziehung [...] zu der ungebrochenen Einheit der Natur" voraus.[36] Neben der auf „momentane Ansprüche und Interessen" gerichteten „häuslichen Wirtschaftsführung"[37] läßt er vor allem auch das „historische Erkennen" durch die „einfühlende" und „nachbildende Phantasie" als „große Kulturleistung der Frau" gelten.[38] Der Garten als ein empfindliches und ständiger Pflege bedürftiges Reservat der Natur, so könnte man nun mit Simmel argumentieren, entspreche im Rhythmus der „weiblichen Seele", welche sich gegen die Produktion von dauerhaften Werten, „die wir objektive Kultur nennen, sträubt".[39] Nach Marie Luise Gothein setzt auch das Studium der Gärten historische Phantasie voraus. Zwar beharrte sie nie auf einer weiblichen Sphäre der Wissenschaft, wenn man auch ihre Thematik im weitesten Sinn als „weiblich" bezeichnen könnte: Frauen, Garten, Geselligkeit, Liebe, Romantik und religiöse Mystik. Aber in einem wichtigen Punkt ist Marie Luise Gothein mit Simmel nicht einig: In einem brieflichen Streitgespräch mit ihrem Mann 1909 beansprucht sie Objektivität und innere Distanz gegenüber dem Gegenstand genauso für sich, jedoch ohne Simmels Namen zu nennen.[40]

3. In London, beziehungsweise im kreisrunden Lesesaal des British Museum beginnt Marie Luise Gothein 1892 ihre selbständige wissenschaftliche Arbeit. Sie hält sich von nun an „mindestens alle zwei Jahre sechs bis acht Wochen dort meiner Studien halber" auf. England, welches ihr Mann nur ein einziges Mal für kurze zehn Tage besuchte, sahen „die Frauen in seinem Hause [...] immer etwas als ihre Domäne an".[41] Ihr wird es zur neuen Heimat, in der sie sich mit ihren Interessen aufgehoben fühlt. Die englische Literatur, vor allem die Lyrik, bildete den Ausgangspunkt ihrer meisten Studien, von denen die wohl früheste eine Arbeit über *Londoner Literatengeselligkeit in der Zeit*

der Romantik war; sie trug die Ergebnisse in den frühen 90er Jahren vor dem Verein für Förderung der Frauenbildung vor: In den „durchaus männlich[en]" gesellschaftlichen Formen des „jungen England der Romantik" sieht sie ein Gegenbild zu den von Frauen ins Leben gerufenen Berliner Salons.[42] Unter Romantik versteht Marie Luise Gothein vorrangig „das Streben, Dichtung und Leben mit einander zu verschlingen".[43] Auch die „neue Ethik" der erotischen Befreiung wird sich später auf romantische Lebensformen berufen: Für Marianne Weber beispielsweise sind diese „jungen Leute", zu denen auch Marie Luise Gothein Kontakte hielt, „in ihren geistigen Impulsen mit den Romantikern verwandt": Sie „stellen einmal wieder ‚bürgerliche' Denk- und Lebensordnungen in Frage. Sie kämpfen im Namen persönlicher Freiheit um alte und neue Ideale der Lebensgestaltung."[44]

Im London der Jahrhundertwende konnte Marie Luise Gothein den Fortschritt der Frauenemanzipation und den raschen Zuwachs der an Universitäten studierenden Frauen beobachten. Sie selbst ist erstaunlich produktiv: Als Dreißigjährige legt sie ihre erste Publikation über den frühromantischen Dichter William Wordsworth vor; ihre zwei ältesten Söhne sind eben schulpflichtig geworden. Die vier Jahre später entstandene Abhandlung über John Keats widmet sie „dem Gedächtnis von Anna Wendt", der verehrten älteren Freundin aus der Karlsruher Zeit.[45] Es unterstreicht ihre Nähe zur „eigenwilligen" englischen Romantik, wenn sie, fast programmatisch, ihren am 22. Mai 1896 in Bonn geborenen jüngsten Sohn nach dem romantischen Lyriker Percy Bysshe Shelley nennt, nach diesem „edle[n], großmütige[n], enthusiastische[n], vornehme[n] Mensch[en]", dem „gefürchtete[n] und verhaßte[n] Atheist[en]" auch, der in Marlow bei London „ein einsiedlerisches Leben voller Arbeit" führte, unterbrochen „nur von Wanderungen an der Themse".[46]

Mit England hängt das zweite große Feld ihrer Arbeit zusammen: die Übersetzungen, durch welche Marie Luise Gothein einer Reihe von englischsprachigen Werken im deutschen Sprachraum Geltung verschaffte. Auch hier ist sie Pionierin:

Meines Wissens hat sie als erste die *Sonette aus dem Portugiesischen* von Elizabeth Barrett Browning (1847) ins Deutsche übertragen. Rilkes Nachdichtungen „jener glänzenden Liebesgedichte" erschienen erst im Mai 1908.[47] Marie Luise Gothein hat in ihrer Einleitung Elizabeth Barrett Brownings „gewisse Überkühnheit der Bilder, die sie manchmal hart an die Grenze des poetisch Möglichen führt", von der Lyrik ihres Mannes Robert Browning abgegrenzt. Während der nämlich „im höchsten Sinne objektive Dichtung" schreibe, seien die Gedichte der jahrelang kranken Frau, der „die Liebe als Arzt" half, als „direkte Enthüllung der eigenen Seele", als „ein Stück unmittelbaren Ausdruck des Lebens" zu werten: 1903 übernimmt Marie Luise Gothein folglich noch Simmels Unterscheidung zwischen weiblicher Selbstgenügsamkeit und männlicher Objektivierung; sein Essay über *Weibliche Kultur* war im Vorjahr erschienen. Eine weitere wichtige Übersetzung Marie Luise Gotheins aus dem Englischen sei hier erwähnt: das *Gitanjali* (Sangesopfer) des bengalischen Dichters Rabindranath Tagore (1861–1941). Vorlage war Tagores eigene englische Sammlung von religiös-mystischen Gedichten in Liedform, die im Londoner Literaturbetrieb 1912 als spektakuläres Ereignis galt. Noch bevor Tagore 1913 mit dem Nobelpreis ausgezeichnet wurde, ging Marie Luise Gotheins Manuskript beim Verlag Kurt Wolff in Leipzig ein. Es war Gotheins Übersetzung aus *Gitanjali* (die bis heute die einzige deutsche geblieben ist), welche in Deutschland einen Zugang zu Tagores dichterischem Werk öffnete.[48]

Marie Luise Gothein wohnt noch in Bonn, als sie „vom Shakespeare-Jahrbuch […] 94 Mark" für einen längeren Aufsatz über die *Frau im englischen Drama vor Shakespeare* erhält:[49] eine wunderliche Parade individueller Frauenschilderungen von dem „böse[n], zänkische[n] Eheweib" Frau Noah bis zur erotischen Cordelia, der Tochter Lears, die als „romantische Frau" durch die Wälder wandert. Marie Luise Gothein steht damals kurz vor dem Umzug nach Heidelberg, wo sie sich „endlich wieder einen Arbeitswinter" erhofft und ihr gleichzeitig „vor den grauenvollen Gesellschaften" bangt, welche inzwischen ihren schon hingereisten Mann deprimieren.[50] In Bonn läßt sie Freunde zurück, mit denen sie durch ihre Arbeit ein Leben lang verbunden bleibt: den Kunsthistoriker Paul Clemen, den Archäologen Georg Karo und den Anglisten Max Förster.[51] Vor allem Clemen (1866–1947), der Nachfolger Carl Justis in Bonn, war ihr wichtig, der in der Zeit fast jede Woche an seine „verehrte Madonna“ oder seinen „Mario“, wie er Marie Luise scherzhaft titulierte, schrieb.

4. In Heidelberg hat Marie Luise Gothein gleich bei ihrer Ankunft eine bittere Erfahrung gemacht: Als Frau durfte sie nicht an den Zusammenkünften des 1904 gegründeten Eranos-Kreises teilnehmen. Zwar „verstand und billigte“ sie den Ausschluß; doch hat sie es gleichzeitig „oft schmerzlich bedauert, kein Mann zu sein, um so mehr, da auch mich damals religionshistorische Probleme lebhaft beschäftigten“.[52] Während Eberhard Gothein als protestantischer Jude erfolgreich über „jenes merkwürdigste Phänomen der Weltgeschichte, welches wir ‚katholische Kirche‘ nennen“, schrieb, dabei jedoch seine heftige Abneigung gegen den katholischen Kult behielt, fühlte sich Marie Luise hingegen von fremden Zeremonien und Ritualen, auch von katholischen, angezogen. In den *Erinnerungen aus der Kindheit* zeichnet sie zwei Schlüsselerlebnisse auf: Als sie zusammen mit andern Kindern im „protestantischen Städtchen“ Passenheim eine katholische Messe beobachtete, und unter anderem sah, „wie der Messdiener allerlei uns höchst seltsame Geräte“ herbeitrug, prägte sich „dieser erste seltsame Eindruck des fremdartig katholischen Wesens [...] tief in meine Seele“ ein. Sie empfindet „ein Gefühl von scheuer Ehrfurcht“.[53] Ebenso ging es ihr als Halberwachsene mit den „religiösen Gebräuchen frommer Juden“ – vor allem am Sabbat –, welche sie durch ihre jüdische Freundin Rosa kennenlernte:

„das fremdartige der mit dem siebenarmigen Leuchter geschmückten Tafel, die feierliche Haltung des alten Vaters, der eine Kaftan trug das schwarze Käppchen auf den grauen Locken zog mich durch seinen ästhetischen Reiz und die Ehrfurcht, die es in meiner jungen Seele erweckte mächtig an.“[54]

Marie Luise Gothein schreibt nun allein, nicht nur außerhalb der akademischen Welt, sondern auch ohne das institutionalisierte „wissenschaftliche Zusammensein“, das sie vermißt.[55] Aus ihrer Beschäftigung mit mittelalterlicher Religiosität sind zwei Aufsätze entstanden, die sie dank der Vermittlung des Heidelberger Freundes und Nachbarn Albrecht Dieterich im *Archiv für Religionswissenschaft* publizieren kann.[56] Die Thematik der *Sieben Todsünden* (1907) wird Marie Luise Gothein aber auch noch in ihrer privaten Biographie weiter beschäftigen. Im Juni 1909 trennt sie sich nach einer unglücklichen Liebesbeziehung mit einem jungen Gelehrten für mehrere Monate von ihrem Mann und zieht vorübergehend zu ihrer Bonner Freundin Gisela Zitelmann. Marie Luise und Eberhard Gothein wechseln täglich Briefe und streiten engagiert über Vorstellungen von Schuld und Sünde. Anläßlich ihrer Auseinandersetzungen distanziert sie sich von „dieser erstickenden geistigen Atmosphäre“, dieser „verdünnteste[n] Metaphysik“ des christlichen Mittelalters, wo ihr atmen unmöglich scheint. Lediglich „mit [...] erstaunter Neugier und Forscherlust“ sei sie an die Sieben Todsünden herangegangen, „an dieses grosse Krankheitsbild der Menschheit“.[57] Den rigoristischen Schuldvorstellungen des Mittelalters setzt sie ihre persönliche Auffassung von Schuld als Entfremdung von ihrem eigentlichen Wesen entgegen:

„Nur Sünde – was sprichst du von den Mächten, den finstern Mächten des Niederen und Gemeinen, und rufst gar meine sieben Todsünden an [...] Ich sehe keine Sünde, keine, erkenne keine Mächte der Dunkelheit. Aber Schuld ja, wenn ich erkannt habe und klar sehe, was mir und andern schaden muss, was mich von meinem innersten Wesen ableitet, – lass mich persönlich werden, als ich damals einsehen musste, dass mein Wesen nicht mehr sich aufwärts ringen konnte, dass ich dich und die Kinder nicht mehr wirklich froher und reicher machen konnte und doch von der Liebe nicht lassen konnte, [...] da begann meine Schuld.“[58]

Sie bemüht Metaphern wie „Irrgärten des Herzens“ und „der Seele“,[59] um die „Leidenschaft, in die ich verstrickt war“,[60] begreiflich zu machen, welche sie zugleich als eine wenn auch mit

Leiden verbundene Form der Selbstfindung akzeptiert. Es sind jene Jahre 1908–10, die sie in der Biographie ihres Mannes mit „Seelische Auflockerung" überschreiben wird.[61] Provoziert durch den österreichischen Psychoanalytiker und Anarchisten Otto Groß wurde in diesen Jahren in Heidelberg über Erotik und Sexualität intensiv diskutiert. Marie Luise Gothein nahm damals Verbindungen mit Friedrich Gundolf, Else Jaffé, dem Philosophen Otfried Eberz (1878–1959) und der Schweizer Pianistin Mina Tobler (1880–1967) auf. Möglicherweise fand in diesen Kreisen auch die Begegnung mit dem Literaturwissenschaftler Philipp Witkop (1880–1942) statt; daß dieser schließlich seine leidenschaftliche Liebe von ihr ab- und Mina Tobler zuwandte, war der Grund, weshalb Marie Luise Gothein sich einige Zeit lang von ihrer Familie entfernte.[62] Sie „muß [sich] wiederfinden und Heilung suchen".[63] Bei ihren alten Freunden in Bonn liest sie Nietzsche, den sie, wie auch andere der „erotischen Bewegung" nahestehende Frauen, schätzt, weil er sie „lehrte, wie man die Leidenschaften überwindet"[64] und Erotik sublimiert:

„Ich lese Nietzsche jetzt mit ganz andern Augen, ich verstehe ihn tiefer, verwandter, er verlangt das, was ich jetzt so unaufhörlich von mir verlange Selbstüberwindung nur höher zu steigen."[65]

Gleichzeitig setzt sie ihre Studien des architektonischen Gartens der Renaissance fort. Im August arbeitet sie in Paris, im September erneut in England. Nachdem sie im Frühjahr in Dresden die Wirkung der *Sixtinischen Madonna* festgehalten hatte – „kaum je tritt das Göttliche so unmittelbar, so ohne Schranke an uns heran [...] es wagte auch keiner dort ein lautes Wort zu sprechen" –,[66] schreibt sie nun aus London vom unvergleichlichen Eindruck, den das barocke weltliche Gegenstück, die *Venus mit dem Spiegel* des Diego Velazquez, bei ihr hinterläßt:

„Ich kann mich noch immer nicht fassen, man sieht sie vom Rücken in verlorenem Profil – auf die Leinwand gezaubert, als wäre sie eben frisch vollendet, eine wunderbare Frau mit herrlich blau-schwarzem in Knoten aufgesteckten Haar."[67]

5. Aus dem Jahr 1910 ist kein Briefwechsel zwischen Marie Luise und Eberhard Gothein überliefert. Die Korrespondenz mit einer englischen Freundin informiert jedoch darüber, daß Marie Luise Gothein sich in den Jahren 1910–11, während sie gleichzeitig ihr Gartenbuch druckfertig machte, mit mittelalterlicher Artus-Epik und Mystik beschäftigte und sich zunehmend für Henri Bergson wie für Eberz, der damals in Paris für die katholische Zeitschrift *Das Hochland* publizierte, interessierte.[68]

1910 begegnete Marie Luise Gothein auch Friedrich Gundolf und Stefan George.[69] In ihrer Besprechung von Gundolfs *Shakespeare in deutscher Sprache* (1908) hatte sie einzelne Begriffsbildungen Gundolfs kritisiert. Er reagierte prompt in einem persönlichen Brief, wo er ihrem „philologischen Standpunkt" seinen „dichterischen" entgegensetzte und für den Übersetzer grundsätzlich „sprachschöpferische Rechte" einforderte.[70] Vermittelt durch Else Jaffé, kam 1910 ein Treffen zustande, welches Marie Luise Gothein „sofort gefangen [nahm] für den schönen jungen Menschen, aus dem eine so reine Seele leuchtete". Gundolfs im Mai 1911 erschienene Habilitationsschrift *Shakespeare und der deutsche Geist* wurde im Sommer von beiden Gotheins „abwechselnd gelesen und besprochen".[71] Zum Teil parallel zu George und Gundolf, die seit 1907 an einer gemeinsamen Shakespeare-Ausgabe arbeiteten, betätigte sich Marie Luise Gothein in den 20er Jahren ebenfalls als Übersetzerin Shakespeares. 1910 hatte der Meister in Heidelberg den vierzehnjährigen Percy Gothein ins Auge gefaßt; er stellte am „blonden knaben [...] ähnlichkeit mit einem archaischen relief" fest und wünschte ein „fotografen-bild", ein Unternehmen, welches Friedrich Gundolf bei einem Besuch der Familie in die Wege leitete. „Gerührt und erfreut",[72] oft aber auch in Sorge, förderte Marie Luise Gothein die sich anbahnende Jüngerschaft. Während Gothein mit George eine „sachgemäß[e]" Unterhaltung „über wirtschaftliche und politische Fragen" hielt, gab es für sie umgekehrt auch Abende, die sich durch das Vorlesen Georges als „eine reine Weihe in der Erinnerung abheben".[73] In einem von Edith Landmann überlieferten Gespräch hat George den widersprüchlichen Charakter von Percys Mutter mit einer alchimistisch-esoterischen Metapher zu fassen versucht:

„Von Frau Gothein: Dass sie ähnlich sei wie Ria Claassen, sagte ich, genial, sprühend, feurig. ‚Ja', sagte er, ‚aber dabei nüchtern. Es gibt auch ein kaltes Feuer, wie es eine trockene und saftige Verrücktheit gibt. Die trockene, das ist die schreckliche.'"[74]

Else Jaffé, die Marie Luise Gothein nach 1911 häufig in Wolfratshausen besucht, wird nun ihre nahe Freundin, mit der sie „manches Erregende" bespricht. Beide Frauen spielen für einige Jahre eine wichtige Rolle bei den Georgeanern um Gundolf und Edgar Salin und vermitteln gleichzeitig zum Kreis um Max und Marianne Weber.[75] Marie Luise Gothein war zunehmend fasziniert von der Kultur „moderner" aristokratischer Kreise und inzwischen auch mit dem Psychoanalytiker Emil Freiherr von Gebsattel, dem Münchner Arzt Wilhelm Freiherr Schenk von Stauffenberg und mit Hermann Graf von Keyserling, dem späteren Gründer der *Schule der Weisheit*, bekannt. Im Oktober 1912 berichtet sie nach einer Abendgesellschaft, wo sie die Tischnachbarin des damals knapp dreißigjährigen Gebsattel war, über diesen nach Hause:

„er ist einer dieser modernen Aristokraten, die jetzt wohl doch wieder mehr als früher an unserm geistigen Leben teilnehmen und nun natürlich sich der antiwissenschaftlichen Richtung aus Instinkt anschliessen [...] – er scheint ganz ästhetisch gerichtet zu sein."[76]

Wie verhielt sich nun Marie Luise Gothein gegenüber der Frauenbewegung? Es mutet merkwürdig an, daß diese eigenständige Frau 1911, das heißt kurz vor ihrem Durchbruch als Kulturwissenschaftlerin, einen Aufsatz von Anna Schellenberg mit Zustimmung liest, der ganz aus der emanzipationsfeindlichen Haltung des George-Kreises heraus geschrieben wurde.[77] Anna Schellenberg, die seit 1902 mit George in persönlicher Verbindung stand, hat in den *Preußischen Jahrbüchern* 1911 die Ziele der Frauenbewegung verurteilt. Sie stellt dort „dem immerwährenden Fordern nach Gleichberechtigung" der Frauen „den Wunsch des Gebens" und den Begriff der „Persönlichkeit" gegenüber, den sie ausschließlich als „Schau nach innen" begreift. Nicht nur will sie die Frauen aus den Fabriken, den Büros und den Universitäten entfernen, sie zweifelt gar am Nutzen der politischen Gleichstellung der Frau. Im „Haushalt" sieht sie „die selbständige, die wirklich selbstbestimmte Arbeit" der Frau. Es verwundert nicht weiter, daß Gundolf später den „herrlichen Aufsatz über die Frauenfrage" an George weiterempfiehlt und gleichzeitig bedauert, daß er nicht im *Jahrbuch für die geistige Bewegung* steht.[78] Um so überraschender wirkt auf uns Marie Luise Gotheins Kommentar:

„Sie spricht vieles aus was sich bei mir in meiner ganzen Stellung der ‚Bewegung' gegenüber langsam aber unabweislich als richtig herausgebildet hat. Vor allen Dingen, dass die Frau und ihre Persönlichkeit [...] am und im Berufe doch weit stärker zu Grunde geht als der Mann. Die Frauenbewegung hatte ihre Bedeutung in der wechselnden demokratischen Bewegung des 19ten Jahrhunderts [...] Nun aber ist es Zeit, [...] die Gefahr, die für das eigenste Wesen der Frauen heraufbeschworen ist, klar zu legen aufzudecken wohin dieser Eudämonismus uns führt. Ich werde es nicht und will's nicht, denn ich glaube immer noch, dass ich besseres nur auf anderen Gebieten zu tun habe – aber solch eine Stimme sollte weiter dringen als durch die preussischen Jahrbücher."[79]

Im Unterschied zu Marianne Weber hat Marie Luise Gothein nie einen feministischen Essay geschrieben. Ihre briefliche Äußerung fällt privat und gegenüber ihrem Mann, jedoch zu einem Zeitpunkt, als „aus dem Hause Weber" der Vorwurf der „Verachtung des Weibes" gegenüber dem George-Kreis schon erhoben war;[80] dadurch erhält sie auch eine Spitze gegen Marianne Weber. Die kritische Haltung Marie Luise Gotheins gegenüber der Frauenbewegung, die hier zum Ausdruck kommt, entspricht konkurrierenden Modellen weiblicher Emanzipation.[81] Marie Luise Gothein beanspruchte beides: daß die (männliche) Welt der Gelehrten ihre wissenschaftliche Arbeit akzeptierte, und zugleich private Erfüllung im ästhetischen, sinnlichen Erleben. An einem wichtigen Punkt ihrer Biographie hat die Begegnung mit dem Kreis um George eine Akzentverschiebung in ihrer Thematik ausgelöst: Sie wandte sich der Mystik und dem asiatischen Kulturkreis zu; es war Georges „Aristokratie des

Geistes", die sie fortan anzog und in einem noch stärkeren Maß den politischen Zielen der Frauenbewegung entfremdete.

Blicken wir auf das Jahr 1914 zurück, von dem sich Marie Luise Gothein so vieles versprach. Im März war die *Geschichte der Gartenkunst* erschienen, schon im selben Monat beginnt sie mit einem neuen Projekt, einer Studie über den Maler und Dichter William Blake (1757–1827), die sich in einem Gespräch mit Lukács zu einer ambitiösen Geschichte der Mystik ausweitet: „nur dass ich etwas vor mir habe, ein fernes, fernes Ziel, das macht mich froh und vergoldet mir auch die hässlichen Tage."[82] Der Ausbruch des Ersten Weltkriegs hindert sie daran, ihre Pläne zu realisieren. Ihr ältester Sohn Wilhelm stirbt, die alten intellektuellen Kreise lösen sich auf, und in ihr verfestigt sich der Eindruck, daß ein Lebensabschnitt zu Ende sei. Sie gerät in eine tiefe Krise. Im Juni 1915 fährt sie erneut nach Wörlitz, diesmal jedoch mit dem Rad von Dessau aus, wo sie ihren jüngsten Sohn Percy pflegt, der mit einer schweren Kopfwunde in einem Lazarett liegt. Den Park, den sie im Frühjahr 1909 als „so ungeheuer einsam" erlebte, „dass es mir gar nicht schwer wurde, mich in die überall zur Einsamkeit und Einkehr auffordernden Inschriften hinein zu versetzen",[83] wird ihr nun zum Ort der Erinnerung und Selbstreflexion:

> „Im Parke bin ich träumend meinem ich in einem andern Leben nachgegangen – denn zurück in dieses andere Leben werden wir uns niemals finden, der Frieden muss uns bei neuen Aufgaben finden und neu müssen wir sie anfangen."[84]

Die Geschichte der Mystik blieb ungeschrieben, ebenso die Studie zu Blake. Marie Luise Gothein zog sich zurück, bis sie in den 20er Jahren Shakespeare-Übersetzungen veröffentlichte. In Ostasien führte sie das Thema des Gartens weiter, doch traten neue Auffassungen neben seine Soziologie: Die Intimität der orientalischen Gärten wurde auch ein Reservat für eine rückwärtsgewandte konservative Utopie, die entscheidende Impulse aus der ästhetisierenden Sicht des George-Kreises bezog.

Den Schluß ihres Werkes bilden zwei mit ihren übrigen Arbeiten merkwürdig unvereinbare Texte: der Versuch einer Biographie und ein autobiographisches Fragment. 1931 erscheint Marie Luise Gotheins intellektuelle Biographie über ihren Mann Eberhard Gothein, ihren Söhnen gewidmet, jedoch für die Öffentlichkeit bestimmt; der Text war bis zum Wortlaut des Titels in unausgesprochener Konkurrenz zu Marianne Webers Biographie über Max Weber entstanden.[85] Diesem Buch folgt ein allein für die private Lektüre vorgesehenes Manuskript: Die *Erinnerungen meiner Kinderzeit,* die Marie Luise Gothein Ende Mai 1931, im „Zwitterzustand, den man Genesung nennt", ohne Begeisterung, ja fast unwillig beginnt – und nicht beendet: Autobiographisches Schreiben, der psychologisierende Blick nach innen, blieb dem „Temperament" dieser immer wieder neue Fachgebiete erforschenden Frau, wie sie selbst sagt, fremd.[86]

Rosa Luxemburg (1870–1919)
Leidenschaften und Verfehlungen

von Barbara Hahn

Zürich, 16. Juli 1897. Rosa Luxemburg setzt sich spät in der Nacht an ihren Schreibtisch, um dem Mann zu schreiben, der ihre erste große Liebe war. Leo Jogiches hatte sie soeben im Streit verlassen und war nach Hause gegangen, zwei Häuser weiter, wo er ein Zimmer bewohnte.

„Nein, ich kann nicht weiterarbeiten. Dauernd lenkt mich der Gedanke an Dich ab. Ich muß Dir ein paar Worte schreiben. Teuerster, Liebster, Du bist jetzt nicht bei mir, und meine ganze Seele ist erfüllt von Dir, sie umarmt Dich. Dir erscheint es sicher ungeheuerlich, vielleicht komisch, daß ich Dir diesen Brief schreibe, wir wohnen zehn Schritte voneinander entfernt, wir sehen einander dreimal täglich, übrigens – ich bin doch nur Deine Frau –, wozu also diese Romantik – nachts an den eigenen Mann Briefe schreiben?"[1]

Dieser Brief ist keine Romantik. So, in diesem Ton, in dieser Schreibweise hat am Anfang des 19. Jahrhunderts – das Wort Romantik also wörtlich genommen – keine Frau ihrem Mann geschrieben. Wir werden hier jedoch nicht nur Zeuge eines Konflikts in einer neuartigen und schwierigen Liebesgeschichte, vielmehr signalisiert Rosa Luxemburgs Brief eine neue Schreibkonstellation. Es schreibt eine Frau, die soeben ihre Dissertation an der Züricher Universität verteidigt und gleichzeitig auch bereits in verschiedenen Periodika der polnischen und deutschen Arbeiterbewegung publiziert hat. Es schreibt eine der ersten akademisch ausgebildeten Frauen und gleichzeitig eine Politikerin. Eine Frau also, für die sich die Genres öffnen, die Frauen so lange Zeit versperrt waren. Sie schreibt an einen Mann, der große Schwierigkeiten hat, seiner Frau in die Schreibweisen zu folgen, die diese – scheinbar mühelos – für sich erobert.

Wenn nur Leo Jogiches Schwierigkeiten mit Rosa Luxemburgs Texten gehabt hätte, die diese mit Briefen aufzufangen suchte bzw. in Briefen bearbeitete, dann wäre dies von begrenztem Interesse. Doch ein Blick in die Überlieferungs- und ebenso die Lektüregeschichte von Rosa Luxemburgs Texten zeigt, daß man diese unter das Motto stellen könnte: Unlesbar und immer schon verfehlt.[2] Rosa Luxemburg – das ist der Name von Abweichung, wobei auch das Lob als Variante der Kritik erscheint. Dabei ist allein schon der Autorname Rosa Luxemburg problematisch. Welche Texte repräsentieren denn das „Werk" der Autorin?[3] Gibt es überhaupt ein Werk, das in Haupt- und Nebenschriften zerlegbar und in seinen Teilen selbst noch einmal repräsentativ zu spiegeln wäre? In den meisten Lektüren erscheint dieses Problem als Mangel und Unvermögen der Autorin, nicht aber als Anforderung an den Leser, eine Art des Lesens zu entwickeln, die diesem nicht-repräsentativen Korpus von Texten entsprechen oder diese allererst zum Sprechen bringen würde.

Die ‚ganze' Rosa Luxemburg – als Gegenstand einer Brieflektüre erscheint dies unproblematisch. Man liest sie, als ob sie tatsächlich in die Zeit der Romantik gehörte. Doch wie ist die Schreibweise ihrer Briefe? Sie ähneln gerade nicht den Briefen Rahel Levins, mit der sie häufig verglichen wurde. Rahel Levins Briefe öffnen sich in Richtung des Essays, sie vermengen unterschiedlichste Darstellungsweisen und Thematisierungen. Rosa Luxemburgs Briefe überschreiten den Brief eher in Richtung von Erzählungen, von kleinen geschlossenen narrativen Kunststücken. Sie lassen sich auch schwer in den Kontext der zeitgenössischen Briefliteratur stellen, denn hier eröffnet das Briefeschreiben ein Terrain zur Erprobung neuer theoretischer Zugänge.[4] Rosa Luxemburg hat keine theoretisierenden Korrespondenzen geführt, nicht einmal mit Leo Jogiches. Doch gerade das verbindet die Briefe mit ihren politischen und theoretischen Texten, von denen sie in den Lektüren so häufig getrennt werden. Denn auch diese sind nicht im Gestus einer Suche geschrieben, als Versuche, ein anderes Feld des Wissens, eine neue Art der Theoretisierung zu eröffnen. Rosa Luxemburgs

Rosa Luxemburg. Selbstporträt

Schreibweise ist die Kritik. Sie tritt mit ihren Texten in bereits vorliegende ein und schreibt diese intern um. Das Neue sagt also nicht von sich, daß es neu ist. Vielmehr bleibt eine Anforderung an das Lesen, es herauszudestillieren.

Nicht nur politische und theoretische Begriffe haben in Rosa Luxemburgs Texten altbekannte Namen, auch Wünsche und Träume werden in alten Sprachen benannt: Sie sehnt sich nach dem Leben, nach Leidenschaften. Beides kann man als Metaphern des Verfehlens lesen. Denn alles scheint verfehlt: das Studium, die Liebesgeschichten, die Politik, der Beruf und schließlich auch das Schreiben. Im September 1904 heißt es in einem Brief aus dem Gefängnis in Zwickau an Luise Kautsky:

„Liebste" – ohne weiteren Namen – „Das Leben spielt mit mir ewiges Haschen. Mir scheint es immer, daß es nicht in mir, nicht dort ist, wo ich bin, sondern irgendwo weit. Damals zu Hause schlich ich mich in der frühesten Morgenstunde ans Fenster – es war ja verboten, vor dem Vater aufzustehen –, öffnete es leise und spähte hinaus in den großen Hof. Da war freilich noch nicht viel zu sehen. Alles schlief noch, eine Katze strich auf weichen Sohlen über den Hof, ein paar Spatzen balgten sich mit frechem Gezwitscher [...]. Damals glaubte ich fest, daß das ‚Leben', das ‚richtige' Leben irgendwo weit ist, dort über die Dächer hinweg. Seitdem reise ich ihm nach. Aber es versteckt sich immer hinter irgendwelchen Dächern. Am Ende war alles ein frevelhaftes Spiel mit mir, und das wirkliche Leben ist gerade dort im Hof geblieben."[5]

Unterzeichnet ist der Brief nicht von Rosa und auch nicht von R., einem häufig genutzten Kürzel, sondern von Rosetta. Ob die Schreiberin beim Unterzeichnen an eine andere Rosetta gedacht hat, die aus Georg Büchners *Leonce und Lena*? „Tanze, Rosetta, tanze, daß die Zeit mit dem Takt deiner niedlichen Füße geht!" – sagt Leonce zu Rosetta. „Meine Füße gingen lieber aus der Zeit" – antwortet diese. Oder hat sie an Rosettas Abschiedslied von Leonce gedacht, wo es heißt: „Ich bin eine arme Waise, / ich fürchte mich ganz allein. / Ach lieber Gram – / Willst du nicht kommen mit mir heim?" In Büchners Text spricht eine Rosetta, der Leonce seine Liebe entzogen hat, in Rosa Luxemburgs Brief schreibt eine an die Liebste. Allein – aus einer Gefängniszelle. Auch eine Waise, wie im Gedicht. Denn das Mädchen aus dem

Brief, das das Verbot des Vaters übertrat und früh morgens in den Hof schaute, um das Leben zu suchen, hieß nicht Rosa und auch nicht Luxemburg, es hieß Róża – was im Polnischen wie Ruscha, mit sehr weichem Zischlaut ausgesprochen wird – und Luksenburg. Es sehnte sich nicht auf deutsch nach dem Leben, sondern auf polnisch.[6] Róża Luksenburg aus Warszawa hatte eine Familie und eine Heimat. Rosa Luxemburg, die ihre Eltern als junges Mädchen verließ und über Zürich, wo sie studierte, nach Berlin wanderte, war allein. Sie führte ein Leben, das sich von dem ihrer Mutter, ihrer Schwester und auch dem ihrer Brüder so weit entfernt hatte, daß sie wie eine Waise war. Als ihre Mutter monatelang in ihren Morphiumträumen – sie starb an Magenkrebs – nach ihrer jüngsten Tochter rief, die gerade in Zürich ihre Dissertation verteidigte, konnte sich Rosa Luxemburg nicht zu einem Besuch entschließen. Als sie nach jahrelangem Aufschub ihren Vater noch einmal traf, zogen sich die Tage mit ihm endlos und quälend hin.[7] Längst hatte Rosa Luxemburg alles verlassen: Polen und die polnische Sprache, die jüdische Tradition, die in der Familie gepflegt wurde, und den Namen der Familie. Eine Waise, und ganz allein.

Zürich 1889. Die knapp neunzehnjährige Rosa Luxemburg beginnt ihr Studium. Ihr Studienfach ist Zoologie. Ein Jahr später setzt sie andere Schwerpunkte: Sie studiert nun Volkswirtschaft, klassische und moderne Philosophie sowie Statistik. Eine Kehrtwende, wie sich zeigen wird. Seit ihrem ersten Studienjahr trägt Rosa Luxemburg etwas mit sich herum, das nie im Mittelpunkt ihres Lebens stehen kann und vielleicht gerade deshalb mit größter Leidenschaft betrieben wird. Später durchstreift sie stundenlang die Felder um Berlin, sammelt Pflanzen und botanisiert.

1897 promoviert Rosa Luxemburg magna cum laude. Ihre Arbeit trägt den Titel *Die industrielle Entwicklung Polens* und erscheint bei Duncker und Humblot in Leipzig – einem renommierten Verlag. Das hätte der erste Schritt zu einer akademischen Karriere sein können. Hätte – von der Begabung und der Leidenschaft der jungen Frau für wissenschaftliche Arbeit aus gesehen. Doch Frauen stand eine wissenschaftliche Laufbahn noch lange nicht offen, und nirgendwo hätte eine polnische Jüdin auch nur eine Assistentenstelle angeboten bekommen. Wissenschaft als Beruf – ein Weg, der nur zu verfehlen war.

Rosa Luxemburg macht die Politik zu ihrem Beruf. Allerdings arbeitet sie nicht auf dem Feld, das sie bereits das ganze Studium über beschäftigt hatte – die polnische Arbeiterbewegung. Rosa Luxemburg geht nach Deutschland und schließt sich der Sozialdemokratischen Partei an. Auf einer Wahlkampfreise durch Schlesien, die sie kurz nach ihrer Ankunft in Berlin antritt, entdeckt sie eine Leidenschaft, von der sie selten schreibt: politische Agitation, Reden, Öffentlichkeit, Debatten, auch Streit. Auf einem Stuhl, einem Podium stehen und reden. Polnisch in Schlesien, sonst deutsch. Wenn auf einem internationalen Kongreß gerade niemand übersetzen kann, auch mal französisch. Vielleicht war diese Arbeit die einzige, die nicht verfehlt war. Vielleicht schreibt sie deshalb so selten darüber. Von diesem Dialog zu berichten, dazu taugt keine Sprache des Schreibens. Am Rhythmus und Ton ihrer Briefe ist aber genau abzulesen, wenn sie herumgereist war und gesprochen hatte. Eine gewisse Ruhe zieht ein. Etwas kommt zur Ruhe. Aber was? Im öffentlichen Reden geschieht etwas, das nicht dem Aufschub des Schreibens ausgesetzt wird. Die einzige leidenschaftliche Aktivität Rosa Luxemburgs, die sie nicht mit Einsamkeit verbindet, von der deshalb nicht geschrieben werden muß. Momente von Leben? Momente ohne Aufschub?

Von all den andern einsamen Leidenschaften schreibt Rosa Luxemburg immer wieder. Zum Beispiel von der Leidenschaft für theoretisches Schreiben. Über die Arbeit an ihrem theoretischen Hauptwerk *Die Akkumulation des Kapitals* schreibt sie am 15. September 1915 aus dem Berliner Frauengefängnis an Luise Kautsky:

„Das war damals wie ein Rausch, als ich es schrieb – ich schwöre Dir, daß es von Anfang bis Ende die erste Niederschrift ist, die ich ungelesen in Druck gab, so hatte es mich gepackt. [...] Dann aber war das Buch fertig und erledigt und verschwand mir völlig aus dem Sinn. [...] Vor zwei Jahren – das weißt Du gar nicht – hatte ich einen anderen Rappel:

In Südende packte mich die Leidenschaft für Pflanzen; ich fing an zu sammeln, zu pressen und zu botanisieren. Vier Monate machte ich buchstäblich nichts anderes, als im Feld zu schlendern oder zu Hause zu ordnen und zu bestimmen, was ich von den Streifzügen mitbrachte [...]. So muß ich immer etwas haben, was mich mit Haut und Haar verschlingt, sowenig sich das für eine ernste Person ziemt, von der man – zu ihrem Pech – immer etwas Gescheites erwartet. Auch Du, Liebste, willst nichts von meinem ‚Glück im Winkel' hören und hast dafür nur Spott. Aber ich muß doch *jemanden* haben, der mir glaubt, daß ich nur aus Versehen im Strudel der Weltgeschichte herumkreisle, eigentlich aber zum Gänsehüten geboren bin."[8]

Hier werden Selbstbilder entworfen, die sich aneinander reiben. Von einem Rappel ist die Rede, von Rausch und Leidenschaft, von Verschlingen – und dann plötzlich vom Glück im Winkel, ein fast biedermeierliches Bild. Gänsehüten – man kann sich kaum eine weniger leidenschaftliche Tätigkeit vorstellen. Gänsehüten – das heißt vor allem einsam sein, umgeben von Geschnatter. Gänsehüten – das klingt aber auch nach Polen, nach den Sehnsüchten, von denen Rosa Luxemburg an ihren Geliebten Kostja Zetkin schreibt, als sie eines Tages auf der Reise zu einer Veranstaltung in Danzig die Weichsel wiedersieht, *den* polnischen Fluß, an dem Gänse weiden, gehütet von Mädchen, barfuß mit dicken blonden Zöpfen. Rosa Luxemburg oder auch Róża Luksenburg als Gänseliesel – ein unmögliches Bild. Was also könnte der Wunsch nach dem „Glück im Winkel", der Wunsch, eine Gänsemagd zu sein, bedeuten?

Neben der Leidenschaft für öffentliches Reden, neben der für Wissenschaft, Malen oder Botanisieren, gibt es etwas Unheimliches und Bedrohliches, das Rosa Luxemburg ebenfalls Leidenschaft nennt. An Kostja Zetkin schreibt „Jagugu" – so die Unterschrift – von einer „wilden, todbringenden Leidenschaft",

„die mich verfolgt und bedroht. Zugleich habe ich irgendwo in der Tiefe des Hirns den Gedanken: Laß dich nur nicht einlullen von diesem Frieden herum, das Gespenst lauert hinter Deinem Rücken und wartet gerade darauf, daß Du es vergißt."[9]

Eine wilde, todbringende Leidenschaft, die wie außerhalb ist und hinter ihr steht. Die von außen auf sie einwirkt, während innen ein Wunsch nach Ruhe und Harmonie ist. Ebenfalls in einem Brief an Kostja Zetkin heißt es:

„Warum, warum muß ich im Leben durch lauter stechende und schneidende Eindrücke gehen, wo in mir ewig die Sehnsucht nach ruhiger Harmonie weint? Warum stürze ich mich immer wieder in die Gefahren und Schrecken neuer Situationen, wo das Ich verlorengeht, weil es sich gegen die anstürmende Außenwelt nicht behaupten kann?“[10]

Vielleicht läßt sich der Wunsch, Gänse zu hüten, von hier aus lesen. Neben den Leidenschaften der Einsamkeit, wie Malen, Botanisieren und Wissenschaft, gibt es andere, die sich von diesen Inseln der Abgeschiedenheit nicht beruhigen lassen. Sie bringen den Unter- oder Hintergrund dessen zum Vorschein, was in der Einsamkeit nicht aufgeht: eine Sehnsucht, so bedrohlich wie ein Gespenst, das hinter einem lauert. Leidenschaften, unzähmbar und unheimlich. Eine Zerrissenheit, der durch Vergessen nicht beizukommen ist. Doch Harmonie ohne diese Störung wäre kein Leben. Es wäre wie Gänsehüten, eine langsame und gleichförmige Bewegung, die Wiederholung des Immergleichen. Ohne Zeit, ohne Geschichte – und immer schon verfehlt.

Stattdessen der Strudel der Weltgeschichte. 1915, als Rosa Luxemburg den zitierten Brief schreibt, sitzt sie zum wiederholten Male im Gefängnis. Seit sie kurz vor der Jahrhundertwende nach Berlin kam, hat sie zahllose Auseinandersetzungen geführt und eine Kritik um die andere geschrieben. *Sozialreform oder Revolution* von 1899, Rosa Luxemburgs erste große und programmatische Auseinandersetzung mit Tendenzen und Positionen in der deutschen Sozialdemokratie, die sie für falsch hielt. Und anders als in den Briefen, die keinen Ort außerhalb der Zerrissenheit finden, wird in diesen Texten das Widersprüchliche in falsch und richtig zerlegbar. In Akzeptables und Nicht-Akzeptables. Sozialreform oder Revolution. Mittel und Zweck. Im Vorwort heißt es:

„Der Titel der vorliegenden Schrift kann auf den ersten Blick überraschen. Sozialreform *oder* Revolution? Kann denn die Sozialdemokratie *gegen* die Sozialreform sein? Oder kann sie die soziale Revolution, die Umwälzung der bestehenden Ordnung, die ihr Endziel bildet, der Sozialreform *entgegenstellen?* Allerdings nicht. Für die Sozialdemokratie bildet der alltägliche praktische Kampf um soziale Reformen, um die Besserung der Lage des arbeitenden Volkes noch auf dem Boden des Bestehenden, um die demokratischen Einrichtungen vielmehr den einzigen Weg, den proletarischen Klassenkampf zu leiten und auf das Endziel, auf die Ergreifung der politischen Macht und die Aufhebung des Lohnsystems, hinzuarbeiten. Für die Sozialdemokratie besteht zwischen der Sozialreform und der sozialen Revolution ein unzertrennlicher Zusammenhang, indem ihr der Kampf um die Sozialreform *das Mittel,* die soziale Umwälzung aber *der Zweck* ist."[11]

Von hier aus kritisiert sie Eduard Bernstein, der „selbst am treffendsten und am schärfsten seine Ansichten formuliert, indem er schrieb: ‚Das Endziel, was es immer sei, ist mir nichts, die Bewegung alles.'".[12]

Dieser Satz ist deshalb so ungeheuerlich, weil er sich nicht wirklich kritisieren läßt. Er kehrt die Mechanik von Mittel und Zweck nicht um, sondern er setzt sie außer Kraft. Wenn es kein Ziel gibt, wie soll dann ein Weg gefunden werden? Wie soll man politische und soziale Reformen anstreben, wenn man nicht weiß, wohin man will? Rosa Luxemburg argumentiert und argumentiert, sie sucht den Satz Bernsteins immer wieder in die Logik von Mittel und Zweck, von Reform und Revolution hineinzuholen. Doch schon im Vorwort wird der Verdacht geäußert, daß all diese Kritik womöglich nichts nützt. Wenn Bernsteins Theorie eine „unbewußte Bestrebung" ist, wie sie schreibt, wie soll man sie dann kritisieren? Unbewußtes antwortet nicht auf Kritik. Auch dann nicht, wenn der Träger dieses Unbewußten dingfest gemacht wird, nämlich „kleinbürgerliche Elemente", die „Praxis und Ziele der Partei ummodeln". Der später so häufig eingesetzten Agententheorie entspricht diese Argumentationsfigur nicht, denn hinter dem Unbewußten, das hier wirkt, steht keine Intention. Mit „unbewußtem Bestreben" wird hier etwas beschrieben, aber nichts denunziert.

Wenn in der Politik Unbewußtes wirkt, wenn Kritik und Argumente also auch ein Moment des Verfehlens haben, wie soll man dann politische Texte schreiben? Als sie die Fahnen der

Broschüre liest, schreibt Rosa Luxemburg von ihrer vergeblichen Suche nach einer angemessenen Schreibweise:

„Ich bin mit dem, was ich schreibe, schon sehr unzufrieden [...]. Namentlich die Form des Schreibens befriedigt mich nicht, ich spüre, daß mir ‚in der Seele' eine ganz neue, originelle Form heranreift, die sich nichts aus Formeln und Schablonen macht und sie durchbricht [...]. Ich habe das Bedürfnis, so zu schreiben, daß ich auf Menschen wie der Blitz wirke, sie am Schädel packe, selbstredend nicht durch Pathos, sondern durch die Weite der Sicht, die Macht der Überzeugung und die Kraft des Ausdrucks. Aber wie, was, wo? Das weiß ich noch nicht."[13]

Gedichte oder Novellen seien es nicht, die da heranreiften, beruhigt sie Jogiches. Doch die „neue" Form, so könnte man vermuten, arbeitet mit narrativen Einschüben in argumentierenden Texten. Dieser Schreibwechsel, diese Genreverschiebung kennzeichnet vor allem die Zeitungsartikel der nächsten Zeit. Im Mai 1899 erscheint in der *Leipziger Volkszeitung* ein Artikel mit dem Titel *Nur ein Menschenleben!,* der am Anfang eine Berliner Zeitungsnotiz mitteilt: Ein 38jähriger Handelsmann hat seine zwei kleinen Töchter umgebracht und sich dann erhängt.

„In einem Briefe, den er auf dem Tische gelassen, teilte er mit, daß die Not und die Arbeitsunfähigkeit infolge der zunehmenden Blindheit ihn zwängen, auf diese Welt zu verzichten, daß er eine bessere zu finden hoffe und die Kinder in ein besseres Jenseits mitnehme."

Rosa Luxemburgs Artikel beginnt: „Wieder fiel einer, von dem gilt, was ein polnisches Sprichwort sagt: Bis die Sonne aufsteigt, frißt uns der Tau die Augen." Dieser Satz bildet einen Absatz, dann folgt:

„In dem Augenblicke, als er mit dem Todes- und Mordgedanken rang, drang zu ihm durch das offene Fenster ein gemischter Chor menschlicher Lebensstimmen. Unten im Hof klopfte der Bursche des Herrn Leutnants den Teppich und schäkerte dabei mit der rotwangigen Magd des Hauswirts. Der Spengler im Nachbarhause hämmerte eintönig wie ein Specht mit hellem metallischen Klang. Eine Drehorgel begann die Trinkarie der ‚Traviata' und unterbrach sie plötzlich bei der barschen Verweisung des Portiers. Von der Straße drang ins Zimmer das Rasseln der vorüberfahrenden Pferdebahn. Das Großstadtleben keuchte und polterte ringsumher."[14]

Diese Szene, in der klischierte Bilder aus Sozial- und Trivialromanen zitiert werden, könnte irgendeine Geschichte einleiten. Was im Zimmer geschieht, in das der Straßenlärm dringt, ist noch völlig offen. Hinter einer „dünnen Wand", die den „Unglücklichen von seinen Mitmenschen" trennt, bleibt die Erzählerin stehen. Dann ein Szenenwechsel, die Geschichte bricht ab. Eingeschoben wird eine Reflexion über die Einsamkeit, in der ein Mensch steht, der sich das Leben nimmt.

„Die ‚Gesellschaft', die Zusammenfassung der Einzelmenschen zur ‚höheren Einheit', das ‚organische Ganze' war in jedem Augenblicke eine freche Lüge, ein Phantom, sie existierte nicht, sie war nicht da, ‚die Gesellschaft', das verlöschende Menschenleben mit seiner schrecklichen Qual lebte ganz allein da, mit niemand verbunden, von keinem Ganzen umfaßt, an niemand gegliedert und gesellt, von allen getrennt und verlassen, auf sich selbst angewiesen, mitten im Menschengewühl wie ein Ertrinkender im fernen Ozean, wie ein im Luftraum wirbelndes Stäubchen."

Ist die Gesellschaft sonst da, lebt der Einzelmensch sonst in höherer Einheit, im organischen Ganzen? Wird hier nicht eine Erfahrung skizziert, die jeder teilt? Eine existentielle Verlassenheit, aus der der gequälte Handelsmann in eine bessere Welt entrinnen wollte? Die Utopie seines Briefes schreibt Rosa Luxemburg in eine Szenerie um, bei der der Himmel leer bleibt, bei der niemand in ein besseres Jenseits entrinnen kann. Dem leeren Himmel korrespondiert die bürgerliche Gesellschaft, die „ihrem Massenmord den Schauder genommen hat, weil sie ihn alltäglich gemacht, bei den Opfern wie bei den Peinigern die Sinne abgestumpft hat". Man sieht die Peiniger nicht mehr wie in früheren Gesellschaften, wo das Recht der Herren auch das Recht zum Mord am Knecht war. Jetzt sterben die Menschen „mit einem furchtbaren Rätsel im Herzen, mit einer schrecklichen Frage auf den Lippen, mit einem erstaunten, hoffnungslosen Blick". Und nun, am Ende der Geschichte, findet Rosa Luxemburg jemand, der das Rätsel löst und den Blick erwidert. Es ist eine Gestalt aus einer „unheimlichen slawischen Volkssage", der Wij. Ein eiserner Mann, mit geschlossenen Augenlidern, die bis zum Boden reichen. Wenn man ihm die Lider hebt, wenn er sehen kann, verschwinden die Geister, die die Menschen schrecken. Dieser eiserne Mann, so schreibt Rosa Luxemburg, ist der Mann der Arbeit.

„Man muß ihm die schweren Augenlider heben, auf daß er sieht und seine eiserne Hand streckt, damit die unsichtbaren bösen Geister, die die Menschheit seit Jahrtausenden plagen, ohnmächtig zu Boden sinken."[15]

Eine seltsame Geschichte. Sie endet nicht in der Vision eines Heils, das die Revolution bringen könnte. Sie endet nicht mit der Überwindung der bürgerlichen Gesellschaft. Sie endet mit der Menschheit, die seit Jahrtausenden geplagt wird, von wem auch immer. Die Geschichte geht nicht auf, sie birgt einen Überschuß an Unerklärbarem in sich und verfehlt somit ihre Lehre. Eine gute Geschichte also, die einen Selbstmord nicht einfach zum Beispiel für etwas macht. Eine Geschichte mit großem Bogen, von einem Berliner Hinterhof im Jahr 1899 bis hin zu den Jahrtausenden, in denen Menschen geplagt und gequält wurden. Eine Geschichte wie ein Einschub – eine Pause.

Repräsentiert dieser Text die neue Schreibweise, nach der Rosa Luxemburg suchte? 1905 schreibt sie eine dicke Broschüre gegen den gemütlichen Reformismus der deutschen Sozialdemokratie: *Massenstreik, Partei, Gewerkschaften.* Dieser Text arbeitet mit einer interessanten Figuration. Gegen den Organisierungs- und Planbarkeitswahn der deutschen Genossen führt Rosa Luxemburg eine imaginäre Instanz ein, die außerhalb von deren Intentionen agiert:

„Madame Geschichte dreht den bürokratischen Schablonenmenschen, die an den Toren des deutschen Gewerkschaftsglücks grimmige Wache halten, von weitem lachend eine Nase."[16]

Madame Geschichte? Wer ist das? „Die Geschichte weiß, was sie tut", heißt es kurze Zeit später in einem Text über die russische Revolution von 1905. Weiß sie es? Und wie weiß Rosa Luxemburg, was die Geschichte weiß?

Es ist ein eigenartiger Typ von Wissen, von dem sie hier spricht. Ein unsicheres, ungesichertes Wissen. Ein Wissen, das sich aussetzt, das niemals fixiert werden kann. Wird es aufgeschrieben und damit festgeschrieben, dann protestiert sie. Am schärfsten in ihrer Kritik am Leninschen Parteimodell, die sie 1904 in ihrem Text *Organisationsfragen der russischen Sozialdemokratie* formuliert. Auch hier dreht jemand den großen Organisatoren der Geschichte eine Nase: das „Massen-Ich der Arbeiterklasse". Ein eigenartiges Ich, das nie zu sich selbst kommen kann. Ein flüchtiges, gefährdetes Ich, das niemand kennt, das niemand weiß. Spontan, unberechenbar, offenbar auch witzig, so wie Madame Geschichte, die den großen Organisatoren eine Nase dreht. Die Idee einer zentralistischen Partei als Erkenntnisinstrument und als Instrument der Revolution zeuge dagegen vom „Nachtwächtergeist" Lenins und seiner Freunde.

„Der von Lenin befürwortete Ultrazentralismus scheint uns aber in seinem ganzen Wesen nicht vom positiven schöpferischen, sondern vom sterilen Nachtwächtergeist getragen zu sein. Sein Gedankengang ist hauptsächlich auf die Kontrolle der Parteitätigkeit und nicht auf ihre Befruchtung, auf die Einengung und nicht auf die Entfaltung, auf die Schurigelung und nicht auf Zusammenziehen der Bewegung zugeschnitten."[17]

Hier formuliert Rosa Luxemburg die erste und ungeheuer scharfe Kritik an einer bolschewistischen Partei, die sich bald als furchtbares Instrument der Diktatur erweisen sollte. Am Schluß ihres Artikels weist sie die „Rolle des Lenkers" der Revolution dem Massen-Ich zu,

„das sich partout darauf versteift, eigene Fehler zu machen und selbst historische Dialektik lernen zu dürfen. Und schließlich sagen wir doch unter uns offen heraus: Fehltritte, die eine wirklich revolutionäre Arbeiterbewegung begeht, sind geschichtlich unermeßlich fruchtbarer und wertvoller als die Unfehlbarkeit des allerbesten ‚Zentralkomitees'".[18]

Zentralkomitee in Gänsefüßchen – schon das Wort ist ihr unheimlich.

Dieses Massen-Ich, das sich nicht weiß, das von sich nichts weiß, wird in den Ereignissen vom Sommer 1914 zerrieben. In ihrem Text über die Krise der Sozialdemokratie ist von diesem Ich nicht mehr die Rede. Madame Geschichte ist abgetreten und dreht niemandem mehr eine Nase. Die *Juniusbroschüre* – so wird ihre große Kritik an der Zustimmung der Sozialdemokraten zum Krieg meist genannt – dreht sich um eine einzige Frage. Auf über hundert Druckseiten wird sie hin- und hergewendet, unermüdlich, ohne jedes Resultat. Wie war das möglich? Wie konnten die Sozialdemokraten der europäischen Länder, und allen voran die deutsche Sozialdemokratie, den Internationalismus vergessen? Wie war es möglich, daß nun Arbeiter gegen Arbeiter kämpften, jeder im Dienste „seines" Vaterlands, das ihm vor dem Krieg nur Ausbeutung und Unterdrückung zu bieten hatte? Am 17. Oktober 1914 schreibt sie, daß sie in der Nacht zuvor „mit Selbstmordgedanken" zu Bett gegangen sei.[19]

Nach dieser Niederlage ändert sich der Ton von Rosa Luxemburgs Texten. In Briefen hatte sie vorher öfter schon geschrieben, daß sie die ganze Politik hinwerfen wolle, daß sie es leid und satt sei, daß das Ganze eine einzige Verfehlung sei:

„Gestern war ich schon nahe daran, den Entschluß zu fassen, mit einem Schlag diese ganze *gottverdammte Politik* oder vielmehr diese blutige Parodie eines ‚politischen' Lebens, wie wir es führen, sausen zu lassen *und pfeife auf die ganze Welt*",

heißt es beispielsweise in einem Brief vom 20. Oktober 1905 an Leo Jogiches.[20] Nun aber zieht diese Resignation in die Texte für die Öffentlichkeit ein, die trockener, einförmiger und immer weniger literarisch werden. Keine Suche nach einer anderen Schreibweise mehr, keine Genrewechsel. Als ob die Neugier auf die Fehler des Massen-Ichs erloschen wäre. Als ob Politik jetzt unentrinnbar verfehlt wäre.

Doch nicht in alle Texte zieht diese Resignation ein. Denn nun praktiziert Rosa Luxemburg in ihrem Schreiben eine Zerstreuung. Sie nutzt die langen Gefängnisaufenthalte während des Krieges nicht nur, um Korolenkos *Geschichte meines Zeitgenossen* zu übersetzen und ein langes Vorwort zu verfassen, sie schreibt auch das theoretische Werk, das sie selbst für ihre beste

Arbeit hielt: *Die Akkumulation des Kapitals oder Was die Epigonen aus der Marxschen Theorie gemacht haben. Eine Antikritik.*[21] „Die Form zur höchsten Einfachheit gebracht", so schreibt sie in einem Brief an Hans Diefenbach über dieses Buch, „ohne jedes Beiwerk, ohne jede Koketterie und Blendwerk, schlicht, nur auf große Linien reduziert, ich möchte sagen, ‚nackt' wie ein Marmorblock." Doch wer soll, wer kann dieses Buch lesen, das geschrieben ist wie mit einem Meißel aus Marmor gehauen? „Nicht ein halbes Dutzend. Meine Arbeiten sind wirklich von diesem Standpunkt Luxusware und könnten auf Büttenpapier gedruckt werden."[22] Ein verfehltes Schreiben ohne Adressaten, um so wichtiger jedoch für dessen Produzentin, die mehr und mehr über Schreiben, über Darstellung und Darstellbarkeit nachdenkt. An Hans Diefenbach schreibt sie:

„Die Zeit, als ich die ‚Akku...' schrieb, gehört zu den glücklichsten meines Lebens. Ich lebte wirklich wie im Rausch, sah und hörte Tag und Nacht nichts als dieses eine Problem, das sich so schön vor mir entfaltete, und ich weiß nicht zu sagen, was mir höhere Freude gewährte: der Prozeß des Denkens, wenn ich eine verwickelte Frage im langsamen hinundherwandeln durch das Zimmer wälzte ... oder das Gestalten, das literarische Formen mit der Feder in der Hand."[23]

Das Schreiben selbst wird mehr und mehr zum Focus der Existenz, ein Schreiben, das sich aus der Lust am Gestalten und Formen entfaltet. Und manchmal klingt wie ein Echo auf diesen Prozeß auch ein Bericht vom Lesen in den Briefen nach:

„Ich weiß selbst nicht, woher es kommt, daß ein schönes Gedicht, besonders Goethe, bei jeder starken Erregung oder Erschütterung auf mich so tief einwirkt. Es ist schon fast eine physiologische Wirkung."[24]

Wenn Lesen eine „physiologische Wirkung" hat, geraten Trennungen durcheinander. Es wirken Texte auf Körper, und Körper sind umgekehrt „Subjekte" des Schreibens, nicht etwa nur Geister oder Köpfe. Im Geflecht der Texte, die Rosa Luxemburg im Gefängnis schreibt, entstehen Briefe mit Einschüben von Selbsterkundungen und Selbstbeobachtungen, die von diesen Durchdringungen berichten. Sie werden nun auch an

Freunde, nicht mehr nur an die Geliebten adressiert. Das signalisiert einen Mangel und einen Gewinn zugleich. Einen Mangel, weil all die geschriebenen Reflexionen keine Antwort zurückbringen, ein Gewinn, weil nun immer schon eingerechnet ist, daß keine Antwort kommen wird. Doch in diesem Wissen wird darstellbar, woran Rosa Luxemburg leidet und was sie quält: Sie kann die Trennungen nicht einhalten, mit denen alle anderen um sie herum offenbar keine Probleme haben. Als „Mensch ohne Haut"[25] beschreibt sie sich daher, als Menschen also, der die Grenze zwischen Ich und Außen, zwischen Ich und Du nicht halten kann. Aber nun ist es sagbar, ohne daß damit zu viel gesagt wäre. Nun ist es in einem imaginären Dialog ohne Antwort darstellbar. „Du sagtest", so schreibt sie an Luise Kautsky,

„Du währest immer, wenn wir zusammen sind, ein wenig im Rausch, als hätten wir Sekt getrunken. Gerade das liebe ich bei Dir, daß ich Dich immer in die Champangerstimmung bringen kann, wo uns das Leben in den Fingern prickelt und man zu jeder Narretei aufgelegt ist."[26]

Und umgekehrt? Wer bringt sie in die Champagnerlaune? „Niemand hat je von selbst einen frischen, guten Einfall, um mir zu schreiben. [...] So schnellte ich denn, wie stets, von selbst wieder in die Höhe, und es ist gut so."[27]

Sie schreibt wie im Wissen darum, daß auch nach dem Gefängnis nichts mehr gelingen wird, daß nur noch Scheitern bevorsteht. In jeder Hinsicht. Scheitern der Revolution, Scheitern des Sozialismus. Das Schreiben wird beschwörend, wie Pfeifen im Dunkeln. Auch noch in den letzten Artikeln im Winter 1918, die in der neugegründeten *Roten Fahne* erscheinen. Ein Aufstand wird beschworen, gegen den sich Rosa Luxemburg gewandt hatte. Ein Wissen dringt durch um die Unabwendbarkeit einer furchtbaren Niederlage. Ein Wissen, daß alles falsch ist, die Theorie, die Strategie, die Politik. Daß es aber zu all dem Falschen keine Alternative gibt. Keinen richtigen Weg. Sie hat nur eine Wahl: Fehler machen, unentrinnbar. Oder wie es in einem Brief kurz nach der Entlassung aus dem Gefängnis im November 1918 heißt:

„Wir stehen alle unter dem blinden Schicksal, mich tröstet nur der grimmige Gedanke, daß ich auch vielleicht bald ins Jenseits befördert werde – vielleicht durch eine Kugel der Gegenrevolution, die von allen Seiten lauert."[28]

Eine Kugel war es nicht – die traf Karl Liebknecht. Rosa Luxemburg wurde erschlagen. Eine Kugel für den Mann, der Gewehrkolben für die Frau und sicher auch für die Jüdin.[29] „Der Mann ward zum Sieb, die Frau / mußte schwimmen, die Sau, / für sich, für keinen, für jeden – / Der Landwehrkanal wird nicht rauschen. Nichts / stockt."[30]

Rosa Luxemburg – eine Frau? Sie selbst hatte sich einmal zusammen mit Clara Zetkin als die beiden einzigen Männer der deutschen Sozialdemokratie bezeichnet.[31] Um 1900 träumen Frauen nicht mehr wie hundert Jahre früher, ein Mann zu sein, ein Amt zu haben, etwas bewirken zu können. Sie haben ein Amt, sie können studieren, Politik zum Beruf machen, allein und selbständig leben. Doch der Preis dafür ist hoch. Kaum eine Frau hat das so scharf beschrieben wie Rosa Luxemburg. Erst dachte sie, das Paar, das gemeinsame Leben mit Leo Jogiches, könnte einen Wall gegen die Einsamkeit bilden, die nach dem Abschied aus der Familie und einem traditionellen Leben droht. Eine Arbeitsehe, in der Politik, wissenschaftliche Arbeit und Liebe ihren Platz finden. Lange vor der Trennung von Jogiches ist dieser Traum gescheitert.

Noch einmal zurück zur jungen Rosa Luxemburg, zur Studentin in Zürich. Im eingangs zitierten Brief an Leo Jogiches, *dem* Dokument der Einsamkeit intellektueller Frauen um die Jahrhundertwende, heißt es:

„Ach, mein Goldener, [...] lies wenigstens Du diesen Brief mit Ernst und Herz, mit Gefühl, mit dem Gefühl, mit dem Du meine Briefe damals – in Genf – gelesen hast, als ich noch nicht Deine Frau war. [...] Sieh, heute floß ich von einem so seltsamen Gefühl über, das diese paar Tage der Einsamkeit und des Nachdenkens in mir geweckt haben, ich hatte Dir so viele Gedanken mitzuteilen, Du aber warst zerstreut, lustig und meintest, Du bräuchtest keine ‚Physik', das heißt gerade alles das, was mich in diesem Augenblick erfüllte. [...] Mein Teurer, mein Lieber – Deine Augen suchen sicherlich schon ungeduldig – ‚Worauf will sie denn hinaus [schließlich]?[32] Weiß ich, was ich eigentlich will? Ich will Dich lieben, will, daß zwischen uns diese weiche, zutrauliche, ideale Atmosphäre herrscht, wie sie in jenen Zeiten war. Du, mein Lieber, begreifst mich oft zu oberflächlich. Du denkst, daß immer deshalb [ich schmolle], weil Du weggehst oder dergleichen. Und Du kannst Dir nicht vorstellen, daß mich das tief schmerzt, daß unser Verhältnis für Dich etwas rein Äußerliches ist. [...] Oh, ich spüre sehr gut diese Äußerlichkeit [...]; ich spüre sie, wenn ich sehe, wie Du, wenn wir irgendeinen größeren Streit hatten, diese Eindrücke in Dir verarbeitest und über unsere Beziehungen nachdenkst und zu irgendwelchen Schlüssen gelangst und irgendwelche Entschlüsse faßt und mit mir auf irgendeine Weise verfährst und ich außerhalb all dessen bleibe und nur mit meinem eigenen Hirn überlegen kann, was und wie Du denkst; ich spüre sie nach jeder Vereinigung, wenn Du mich beiseite schiebst und Dich verschlossen an die Arbeit machst; ich spüre sie schließlich, wenn ich in Gedanken mein ganzes Leben, meine ganze Zukunft umfasse, die sich mir darstellt wie eine Gliederpuppe, die durch einen äußeren Mechanismus zum Strampeln gebracht wird."[33]

In diesem Brief wird eine weitgehende Fixierung beschrieben: Frau und Mann stehen einander gegenüber. Leo Jogiches, der Mann, kann nur in sich denken, allein, er äußert sich *nach* dem Denken, wenn er sich an Rosa Luxemburg wendet. Sie dagegen äußert sich nicht, sondern denkt *mit* ihm. Sie macht Liebe *mit* ihm – er nennt es Physik. Sie begehrt ihn, wenn sie mit ihm denkt. Er schiebt sie beiseite nach der Liebe und denkt allein. Wen begehrt er? Es bleiben: ein Mann, eine Frau – Metaphern des größten Verfehlens.

Mit „blauen Flecken auf der Seele" geht Rosa Luxemburg nach Berlin und sieht Jogiches in den nächsten Jahren nur noch sporadisch. Denn es „wäre keinen Deut besser gewesen, selbst wenn wir zusammenleben würden. [...] Das, wonach ich mich im Augenblick sehnte, war allein meine eigene Phantasie."[34] Eine Phantasie oder ein Traum, den man nur ganz allein träumt. Doch er bleibt und begleitet, er produziert die Wünsche und Leidenschaften, die das Alleinsein immer noch einmal besiegeln. „Ich bin eine arme Waise, / ich fürchte mich ganz allein."

Margarete Susman (1874–1966)
Dialogisches Schreiben

von Barbara Hahn

Seit der Jahrhundertwende reden alle Stimmen durcheinander, so heißt es in einem Essay Margarete Susmans über Georg Simmel.[1] In diesem Gewirr, das alle religiösen und philosophischen Gewißheiten des 19. Jahrhunderts suspendiert, versucht Margarete Susman mit ihrem Schreiben einen Halt zu finden. Dabei schlägt sie einen besonderen Weg ein. Weder versucht sie, die Fragmente der Welt in ihren Texten wieder zusammenzuführen, noch experimentiert sie mit einem Schreiben, das Darstellungsformen für das Zerstückelte sucht. Sie schreibt, als ob man mit Freunden, mit Gleichgesinnten gemeinsam schreiben und damit der „unendlichen Einsamkeit“ entrinnen könnte, die sie beispielsweise Ernst Blochs *Geist der Utopie* oder auch Georg Lukács' *Die Seele und die Formen* attestiert.[2] Sie liest diese Bücher ebenso wie Arbeiten von Martin Buber, Georg Simmel und Gustav Landauer, als ob sie alle in einem großen Buch stünden. In diesem Buch des Denkens schlägt sie mit ihren Essays eine neue Seite auf und beginnt, in die Gedanken anderer ihre eigenen hineinzuweben. Sie liest und schreibt nicht, um Antworten auf Fragen zu finden; für sie sind Bücher „Fragen auf Fragen“, wie Ingeborg Nordmann bemerkt hat.[3] Doch in ihrem Freundeskreis, der mit den genannten Namen bezeichnet ist, war doch wieder wichtig, wer welchen Gedanken artikuliert, wer welchen Text im „großen Buch“ geschrieben hatte. In Briefen über Margarete Susmans Arbeiten zeigt sich, daß sie als die einer „Frau“ gelesen und damit tendenziell zur Unlesbarkeit verdammt wurden. So schreibt beispielsweise Ernst Bloch an Georg Lukács im August 1911:

„Sie ist einfach eine bornierte, milde und doch in allen Fragen der Bewegung pharisäisch rohe deutsche Hausfrau des schlimmsten Stils, aufgeputzt und angeschienen von Güte und Größe, eine mich lange täuschende Mimikry und Karikatur der reinen, viel verzeihenden Frau."[4]

Nicht alle Urteile fielen so denunzierend aus, aber dennoch ist auffallend, daß der Vielzahl von Rezensionen und Essays, die Margarete Susman über ihr wichtige Bücher schrieb, nur wenige Aufnahmen ihrer Arbeiten gegenüberstehen. Keiner ihrer vielen Freunde, mit denen sie gemeinsam zu denken versuchte, schien ihre Bücher so zu brauchen wie sie die Bücher der Freunde. Ihre Arbeiten galten als besonders und wurden daher einer anderen Lektüre unterzogen als Bücher männlicher Autoren. In einem Brief Gustav Landauers an Martin Buber vom 19. März 1913 heißt es:

„Darum haben wir noch kein rechtes Menschendenken, weil das Frauendenken noch nicht seinen starken Anteil hat [...]. Ist um des Menschendenkens willen ein stärkeres Hervortreten des Elements des spezifischen Frauendenkens in diesem Menschendenken zu erwarten und zu wünschen? Und da sage ich: Ja, ich gewahre etwas der Art mit Freude, gewahre es in Goethe und seinem Iphigenienreich, das in all unserer Kultur im Werden ist, in ..., in mir, der dabei männisch genug ist, in Ihnen, gewahre es in Rahel, Bettine, Margarete Susman usw. Die alle sind Menschtuende, Einheittuende, Ganze, weil in ihnen das Frauendenken lebendig ist und weil sie Einmalige sind."[5]

In ihren kulturtheoretischen Essays, die von den intellektuellen Aufgaben von Frauen in der Krise der Moderne handeln, weist Margarete Susman ihnen durchaus einen besonderen Ort zu. Doch im großen Buch des Denkens scheint noch kein Text zu stehen, in welchem diese Besonderheit zu lesen wäre. Nur eine hat offenbar eine neue Seite aufgeschlagen und ein neues Kapitel begonnen, allerdings keine Zeitgenossin Margarete Susmans, sondern eine erheblich jüngere Frau. Und keine Theoretikerin, sondern eine Schriftstellerin. In Margarete Susmans Autobiographie, nicht in einer Rezension, dem privilegierten Medium des fragenden Lesens, heißt es:

„Wenn es mir je seltsam erschienen ist, noch am Leben zu sein, wenn ich je den Abgrund zwischen meiner Jugend und meinem Alter über-

Margarete Susman

wältigend klar erlebt habe, so geschah es durch die Kluft zwischen der Dichtung von Ingeborg Bachmann und der meinen. Was alles liegt an Geschehen, Veränderungen, Vernichtungen, an Grausamkeiten, an Entschleierungen und den Rissen, an einer vorher unbekannten Wahrheit zwischen dieser Dichtung und der meinen."[6]

Daß Frauen nicht im großen Buch des Denkens schreiben, ist um so erstaunlicher, als Margarete Susman eng mit Frauen befreundet war, die ebenso wie sie selbst theoretisch arbeiteten und publizierten. Sie kannte Gertrud Simmel und Gertrud Kantorowicz, Edith Landmann und Bertha Pappenheim. Die beiden Erstgenannten werden in der Autobiographie ausführlich vorgestellt. Gertrud Simmel, der Margarete Susman ihr Buch *Vom Sinn der Liebe*[7] widmete, habe sie „wie kaum eine andere Frau verehrt". Sie

„war eine bedeutende, in ihrer Weise großartige Erscheinung, die sich mit allen wesentlichen Fragen des Lebens in einer selbständigen Weise auseinandersetzte und auch vier bedeutende Bücher unter dem Namen Marie Louise Enckendorf veröffentlicht hat".[8]

Daß Susman die Bedeutung der Freundin gleich zweifach betont, ist ein Indiz dafür, daß diese nicht selbstverständlich gegeben war. Wie Gertrud Simmels Bücher gelesen werden könnten, bleibt offen. In Margarete Susmans Arbeiten finden sich keine Spuren von Lektüren.

Auch Gertrud Kantorowicz, die wichtigste Freundin, wird biographisch skizziert, nicht jedoch als Autorin von Büchern, Aufsätzen und Gedichten:

„Gertrud Kantorowicz [...] war eines der seltsamsten Wesen, die mir im Leben begegnet sind. Nicht nur ihre große und eigenartige Intelligenz und ihre dichterische Begabung, auch ihre elementare Dämonie, die stark im Guten wie im Bösen war, schienen sie gewissermaßen aus dem Kreis des nur Menschlichen zu entrücken. In unserer Jugend nannte ich sie das ‚Wesen', weil sie rein Natur und Geist, mir nicht ganz der menschlichen Wirklichkeit anzugehören schien. – Erst später erfuhr ich, in wie viele Menschenleben sie tätig helfend, zuweilen aber auch zerstörend eingegriffen hat. Es war stets nicht eigentlich ein menschlicher Eingriff, sondern der Eingriff einer Gewalt."[9]

Diese „Gewalt“ manifestiert sich in Margarete Susmans Autobiographie in einer Schlüsselszene, in der das Scheitern ihrer Ehe mit Eduard von Bendemann – sie hatte ihn 1906 geheiratet und ließ sich 1928 von ihm scheiden – geschildert wird. Plötzlich und unangemeldet steht die Freundin vor der Tür, übernimmt die Pflege der schwer depressiven Margarete Susman und überredet diese schließlich, mit ihr zusammen nach Italien zu reisen, um Abstand zu bekommen:

„Ich weiß nur, daß ich eigentümlich ruhig war und daß der Abschied vom bisherigen Leben mir auch eine leise Erleichterung schien. Vielleicht hatte Gertrud das bei ihrem Eingriff in unsere Ehe, nach der namenlosen Beanspruchung der vergangenen Jahre, sich genauso vorgestellt.“[10]

Möglicherweise wollte Gertrud Kantorowicz der Freundin mit ihrem Eingriff Raum für eigene Arbeit schaffen, denn während des Lebens mit Mann und Sohn hatte Margarete Susman nie genügend Zeit zum Schreiben gefunden.[11] Es gab also eine Aufmerksamkeit für die Arbeit der Anderen, und die Arbeit war wichtiger als ein „intaktes“ Familienleben. Allerdings äußerte sich diese Aufmerksamkeit nicht in den Formen, wie sie unter Männern und auch zwischen Männern und Frauen gepflegt wurde. Nach Rezensionen, nach veröffentlichten Lektüren der Texte der Anderen wird man vergeblich suchen.

Doch in ihrer Korrespondenz, die allerdings nur einseitig und fragmentarisch überliefert ist,[12] finden sich Spuren gemeinsamen Denkens, das Gertrud Kantorowicz auf eine verblüffende Formel bringt: „Das Ganze ist wundervoll u. richtig, und als hätte ich es selbst gedacht“, so heißt es über Margarete Susmans Buch *Vom Sinn der Liebe.* Das Buch sei vollkommen, weil sich die Freundin ihren Stoff selbst schaffen mußte und ihn auch selbst geschaffen habe, obwohl die Liebe „doch zugleich der allgemeinste u. gegebenste [Stoff] ist“. Doch

„Dein Ergreifen der Dinge ist auf sich selbst gestellt, auf seine eigne Form, unabhängig von philosophisch überlieferten Fragestellungen. Und Du kannst mir glauben, dass dies Dein Weg ist. Du sollst nicht wissenschaftlich werden, alles wissenschaftliche muss sozusagen vergessen sein; als blosses ganz umgewandeltes Nahrungsmittel gebe ich es Dir zu; nicht aber als Form oder bloss Methode. Das können andere besser als Du. Und Du darfst nur machen, was keiner so gut kann als Du."

Sie solle auch keine „Fremdwörter" benutzen, „das klingt fachlich neben Priesterlichkeit". Diese Einwände, die die Freundin in ihrer besonderen Schreibweise bestärken, formuliert Gertrud Kantorowicz „mit Aufbietung alles Geistes. Denn ich hasse dies kritisieren hierbei. Es soll nur als Opfer an die Vollkommenheit ertragen werden."[13]

In der Folge kommentiert Gertrud Kantorowicz die Arbeiten der Freundin nicht mehr. Margarete Susman hat den „wissenschaftlichen" Weg offenbar ausgeschlagen und schreibt nun das, was „keiner so gut kann" wie sie selbst. Doch gleichzeitig steigt die Aufmerksamkeit für den Prozeß der Arbeit. Im April 1934 heißt es in einem Brief von Gertrud Kantorowicz aus Berlin:

„Und die Arbeit. Geliebtes, nicht immer erzwingen. Einmal durch den Wald gehn, ist wichtiger. Dann geht es wieder ohne so masslosen Kraftverlust, und auch ungespannter. Ich weiss, dass die Arbeit auch eine Rettung ist u. dass man nicht suchen kann – aber dennoch, so wie Du es tust, ist es Verbrechen."[14]

Mit diesen beiden Blickweisen auf Margarete Susmans Arbeiten bezeichnet Gertrud Kantorowicz präzise deren Spannweite. Wie Susman in ihrer Autobiographie schreibt, bekam sie nie eine wissenschaftliche Ausbildung: „Mein Vater wehrte sich gegen ein Studium. Er, der niemals starke Worte brauchte, sagte: ‚Solange ich nicht unter der Erde bin, wirst du nicht studieren.' " Obwohl sie aus dem liberalen jüdischen Bürgertum stammte und in Zürich aufwuchs, in der Stadt also, in der Frauen studieren konnten, stand ihr der Weg nicht offen, den viele Altersgenossinnen einschlugen. Stattdessen Lesen, Dichten und Malen, „dies erlaubte mir mein Vater".[15] Auch nach dessen frühen Tod 1892 gab es keine Möglichkeit zu studieren. Die Mutter war schwer krank und mußte von Margarete Susman und deren älterer Schwester gepflegt werden. Erst nach einer Zeit, in der sie vorwiegend kunsthandwerklich arbeitete, konnte sie eine Ausbildung als Malerin beginnen. Bald aber rückte durch Kontakte mit dem Kreis um Karl Wolfskehl in München und später um Georg Simmel in Berlin das Schreiben in den Mittelpunkt. Nach zwei Lyrikbänden veröffentlichte sie ein Buch über *Das Wesen der modernen deutschen Lyrik.*[16] Damit beginnt ihr Schreiben als „Grenzgängerin zwischen Dichtung und Theorie".[17]

Ein Buch über Lyrik, ein Buch über die Liebe – nach 1914 sind diese Themen nicht mehr hinreichend. Denn der Erste Weltkrieg, „die Grenzscheide zwischen den Welten", zeigt Margarete Susman mit einem Schlag die „Schuld unseres unpolitischen Lebens", wie sie in einem Brief an Martin Buber schreibt.[18] Andere Fragen rücken in den Mittelpunkt, die unendlich schwer zu bearbeiten sind. Ihr Schreiben ist nun von der Anspannung durchzogen, vor der Gertrud Kantorowicz sie im zitierten Brief warnte. Die monographische Studie, Baustein eines Werkes, ist nicht mehr die angemessene Schreibform. Erst 1929 veröffentlicht Margarete Susman wieder ein Buch, das sich wie die folgenden von den Vorkriegsbüchern weitgehend unterscheidet: Die Bücher stehen nun nicht mehr erratisch, fertig und abgeschlossen zwischen essayistischen Versuchen, vielmehr bilden die Buchdeckel nur den vorläufigen Abschluß eines endlosen Prozesses. Jeder einzelne Gedanke könnte auch in eine ganz andere Richtung führen; kein Kapitel ist so fertig und abgeschlossen, daß es nicht doch noch einmal neu und ganz anders geschrieben werden müßte. Aufsätze gehen den Büchern voraus, die sich zu großen Essays weiten und in Aufsätzen fortgeschrieben werden.[19] Ein kompliziertes Netz von Texten.

Mühevoll, weil alle Voraussetzungen, jede Ausbildung und jegliche Kenntnisse fehlen, versucht Margarete Susman nach 1914, Politik als konstituierendes Moment des sozialen Lebens zu denken. Politik, so definiert sie in ihrem Aufsatz *Die Revolution und die Frau* vom November 1918, „bedeutet nichts anderes als die Ordnung der menschlichen Beziehungen in großen Gemeinschaftsgebilden", für die alle Verantwortung tragen. Deutschland habe den Krieg auch deshalb verloren, weil dieses Wissen nicht praktisch wurde. Die „deutsche Innerlichkeit", dieses „verhängnisvolle Erbteil der großen schöpferischen deutschen Metaphysik in unschöpferischen Zeiten", habe eine unpolitische Haltung gestützt, gerade auch unter Frauen, denen die „Innerlichkeit als Zuflucht" diente.[20]

Fünfzehn Jahre später, nach den politischen Morden an ihrem engen Freund Gustav Landauer, an Rosa Luxemburg und Karl Liebknecht, die „uns aufs furchtbarste erschütterten",[21] nach Inflation und Massenarbeitslosigkeit, werden selbst diese tiefen und weitgehend unbegreiflichen Einbrüche noch einmal überschritten. In verzweifelter Anstrengung versucht Margarete Susman zu verstehen, was in Deutschland geschieht – von außen, denn gleich nach der Machtübernahme der Nationalsozialisten flieht sie in die Schweiz, und auch nach 1945 kehrt sie nicht mehr nach Deutschland zurück.

1933 erscheinen zwei Essays, die auf unterschiedliche Weise von einem Ende berichten. Der eine in gehetztem Ton, in einem Denkraum, der in den Begriffen „Krise" und „Revolution" an das Politische rührt. Der zweite, wenige Monate später erschienen, in einer gelassenen Ruhe, ein Ende beschreibend, das bereits geraume Zeit dauert und nicht an politische Daten ankoppelbar scheint. Der erste ist mit *Wandlungen der Frau* überschrieben, der zweite mit *Der jüdische Geist.*[22] Den ersten Text habe sie

> „unmittelbar vor dem Aufstieg Hitlers wirklich unter Qualen geschrieben, weil ich fühlte, wie schon alles sich veränderte, wie diese schmerzliche Revolution in eine gänzlich andere einmündete",[23]

schreibt Margarete Susman in dem Abschnitt ihrer Autobiographie, der ihre Flucht aus Deutschland skizziert. Noch in einem Essay von 1926, *Das Frauenproblem der gegenwärtigen Welt,* hatte sie ein Ziel der „schmerzlichen Revolution" gesehen und einen optimistisch gestimmten Text geschrieben. Im Unterschied zum weitgehend kontrapunktischen Denken, wie es innerhalb der Frauenbewegung gepflegt wurde, setzte Margarete Susman dabei nicht auf die Frauen als positive Macht gegenüber einer „extrem männlichen europäischen Kultur". Um einer „vorethischen Existenz" zu entrinnen, in der die Frau im Bild des Mannes verschwand und als Ort des Schweigens imaginiert wurde, bedürfe es einer Bewußtwerdung, die die „Krisis des gesamten Wahrheits- und Wirklichkeitsbewußtsein" der Zeit bearbeite.[24] Dafür stünden auch den Frauen nur Wort und Werk des Mannes bereit, doch im Umweg durch diese – „der einzige Weg der Frau [ist] der Umweg"[25] – könne sich ein Denken herausbilden, das einer neuen Menschheit adäquat sei.

1933 ist dieser Blick auf die Frauenbewegung, die Margarete Susman im früheren Text als „eine der tiefsten und tragischsten Bewegungen in der Geschichte der europäischen Menschheit" bezeichnete,[26] nicht mehr möglich. Doch eine erneute Thematisierung der Kategorien „Frau" und „Mann" ermöglicht ihr, die tiefe Zäsur dieses Jahres in Hinblick auf eine Geschichte zu lesen, die Europa umspannte und nun in einem jähen Zusammenbruch zu ihrem Ende kommt. In einer metaphorisierenden Sprache, in eindringlichen Denkbildern versucht sie, dieses Ende zu umreißen:

„Die Frauenbewegung in ihren Anfängen war unproblematisch und naiv. Sie ging aus von dem festen Boden einer Welt, deren geheimes Wanken sie noch nicht spürte. Indem sie Gleichberechtigung vor den Gesetzen des Mannes, Mitarbeit an seinen Ordnungen und an seinem Werk, freie Einordnung ihres Eigenen in die männliche Welt erstrebte, erscheint ihr Kampf zunächst als ein Wettkampf mit dem Manne um seine Welt. Aber als sich dann wirklich fast über Nacht die Tore zu der erstrebten Welt öffneten, da geschah es in dem ungeheuersten Zusammenbruch. Es zeigte sich: der Mann hatte der Frau gar keine Welt mehr anzubieten; alle seine Ordnungen und Gesetze waren zerfallen."[27]

Im Unterschied zum Aufsatz von 1926, in dem der Umweg durch „die Welt des Mannes" noch als Weg zur „Lösung des Frauenproblems" entworfen wurde, scheint diese Welt inzwischen zerfallen zu sein.[28] Eine Zeit kündigt sich an, in der aus der „Heimatlosigkeit und Lebensangst des Mannes" eine gefährliche Sehnsucht nach der „bergenden mystischen Allmutter: der magna Mater"[29] entsteht. Diese Sehnsucht kann die Frau – ebenso wie der Mann entlassen aus einer vom Metaphysischen gestützten Welt – nicht erfüllen.

„Die heutige neue selbständige, selbstbewusste Frau mit dem grossen Traum im Herzen, der auch noch im bescheidensten, mühseligsten

Frauendasein kaum je völlig zu brechen ist, hat in dieser Welt keinen Partner mehr. Sie ist auf sich zurückgewiesen, unermesslich allein."[30]

Mann und Frau stehen sich nicht mehr als „Frage und Gegenfrage"[31] gegenüber; seit der Himmel leer ist, fehlt ihrem Dialog, der meist als Kampf ausgetragen wurde, das Dach der Metaphysik: „Beim Erwachen aus einem Traum, der so lang war wie die europäische Geschichte, steht die Frau frierend im Leeren."[32]

In Margarete Susmans Essay scheint nicht sagbar, welche Gefahr in diesem Zerfall liegt. Die Angst vor dem Ende einer Geschichte, die Europa zum Grund hatte, die Europa durchzog und prägte, entzieht sich der Darstellbarkeit. Im Rhythmus des Textes, seiner inneren Spannung und Brüchigkeit, sind Spuren davon lesbar. Europa – ein weibliches Wort und der Name einer Frau. Europa – Produkt und Effekt einer dualen Anordnung, die Mann und Frau genannt wird oder auch Gott und Mensch. Doch der Zusammenbruch des Metaphysischen hat diese Dualitäten gesprengt, und kein Drittes tritt hervor, das die beiden Pole in eine Beziehung setzen könnte. Damit hat Europa seine Soziabilität verloren; es wird zum Synonym eines Chaos, das in Susmans Text keine Struktur bildet. Und so gruppiert sich der Text zwar noch um die Begriffe „Mann" und „Frau", um „Frauenbewegung" und „Frauenproblem", doch die „gänzlich andere Revolution", von der Margarete Susman in ihrer Autobiographie im Rückblick auf 1933 spricht,[33] scheint deren Bedeutung suspendiert zu haben. Und so ist in den Texten, die nach 1945 erscheinen, das Geschlecht als Konstituante eines kulturellen Zusammenhangs verschwunden. In keinem späteren Text wird noch einmal an der Serie von Reflexionen über die Dualität von Mann und Frau als strukturbildende Kategorien Europas angeknüpft.[34]

Der Grund dafür liegt in einem anderen Ende, von dem im zweiten Essay von 1933, *Der jüdische Geist,* die Rede ist. In diesem Text, der im offiziellen Organ des Jüdischen Frauenbunds erschien, wird von keiner Revolution gesprochen. Hier entwirft Margarete Susman das Ende einer triadischen Struktur, die nicht Europa, sondern das Abendland prägte. Das „abendländische Denken“ situiert Margarete Susman zwischen der „Idee, deren Urgestalt aus dem Griechentum entspringt, und dem Gebot, das aus dem Judentum stammt“.[35] Durch das Dazwischentreten des Christentums werde diese Spannung zwischen Idee und Gebot überformt, wodurch diese „in eine unablässig unentwirrbare Verschlingung geraten“. Die gesprengte Dualität von Judentum und Antike, ihre Überformung in einer ungleichgewichtigen Triade zwinge das Judentum in ein unaufhebbares Exil gegenüber einer Welt, die es selbst mitgebildet hatte:

„Das Judentum hat der abendländischen Welt das Herz eingesetzt, den Mittelpunkt, aus dem ihr gesamter Blutkreislauf hervordringt und um den es sich bewegt. Aber indem es dies tat, ist es selbst außerhalb dieses Kreislaufs verblieben, hat es dies sein eigenes Geschenk an die Welt nicht angenommen.“[36]

Diese Welt lebt also von einer Gabe, an der der Gebende nicht teilhat. Damit wird das Judentum zur Metapher eines Außen, einer existentiellen Nichtzugehörigkeit, die in Susmans Text nur in Gott einen Halt findet. Der jüdische Geist wird leben, so schließt sie ihren Essay, solange „durch das unermeßliche Stimmengewirr des geschichtlichen Daseins hindurch das ‚Höre Israel‘, der Inbegriff des Gebotes in irgendeiner Form von irgendeinem menschlichen Ohr vernommen wird“.[37] So lange also ein Dialog, eine Frage und ein Ansprechen das Durcheinander skandieren, so lange gibt es „Juden“. Jude – damit wird eine Position bezeichnet, die in sich doppelt ist: Gott ist nicht denkbar ohne Jude, und Jude ist die Frage an sein eignes Anderes.

Eine weitere Denkbewegung vervielfältigt diese duale Struktur. Das „Jüdische“ ist nicht eins, sondern seit einem historisch genau bezeichenbaren Einschnitt gespalten: Als Moses Mendelssohn die „Tore der Ghettowelt“ aufstieß, begann eine „geistige Blüte, an deren Ende wir heute stehen“.[38] Ein Ende deshalb, weil diese Öffnung gleichzeitig eine Auflösung des Jüdischen initiierte. Das Verschwinden der traditionellen Lebenswelt, die von der Erfahrung des Exils erzeugt und gehalten wurde, zwang auch den jüdischen Menschen in die Heimatlosigkeit einer Welt nach dem Tod Gottes. Eine letzte Verlassenheit stellt sich ein, weil Gott nun auch für die Juden „zum verborgenen Gott" geworden ist.[39] Jude sein – das bedeutet nach diesem Einschnitt also nicht nur, die Erfahrung des Exils auf sich zu nehmen, sondern einzutreten in eine Ununterscheidbarkeit, die alle nach dem Tod Gottes trifft.

Nirgendwo versucht Margarete Susman, ihre heterogenen Konstruktionen von Europa und dem Abendland in *ein* Modell zu integrieren, das Platz für alle Gegensätze und Widersprüche hätte. Gegen ideologische Welterklärungsmodelle ist sie gefeit. Auch „Jude" und „Frau" als Markierungen des jeweils Ausgeschlossenen, werden nicht gekoppelt, sondern stehen unvermittelt nebeneinander; das Wort „Jüdin" fehlt in den kulturtheoretischen Reflexionen fast vollständig. In Briefen dagegen blitzt das Jüdinsein manchmal auf, jedoch als Selbstbeschreibung, nicht als Begriff. So schreibt Margarete Susman in einem Brief an Martin Buber: „Und dann weiß ich nun auch wieder, was mir immer von Zeit zu Zeit in dieser mir vertrauten deutschen Welt entgleitet: wie sehr ich Jüdin bin!"[40] Jüdin – dieses Wort bezeichnet einen riskanten Denkort, der selbst nicht noch einmal reflektiert werden kann, aber keinen Begriff der Analyse. Oder wie Ingeborg Nordmann schreibt: Margarete Susman „ist Jüdin, weil sie im jüdischen Denken Bildern und Denkfiguren begegnet, die ihrer Suche nach einer Sprache entgegenkommen, die dazu anhält zu fragen und nicht zu antworten".[41]

Angesichts des Nationalsozialismus in Deutschland beginnt Margarete Susman ein Buch zu schreiben, in welchem sie dieses Denken noch einmal radikalisiert. Gleich nach dem Krieg erscheint *Das Buch Hiob und das Schicksal des jüdischen Volkes,* eines der ersten Bücher, das im Wissen um den Mord an den europäischen Juden geschrieben wurde. Es beginnt mit den Worten:

„In diesem Augenblick einer Weltkatastrophe, die in Leben und Wissen die Menschheit an den Rand des Selbstmords geführt hat, kann eine Ergründung des Schicksals und Problems des jüdischen Volkes nicht mehr als ein sehr bescheidener Versuch sein: ein Versuch, der nur darum gewagt werden kann, weil ein Ansatzpunkt für das Problem in dieser Katastrophe selbst sich bietet, die in der gewaltigsten Aufgipfelung des Judenhasses aller Zeiten den Zusammenbruch alles Menschlichen und Menschheitlichen in der abendländischen Geschichte darstellt. Wohl ist diesem Geschehen gegenüber jedes Wort ein Zuwenig und ein Zuviel; seine Wahrheit ist allein der Schrei aus den wortlosen Tiefen der menschlichen Existenz."[42]

Margarete Susman erzählt nicht, *wie* und *wo* der Mord an den europäischen Juden geschah; sie setzt voraus, daß „wir" von diesem Verbrechen wissen. Es geht nicht um die Rekonstruktion historischen Geschehens, sondern ähnlich wie im biblischen Buch Hiob um die Frage nach dem Sinn dieses Geschehens. Das Buch ist deshalb auch nicht von der Suche nach einer Darstellungsform für das Unvorstellbare geprägt, es zeigt vielmehr, daß der Riß in der Geschichte, der „Zusammenbruch", von dem in der zitierten Passage die Rede war, von Kontinuitäten umschlossen bleibt, denen keiner entrinnen kann.

Unentrinnbar bindet die Sprache. Margarete Susman schreibt ihr Buch vom Ende des deutschen Judentums auf Deutsch, in ihrer Muttersprache, die ebenso die Sprache der Mörder ist. Wenn Hiob seine großen Fragen nach Schuld und Gerechtigkeit an Gott richtet, dann spricht er das „in sich selbst ruhende Deutsch der Lutherbibel".[43] Er streitet mit Gott nicht in einem von „fremdem Sprachgeist überall bedrängten und umgewandelten Deutsch", wie es die Bibel-Übersetzung von Buber und Rosenzweig prägte. Doch gerade in diesem Anklang an Altbekanntes, in dieser „Volkssprache", die „uns in Fleisch und Blut übergegangen" ist,[44] wird die furchtbare Bindung um so deutlicher. Abstand kann nur in einem gewaltsamen Prozeß gewonnen werden, für den Margarete Susman das Bild der „mitten auseinandergerissenen"[45] deutschen Juden findet.

In diesem drastischen Bild, das im Buch mehrfach auftaucht, kulminiert das Verfahren der Parallelisierung unterschiedlichster Geschichten: Margarete Susman liest Hiobs Geschichte als Paradigma der Geschichte des jüdischen Volkes, eines „Hiob unter den Völkern", die wiederum das Muster für die Geschichte der deutschen Juden abgibt. Schon Hiobs Fragen an Gott werden so gelesen, daß sie sich immer weiter von einer Antwort entfernen: Warum wird Hiob geprüft, welche Schuld hat er auf sich geladen? Bis Hiob begreift, daß es „keine persönliche Schuld" ist, die die Strafe nach sich zieht. Persönliche Unschuld ist vergeblich – das ist die „furchtbare Einsicht", die Margarete Susman aus dem Buch Hiob zieht.[46] Gottes Gerechtigkeit ist in Hiobs Rechnung mit Gott nicht zu erfassen; Gott ist Teil einer ihm nicht zugänglichen Ordnung, und seine Zeit hat keinen Bestand gegenüber Gottes Ewigkeit. Daher ist auch Hiob schuldig; er muß eine Schuld auf sich nehmen, die keinem persönlichen Vergehen korrespondiert.

In Blick auf die Geschichte der Diaspora stellt Margarete Susman Hiobs große Fragen neu, und nun haben sie keinen Adressaten mehr: Warum wurde dieses Volk so furchtbar gestraft, welche Schuld hat es auf sich geladen? Doch die Frage nach Gottes Gerechtigkeit kann nicht mehr in einem Streit, einem Prozeß mit Gott ausgetragen werden, wie es Hiob noch möglich war. Denn das jüdische Volk ist geschichtlich geworden und eingetreten in die Geschichten anderer Völker, anderer Sprachen und Traditionen. Gleichzeitig ist es aber auch außerhalb dieser Geschichte geblieben – ein Volk ohne Staat, ohne Grenzen, ein Volk, das nicht teil hat an den Nationalismen und Kriegen anderer Völker. Um welche Schuld soll es streiten? Und mit wem? Es ist nicht Volk *unter* Völkern geworden, eher Volk *in* anderen Völkern – doch hat es dann eine eigene Stimme? Kann es fragen und streiten, wie andere Völker streiten? Und wer ist der Adressat seiner Fragen? Kann man mit Gott über diese Dinge streiten? „Liegt nicht vielleicht in diesem Reinbleiben von allen trüben Mittelsmächten eine Art von Schuld: *die* Schuld, [...] die Gott soviel furchtbarer als jede wirklich begangene züchtigt?"[47]

Diese Schuld kulminiert nach Margarete Susman im Aufgehen ihres Volkes in einem anderen Volk. Den Namen dieses anderen Volkes, dessen Sprache sie spricht, dessen Sprache die ihre ist, vermeidet sie immer wieder. Noch einmal auf Deutsch, aber schon außerhalb einer durch diese Sprache konstituierten Tradition, trennt sie sich in den späteren Kapiteln des Buches von Deutschland und den Deutschen. Nun wird sie in aller Konsequenz Jude: „Jude sein, heisst sich entscheiden. Denn jeder Einzelne des Volkes wird zwar als Jude geboren; aber er *wird* Jude erst durch die Entscheidung für dies Sein."[48] Diese Entscheidung ermöglicht Ablösung und Trennung – in aller Radikalität.

„Auf die Frage, ob es ein Zufall war, dass gerade von diesem [deutschen] Volk dies Widermenschliche ausgegangen ist, ist die Antwort ein klares Nein: wir vermögen in der deutschen Geschichte, im deutschen Geist, in der deutschen Gesinnung deutlich die Wesenszüge aufzufinden, die – in unausdenkbar tiefem Sturz durch das Zeitgeschehen als Ganzes und durch unerträglich nationales Unglück – in diesen Abgrund hinabführten. Aber daneben stellt sich doch sofort die Frage: Hatten denn nicht wir, die deutschen Juden, an diesem Geist, diesem Wesen teil? Haben wir nicht in jenem Lande mitgelebt, seine Schicksale mitgetragen, seine Gedanken mitgedacht? Sprechen wir nicht seine Sprache? Haben wir nicht alles, was wir wissen und selber sind, in deutscher Sprache empfangen? Nannten wir uns nicht und waren wir nicht Deutsche? Nicht freiwillig, sondern künstlich, gewaltsam, mit den verworfensten Mitteln mussten wir aus diesem Volk ausgesondert werden. Wir mussten uns selbst zerreissen, um nicht mehr Deutsche zu sein, und wir haben es getan."[49]

Gertrud Kantorowicz (1876–1945)
Kunstgeschichte als Lebensentwurf*

von Barbara Paul

Liest man die Erinnerungen zweier Freundinnen von Gertrud Kantorowicz, so bekommt man das Bild einer intelligenten und sprachgewandten Frau. Die Schriftstellerin Margarete Susman, ihre vielleicht beste, lebenslange Freundin schreibt: „Nicht nur ihre große und eigenartige Intelligenz und ihre dichterische Begabung, auch ihre elementare Dämonie [...] schienen sie gewissermaßen aus dem Kreis des nur Menschlichen zu entrükken",[1] und die Malerin Sabine Lepsius: „Ihre Reflexionen im Gespräch wie im Erzählen zeugten von hervorragender Intelligenz und einem glänzenden Gedächtnis. Aber sie war keine Gelehrte, war kein ‚Blaustrumpf', wie man damals sagte, sondern ganz Mensch, und nichts Menschliches war ihr fremd. [...] Ihre eigene Richtlinie [...] war der griechische Geist."[2] Auch Michael Landmann, der Sohn einer weiteren Freundin, der Philosophin Edith Landmann, und erster Biograph von Gertrud Kantorowicz, hob ähnliche Merkmale hervor.[3] Bei aller Vorsicht gegenüber Charakterisierungen seitens Dritter und der Schwierigkeit, eine Person biographisch wirklich fassen zu können – dies wird gerade auch durch die begonnene, feministisch motivierte Dekonstruktion patriarchalisch-ideologischer Frauenbiographien sehr deutlich –, so sind hier doch wichtige, die Kunsthistorikerin Gertrud Kantorowicz auszeichnende Eigenschaften genannt: ihre Intellektualität, ihr Umgang mit Sprache und die Kunst, die ihr als eine Art Lebensentwurf diente.

Es wird im folgenden vor allem darum gehen, das bislang in der Rezeption weitgehend übergangene kunsthistorische Werk von Gertrud Kantorowicz erstmals kurz vorzustellen und damit den Anfang einer Auseinandersetzung zu begründen. Dabei

Gertrud Kantorowicz

sind ihre Texte nicht vorschnell und schon gar nicht endgültig in die Geschichte der Kunstgeschichte einzuordnen, die bekanntlich überwiegend von Männern machtvoll betrieben und deren Geschichte meist von ihnen geschrieben wurde. Vielmehr ist es ein wichtiges Desiderat, die Geschichte der Disziplin Kunstgeschichte neu zu entwerfen, und zwar unter Einbeziehung von Kunsthistorikerinnen und ihren jeweiligen Lebens- und Arbeitsbedingungen sowie der Frage nach den geschlechtsspezifischen Rollenzuweisungen, die gerne unter dem Schlagwort der Aufgabenteilung unreflektiert, ja beschönigend dargestellt werden. Eine Geschichte (auch) der Kunsthistorikerinnen gibt es gerade für Deutschland bislang allenfalls in Ansätzen.[4]

1. Gertrud Kantorowicz hat zeit ihres Lebens keine Stelle als Kunsthistorikerin innegehabt und offenbar auch nie eine gesucht. Dafür mögen zunächst persönliche Gründe gesprochen haben, denn Gertrud Kantorowicz stammte aus einer wohlhabenden Posener Fabrikantenfamilie und hatte nie finanzielle Sorgen. Daneben eröffneten sich für eine promovierte Kunsthistorikerin zu Beginn des 20. Jahrhunderts aber auch nur bedingt Berufsmöglichkeiten. Eine Laufbahn etwa im Museumswesen war zwar prinzipiell möglich, in der Praxis jedoch von erheblichen Schwierigkeiten gekennzeichnet. An der Universität, zu der Gertrud Kantorowicz aufgrund ihrer theoretischen Ambitionen womöglich hintendiert hätte, wurden Frauen hierzulande erst in der Weimarer Republik zur Habilitation zugelassen.[5] Gertrud Kantorowicz wählte den Weg der selbständigen, freiberuflichen Tätigkeit und verfaßte verschiedenste Arbeiten: Gedichte, Übersetzungen und kunsthistorische, genauer kunsttheoretische Texte.

Am Anfang standen einige ästhetizistische Gedichte, die unter dem geschlechtsneutralen Pseudonym Gert. Pauly in Stefan Georges *Blättern für die Kunst* im Jahre 1899 erschienen. Gertrud Kantorowicz war die einzige Frau, die überhaupt in dieser ästhetisch wie gesellschaftlich elitären Zeitschrift veröffentlichen durfte. Im vorangegangenen Jahr 1898, seit dem sie auch nachweislich mit George in Kontakt stand,[6] hatte sie in Berlin ihr Studium der Kunstgeschichte, Archäologie und Philosophie begonnen, worauf sie sich ihren Angaben zufolge „privatim" vorbereitet hatte.[7] Sie wechselte nach München und promovierte schließlich 1903 an der Universität Zürich, wo Frauen seit 1867 zugelassen waren,[8] während sie an preußischen Universitäten, von individuell beantragten Genehmigungen abgesehen, erst seit 1908 generell und offiziell studieren konnten. Als wissenschaftliche Lehrer nennt Gertrud Kantorowicz in ihrer Dissertation u. a. Adolph Goldschmidt und Adolph Furtwängler, die für eine sogenannte kennerschaftliche Kunstgeschichte beziehungsweise eine kunsthistorisch ausgerichtete Archäologie stehen.[9] Ihr Doktorvater, Johann Rudolf Rahn, vertrat eine sich gleichsam auf das Werk konzentrierende Kunstgeschichte. Er bot neben seinem eigentlichen Spezialgebiet, der Schweizer Kunst, immer wieder Lehrveranstaltungen zur italienischen Renaissance an,[10] der auch Gertrud Kantorowiczs Dissertationsthema entstammte und die seinerzeit weithin als die bedeutendste Kunstepoche galt.

Gertrud Kantorowicz pflegte Freundschaften – neben George – vor allem mit Margarete Susman, Edith Landmann und Sabine Lepsius sowie dem Philosophen und Soziologen Georg Simmel, dessen Vorlesungen sie in Berlin besuchte. Mit dem verheirateten und achtzehn Jahre älteren Simmel verband sie eine Liebesbeziehung. Im Jahre 1908 wurde die gemeinsame Tochter Angela geboren, die bis zu Simmels Tod 1918 von den Eltern getrennt aufwuchs – ein tiefgreifender Widerspruch zu Simmels theoretischen Positionen, was die Rolle der Frau und Mutter in der modernen Gesellschaft anbelangt.[11] Während der Schwangerschaft und in den darauffolgenden Jahren hielt sich Gertrud Kantorowicz mehrfach in Italien auf, wo sie die Hauptgedanken ihrer 1910 publizierten Untersuchung über den Märchenstil und die Malerei Sienas entwickelte. In den 1920er Jahren schrieb sie den Großteil ihrer Abhandlung über das Wesen der griechischen Kunst; diese erschien, da zeitlebens nicht ganz abgeschlossen, erst posthum (1961). Von ihren Übersetzungen ist neben den nur zum Teil veröffentlichten Sonetten Michelangelo Buonarrotis[12] vor allem Henri Bergsons Buch

L'évolution créatrice von 1907 hervorzuheben. Dieses vieldiskutierte Buch hatte Gertrud Kantorowicz auf Simmels Vorschlag ins Deutsche übertragen.

Neben ihrer intellektuellen Arbeit ist Gertrud Kantorowiczs caritatives Engagement besonders bemerkenswert. So arbeitete sie im Ersten Weltkrieg in verschiedenen Lazaretten vor allem in der Türkei. Nach dem Krieg kümmerte sie sich in Berlin um Wohnungslose, und im Nationalsozialismus setzte sie sich angesichts der stetig verschärften Judenverfolgungen für das Überleben zahlreicher Menschen ein. Obgleich sie eine Ausreiseerlaubnis nach England besaß, blieb sie auch noch nach Beginn des Zweiten Weltkriegs in Berlin. 1942 wurde sie nach einem fehlgeschlagenen Fluchtversuch an der Schweizer Grenze verhaftet, in Berlin ins Gefängnis gesteckt und schließlich ins Konzentrationslager Theresienstadt deportiert.[13] Dort starb sie wenige Tage vor Kriegsende an den Folgen einer Hirnhautentzündung. In Theresienstadt hatte Gertrud Kantorowicz nochmals Gedichte geschrieben, die im Jahre 1948 in Privatdruck erschienen.

2. Gertrud Kantorowiczs Dissertation *Über den Meister des Emmausbildes in San Salvatore zu Venedig* ist aufgrund der gewählten Epoche der Renaissance und der angewandten Methodik eine für die damalige Zeit charakteristische kunsthistorische Arbeit. Auf der Basis einer stilkritischen Analyse und der Auswertung relevanter Quellentexte versucht sie die Autorschaft des Altarbildes *Christus in Emmaus* zu klären, das seinerzeit verschiedenen Künstlern zugeschrieben wurde. Dabei erörtert und differenziert sie die Ansichten angesehener Forscher wie Berenson, Burckhardt, Crowe, Cavalcaselle, Morelli u.a. Sie kommt zu dem Ergebnis, daß das Bild nicht von Giovanni Bellini oder Vittore Carpaccio, sondern von Giorgione stammt; diese Zuschreibungsdiskussion ist im übrigen auch heute noch nicht abgeschlossen. Gertrud Kantorowicz erfüllte zweifellos die Anforderungen an eine kunsthistorische Dissertation und entledigte sich, folgt man den Worten eines ihrer Freunde, Rudolf Pannwitz, dieser „dummen Doktor-Geschichte".[14]

Einen wesentlichen Schritt weiter ging Gertrud Kantorowicz in ihrer zweiten kunsthistorischen Arbeit *Über den Märchenstil der Malerei und die Sienesische Kunst des Quattrocento.* Überhaupt lag dieser Untersuchung eine ganz andere Motivation zugrunde, wie sie Margarete Susman in einem Brief vom 7. April 1907 aus Siena schrieb. Das seit längerem geplante Vorhaben, über sienesische Kunst zu arbeiten, konkretisierte sich durch die Aufforderung, sich an einer „Festschrift – d.h. einem Buch aus wissenschaftlichen Arbeiten bestehend – zu betheiligen, dass von den akademischen Weibern gemacht werden“ sollte.[15] Bislang ließ sich nicht klären, von wem genau Gertrud Kantorowicz die Einladung erhielt und wie sich das Projekt der Festschrift im einzelnen definierte. Ihre Untersuchung zur sienesischen Kunst erschien jedenfalls 1910 im Rahmen des Buches *Beiträge zur Ästhetik und Kunstgeschichte* zusammen mit weiteren Aufsätzen von Edith Landmann-Kalischer über *Kunstschönheit als ästhetischer Elementargegenstand* und von Gertrud Kühl-Classen über *Landschaft und Raumgefühl in der Malerei des Trecento. Giotto und Duccio.*[16] Das Verbindende dieser drei Aufsätze ist die florentinische und sienesische Kunst des 14. und 15. Jahrhunderts und das Bemühen, das Verhältnis von Kunst, Wirklichkeit und ästhetischer Absicht theoretisch zu bestimmen. In dieser Hinsicht formulierte gerade Edith Landmann-Kalischer, deren Beitrag das Buch eröffnet, wichtige Positionen, insofern sie den Zusammenhang von natürlicher und künstlerischer Schönheit sowohl philosophisch als auch bildkünstlerisch erörtert. Von besonderer Bedeutung ist, daß die drei Frauen ihr Buch „als Ausdruck des Dankes und der Verehrung“ Helene Lange widmeten,[17] die – weit über ihre Tätigkeit als Lehrerin hinaus – als die bedeutendste Repräsentantin der deutschen bürgerlichen Frauenbewegung gilt. Da sich keine näheren Zusammenhänge ermitteln ließen – beispielsweise konnte kein Kontakt zwischen Gertrud Kantorowicz und Helene Lange nachgewiesen werden –,[18] läßt sich momentan nur festhalten, daß es sich bei diesem Buch um eine Art Festgabe handelt und natürlich nicht um eine in akademischen Kreisen übliche Festschrift zu Ehren eines Professors bzw. – prinzipiell auch – einer Professorin. Auch Gertrud Kantorowiczs Brief an Margarete Susman gibt keinen näheren Aufschluß. Dort heißt es nur noch, daß die Sache „diskret" zu behandeln sei und daß ihr die eigene „Wirksamkeit" „wie ein Schwindel" erscheine, obwohl sie den „Zweck nicht unsympathisch" fände.[19] Auffällig ist zudem, daß die drei Frauen ihre Untersuchungen nicht in einem kunsthistorischen Verlag veröffentlichten, sondern bei W. Moeser Buchhandlung, Berlin, in dem zahlreiche Publikationen der Frauenbewegung erschienen, wie etwa das von Helene Lange und Gertrud Bäumer herausgegebene *Handbuch der Frauenbewegung* (1901–1915) oder die seit 1893 bestehende zentrale Zeitschrift *Die Frau, Monatsschrift für das gesamte Frauenleben unserer Zeit (Organ des Bundes Deutscher Frauenvereine).*[20] Dabei muß jedoch offen bleiben, ob Gertrud Kantorowicz mit der Frauenbewegung in Kontakt stand und welche Haltung sie ihr gegenüber einnahm. In ihren Veröffentlichungen spielen die Frauenfrage und das Geschlechterverhältnis keine Rolle.

Was nun Gertrud Kantorowiczs Beitrag anbelangt, so hatte sie ihr Hauptanliegen schon 1907 gegenüber Margarete Susman erläutert: „Ich will nämlich etwas über die Sienesische Kunst arbeiten; [...] über den Ausklang, nachdem sich die grosse Gewalt der religiösen Entrücktheit gemindert hat. Darüber welche Welt ihr dann noch bleibt; über den Weg zur Erde, den sie am Schluss geht u. der kein Weg zur Wirklichkeit ist u. sein kann." Für Gertrud Kantorowicz ist es „verlockend zu zeigen", ja „selbst zu erkennen", „dass es innerhalb der Welt, die sie [die sienesische Malerei] darstellt, nicht nur Stillstand und Gleichheit gibt, sondern auch Entwicklung oder doch Wandlung, nur in einer anderen Sphäre". Dabei handelt es sich „um die Wandlung des Religiösen, des Transzendenten in das Naturhafte, das irdisch Wunderbare, das Unwirkliche ohne Jenseitigkeit".[21] Die im Brief an die Freundin formulierte Argumentation findet man dann auch in Gertrud Kantorowiczs Untersuchung, in der sie die Spezifik der sienesischen Malerei des 15. Jahrhunderts zu erläutern sucht. Diese entwickelt sie in Abgrenzung zur Florentiner Malerei, die seinerzeit als Inbegriff der Renaissance angesehen wurde, während die Kunst Sienas als späte Form der Gotik und damit im Rahmen des vorherrschenden Entwicklungsschemas als minderwertig eingestuft wurde. Dieser Interpretation stellt sie ihr Konzept des Märchenstils gegenüber: ausgehend von der Suche nach einer adäquaten Deutungsmöglichkeit, die nicht ausschließlich auf das Modell Jacob Burckhardts rekuriert, wonach die Renaissance von der Neuentdekkung des Individuums geprägt ist, bemüht sich Gertrud Kantorowicz um ein möglichst präzises Verständnis der gewählten Bildsprache und der erzähltechnischen Strukturen. Die sienesische Malerei lasse die mittelalterliche Transzendenz zumindest teilweise bereits hinter sich und nutze den im benachbarten Florenz entwickelten frühneuzeitlichen Realismus für die ihr eigenen Zwecke. Sie zeichne sich dadurch aus, daß sie für die im wesentlichen gleichbleibenden religiösen Bildinhalte auf der Grundlage einer veränderten Wirklichkeitsauffassung eine neue Darstellungsweise herausgebildet habe: den Märchenstil. Die Welt des Märchens, die von der Themenwahl unabhängig ist, beschreibt Gertrud Kantorowicz als „eine Welt, die der Erde eingebaut und doch irreal ist, eine Unwirklichkeit, die nicht transzendent, eine Sphäre des Wunderbaren, die nicht religiös ist". Vielmehr hebt sich die Welt des Märchens von „den beiden großen Reichen", der „Welt der Wirklichkeit und der Religion", ab und bildet ein „Zwischenreich", das der „Erde", „aber nicht der empirischen Wirklichkeit" angehört, einen „Bezirk des Irdisch-Unwirklichen".[22]

In einem nächsten Schritt erläutert Gertrud Kantorowicz die Übertragung der aus der Literaturwissenschaft stammenden Kategorisierung des Märchens auf die bildende Kunst und damit die „Bildwerdung des Märchens" bzw. den „malerischen Märchenstil".[23] Die sienesische Malerei stellt für sie – etwa im Werk von Giovanni da Paolo oder Sassetta – die reinste Form des Märchenstils dar, da ihr im Zuge des Übergangs von religiöser zu weltlicher Kunst eine Verbindung von Transzendentem und Empirischem zu eigen sei.[24] Auf einzelne Bildelemente bezogen heißt dies, daß die Künstler zum Beispiel bei der Darstellung des Raumes zwar schon Perspektive einsetzten und damit die Illusion von Raumwirklichkeit vermittelten, aber auch noch den herkömmlichen Goldgrund verwendeten und damit zugleich eine Raumlosigkeit erzeugten.[25] Bei der Darstellung von Menschen äußere sich der Märchenstil darin, daß man auf der einen Seite noch gotisches Formenvokabular, wie die Betonung des Umrisses und die ornamentale Linienführung, antreffe und noch kein wirkliches Gefühl für den Körper zu erkennen sei; auf der anderen Seite besäßen die dargestellten Menschen aber bereits einen individuellen und nicht mehr typisierten Gesichtsausdruck.[26] Von daher erzielt diese Kunst nach der Auffassung von Gertrud Kantorowicz „aus der Synthese trecentistischer und renaissancemäßiger Elemente die neue Einheit irdisch-irrealer Existenz", ja sie bildet nicht nur einen „Bruch mit der Tradition" der Gotik und zugleich „einen schroffen Gegensatz zur Renaissance",[27] sondern sie ist in ihrer „Mischung naturalistischer und antinaturalistischer Züge" als „dritte Existenzform",[28] nämlich dem Märchenbild kategorial zu fassen. Die Besonderheit des Märchenbildes liegt schließlich darin, daß es ähnlich wie die Märchenerzählung „nicht an sich selige Zustände, sondern Momente des Lebens" darstellt: „Auch die Wesen des Märchenbildes dürfen glückselig sein, nur weil sie nicht volle Wirklichkeit besitzen."[29]

Mit dieser Deutung der bis dahin weitgehend vernachlässigten oder zumindest einseitig bewerteten sienesischen Malerei des Quattrocento leistete Gertrud Kantorowicz einen wichtigen Beitrag zum Verständnis dieser Kunst. Der theoretischen Begründung der Kategorie des Märchenstils räumt sie viel Platz ein. Demgegenüber enthält ihr Text keine ausführlichen Bildanalysen. Vielmehr bringt sie hin und wieder einige Bildbeispiele, über die sie souverän verfügt, als Belege für ihre Theorie. Zudem löst sie sich in dieser Untersuchung, vergleicht man diese mit ihrer Dissertation, von wissenschaftlichen Konventionen, wie dem Zitieren und Diskutieren von Forschungspositionen und dem mitunter akribisch betriebenen Anmerkungsapparat. Auch methodisch bedeutet ihre zweite Arbeit eine Veränderung, insofern sie nicht mehr nur stil- und quellenkritisch, sondern phänomenologisch argumentiert.

Die Untersuchung von Gertrud Kantorowicz blieb – bis heute – in der Fachwelt weitgehend unbeachtet.[30] Dies mag mit dem für kunsthistorische Kreise vergleichsweise abgelegenen Erscheinungsort zusammenhängen. Nur die Kunsthistorikerin Frida Schottmüller, die an den Preußischen Museen zu Berlin tätig war und im gleichen Jahr wie Gertrud Kantorowicz in Zürich promoviert hatte,[31] rezensierte das Buch der drei Frauen. Sie veröffentlichte ihre ausführliche Besprechung in der Zeitschrift *Die Frau* und nicht in einem Fachorgan, wo sie üblicherweise publizierte. Mit dem gewählten Ort der Veröffentlichung bestätigte sie die Ausgrenzung der Wissenschaftlerinnen. Den Beitrag ihrer ehemaligen Kommilitonin lobte sie vor allem deswegen, weil er „einer fast unverstandenen Stilform endlich Gerechtigkeit, ja mehr als das, feinfühliges Verständnis zuteil" werden ließ.[32]

In ihrer dritten kunsthistorischen Arbeit *Vom Wesen der griechischen Kunst* entwirft Gertrud Kantorowicz anhand der Kunst ein Lebenskonzept. Sie legt dar, daß die griechische Kunst in ihrer Vollkommenheit das ‚ganze Leben' in seiner – bloß angeblichen – Widersprüchlichkeit und seiner Vielfalt beinhalte und als Gegenbild zur Wirklichkeit des frühen 20. Jahrhunderts mit der Zerrissenheit von Ich und Welt zu verstehen sei. Zur Begründung dieser These greift sie das bildnerisch für zentral erklärte Element der Bewegung heraus. Anhand des Werkes von Polyklet, aber auch anderer Einzelfiguren und Gruppen des griechischen Klassizismus erläutert sie, daß die Bewegung, die an sich einen „Strom in *einer* Richtung" und das „Fließen vom Ausgangspunkt fort" bedeutet, in der Skulptur selbst aufgehoben sei und ein Gleichgewicht erzielt werde.[33] Von daher sei die Bewegung der griechischen Skulptur sozusagen ‚einverleibt'; diese typisch griechische Bewegungsauffassung nennt sie „*Einverleibte Bewegung*".[34] Über die „Art der Bewegung" glaubt sie „zugleich die Art des Menschen" verstehen zu können und schlußfolgert, daß es in der griechischen Welt kein „Gegenüber von Ich und Welt" gibt. Vielmehr wird der Mensch „dadurch zum Ich", daß er sich „der Welt einverleibt".[35]

Neben der Abgrenzung der klassischen griechischen Skulptur von der Kunst vor allem Ägyptens, des Mittelalters und der Renaissance beschäftigt sich Gertrud Kantorowicz mit dem Phänomen des Klassischen und des Klassizistischen, womit sie inmitten der allgemeinen, ebenso facettenreichen wie nicht unproblematischen Klassizismus-Diskussion der 1920er Jahre steht. Klassizistisch veranlagte Menschen „flüchteten in die griechische Kunst, um sich an schöner Kunst vom schweren Leben zu erlösen, [...] um sich hinauszuschwingen in ein ersehntes ideales Reich".[36] Für diese Menschen, zu denen sie sich selbst nicht zählt, bedeute die Kunst, diese „Entwirklichung", eine Gegenwelt zur Realität. Der griechischen Kunst widerfahre durch solch eine Rezeption jedoch ein fundamentales Unrecht, da ihr nichts ferner läge als eine „Steigerung" der „aus dem Subjekt herausgeworfenen sublimierten Sehnsucht" „bis zur real-irrealen idealistischen Traumfigur".[37] Vielmehr umfasse die griechische Kunst „alle menschliche Wirklichkeit", „sämtliche Elemente des Daseins, alle Wirkungen und Kräfte" und erreiche dadurch „Vollkommenheit".[38] Das fragmentarisch gebliebene Buch endet schließlich in Aphorismen, die die aktuelle Bedeutung der Antike umreißen: „Wir müssen an ihr erfahren und sehen, daß es ein heroisches Dasein gegeben hat, solchen Mut, nicht zum Sterben, sondern zum Leben, zum schönen Leben."[39] Womöglich war diese Arbeit über die Wesensbestimmung der griechischen Kunst auch letztendlich nicht abschließbar, insofern sie den Versuch eines gleichsam überzeitlichen und idealen Lebensentwurfs darstellt, der mit der Lebensrealität nicht in Einklang gebracht werden konnte.

Überschaut man die kunsthistorischen Untersuchungen von Gertrud Kantorowicz, so scheint es, als ob sie mit dem Schreiben dieser Texte nach einer Existenzform für sich suchte. In einem Brief vom Sommer 1907 wiederum an Margarete Susman heißt es, daß ihre kunsthistorische Arbeit mit den notwendigen Reisen den „Grund" darstelle, „von dem aus ich lebe".[40] Daher wählte sie Epochen und Fragestellungen, die ihr einen hohen Grad an Identifikation mit den in der Kunst zum Ausdruck gebrachten Auffassungen vom Leben und der Welt ermöglichten.

Der in ihrer Beschäftigung mit Kunst entwickelte Lebensentwurf gewann zunächst für sie selbst Gültigkeit, wurde aber dann auch auf Verallgemeinerung hin angelegt: In ihrer Dissertation stößt man auf eine Faszination, die der Epoche der Renaissance insgesamt und der ihr im wilhelminischen Deutschland beigemessenen Vorbildfunktion gilt, die sich wiederum in dem autonomen und individuell schöpferischen Selbstverständnis des neuzeitlichen Menschen begründet; in ihrer Untersuchung zum Märchenstil in der sienesischen Malerei des Quattrocento interessiert sie sich für den Zwischenbereich von Transzendenz und Realität, da sich dort auf der Grundlage ganz eigenständiger Bedingungen glückliche und erfüllte Augenblicke des Lebens ereignen könnten; die Bedeutung der griechischen Kunst schließlich sah sie in der in sich vollkommenen Darstellung des gesamten, gleichwohl schönen Lebens.

3. Innerhalb der kunstphilosophischen Diskussion der ersten Jahrzehnte des 20. Jahrhunderts spielte bekanntlich die Kategorie des ‚Lebens' und das Bemühen, dieses in seinen Bedingungen und Möglichkeiten zu verstehen, eine zentrale Rolle. Zu den wichtigsten Theoretikern gehörte Georg Simmel. Wie durch Gertrud Kantorowicz überliefert ist, hatte er nach eigenen Aussagen erst durch sie, nachdem „sein Leben vorher zerstörerisch, am Rand des Untergangs gewesen" war, „seine Produktivität, sein volles Leben" gefunden.[41] Auf die Verbindung von Georg Simmel und Gertrud Kantorowicz kann hier nicht näher eingegangen werden, zumal wenig Quellen zur Rekonstruktion ihres Arbeitsverhältnisses überliefert sind. Sie hatten ungefähr zwei Jahrzehnte lang eine intensive intellektuelle und persönliche Beziehung. Dies fand seinen Niederschlag in einer verwandten lebensphilosophischen Position. Simmels Lebensbegriff setzte sich – sehr vereinfacht formuliert – aus den Komponenten der flüchtigen Bewegung und des prozeßhaften Ganzen zusammen. Wesentlich an seinem Konzept war die (Ver-)Einigung aller Widersprüche. Ähnliche Gedanken findet man sowohl in Gertrud Kantorowiczs kunsthistorischen Texten als

auch in ihrer einzigen, unmittelbar theoretischen lebensphilosophischen Äußerung, nämlich in ihrem Vorwort zu Fragmenten und Aufsätzen aus Simmels Nachlaß, die sie 1923 herausgab. Dort erklärt sie dessen Lebensbegriff, den sie mit Nachdruck unterstützte, als „das absatzlose Strömen und die geschlossene Kristallisation", als „das prozeßhafte sich unablässig neu gebärende Leben und die von diesem Leben-im-einseitigen-Sinne abgelösten, dem Strome entzogenen, ja ihm entgegentretenden Wesenheiten", die „von der individuellen Geschlossenheit der Organismen bis zu den objektiven Formen des Geistes, bis zur zeitlosen Existenz einer Welt des Gültigen schlechthin" reichen.[42] Diese Vorstellung wird in der Lebensphilosophie gemeinhin mit dem „Bild des Kreises" erläutert, in dem Gertrud Kantorowicz „eine tiefe Übereinstimmung mit der griechischen Welt" sieht.[43] Der Kunst wird eine wesentliche Rolle zugewiesen, da in ihr „der Gegensatz von Werden und Sein zur Ruhe kommt, da sie ganz und gar durchformtes Leben, Leben gewordene Form, ‚lebendiger Inhalt'" sei.[44] Diese Auffassung der Kunst ist wesentlich durch die Überlegungen von Henri Bergson mitgeprägt, der den kreativen *élan vital* als entscheidenden Motor des Lebens verstand. Von Gertrud Kantorowicz stammt die bis heute maßgebliche deutschsprachige Übersetzung seines Textes *L'évolution créatrice.* Doch in ihren Briefen äußerte sie sich nur zu ihrer Tätigkeit als Übersetzerin, nicht aber zu der von Bergson vertretenen Theorie.[45] Das Beispiel Bergson zeigt, wie sich durch die Diskussionen zwischen Gertrud Kantorowicz und Simmel ein gemeinsamer Denkprozeß entwickeln konnte. Heute dagegen werden lebensphilosophische Überlegungen allein mit Simmel assoziiert und nicht mit Gertrud Kantorowicz. Als Mann konnte er seine Vorstellungen in einer akademischen Welt herausbilden und verbreiten und sich auf diese Weise als Wissenschaftler etablieren, während der Wissenschaftlerin Gertrud Kantorowicz diese Möglichkeiten als Frau verschlossen waren.

Für Gertrud Kantorowicz war die Kunst und die Beschäftigung mit ihr ein Medium der – pointiert formuliert – Lebensbewältigung. Mit ihr gewann sie eine Strukturierung von

Lebenserfahrungen und konzipierte selbst Lebensvorstellungen. Eine Zuspitzung erfuhr dieses Modell in ihrer Auseinandersetzung mit dem Griechentum, das sie idealisierte und als Muster für die Gegenwart anstrebte. Dieser Umgang mit Kunst ist mit ihrem caritativen Engagement strukturell verwandt. Beides ist Ausdruck einer Identifikation mit der bürgerlichen Frauenrolle ihrer Zeit, deren Aufgabe es war, Verhältnisse zu harmonisieren. Mit diesen im weitesten Sinne fürsorglichen Aktivitäten reagierte sie auf gesellschaftliche Prozesse, bestimmte diese aber nicht ursächlich mit. So gesehen wurde die Kunstgeschichte für Gertrud Kantorowicz nach und nach zum Vehikel eines Lebensentwurfs.

Anna Siemsen (1882–1952)
Im Kampf um einen demokratischen Sozialismus und um europäische Verständigung

von Heidi Thomann Tewarson

Mit einem Beitrag zur Verstechnik Hartmanns von Aue promovierte Anna Siemsen 1908 an der Universität Bonn.[1] 1921 erschien ihr erstes Buch, *Erziehung im Gemeinschaftsgeist.* Hier heißt es im einleitenden Kapitel: „Darum kann und soll diese kleine Schrift einer Sozialistin natürlich auch nur eine sozialistische Schrift sein.“[2] Von der Studentin, die in ihrer Dissertation ein ausschließlich formales Problem abhandelt, bis zur Sozialistin, die sich an Gesinnungsgenossen und Arbeitereltern richtet und ihre Leser von der Notwendigkeit einer neuen Schule, einer neuen Erziehung und einer neuen Art des Zusammenlebens zu überzeugen sucht, führt ein langer Weg. Seine äußeren Spuren sind nur lückenhaft nachvollziehbar, seine inneren aber sind fast ganz verschüttet. Was wir über Anna Siemsen erfahren können, ist in ihren Schriften, einer Biographie des Bruders August Siemsen[3] und einer Abhandlung über die Sozialistische Arbeiterpartei, die sie mitbegründen half,[4] enthalten.

1882, als zweitältestes von fünf Kindern einer Pfarrersfamilie geboren, verbrachte Anna Siemsen die frühen Kinderjahre in der ländlichen Umgebung von Mark bei Hameln, die späteren in der schönen, aber auch industriereichen Stadt Osnabrück. Sie war ein kränkliches, nervöses, ungewöhnlich phantasiereiches und begabtes Kind, das sich gern in die Welt der Bücher und die Natur zurückzog. Während sie bei der Mutter Verständnis suchte und fand, begegnete ihr der Vater meist mit Strenge und ohne das notwendige Feingefühl. Doch scheint er Annas Bildungseifer keine erheblichen Hindernisse entgegengesetzt zu haben. Die Ausbildung, die sie erhielt, war damals noch keines-

Anna Siemsen

wegs selbstverständlich. Anna Siemsen absolvierte mit dreiundzwanzig Jahren das Abitur als Externe am humanistischen Gymnasium in Hameln; und ihr Studium begann sie an der Universität München auf Wunsch des Vaters in Begleitung des zwei Jahre jüngeren Bruders August. Die Geschwister mieteten zusammen eine Wohnung und besuchten gemeinsam Vorlesungen. Ein Jahr später wechselte Anna Siemsen, nun ohne den Bruder, an die Universität Münster über und nach einem weiteren Semester an die Universität Bonn,[5] wo sie im folgenden Jahr mit der schon erwähnten Dissertation promovierte und das Staatsexamen in Deutsch, Philosophie und Latein „mit Auszeichnung" bestand. 1909 absolvierte sie außerdem in Göttingen das Staatsexamen im Fach Religion. Die Jahre vor und während des Ersten Weltkriegs verbrachte sie als Oberlehrerin an verschiedenen Mädchenschulen – der Höheren Töchterschule in Detmold, einer Privatschule in Bremen und dem Mädchengymnasium in Düsseldorf. Diese Reihe von Anstellungen deutet nicht nur auf Anna Siemsens beruflichen Aufstieg, sondern ebenso auf institutionelle Veränderungen in der Mädchenerziehung: von der Höheren Töchterschule zum Gymnasium – letzteres hatte ihr nur wenige Jahre zuvor noch nicht offen gestanden.

„Familientradition und politische Unerfahrenheit"[6] bewirkten, daß Anna Siemsen 1914 auf seiten der Kriegsbefürworter stand. Doch führten die Erfahrungen der Brüder im Heer und das Ausmaß der Lügen der Regierung bald zu Ernüchterung, Kriegsgegnerschaft und Pazifismus. 1917 veröffentlichte sie einen ersten Artikel in René Schickeles *Weißen Blättern,* in dem sie gegen die Kriegsphilosophie Max Schelers Stellung nahm. Während dieser Zeit kam für sie zudem die Wende von der bürgerlichen zur sozialistischen Weltanschauung, deren Verwirklichung fortan ihr ungeteiltes Engagement galt.

Das neue Leben der marxistischen Anna Siemsen fiel zusammen mit dem krisengezeichneten Anfang der neuen deutschen Republik. Es wurde von der Politik und den politischen Problemen bestimmt, deren Lösung sie sich zur Aufgabe machte.

Ein Privatleben im üblichen Sinn kannte sie nicht, wie sie dem Bruder gegenüber ein Jahr vor ihrem Tode äußerte.[7] Wohl gab es Freundschaften und gemeinsames Arbeiten, aber eine Ehe, Kinder, eine Liebe fehlten in ihrem Leben, und oft blieb nicht einmal das Refugium einer eigenen Wohnung. Der Mangel an privatem Glück lag nicht so sehr in den persönlichen Umständen begründet als in Anna Siemsens Ansicht, daß in einer Zeit denkbar schlechter gesellschaftlicher und politischer Verhältnisse das allgemeine Wohl vor das persönliche gestellt werden müsse. Daher hat sie auch keine autobiographischen Texte verfaßt, und sogar in den Briefen an den Bruder sprach sie selten von sich. Ihr ungedrucktes Manuskript *Mein Leben in Deutschland vor Hitler* ist ebenfalls ein politischer Text und enthält Auskünfte über ihr persönliches Leben nur im Zusammenhang mit Beobachtungen des Zeitgeschehens.[8] Aus ihren Schriften geht überdies hervor, daß sie ihre Situation, auch ihre Bildungs- und Berufsprobleme, nicht als beispielhaft ansah. Von allgemeiner Bedeutung waren für Anna Siemsen allein die Schwierigkeiten der großen Masse der Nichtprivilegierten. Daß ihr als Frau *und* Sozialistin Hindernisse entgegengestellt wurden, die ihre berufliche Tätigkeit und Wirksamkeit beeinträchtigten, wird im folgenden noch gezeigt.

In den Jahren zwischen 1920 und 1950 verfaßte Anna Siemsen 27 Bücher, vier ungedruckte Manuskripte und eine große Anzahl Zeitungs- und Zeitschriftenartikel. Sie hielt zahllose Vorträge und Werkstattgespräche im großen wie im kleinen Rahmen, für die sie lange Wege zu Fuß zurücklegte, oft vom Krankenbett aufstand oder bei Arbeitern unter primitiven Bedingungen übernachtete. Mit missionarischem Eifer und wahrer Aufopferung warb sie für eine gerechtere, sozialistische Welt ohne Krieg. Keine Arbeit schien ihr zu unbedeutend und kein Publikum zu unwichtig.

Ihre Bücher zeichnete sie mit dem eigenen Namen, vor der Emigration meist mit Dr. Anna Siemsen, zwischen 1923 und 1932 mit Professor Dr. Anna Siemsen, oder mit der Bezeichnung: Professor an der Universität Jena (wo sie pädagogische Vorlesungen hielt). Die Angabe des akademischen Titels diente der eigenen Legitimation ebenso wie derjenigen der Organisationen, Zeitschriften und Schriftenreihen, in deren Namen sie schrieb.[9] Erst im schweizerischen Exil (1933–1946) veröffentlichte sie einfach als Anna Siemsen. Sie schrieb als Expertin in drei verschiedenen Fachbereichen – Literaturwissenschaft, Pädagogik, Politik. Im ersten Gebiet war sie zuständig aufgrund ihres Studiums, im zweiten hatte sie langjährige Erfahrung als Lehrerin und in der Schulreform, und über das letztere schrieb sie als aktive, theoretisch versierte Sozialistin und als Parteimitglied.

Dank ihrer akademischen Ausbildung verfügte sie über eine Schreibweise, die größtmögliche Objektivität anstrebte, – ein Anspruch, den Anna Siemsen manchmal bis zur Selbstverleugnung zu erfüllen suchte, indem sie eine männliche Perspektive einnahm: „Politik ist auch das Brot, das wir essen, das Zimmer, das wir bewohnen, das Leben von uns, unseren Frauen und Kindern."[10] Nur selten – meist im Vorwort – trat sie als Autorin persönlich hervor. Diese kurzen Einführungen zeichnen sich, im Gegensatz zur früheren, bei Frauen üblichen apologetischen Haltung, durch eine außerordentliche Selbstsicherheit aus: „Mein Streben ging dahin, die gesellschaftlichen Schichtungen und ideologischen Strömungen einer Zeit an einigen ausgeprägten Vertretern aufzuzeigen", heißt es zum Beispiel in den *Literarischen Streifzügen durch die Entwicklung der europäischen Gesellschaft* (1925). In *Politische Kunst und Kunstpolitik* (1927) schreibt sie: „Das Bewußtsein für diese Tatsache [daß ungeheure Machtquellen im künstlerischen Schaffen schlummern] zu wecken […], war mein Ziel." Und in *Auf dem Wege zum Sozialismus* (1931) lesen wir:

> „Ich hätte gewünscht, daß das erste Buch der Marxistischen Büchergemeinde … eine Gemeinschaftsarbeit geworden wäre. Das war unter dem Druck der Zeit und der Arbeit nicht möglich. So ist dies Buch nur die *persönliche Arbeit der Verfasserin,* keineswegs Ausdruck der Parteimeinung. Es ist *Diskussionsbeitrag,* nicht mehr, aber auch nicht weniger."

Anna Siemsens intellektuelle Selbstsicherheit ist wohl auch darauf zurückzuführen, daß ihre Bücher und Artikel als Aufklärungsschriften gemeint waren. Sie waren nicht Teil eines Dialogs unter ähnlich denkenden Fachgenossen, sondern richteten sich an eine Leserschaft, die ihr an Bildung und Wissen weit nachstand – Arbeiter, Frauen und die Jugend. In diese setzte sie aber unbedingtes Vertrauen und zweifelte nie an deren Fähigkeit und Bereitschaft, auch für komplizierte Fragen Interesse und Verständnis aufzubringen. In diesen Texten sind Sprache, Darstellung und Argumentation einfach, klar und sachlich. Doch setzen sie auch eine gewisse Bildung voraus, denn für die Marxistin Anna Siemsen war es selbstverständlich, das bürgerliche Erbe mit einzubeziehen. So scheute sie sich nicht, auch in den politischen Büchern Beispiele aus der Bibel anzuführen, ausführlich auf Goethes Bildungsideen im *Wilhelm Meister* einzugehen, hie und da eine lateinische Sentenz oder einen fremdsprachigen Ausdruck zu verwenden. Zudem wollte Anna Siemsen nicht einfach belehren und überzeugen; viel wichtiger schien ihr, Zusammenhänge aufzuzeigen, zu erläutern und so zum Denken anzuregen. Auch betonte sie gern den vorläufigen Charakter ihrer Schriften: „Diese Arbeit will ein Anfang sein, und ihr kann nichts Glücklicheres und Erwünschteres geschehen, als daß sie bald überwunden wird" (*Beruf und Erziehung*, 1926).

Was läßt sich nun über Anna Siemsens intensive politische Tätigkeit dieser Zeit sagen? Scheint es nicht fast, als ob sie sich zu einem Ganzen rundet und damit auch den Optimismus rechtfertigt, der aus allen Büchern und Artikeln dieser engagierten Frau spricht – wenigstens bis 1932, bis sie sich eingestehen mußte, daß die Nationalsozialisten in Deutschland siegen würden? Hatte sie sich nicht als gefragte Rednerin und Autorin, als geschätztes Mitglied der sozialistischen Kreise, denen sie angehörte, einen Platz und ein fruchtbares Arbeitsgebiet erobert? Fiel nicht ihre praktische mit der schriftstellerischen Arbeit zusammen, und ergänzten sich diese nicht gegenseitig? Und hatte sie nicht auch die bei politisch aktiven Frauen üblichen Schranken überwunden, indem sie sich nicht auf den Bereich der Frau beschränken ließ, sondern öffentlich auch zu allgemeinen Fragen der Erziehung, der Politik und Wirtschaft Stellung nahm?

Die freie politische Tätigkeit war aber nur eine Seite; daneben gab es noch einen anderen wichtigen Bereich – Anna Siemsens berufliche Laufbahn und die Ämter, zu denen sie ernannt oder gewählt wurde, und hier zeigen sich deutliche Brüche. Schon die vielen Wechsel verweisen auf Schwierigkeiten. Selten bekleidete sie ein Amt länger als ein Jahr: So erhielt sie 1919 eine Berufung ins Volksbildungsministerium nach Berlin; aber dieser scheint ein Jahr später der Kapp-Putsch ein Ende bereitet zu haben.[11] Danach trat sie eine Stellung als Leiterin des Fach- und Berufsschulwesens in Düsseldorf an. Doch schon 1921 kehrte sie nach Berlin zurück, um als Leiterin des Großberliner Fach- und Berufsschulwesens an den Reformen mitzuwirken. 1923 kam eine Berufung nach Jena, wo sie die Aufsicht über die höheren Schulen des Bezirks Weimar-Jena und eine Honorarprofessur für Pädagogik an der Universität Jena übernehmen und zugleich an der dortigen Schulreform mitwirken sollte. In beiden Stellungen wurde sie aber sofort von rechtsradikaler Seite bekämpft. Unter anderem wurde verbreitet, daß sie und August Siemsen, der ebenfalls nach Jena berufen wurde, ebenso wie der Biologieprofessor Schaxel, der für die Ernennung der Geschwister eingetreten war, Juden seien, was bei allen dreien nicht stimmte – auf Antisemitismus zielende Verleumdungen wurden schon früh erfolgreich eingesetzt. So mußte sie nach den Wahlen vom Februar 1924, bei denen die sozialdemokratische Regierung von einer reaktionären abgelöst wurde, ihre Arbeit im Schulwesen aufgeben. Die Professur behielt sie bis 1932 – als sie sich einem Protest gegen die Entlassung von Professor Gumbel in Heidelberg anschloß.[12] 1928 wurde sie für ein Jahr Reichstagsabgeordnete in Berlin und 1931 Mitbegründerin der Sozialistischen Arbeiterpartei Deutschlands (SAPD), aus der sie 1933 wieder ausschied.

Die Schwierigkeiten, denen sich Anna Siemsen ausgesetzt sah, waren also vornehmlich politischer Art. Nicht erst der Kapp-Putsch und die Wahlen in Thüringen wirkten sich unmittelbar auf ihre Arbeit aus. Schon 1919 wurde sie von gegenrevolutionären Kräften aus ihrer Stellung am Mädchengymnasium in Düsseldorf vertrieben. Die Gründe waren ihr klar, denn sie war in Berlin, als man Rosa Luxemburgs Leiche barg, und in München erlebte sie die Ermordung Kurt Eisners. Fast ebenso schlimm wie die Konflikte mit der neueren faschistischen Reaktion erwiesen sich ihre Erfahrungen mit der alteingesessenen deutschen, vornehmlich der preußischen Bürokratie, die sich allem Neuen widersetzte und die angestrebten Reformen sabotierte, indem sie sie im Aktenumlauf untergehen ließ. In ihrem Manuskript *Mein Leben in Deutschland vor Hitler* zeigt Anna Siemsen die Mitschuld bürokratischer Beamter an der deutschen Katastrophe, auch wenn sie nicht auf Hitlers Seite standen:

„Sie haben es fertig gebracht, ihr Gewissen damit zu beruhigen, daß sie wie bisher den Geschäftsgang tadellos erledigten und die Aktenvorkommen richtig zu Ende führten. Was in den Akten stand, wieso das Recht, die Sicherheit Deutschlands und Europas, das Schicksal von tausenden von Menschen in diesen richtig geführten Akten vernichtet wurden, ging sie nichts an. Eine solche Bürokratie war notwendig, um das Hitler-Reich vorzubereiten, zu stützen und seine Dauer zu sichern."[13]

Ein auch aus unserem historischen Abstand noch treffendes Urteil. Doch über Anna Siemsens persönliche Arbeitssituation und die ihr gestellten Aufgaben verraten ihre Aufzeichnungen wenig. Wie hat sie sich abgefunden mit der immer wieder abgebrochenen Arbeit, den dauernden Hemmnissen? Und inwieweit gelang es ihr zum Beispiel, die erstrebten Ziele in der Schulreform – Abbau der Bildungsprivilegien, Förderung der Mädchenerziehung, Ausbau und Modernisierung der Fach- und Berufsschulen – zu verwirklichen? Auch über die spezifischen Schwierigkeiten, unter denen sie als Frau, oft als erste und einzige innerhalb dieses undemokratischen Beamtenapparates, zu leiden hatte, gibt sie keine Auskunft. Wenn sie schreibt, daß die Bürokratie „ungezählte Minister zur Strecke gebracht oder ihren Willen gezähmt" habe, denkt sie dabei auch an sich selbst? Immer wieder war sie bereit, eine neue Aufgabe zu übernehmen, immer wieder war sie mit einer Rede, einem Zeitungsartikel oder Buch zuhanden. Durch den Bruder erfahren wir, daß sie manchmal auch auszuscheiden wußte. So verzichtete sie auf das Reichstagsmandat nicht nur aus gesundheitlichen Gründen, sondern vor allem, weil ihrer Ansicht nach die sozialdemokratische Koalitionspolitik wesentliche Fortschritte auf dem Gebiet der Kultur und Erziehung verunmöglichte. Er weist auch darauf hin, daß die Talente der Schwester nicht genügend anerkannt wurden, daß sie im Reichstag weder als Rednerin zu Wort gekommen noch von der eigenen Partei zu internationalen Kongressen geschickt worden war.

Konflikte gab es bekanntlich auch innerhalb der Linken. An diesen Auseinandersetzungen war Anna Siemsen aktiv und teilweise führend beteiligt: Nach Kriegsende trat sie der USPD bei und gehörte nach deren Auflösung im Jahre 1922 zum oppositionellen linken Flügel der SPD. Die innerparteilichen Differenzen spitzten sich am Ende der 20er Jahre zu, als es um eine mögliche Zusammenarbeit der SPD mit den bürgerlichen Parteien ging. Anna Siemsen hielt diese für unvereinbar mit den Zielen und Interessen der Arbeiter, welche die SPD vertreten sollte. Sie bekämpfte die Koalitionspolitik als Reichstagsabgeordnete (1928–1929) und ebenso in ihren Beiträgen im *Klassenkampf*. Der betont marxistische Standpunkt dieser 1927 gegründeten Zeitschrift, die „die politische Wirksamkeit der marxistischen Theorie in der heutigen Sozialdemokratie" stärken sollte, entsprach Anna Siemsens Denken.[14] In ihren Beiträgen behandelte sie neben kulturpolitischen Themen auch ausdrücklich politische und wirtschaftspolitische Tagesfragen.[15]

Als sich die Meinungsverschiedenheiten über die politische Taktik und die Tolerierung der Regierung Heinrich Brünings immer mehr verschärften, kam es 1931 zum Bruch der „Klassenkampf"-Gruppe mit der reformistischen Sozialdemokratie und zur Gründung einer neuen Partei, der Sozialistischen Arbeiterpartei Deutschlands (SAPD). Anna Siemsen zählte, wieder mit ihrem Bruder August und angeblich aus Solidarität mit ihm,[16] zu den Mitbegründern. Ihre Beiträge im *Klassenkampf* und ihre Schriften *Parteidisziplin und sozialistische Überzeugung* (1931) und *Auf dem Wege zum Sozialismus* (1931) zeigen ihre recht radikalen, aber immer noch demokratischen politischen Auffassungen. Sie gehörte jedoch zu den wenigen

Mitgliedern, die erkannten, daß die SAPD vorläufig keine Massenpartei werden konnte und daß somit auch ihre Rolle bei der Bildung einer Einheitsfront zwar wichtig, aber begrenzt war.[17]

Trotzdem ergeben sich Fragen, die nicht nur ihre politische Haltung, sondern auch ihre Stellung innerhalb der Linken betreffen. So erfahren wir zum Beispiel nicht, was sie zur Befürwortung der SAPD geführt hatte, gegen deren Gründung sie angeblich bis zuletzt opponiert hatte.[18] Wie hat sie die Spaltung der Partei zu einem Zeitpunkt gerechtfertigt, als der terroristische Nationalsozialismus eine weit größere Gefahr bedeutete als die Kompromisse der SPD mit dem Zentrum? Inwiefern hat auch sie die faschistische Gefahr verkannt, wie dies bei der Linken allgemein der Fall war, da sie den Faschismus als Produkt einer fortschreitenden Niedergangskrise des Kapitalismus deutete? 1931 war Anna Siemsen der Meinung, daß es für die Arbeiter gleichgültig sei, ob sie unter einer Brüning-, Groener- oder einer Hitlerdiktatur lebten. „Jede heute mögliche Regierung bedroht diese gleichmäßig mit politischer Entrechtung und sozialem Abbau, mit wirtschaftlichem Elend und gesteigerter Unsicherheit."[19] Kaum ein Jahr später warnte sie jedoch gerade vor dieser Art von Gleichsetzung, die sie nun kommentarlos einer spezifisch deutschkommunistischen Haltung zuschrieb.[20] Was hatte zu dieser Meinungsänderung geführt? Obwohl sie sich in diesen Texten im Gegensatz zur früheren objektiven Schreibhaltung recht persönlich einsetzte, fragt sich, ob sie hier ihren eigenen Einsichten oder den Richtlinien der Partei folgte.

Zwar hat sie immer die Sache über die Parteilinie gestellt. Gerade in diesen Krisenjahren aber, da Anna Siemsen für ihre Leserschaft grundsätzliche Fragen und Probleme zu klären sucht, zeigen sich in ihren Texten Widersprüche, aus denen nicht deutlich wird, ob sie der eigenen Unsicherheit, dem Druck der Partei oder den unglaublich komplexen Verhältnissen zuzuschreiben sind. Zu diesen gehört zum Beispiel die Frage nach ihrer Stellung zum zentralistischen Leninismus und dem viel demokratischeren Sozialismus Rosa Luxemburgs. Indem sie den Parlamentarismus und die politischen Rechte, wie Presse-,

Versammlungs-, Koalitions- und Propagandafreiheit als notwendige Voraussetzung für den Abwehr- und Eroberungskampf der Arbeiter verteidigte und zudem darauf bestand, daß „die Demokratie nicht Ausgangspunkt, sondern *Endpunkt*" sei, folgte sie Rosa Luxemburg.[21] Sie berief sich aber auch wiederholt auf Lenin und schrieb 1932 sogar, daß im Falle einer proletarischen Machtergreifung mit bewaffneter Gewalt die Demokratie vorübergehend zugunsten einer proletarischen Diktatur aufgegeben werden müsse.[22] Im Januar 1932 endlich rief sie zum ausschließlichen Kampf gegen den Faschismus auf, da „das Gelingen oder Mißlingen dieser Aufgabe für Jahre, vielleicht für Jahrzehnte über das Schicksal der deutschen Arbeiterschaft entscheiden wird".[23] Ebenfalls ungeklärt bleibt ihre Stellung zum Antisemitismus; nirgends hat sie sich gegen diese sich immer weiter verbreitende Gefahr geäußert.[24]

Zur gleichen Zeit, da Anna Siemsen an diesen äußerst komplizierten Debatten teilnahm und sich ihre politischen Ideen radikalisierten, trat sie ein für eine Zusammenarbeit mit gemäßigten und bürgerlichen Organisationen wie dem Völkerbund. Sie war im Vorstand der *Liga für Menschenrechte* und der *Frauenliga für Frieden und Freiheit.* Und sie setzte bis 1931 ihre Mitarbeit an den *Sozialistischen Monatsheften* fort, der von Joseph Bloch herausgegebenen Zeitschrift der ‚Revisionisten', für die sie hauptsächlich Beiträge zu Bildungsfragen verfaßte. Das Ende der Republik kam für sie nicht überraschend. Schon vor der Machtübernahme war sie durch einen nationalsozialistischen Minister ihrer Honorarprofessur an der Universität Jena enthoben worden, und andere Arbeitsmöglichkeiten gab es immer weniger. Somit hieß es Abschiednehmen, und schon im März 1933 begannen die Exiljahre als Ausgebürgerte in der Schweiz.

Anna Siemsen hat sich auch in der Schweiz unmittelbar wieder in die Arbeit gestürzt. Um dem Arbeitsverbot für Ausländer zu entgehen, wurde sie Schweizerin, indem sie eine Scheinehe schloß. Sie erneuerte die Beziehungen zur schweizerischen Sozialdemokratie und wirkte in anderen fortschrittlichen Kulturorganisationen und Frauenvereinen. Sie übernahm die Redaktion der sozialistischen Frauenzeitschrift *Die Frau in Leben und Arbeit.* Für diese schrieb sie kurze und aus Rücksicht auf die schweizerische Zensur streng objektive monatliche Tatsachenberichte über die politischen Ereignisse während der Jahre 1935–1945.[25] Objektivität und Mäßigung sprechen allgemein aus den Schriften, die sie in jenen Jahren verfaßte. Sie sah sich gezwungen, wollte sie ihre Leser erreichen und zum Widerstand gegen den Faschismus bewegen, ihre marxistische Perspektive zugunsten einer humanistisch-demokratischen abzuschwächen. 1937 erschien in Paris das *Spanische Bilderbuch,* das Buch, das ihr wohl am nächsten lag. Es berichtet von den Erfahrungen ihrer Reise nach Spanien während des Bürgerkriegs, zu einem Volk, das, so ganz anders als das deutsche, kämpfte und „allein gegen die Weltherrschaftspläne [der europäischen Diktaturen] (im Schützengraben und unter den Bomben der deutsch-italienischen Flieger wie unter der Blockade der grossen Demokratien) aus[hielt]".[26] Noch war es Zeit, die schlimmste Katastrophe zu verhindern. Es galt, die spanische Republik zu retten, denn Anna Siemsen erkannte, daß mit ihrem Untergang der Krieg über ganz Europa rollen würde. Das Buch war ein „Weckruf: Habt doch Erbarmen mit Euch selber!"[27] Wie schon zu Beginn der 30er Jahre war auch dieser vergeblich.

Nach Kriegsende drängte es sie, nach Deutschland zurückzukehren. Dies gelang ihr jedoch erst im Dezember 1946. Und obwohl sie nun alt, körperlich geschwächt und seit langen Jahren sehr schwerhörig war, begann sie in Hamburg zum dritten Mal zu kämpfen. Sie wußte wohl, daß diese neuen Aufgaben – der Aufbau ihres äußerlich und innerlich zerstörten Landes und die Bemühungen um europäische Einigung – schwerer als alle früheren sein würden. Der Bruder berichtet, daß die ihr gebührende Anerkennung auch jetzt ausblieb, daß sie sich mit einem Lehrauftrag für Literatur und Pädagogik an der Universität Hamburg begnügen mußte, und daß sie aus den Lehrerausbildungskursen, die sie schon im Exil geschaffen und geführt hatte, wieder ausgeschaltet und von der Schulreform ferngehalten wurde. Durch ihn erfahren wir ferner, daß sie, aus deren Büchern so viel Optimismus, Trost und Hoffnung sprachen, durch diese letzten großen Enttäuschungen die Grenzen ihrer Kraft erreicht hatte, so daß sie schließlich den Tod als Erlösung herbeisehnte.[28]

Auf Anna Siemsen trifft in vieler Hinsicht das zu, was sie selber über Rosa Luxemburg geschrieben hat: „So schuf eine geschichtliche Situation aus einer großen Künstlerin eine Revolutionärin.“[29] Anna Siemsens geschichtliche Situation überschnitt sich mit derjenigen Rosa Luxemburgs und führte eine Akademikerin in den Kampf um einen demokratischen Sozialismus und internationale Verständigung.

Mathilde Vaerting (1884–1977)
„Es kommt alles auf den Unterschied an (…) der Unterschied ist das Grundelement der Macht"*

von Theresa Wobbe

1. Als Anna Maria von Schürmann im 17. Jahrhundert ausnahmsweise die Erlaubnis erhielt, einen Hörsaal zu betreten, wurde von ihr erwartet, daß sie hinter einem Vorhang Platz nahm. Frauen haben seitdem eine Fülle von Grenzmarkierungen überschritten, und sie wurden – nicht nur in den Anfängen – mit unterschiedlichen institutionellen Ausschlußverfahren konfrontiert, wenn sie die Unvereinbarkeit von Weiblichkeit und Intellektualität bestritten, aufkündigten oder hintergingen. In den europäischen Ländern wurden Frauen weitgehend noch bis vor einem Jahrhundert ins Vorfeld der Universität verwiesen, und sofern sie als Studierende Zugang zur Universität erhielten, war keineswegs ausgemacht, daß sie nun auch Positionen in der akademischen Hierarchie besetzten.

Die spezifische Hürde der deutschen Universität, die erst mit der Habilitation die Möglichkeit eröffnet, aus der Wissenschaft einen Beruf zu machen, spielt im Streit um akademische Stellen bis heute eine erhebliche Rolle.

In den Briefen an ihre Mutter berichtet Margarethe von Wrangell (1876–1932), die erste Frau, die in Deutschland Professorin wurde, wie sie besonders in der Anfangszeit ihre akademische Position zu behaupten hatte:

„Es ist schwer, als Frau an hervorragender Stelle zu stehen. Ich erlebe ständig Anfeindungen, und wenn nicht einige Freunde mir zu Seite ständen, könnte Dein Traum zur Wahrheit werden, in dem ich, des Kampfes müde, meinen Feinden den ‚Krempel' vor die Füße schmeiße und zu Dir in die Sperlingsstraße komme."[1]

Diese Versuchung mag gerade kurz vor dem Ziel am größten gewesen sein: „Zur Zeit, wo ich nun endgültig in meinem Amte als ordentlicher Professor bestätigt werden sollte und auch wurde, setzten erneut der Kampf und die Intrigen meiner Gegner ein." Die Argumente sind bis heute dieselben geblieben: Die Intrigen zielten auf die Diskreditierung ihrer wissenschaftlichen Leistung. Die verschiedenen Momente dieser Ausschlußverfahren beschreibt Margarethe von Wrangell sehr genau:

„Es hat sich in letzter Zeit erwiesen, daß meine wissenschaftlichen Behauptungen und meine Arbeiten, die zuvor von meinen Gegnern angezweifelt wurden, richtig und voller Bedeutung sind. Nun setzen sie den Hebel an anderer Stelle ein und behaupten, die Sache sei nun schon richtig, aber sie sei weder neu, noch stamme sie von mir."[2]

Auch die acht Jahre jüngere Mathilde Vaerting (1884–1977), ab 1923 an der Universität Jena erste Ordinaria der Erziehungswissenschaften und nach Margarethe von Wrangell die zweite Professorin in Deutschland, wurde mit den zähen Mechanismen dieses Nahkampfs konfrontiert. In ihrer Biographie verknüpfen sich wissenschaftspolitische Konstellationen, theoretische Optionen und politische Brüche, die für das Verhältnis von Frauen und Intellektualität im 20. Jahrhundert ausschlaggebend sind.[3] Die Spur Mathilde Vaertings weist auf die Schwierigkeit der Überlieferung und auf die nicht geborgenen Traditionsbestände weiblicher Intellektueller in Deutschland.

2. Bei der Rekonstruktion ihrer Biographie waren viele Recherchen[4] notwendig, um die Fährten eines Lebensweges zu entdecken, der Vaerting vom Emsland nach Berlin, von dort aus nach Jena, später nach Göttingen und schließlich in den Schwarzwald führte.

Maria Johanna Mathilde Vaerting wird am 10. Januar 1884 als Tochter des Bauern Johannes Vaerting und der Bäuerin Mathilde geb. Siering in Messingen, dem heutigen Freren bei Lingen, in der Nähe der deutsch-holländischen Grenze, geboren.[5] Mathilde ist das fünfte von zehn Kindern dieser wohlhabenden Bauernfamilie katholischen Glaubens und wird wie auch ihre

Mathilde Vaerting

Geschwister von einer Hauslehrerin unterrichtet. Nach dieser privaten Ausbildung besucht Mathilde Vaerting drei Jahre lang eine höhere Mädchenschule in Köln und verbringt vier Jahre in Pensionaten. 1903 absolviert sie in Münster ihr Lehrerinnenexamen und kann am 1. April 1903 ihre erste feste Stelle als Lehrerin in Düsseldorf antreten.[6] Da Frauen in Preußen den formalen Zugang zum akademischen Studium erst 1908 erhielten, muß auch Mathilde Vaerting diesen für ihre Generation typischen Umweg nehmen. Während ihrer Lehrerinnentätigkeit bereitet sie sich auf die allgemeine Reifeprüfung vor, die sie 1907 am Gymnasium in Wetzlar ablegt.[7] Nun steht ihr endlich der Weg zum Hochschulstudium offen. Von 1907 bis 1911 studiert sie in Bonn, München, Marburg und Gießen die Fächer Mathematik, Philosophie sowie Physik und Chemie. 1910 legt sie in Münster die Oberlehrerinnenprüfung für die Fächer Mathematik, Physik und Chemie ab. Sie ist nicht die einzige unter ihren Geschwistern, die diesen Weg eingeschlagen hat: auch die vier Jahre ältere Marie Vaerting sowie die sieben Jahre jüngere Theodora Vaerting studieren Mathematik und Physik. Mathilde schließt ihre akademische Ausbildung am 1. März 1911 an der Universität Bonn mit der Promotion zum Dr. phil. ab. Ihre Doktorarbeit über *Otto Willmanns und Benno Erdmanns Apperceptionsbegriff im Vergleich zu dem von Herbart* wird 1912 bei von Behrend & Co. in Bonn publiziert.[8]

Die frisch promovierte Akademikerin macht sich nun auf den Weg in die Metropole Berlin, die Stadt, die sie erst 33 Jahre später, nach dem Zusammenbruch des Nationalsozialismus, wieder verlassen wird.

1913 beginnt sie ihren Schuldienst als Oberlehrerin an der Agnes-Miegel-Oberschule, dem Städtischen Lyzeum und Oberlyzeum, im Berliner Bezirk Neukölln. Hier gerät sie in die politische Dynamik des ‚rotes Neukölln'; mit einer starken sozialistischen Mehrheit in der Bezirksversammlung wird dieser Bezirk zu einem wichtigen Ort der Schulreform.[9] Wie sich eine ehemalige Schülerin erinnert, hat Vaerting mit solchem Engagement Mathematik unterrichtet, daß die Klasse begeistert war: „Sie machte den Unterricht derart interessant, dass wir alle bei

Fragen die Arme in die Höhe schossen, um antworten zu dürfen, und dass wir vor Aufregung nicht sitzen bleiben konnten, sondern aufsprangen und nach vorn liefen." Und daraufhin machte „Frl. Dr. Vaerting eine Regel, dass nur die Mädchen in der letzten Reihe nach vorn laufen durften. Deshalb setzte ich mich vor jeder Mathematikstunde in die letzte Reihe."[10]

Während ihrer Arbeit als Lehrerin vertieft Mathilde Vaerting nicht nur ihre medizinisch-naturwissenschaftlichen Interessen mit einem Medizinstudium, sie veröffentlicht zudem auch noch in verschiedenen Zeitschriften des reformpädagogischen und sexualreformerischen Spektrums und ist dort als Rezensentin zu finden.[11]

Schließlich publiziert sie während ihrer Lehrerinnentätigkeit 1921 auch den ersten Band der *Neubegründung der Psychologie von Mann und Weib*,[12] eine geschlechterpsychologische Studie, die Vaerting aufgrund ihrer provokanten Thesen schlagartig über die bisherigen reformpädagogischen und sexualwissenschaftlichen Kreise hinaus bekannt macht.

3. Mit dem Jahr 1923 tritt eine Wende in ihrem Leben ein. Am 1. Oktober 1923 wird sie vom Thüringischen Volksbildungsministerium auf einen neu eingerichteten Lehrstuhl für Erziehungswissenschaft an die Universität Jena berufen. Im Alter von 39 Jahren scheint sie sich auf dem Höhepunkt einer glänzenden Karriere zu befinden. Als nichthabilitierte Akademikerin erhält sie ein Ordinariat.[13] Doch dieser Eintritt in die Alma mater verwickelt Mathilde Vaerting in eine wissenschaftspolitisch höchst brisante Konstellation, die ihre zehnjährige Lehrtätigkeit in Jena und ihre akademische Biographie entscheidend bestimmen wird.

Als 1921 in Thüringen eine Regierung aus SPD und USPD gebildet wird, versucht der neue Volksbildungsminister Greil (USPD) ein Konzept der Einheitsschule zu verwirklichen, das die Reform der Schulen und der Lehrerausbildung auf den Weg bringen soll. Greils Plan, wonach die Volksschullehrer, die bisher Lehrerseminare besuchten, nun an der Universität ihre Ausbildung erhalten sollen, stößt sowohl in der Wissenschaftsverwaltung als auch in akademischen Kreisen auf große Widerstände, da dieses Vorhaben eine Aufweichung der Hierarchie zwischen Studienräten und Volksschullehrern impliziert. Mit der Einrichtung einer selbständigen Erziehungswissenschaftlichen Abteilung für die Lehrerausbildung an der Universität Jena schafft Greil einen fait accompli, den die Mitglieder der Philosophischen Fakultät als einen Angriff auf die universitäre Autonomie betrachten und nicht zu akzeptieren gewillt sind.[14]

Deshalb wird Mathilde Vaerting als eine derjenigen, die in die neue Abteilung berufen werden, weder in ihrer wissenschaftlichen Kompetenz noch als akademische Kollegin respektiert. Ihr wird sofort signalisiert, daß sie nicht an die Universität gehört, daß ihre Kollegen sie vielmehr als Zwangsprofessorin betrachten, die der Universität vom Volksbildungsminister oktroyiert worden ist. Der Fall Vaerting wird zu einem Exempel für den Konflikt zwischen den Universitäten und den Kultus- bzw. Volksbildungsministerien der Weimarer Republik.

Andere 1923 gegen den Willen der Fakultät berufene Wissenschaftler werden mit der Zeit respektiert. Doch die Berufung Vaertings hat die Fakultät nie anerkannt. Aus dem Blickwinkel der Universität stellte die ‚sozialistische Schriftstellerin' Vaerting eine Provokation für die männliche akademische Institution dar. Mit ihrer Berufung war die Wahl auf eine Frau gefallen, die die Anschauungen über die Intelligenz bei Männern und Frauen als ein reines Machtprodukt bezeichnete, und die angesichts von Beamtenhierarchie und Militarismus respektlos von einer „männlichen Gehorsamskultur"[15] sprach. Greil hatte eine unbequeme Frau berufen, die als sozialistisch definiert werden konnte, sich aber in keine Ordnung einer Partei, weder akademisch noch politisch, einbinden ließ.

Ludwig Plate, der seit 1904 das *Archiv für Rassenhygiene* mit herausgab, und der an der Universität Jena der spiritus rector der Dienststrafverfahren gegen Mathilde Vaerting war, bestimmte maßgeblich die Gutachten, die über die ‚Zwangsprofessorin' im Namen der Philosophischen Fakultät angefertigt wurden. Die gezielten Diskriminierungen, von denen Margarethe von Wrangell ihrer Mutter erzählte, erfuhr Mathilde Vaerting mit aller Konsequenz am eigenen Leibe. Neben der Frage der Autorschaft – Mathilde Vaerting hatte verschiedene Schriften mit ‚Dr. Mathias Vaerting' gezeichnet – und neben Vorwürfen, sie verstoße gegen die Präsenzpflicht und vernachlässige ihre Aufgaben als akademische Lehrerin, stand die Diskreditierung ihrer wissenschaftlichen Kompetenz im Mittelpunkt der Angriffe.

Nach dem offiziellen Gutachten der Fakultät vom August 1925 stellten Vaertings Schriften „keinerlei Förderung der Erziehungswissenschaft" dar, und es sei unbegreiflich, „dass Frl. Prof. Vaerting von der früheren Regierung auf einen ordentlichen Lehrstuhl der Erziehungswissenschaft berufen werden konnte".[16] Die „wilden Verallgemeinerungen" und „Unrichtigkeiten" in ihren Schriften konnten nach Meinung ihrer Kollegen keineswegs als wissenschaftliche Arbeiten, geschweige denn als ‚Gewinn' für die Wissenschaft betrachtet werden.[17] Und schließlich versuchte man ihr nachzuweisen, daß sie eine geringe Hörerzahl in ihren Veranstaltungen habe und nahm dies als Beweis dafür, daß sie bei den Studierenden auf wenig Interesse treffe.

Für Ludwig Plate, der 1930 seine Polemiken gegen Mathilde Vaerting in der bekannten antifeministischen Anthologie *Geschlechtscharakter und Volkskraft* veröffentlichte, waren die Schriften der Professorin „von einer staunenerregenden Unwissenschaftlichkeit und Oberflächlichkeit" bestimmt.[18] Der Titel seines Pamphletes, *Feminismus unter dem Deckmantel der Wissenschaft*, signalisiert, wie die Linien des Konflikts verliefen.

Vaertings bald zehnjähriger Streit mit der Universität wurde dann im Jahre 1933 ganz anders gelöst. Die Universität Jena fand in den neuen politischen Herren und ihren Gesetzen nun endlich die Verbündeten, um sich derer zu entledigen, die nicht erwünscht waren. Der Paragraph 4 des nationalsozialistischen *Gesetzes zur Wiederherstellung des Berufsbeamtentums* gibt der Universität Jena schließlich die Möglichkeit, Vaerting – wie auch Anna Siemsen und andere nicht geduldete Kollegen – zwangsweise zu entlassen.[19]

Für Mathilde Vaerting beginnt nun eine zurückgezogene und einsame Zeit. Sie hat während des Nationalsozialismus nicht publiziert, und auch in ihrem Nachlaß finden sich aus dieser Zeit keine Korrespondenzen, Tagebuchaufzeichnungen oder ähnliche Dokumente.[20] Ab 1941 wendet sie sich zunehmend der Staatssoziologie zu; die in dieser Zeit verfaßten Werke verbrennen bei einem Bombenangriff 1944.[21] Publikations- und Ausreiseverbot schränken ihre Wirkungsmöglichkeiten entscheidend ein; Berufungen in die USA und nach Holland darf sie nicht annehmen, und die Genehmigung zur Ausübung der Heilkunde erhält sie nicht.[22] Nach 1945 verläßt Vaerting Berlin. Seit Ende der 50er Jahre lebt sie mit ihrer Schwester Marie und ihrem Lebensgefährten Edwin Elmerich, einem ehemaligen Doktoranden aus der Jenaer Zeit, in Schönenberg im Schwarzwald.[23] Im hohen Alter von 93 Jahren stirbt sie am 6. 5. 1977 um 23.50 Uhr im Städtischen Krankenhaus in Schönau im Schwarzwald. Über den Ort ihres Grabes ist nichts zu erfahren.[24]

4. Seit Mitte der 20er Jahre arbeitete Vaerting an einer Soziologie der Macht und der Massen, deren Ergebnisse sie 1928/29 publizierte. Vaerting war im Spektrum der soziologischen Debatte der 20er Jahre möglicherweise die einzige, die im Rekurs auf funktionalistische Modelle aus der us-amerikanischen Soziologie Regeln der Machtverteilung in ihrer Analogie für ethnische Gruppen, Generationen, Geschlechter sowie für Klassen überhaupt wahrnahm und sie systematisch zu fassen versuchte. Die Brisanz ihrer Untersuchungen liegt dann auch in dem bis heute ungewöhnlichen Verfahren, von strukturellen Mechanismen der Geschlechterhierarchie auszugehen und diese für die Untersuchung der Herrschaft zwischen anderen gesellschaftlichen Gruppen produktiv zu machen.

Es waren wohl nicht zufällig zwei Frauen, die die Brisanz von Vaertings Beiträgen zur Geschlechterpsychologie sofort erkannten. Alice Rühle-Gerstel bezeichnete diese „als eine Bedrohung des gewohnten Weltbildes" und verglich sie mit dem Marxschen Modell von Geschichte, das den ‚Naturzustand' als einen aufhebbaren denkbar gemacht hatte.[25] Vaerting vertritt in ihrem Buch die These, daß die Zuschreibungen geschlechtsspezifischer Eigenschaften Momente der gesellschaftlichen Machtverteilung sind, und daß somit der ‚Charakter der Frau' Chiffre für die Herrschaftsverteilung zwischen den Geschlechtern sei. Für Rühle-Gerstel wirkte dieser Zugang Vaertings gleichermaßen „revoltierend und befremdend".[26] Revoltierend, weil Vaerting mit diesem Perspektivenwechsel die seit der Jahrhundertwende verbreiteten geschlechterpsychologischen und sexualwissenschaftlichen Erklärungsmodelle für die Verschiedenheit der Geschlechter umstürzte. Wenn die den Frauen zugeschriebenen Eigenschaften eine Codierung ihrer untergeordneten Position in der Machthierarchie waren, nicht aber eine Aussage über deren ‚natürliche' Differenz, dann wurden die naturwissenschaftlich-medizinischen und biologischen Erklärungsmodelle zur Disposition gestellt.[27] Hinsichtlich des theoretischen Zugriffs löste dies insofern Befremden aus, als hiermit selbst die Konstitution des Gegenstandes – Weiblichkeit, Geschlecht, Charakter – zu einer theoretischen Frage wurde. Hanna Meuter, Vaertings wichtigste Rezipientin in der Weimarer Republik, benutzt erstaunlicherweise ähnliche Formulierungen wie Alice Rühle-Gerstel. In einem Vortrag, den sie 1932[28] auf dem *Internationalen Kongreß zur Reformpädagogik* in Nizza hielt, stellte sie das machttheoretische Konzept Vaertings dar.

Hanna Meuter machte Vaertings theoretische Arbeit einer Öffentlichkeit zugänglich, die für die Professorin der Erziehungswissenschaft selbst unerreichbar war. Vaerting wird hier als „genialer Mensch" bezeichnet; die Ergebnisse ihrer Arbeit seien ungewöhnlich kühn und „revolutionierend nicht nur im Gebiet der theoretischen Sozialwissenschaften und der Geschichte", sondern auch für den Bereich der „zwischenmenschlichen Praxis" und der Pädagogik.[29] Ähnlich wie Alice Rühle-Gerstel sieht auch Meuter die Pointe der Vaertingschen Theoretisierung darin, daß sie die Konstruktion des Unterschiedes als einen wesentlichen Faktor bestimmt, der für den Mechanismus der Macht strukturierend ist. Der genaue Blick auf die Macht des Unterschiedes in sozialen Anerkennungsverfahren ermöglicht es Vaerting, die kulturelle Stabilität der Geschlechterungleichheit oder auch des Rassismus kritisch beschreiben zu können. Diese Originalität Vaertings im Spektrum der soziologischen[30] und der feministischen Debatte nahmen gerade weibliche Intellektuelle mit erhöhter Aufmerksamkeit zur Kenntnis, und ihr theoretisches Nachdenken entzündete sich daran.

Das ungewöhnliche Moment der Vaertingschen Überlegungen wird noch deutlicher, wenn man sich anderen verfügbaren Konzepten – besonders im Hinblick auf das Verhältnis von Macht und Intellektualität – zuwendet. Marianne Weber etwa argumentierte für eine spezifische weibliche Zuständigkeit in der Wissenschaft.[31]

Die vierzehn Jahre jüngere Mathilde Vaerting diskutierte die Frage des Verhältnisses von Frauen und Wissenschaft sowie Theorie anders als Marianne Weber. Sie betrachtete die jeweiligen Zuschreibungen der intellektuellen Kompetenz von Männern und Frauen als „ein reines Machtprodukt".[32] Die unterschiedliche gesellschaftliche Bewertung weiblicher Produktion verdanke sich nicht einem spezifischen Typus von Weiblichkeit – wie er etwa im Topos der Mütterlichkeit aufgefaßt wird –, sondern sei eine Frage von Herrschaftsstrukturen. Einen Effekt dieser Strukturen sah sie in der Nichtwahrnehmung weiblicher Produktivität: „Die Frau, die hervorragende Leistungen vollbringt, wird entweder als Ausnahme von ihrem Geschlecht, noch lieber aber als männlich bezeichnet."[33] Diese Überlegung zeigt Vaertings Originalität in der damaligen Debatte von Frauenrechtlerinnen, die vorwiegend mit einer spezifisch weiblichen Instanz argumentieren, und sie ist ein Beispiel dafür, wie sich in dem Werk Mathilde Vaertings Biographie und Wahrnehmung sozialer Realität verzahnen.

Denn im Unterschied etwa zu Marianne Weber, die in ihrem bildungsbürgerlichen Milieu als Ehefrau von Max Weber Frauenrechtlerin und Schriftstellerin, Politikerin und Biographin ihres Mannes sowie die Herausgeberin seiner Werke war,[34] hatte Vaerting als nichtverheiratete Frau weder den informellen Zugang zu den Kreisen eines gelehrten Gatten noch besaß sie dessen Namen. Vaerting befand sich als nichtverheiratete Akademikerin in einer Außenseiterposition und nahm von dort aus andere Probleme wahr.

Vaerting beschäftigte nicht die Frage, ob Frauen zu eigenständigen intellektuellen Leistungen fähig seien. Dies stand in ihrer Sicht fest. Sie interessierte sich für die gesellschaftlichen Funktionsweisen, aufgrund derer intellektuelle Frauen als Ausnahme von ihrem Geschlecht, also als männlich uminterpretiert wurden. Sie beobachtete nüchtern: „Der Mann hält alle Zugänge zu den Erfolgen der Produktion in Kunst und Wissenschaft in seiner Hand."[35] Darum beschäftigte sich Vaerting mit den sozialen Mechanismen, die die Tradition intellektueller Produktion von Frauen löschten. Für sie stand die Frage im Zentrum, ob ein „Name" verschwand, weil „seine Trägerin eine Frau und niedren Standes war."[36]

In Mathilde Vaertings intellektueller Biographie sowie für die Wahrnehmung ihres Werkes haben diese Mechanismen weitreichende Konsequenzen gehabt. Ihre Entlassung aus der Universität Jena im Jahre 1933 und die Herrschaft des Nationalsozialismus markieren eine Zäsur, die auch das Ende der Rezeption ihrer Werke mit sich bringt. Nach 1945 wird sie in den Erziehungswissenschaften nicht rezipiert, aber auch in der Geschichte der Soziologie, in deren thematischen Kontext sie zu Ende der 20er Jahre zwei relevante Werke veröffentlichte, ist sie nicht zu finden.[37]

5. Vaerting war eine Intellektuelle, die abseits von akademischen Kontexten und sozialen Netzwerken den größten Teil der Zeit in ihrer Berliner Wohnung arbeitete. Hier hatte sie ihre Bibliothek. Hier lebte sie mit ihrer Schwester Marie, die science fictions ebenso wie geschichtsphilosophische Abhandlungen verfaßte, in einem eigenen sozialen Mikrokosmos und intellektuellen Universum. In dieser Abgeschlossenheit produzierte sie ungewöhnliche Vorschläge zur Machtsoziologie. Aus dieser Abgeschlossenheit adressierte sie Texte an die akademische Welt, die fast keine Referenzen aufweisen, in denen immer nur eine zu sprechen scheint. Die einschneidende Wende, die dann

1933 einsetzt, hat Vaerting vollkommen ins soziale und theoretische Abseits gedrängt.

Vaerting bemüht sich 1948 und 1952 in Göttingen um eine Professur für Erziehungswissenschaften sowie 1952 in Frankfurt um eine Professur für Soziologie. Diese Versuche und ihre Anläufe über die Vermittlung von Hermann Nohl schlagen jedoch fehl.[38]

Erstaunlicherweise hat sie im Alter von 70 Jahren noch die Energie, ein publizistisches Forum zu schaffen, auf dem sie ihre Positionen präsentiert. Von 1953 bis 1971, also bis zu ihrem 87sten Lebensjahr, gibt sie die *Zeitschrift für Staatssoziologie* heraus, eine publizistische Stimme, mit der sie ihre Vorstellungen verbreitet.

Eine Intellektuelle, die sich von Anfang an mit der Relevanz von Überlieferung und Rezeption in wissenschaftlichen Kontexten beschäftigte, und die darauf aufmerksam machte, daß das Auslöschen von Tradition ein Herrschaftsfaktor ist, hat mit dieser Zeitschrift eine Spur gelegt, über die man sie finden kann. Sie hat es keinem anderen überlassen, sondern selbst Hinweise für die Überlieferung gegeben. Dies zeigt auch das *Internationale Institut für Politik und Staatssoziologie.* Mit diesem Institut wollte Vaerting ihren Ansatz der Staatssoziologie verbreiten und damit ein Angebot zur Politikberatung verbinden. Dieses Institut ist als ein institutioneller Rahmen zu verstehen, den Vaerting strategisch schuf, um in einem akademischen und theoretischen Kontext überliefert werden zu können.[39]

Dadurch war zwar nicht garantiert, daß sie in der Disziplin automatisch rezipiert wurde; doch ließ sich durch Gründungen von Publikationsorganen, von wissenschaftlichen Instituten und schließlich durch die Etablierung einer eigenen Teildisziplin die Chance, wahrgenommen zu werden auf jeden Fall vergrößern.

Doch ihre Publikationen nach 1945, die von dem starken Impuls bestimmt sind, sich in die Politik einzumischen, signalisieren Vergeblichkeit. Der Gedankenhorizont verengt sich zunehmend auf ‚richtige' Überlegungen sowie auf Interpretationen, die andere Möglichkeiten ausschließen. Der Versuch, die Ungeheuerlichkeit des Nationalsozialismus theoretisch zu beschreiben, scheitert.[40] Vaertings Stimme war schon in den 20er Jahren eine vereinzelte, doch im Koordinatensystem politischer Projekte und theoretischer Experimente fand sie einen Resonanzboden und konnte vervielfältigt werden. Nach 1945 gibt es nahezu kein Echo mehr.

Einige Kolleginnen sind aus Deutschland vertrieben worden, wieder andere – wie Hanna Meuter – wurden 1933 ebenfalls zwangsweise entlassen, tauchen nach 1945 zwar noch in der Soziologie auf, haben aber das Terrain gewechselt. Der Hast des *Neuanfangs* entspricht eine unheimliche Stille des Verschweigens.

Mathilde Vaerting ist ein Beispiel dafür, wie politische Zäsuren die institutionellen Verhinderungen in Deutschland in einer Weise dramatisierten, die die intellektuelle Präsenz von Frauen nachhaltig blockiert haben. Welche Bedeutung diese Blockierungen wiederum für den heutigen Status von Wissenschaftlerinnen in akademischen und theoretischen Kontexten haben, ist eine längst überfällige Frage.

Hedwig Hintze-Guggenheimer (1884–1942)
Historikerin der Französischen Revolution und republikanische Publizistin

von Bernd Faulenbach

Unter den Historikern der Weimarer Zeit war Hedwig Hintze-Guggenheimer, obwohl mit dem angesehenen Berliner Historiker Otto Hintze verheiratet, in dreifacher Hinsicht eine Außenseiterin: als Jüdin, als Frau in einer von Männern dominierten Wissenschaft und als „linksliberale", der Sozialdemokratie nahestehende entschiedene Anhängerin der Weimarer Republik. In ihrer Biographie, in ihrer wissenschaftlich-publizistischen Arbeit und in ihrem Schicksal sind verschiedene Entwicklungslinien der deutschen Geschichte seit der Jahrhundertwende verwoben: die Geschichte der Frauen-Emanzipation, des deutschen Judentums, der deutschen Demokratie und der deutschen Geschichtswissenschaft. Trotz der Verschränkung mit allgemeineren historischen Phänomenen ist ihre Biographie doch höchst individueller Natur: die Geschichte eines ungewöhnlichen Menschen.[1]

1. Die 1884 geborene Hedwig Guggenheimer wuchs in einem großbürgerlichen Elternhaus auf, in dem beide Elternteile zwar jüdischer Herkunft waren, doch ihre Tochter Hedwig evangelisch taufen ließen. Die jüdische Herkunft hat – soweit erkennbar – die Entwicklung Hedwigs nicht gehemmt; später jedoch wurde sie ihr zum Schicksal.

Die Wohlhabenheit der Eltern – der Vater war Bankier – ermöglichte eine für höhere Töchter damals übliche Mädchenbildung mit Privatunterricht, Höherer Töchterschule und Internatsaufenthalten im französischsprachigen Ausland. Ein besonderes Interesse an Frankreich hat sich offenbar schon in

Hedwig Hintze-Guggenheimer

dieser Zeit herausgebildet. Jedenfalls absolvierte sie mit 17 Jahren die bayerische Prüfung für Lehrerinnen der französischen Sprache, ohne indes diesen Beruf auszuüben, der keine akademische Qualität besaß und nicht zum Hochschulstudium berechtigte. Offenbar durch ihr großbürgerliches Elternhaus nicht auf ein Berufsziel hin orientiert, hat sie sich auch in den folgenden Jahren im In- und Ausland weitergebildet. 1904 schrieb sie sich an der Münchener Universität als Gasthörerin im Fach Germanistik ein und wirkte an der Bearbeitung der Lessing-Ausgabe von Karl Lachmann mit. 1908 ging sie nach Berlin, um sich durch Privatunterricht auf das Abitur vorzubereiten, das sie 1910 – im Alter von 26 Jahren – bestand. Die Verzögerung ihres individuellen Bildungsganges hängt zweifellos auch mit der Geschichte des Bildungssystems zusammen, denn erst in dieser Zeit wurde die Zulassung von Mädchen zu Abitur und Studium durchgesetzt.[2] In Preußen – ähnlich auch in Bayern – erfolgte diese erst 1908, d.h. in jenem Jahr, in dem Hedwig Guggenheimer mit ihrer Vorbereitung auf das Abitur begann.

1910 immatrikulierte sie sich an der Berliner Universität in Germanischer Philologie, Geschichte und Nationalökonomie. Sie besuchte Lehrveranstaltungen u.a. des Germanisten Erich Schmidt und des Nationalökonomen Gustav Schmoller, später auch Vorlesungen und Seminare von Ernst Troeltsch, Heinrich Herkner und Friedrich Meinecke, führenden Gelehrten der Universität, die damals das höchste Prestige aller deutschen Universitäten besaß. Schicksalhaft wurde für sie die Begegnung mit dem Historiker Otto Hintze, der seit 1902 einen Lehrstuhl für Verfassungs-, Verwaltungs-, Wirtschaftsgeschichte und Nationalökonomie innehatte.[3] Sie wurde nicht nur dessen Schülerin, sondern auch seine Frau. Die beiden heirateten 1912 – eine komplizierte Partnerschaft begann.[4]

Hintze war zur Zeit der Heirat 51 Jahre, Hedwig Guggenheimer 28 Jahre alt. Nicht nur von ihrem Alter her, sondern auch habituell waren beide sehr unterschiedlich: er von seinem ganzen Erscheinungsbild her ein der bürgerlichen Mittelschicht entstammender, eher konservativer Gelehrter mit beachtlichem wissenschaftlichem Renommee, sie eine durchaus bereits lebenserfahrene, moderne, emanzipierte Frau. Die Verbindung beider hat von Anfang an Aufsehen erregt, sie war ungewöhnlich und interessant, ja Gegenstand des akademischen Tratsches.

Das Verhältnis beider zueinander wurde durch verschiedene Faktoren beeinflußt, u. a. durch die Krankheiten Otto Hintzes, durch mentale Unterschiede, durch Auseinandersetzung mit traditionellen Rollenerwartungen und -zumutungen, die Hedwig eine dienende Rolle zuwiesen, sowie durch das Lehrer-Schüler-Verhältnis, das in einem längeren Prozeß einer Partnerschaft wich, in der beide ihre eigenen Positionen – teilweise in Spannung zueinander – vertraten, ohne daß das Gefälle in wissenschaftlicher und lebensgeschichtlicher Erfahrung völlig schwand. Keine Frage, daß Otto die Entwicklung von Hedwig nachhaltig gefördert, auch den Start ihrer wissenschaftlichen Karriere mehr geprägt als behindert hat, sie aber im Laufe der Zeit sich von ihm – wissenschaftlich, erst recht politisch – emanzipiert hat, was anfangs bei ihm und wohl dauernd in beider Umfeld Irritationen auslöste und auf Unverständnis stieß.

Gemeinsam spielten Otto und Hedwig Hintze im akademisch-gesellschaftlichen Leben Berlins in den 20er Jahren eine Rolle, insbesondere durch halboffene Diskussionsnachmittage, die sie an Samstagen in der eleganten Wohnung am Kurfürstendamm veranstalteten.[5] Trotz aller Gegensätze, die bei dieser Gelegenheit zum Ausdruck kamen, war der Gedankenaustausch zwischen beiden wohl stets intensiv.

2. Es war gleichermaßen das früh entwickelte Interesse an Frankreich wie der Einfluß Otto Hintzes, die die französische Geschichte und innerhalb dieser die Französische Revolution zu Hedwigs Hauptarbeitsgebiet machten. Jedenfalls begann sie im Jahre 1911 in Hintzes Seminar mit Studien zur französischen Geschichte, wobei für sie das Problem „Staatseinheit und Föderalismus“ in der Epoche der Französischen Revolution in den Vordergrund rückte, ein Problem, das auf der Linie von Otto Hintzes Interesse an Staatsbildungsprozessen und an vergleichender Verfassungsgeschichte lag. Hedwig Hintze hat an

diesem sich bald immer weiter auswachsenden Projekt über Jahre, vor dem Krieg, während des Krieges und in der Nachkriegszeit, gearbeitet – unterbrochen durch ihre Tätigkeit beim Roten Kreuz nach Ausbruch des Krieges und durch die Pflege ihres von Krankheiten heimgesuchten Mannes. Im Rahmen ihrer Arbeit wertete sie umfangreiche Quellenbestände sowie die neuere französische Diskussion aus.

Ende 1923 reichte sie ihre bereits recht umfassende Arbeit über das *Problem des Föderalismus in der Frühzeit der französischen Revolution* als Doktorarbeit ein, wobei das Kapitel „Die Municipalgesetzgebung der Constituante" als eigentliche Dissertation, das übrige wohl schon zu diesem Zeitpunkt als Vorarbeit für ein Habilitationsprojekt betrachtet wurde. Friedrich Meinecke als Erst- und Erich Marcks als Zweitgutachter beurteilten die Arbeit, die mit dem Föderationsfest 1790 endete, außerordentlich positiv. Sie bewältigte eine enorme Fülle von Literatur und kam nach Ansicht Meineckes „überall zu plausiblen, exakt fundierten und klar und verständig formulierten Ergebnissen".[6] Allerdings schien ihm das Material noch nicht ganz zu einer einheitlichen Darstellung verschmolzen und die verschiedenen Komponenten der „föderalistischen Bewegung" noch nicht hinreichend herausgearbeitet zu sein. Marcks, der sich ebenso lobend wie Meinecke äußerte, warf die Frage auf, ob das Problem des Regionalismus tatsächlich aus der Perspektive der Französischen Revolution zu thematisieren sei.[7] Beide sprachen sich dafür aus, die Arbeit über das Jahr 1790 hinaus weiterzuführen. Im Juni 1924 wurde Hedwig Hintze in den Fächern Geschichte, Philosophie und Staatswissenschaften mit der Note „summa cum laude" promoviert.

In den folgenden Jahren setzte sie ihre Studien zum Problem des „Föderalismus" vor und in der Französischen Revolution fort. Sie trat erneut in das Quellenstudium ein, korrespondierte mit dem französischen Historiker Alphonse Aulard, vertiefte und erweiterte ihre Untersuchung und reichte dann im Frühjahr 1928 die zu einem großen Buch ausgebaute Arbeit *Staatseinheit und Föderalismus im alten Frankreich und in der Revolution* als Habilitationsschrift ein, die noch im gleichen Jahr als monumentales Werk in der Deutschen Verlagsanstalt erschien.[8] Trotz beträchtlicher politischer Bedenken, die insbesondere Albert Brackmann, auch Erich Marcks und Fritz Hartung im Hinblick auf die demokratische Färbung ihres historisch-politischen Urteils äußerten, wurde Hedwig Hintze mit dieser Arbeit in der Philosophischen Fakultät habilitiert.[9]

Das Werk, das Hedwig Hintze ihrem „verehrten Lehrer und geliebten Gatten Otto Hintze in Dankbarkeit" zueignete, imponiert noch heute in der Fülle des verarbeiteten Materials. Es untersucht die Herausbildung des zentralisierten nationalen Einheitsstaates in der Epoche der Französischen Revolution, wobei der Schwerpunkt auf den letzten Jahrzehnten des Ancien Régime und den ersten vier Jahren der Revolution liegt, doch auch die Vorgeschichte, zu der ein Abriß der französischen Verfassungsgeschichte geliefert wird, und die Nachgeschichte – durch einen knappen Ausblick in die weitere Entwicklung – einbezogen werden. Reiz und Grenzen des Buches liegen in seiner komplexen, für die Französische Revolution nur bedingt zentralen, wenn man so will, partiell von der deutschen Verfassungsgeschichte her entwickelten Frage nach dem Verhältnis von Zentralismus und regionaler Eigengewichtigkeit, in deren Hintergrund für Hedwig Hintze die Frage Otto Hintzes nach dem Verhältnis von herrschaftlichem und genossenschaftlichem Prinzip steht.[10] Hedwig Hintzes besonderes Interesse gilt der sich aus verschiedenen Quellen speisenden föderalistischen Unterströmung der Revolution, deren innen- und außenpolitischen Leitbildern, ihrem Scheitern und ihrem uneingelösten Erbe in der Gegenwart.

Zu Recht hat Paul Darmstädter in der *Historischen Zeitschrift* angemerkt, daß es in dem von Hedwig Hintze behandelten Zeitraum nicht mehr um die Frage der Staatsbildung ging, sondern eher um die Alternative Selbstverwaltung und Dezentralisation auf der einen Seite und Zentralismus und bürokratische Regierung auf der anderen Seite.[11] Hedwig Hintze zeigt, daß im alten Frankreich in den Jahrzehnten vor der Revolution durchaus noch regionale Sonderrechte erhalten waren, die großen Provinzen als historisch-geographische Individualitäten (allerdings nicht mehr als Verwaltungsbezirke) noch Bedeutung hatten und eine umfangreiche reformorientierte staatswissenschaftliche Literatur Ideen der Selbstverwaltung erörterte. Bei Beginn der Revolution gab es demnach durchaus noch die Möglichkeit, diese Reformideen zu nutzen. Sie schildert eingehend die Föderationsbewegung, die aus ihrer Sicht in der munizipalen Erhebung im Sommer 1789 und im Föderationsfest am 14. Juli 1790 gipfelte. Allerdings lief der Prozeß der Gesetz- und Verfassungsgebung in eine andere, vom Einheitswillen dominierte Richtung, wie das Munizipalitätengesetz und das Departmentgesetz vom 14. bzw. 22. Dezember 1789 erkennen lassen, die trotz mancher Zugeständnisse an den Gedanken der Selbstverwaltung die Zentralisation gefördert haben. Den Sieg von Diktatur und äußerster Zentralisation und die Niederlage aller „föderalistischen" Bestrebungen sieht Hedwig Hintze auf dem Hintergrund des leichtfertig begonnenen Krieges. Sehr ausführlich erörtert die Historikerin die Verschränkung der Frage des Zentralismus bzw. Föderalismus mit dem Parteikampf zwischen Girondisten und Bergpartei, wobei sie ihre ursprüngliche Fragestellung zwar partiell aus den Augen verliert, die Hintergründe des Kampfes inklusive der sozialen und ökonomischen Faktoren jedoch – auf der Basis des damaligen französischen Forschungsstandes und in unübersehbarer Unabhängigkeit von deutschen historiographischen Sichtweisen – ausleuchtet.[12] Sie gelangt in diesem Kontext zu einem neuen Verständnis der Politik des Konventes, deren Perhorreszierung durch die konservative und liberale Geschichtsschreibung sie partiell revidiert.

In ihrem Resümee betont Hedwig Hintze, die sich mit ihrem Urteil zu verschiedenen Kontroversen nicht zurückhält und ihre Subjektivität (schon stilistisch) nicht verleugnet, daß die humanitären Anfänge der Revolution als uneingelöstes Erbe der Gegenwart zu sehen seien. Aus ihrer Sicht ist vor allem Jean Jaurès' Gedanke einer „Föderation autonomer Nationen", den sie als identisch mit Immanuel Kants Friedensprojekt betrachtet, in der Gegenwart aktuell.[13]

Mit dem Buch festigte Hedwig Hintze ihren Ruf als Historikerin der Französischen Revolution. Schon 1926 hatte

Friedrich Meinecke ihr die Redaktion des Rezensionsteils zur Französischen Revolution in der *Historischen Zeitschrift* übertragen. Ihre Antrittsvorlesung hielt Hedwig Hintze, die als zweite Frau im Fach Geschichte habilitiert worden war, über „Epochen der französischen Revolutionsgeschichtsschreibung (Taine-Aulard-Jaurès-Mathiez)".[14] Seit 1929 lehrte sie als Privatdozentin an der Universität Berlin, wobei ihr Lehrangebot bis 1933 um die Französische Revolution und andere Themen der französischen Geschichte kreiste.

3. Auf dem Hintergrund einer vorherrschend national verengten Betrachtungsweise hat Hedwig Hintze versucht, die deutsche Öffentlichkeit, insbesondere die Historiker-Zunft, mit neueren französischen Arbeiten und aktuellen Kontroversen zur Französischen Revolution zu konfrontieren. So war sie an der Herausgabe der deutschen Übersetzung von Aulards *Politischer Geschichte der Französischen Revolution* ins Deutsche beteiligt und schrieb zu ihr eine Einleitung, in der sie Aulard vorstellte, wobei sie ihre Sympathie für seine demokratisch-republikanischen Positionen nicht verschwieg:

> „Für Aulard besteht die Französische Revolution vornehmlich in der Erklärung der Menschenrechte von 1789 und der ergänzenden von 1793 und in allen seither gemachten Versuchen, diese Prinzipien in die Wirklichkeit umzusetzen [...] Die Revolution, wie er sie auffaßt, ist ein aus der Vergangenheit herleuchtendes Ideal, mit dessen Verwirklichung die jetzt lebenden und kommenden Generationen betraut sind."[15]

In einer Zeit, in der in Deutschland traditionelle konservative Interpretationen über die Französische Revolution vorherrschten und die „Ideen von 1789" als Ausdruck westeuropäischen Denkens interpretiert wurden, mit dem das deutsche Denken kontrastiert wurde,[16] bekannte sich Hedwig Hintze zu einer Interpretation, die nicht nur von der epochalen Bedeutung dieser Revolution ausging, sondern auch die „Ideen von 1789" für die Gegenwart zu aktualisieren suchte, was auf teilweise heftige Kritik national-konservativer Historiker – etwa Heinrich Ritter von Srbiks – stieß.[17]

Jean Jaurès, Aulard und Mathiez waren es insbesondere, die sie der deutschen Öffentlichkeit nahezubringen suchte.[18] Ihnen allen war gemeinsam, daß bei ihnen Beschäftigung mit der Revolution und politisches Engagement verknüpft waren.[19] Die Bedeutung von Albert Mathiez sah Hedwig Hintze – abgesehen von seiner Neubewertung Robespierres und der Jakobiner, der sie teilweise folgte – vor allem darin, daß dieser in seinen Arbeiten der Frage der ökonomischen Bedingungsfaktoren der Revolution nachging, wobei er methodologisch dem historischen Materialismus verpflichtet war, dieses Konzept aber aus ihrer Sicht keineswegs eng und einseitig anwandte.[20] Sie ließ keinen Zweifel daran, daß sie marxistische Ansätze für fruchtbar hielt, etwa zur Erklärung des Parteikampfes zwischen „Unitaristen" und „Föderalisten", den auch sie tief eingebettet sah in die ökonomischen Verhältnisse. In der Anerkennung der Bedeutung ökonomischer Faktoren, wobei sie sich zugleich gegen den ökonomischen Determinismus aussprach, traf sich Hedwig Hintze mit ihrem Gatten, unterschied sich aber von dem Hauptstrom der deutschen Historiographie der Weimarer Republik, in dem die Wirkungsmächtigkeit ökonomischer Faktoren mehr oder weniger unbeleuchtet blieb und marxistische Ansätze durchweg abgelehnt wurden.[21] Zu Recht konstatierte Hedwig Hintze 1930 in der *Historischen Zeitschrift*, daß die „vom modernen Sozialismus ausgehenden" Einsichten in die soziale Dimension der Revolution lange Zeit „von der zünftigen Historie" verschmäht worden seien: „Der Staat als Macht- und Militärorganisation stand ihr durchaus im Mittelpunkt des Interesses."[22]

Hedwig Hintze erweist sich in ihren Arbeiten zur Französischen Revolution und in ihren Rezensionen zur Revolutionshistoriographie als Historikerin, die methodischen Innovationen gegenüber sehr aufgeschlossen war und selbst teilweise neue Wege ging, wobei ihre Leistung nicht zuletzt in der Rezeption neuerer, in republikanischer Tradition stehender französischer Arbeiten lag. Bewußt entwickelte sie zumindest teilweise ihre Fragestellungen von der Gegenwart her und im Hinblick auf die Gegenwart.[22a] Zweifellos hat sie sich mit ihren

Arbeiten zur Französischen Revolution zunehmend von ihrem Lehrer und Ehemann Otto Hintze emanzipiert.

4. Es lag für Hedwig Hintze nahe, die französische und die deutsche Entwicklung in vergleichender Perspektive zu sehen. So überrascht es nicht, daß sie aus dem Nachlaß von Hugo Preuß dessen unvollendetes Werk *Verfassungsgeschichtliche Entwicklungen in Deutschland und Westeuropa* herausgab und einleitete, wobei deutlich wurde, daß sie dessen demokratiegeschichtliche Perspektive ebenso teilte wie seine politischen Grundüberzeugungen.[23] Hedwig Hintze hob in ihrer Einleitung die tiefe historische Fundierung des Denkens und Handelns von Hugo Preuß hervor. Dieser habe – entgegen nationalistischer Agitation – sehr wohl Sinn für die Besonderheiten der deutschen Geschichte, für das deutsche „Anderssein" besessen, was in der Einsicht zum Ausdruck komme, daß für die deutsche Verfassungsgeschichte der Sieg des fürstlich-feudalen über das bürgerlich-korporative Prinzip konstitutiv sei. Sie unterstrich die Tatsache,

> „daß in der Epoche, da in England und Frankreich ‚die nationalstaatliche Entwicklung ihrem Höhepunkt zustrebt', neben die ‚national-dynastische Politik Frankreichs' und ‚die international-dynastische Politik Habsburgs', die antinational-dynastische Politik des deutschen Landesfürstentums tritt, mit dem Ergebnis der vollendeten nationalen und internationalen Ohnmacht Deutschlands".[24]

Hedwig Hintze traf sich mit Preuß in der sehr kritischen Einschätzung der Politik der Landesfürsten und der Einzelstaaten, insbesondere Preußens.

Sie ging wie andere „linksliberale" Historiker der Weimarer Republik von einer prinzipiellen Gleichgerichtetheit der europäischen Verfassungsentwicklung aus, mit der Konsequenz, daß die Besonderheiten der deutschen Entwicklung tendenziell als problematisch (als Verzögerungen etc.) galten, während sie bei nationalkonservativen Historikern häufig als positive Spezifika einer besonderen, von Westeuropa abweichenden deutschen Entwicklung gewertet wurden.[25] Auf diesem Hintergrund ist es verständlich, daß die Rezeption der „Ideen von 1789" in Deutschland, deren Untersuchung sich Hedwig Hintze in den frühen dreißiger Jahren zuwandte, sehr unterschiedlich beurteilt wurde.

Hedwig Hintze, für die Geschichtsschreibung eine ausgesprochene Nähe zur Politik besaß, kam es bei der Edition des Werkes von Preuß offenbar u.a. darauf an, den unsinnigen Vorwurf vom undeutschen a-historischen Charakter der Weimarer Reichsverfassung nicht nur zu widerlegen, sondern umgekehrt den a-nationalen Charakter dynastisch-einzelstaatlicher konservativer Traditionen zu erweisen. In der Logik dieser Argumentation lag die Bejahung des dezentralisierten Einheitsstaates, eines Ideals, das nicht nur Preuß in der Verfassungsdiskussion 1918/19 vertreten hatte, sondern dem sich auch Otto Hintze in der Reichsreformdiskussion in der Endphase der Weimarer Republik annäherte.[26]

Entschieden setzte sich Hedwig Hintze für die ideelle Begründung der Demokratie in Deutschland ein. Wie andere linksliberale Historiker versuchte sie, demokratische Traditionen der deutschen Geschichte bewußt zu machen,[27] und warf die Frage auf, ob es nicht schon im Kaiserreich Chancen für die Überwindung des Gegensatzes von Liberalismus und Sozialdemokratie gegeben hatte,[27a] für jenen Kompromiß, in dem sie die Grundlage der Weimarer Republik und ihrer Verfassung sah. So war – wie Hedwig Hintze feststellte – Hugo Preuß schon 1903 zu der Einsicht gelangt, daß „der Konstitutionalismus der rückhaltlosen Mitarbeit des Sozialismus nicht mehr entraten" könne, doch auch „der Sozialismus erstarren" müsse, wenn er sich nicht auf den Boden der konstitutionellen Entwicklung stelle. Das demokratische und das soziale Prinzip dürften nicht gegeneinander gestellt werden „zum Nutzen derer, die, antinational und antidemokratisch, im Dienste der Reaktion und des Monopolkapitalismus stehen".[28] Preuß' Position sah Hedwig Hintze verwandt mit der von Jean Jaurès – der zweifellos ebenfalls für sie eine positive politische Leitfigur war –, „der die Demokratie als eine große Errungenschaft gepriesen hat und einen Zustand erhoffte, in dem demokratische Politik und

Klassenpolitik in der höheren Einheit der sozialen Demokratie verschmelzen sollte".[29] Für Hedwig Hintze war von eindrucksvoller Symbolik, daß

„der aus tiefen Schichten des Volkes aufgestiegene einfache Arbeiterführer, der klassenbewußte überzeugte Sozialist Friedrich Ebert und der geistig hervorragende Repräsentant des besitzenden und gebildeten Bürgertums, der Theoretiker des Liberalismus und der korporativen Selbstverwaltung, der damalige Rektor einer Berliner Hochschule Hugo Preuß einander fanden, sich zusammentaten zu selbstlos-entsagungsvoller Arbeit im Dienste des schwer geprüften deutschen Volkes".

Gerade im Kompromißcharakter der Weimarer Republik wollte Hedwig Hintze 1927 die „Möglichkeit einer glücklichen Aufwärtsentwicklung" Deutschlands sehen.[30]

Anders als ihr Ehemann Otto Hintze, der zwar seine Staatsanschauungen nach dem Ersten Weltkrieg gegenüber der Vorkriegszeit revidierte, doch zur neuen Ordnung eine eher reservierte Haltung einnahm, engagierte sich Hedwig Hintze publizistisch für die Weimarer Republik, für einen Ausgleich von Bürgertum und Sozialdemokratie. So veröffentlichte sie sowohl in liberalen als auch in sozialdemokratischen Zeitschriften. Ihre „sozialliberale" Position implizierte Gegnerschaft sowohl gegenüber der politischen Rechten als auch gegenüber dem „Bolschewismus".

Gewiß haben sich in der Epoche der Weimarer Republik nicht wenige Historiker publizistisch zu politischen Fragen geäußert. Die Mehrzahl unterschied sich von Hedwig Hintze darin, daß sich deren Engagement scheinbar auf das „Ganze", auf den „überparteilichen" Staat, auf die Nation und auf außenpolitische Fragen bezog, wobei vielfach eine gewisse Nähe zur nationalen Opposition offensichtlich war.[31] Hedwig Hintze nahm demgegenüber engagiert aus der Perspektive von Demokratie und Völkerverständigung Stellung; von hierher gesehen mag man sie dem Typus des demokratisch-republikanischen Historikers zuordnen, der in Deutschland angesichts traditioneller linksbürgerlicher Schwäche – anders als in Frankreich – sehr selten war.[32]

5. Hedwig Hintzes politisches Engagement in der Weimarer Republik bezog sich nicht nur auf die innere Ordnung der Republik, sondern auch auf außenpolitische Beziehungen. Insbesondere setzte sie sich – im Gegensatz zu einer starken frankophoben Strömung in der Historiographie – für die deutsch-französische Verständigung ein. Unmißverständlich plädierte sie für eine Westorientierung der deutschen Außenpolitik, was mit einer kritischen Haltung gegenüber der sowjetischen Politik einherging, in der sie eine Bedrohung von Freiheit und Kultur der europäischen Völker sah.[33]

Frankreich und Deutschland waren aus ihrer Sicht „durch ein tausendjähriges Schicksal miteinander verbunden – eine Verbundenheit, die ‚in friedlicher Kultursynthese' ebenso zum Ausdruck komme wie in blutigen Kämpfen und tragischen Katastrophen". 1930 glaubte sie konstatieren zu können, daß seit dem Weltkrieg „das Bewußtsein solcher schicksalsmäßigen Zusammengehörigkeit" wachse.[34] Die deutsch-französischen Beziehungen waren für Hedwig Hintze das europäische Zentralproblem. Das wirtschaftliche, politische und geistig-kulturelle Zusammenwirken von Frankreich und Deutschland bilde die unabdingbare Voraussetzung für jede europäische Föderation. Sie setzte sich dafür ein, das französische Sicherheitsbedürfnis ernst zu nehmen:

„die Furcht vor Deutschland – mag man sie beurteilen, wie immer man will – das leidenschaftliche Bemühen um die vielberufene ‚Sicherheit' sind echte und ehrliche, durch historische Erfahrungen von Jahrhunderten im französischen Volkscharakter verfestigte Empfindungen, nicht etwa leichtfertig gezimmerte Kulissen, hinter denen sich Angriffswille und imperialistischer Ausdehnungsdrang des ‚bösen Erbfeindes' versteckt [...] Ich selbst glaube nicht an den durch die Jahrhunderte hindurch angeblich ungebrochenen und unverändert gebliebenen Kriegs- und Angriffswillen unserer Nachbarn."[35]

Allerdings war sie nicht sicher, ob die Einfügung Frankreichs in ein überstaatliches Gebilde, in eine Föderation autonomer Nationalstaaten gelingen würde.

Leidenschaftlich setzte sich die Historikerin immer wieder für die Idee einer Föderation der Nationalstaaten ein, die sie in der Frühphase der Französischen Revolution hatte aufscheinen sehen. In dieser Idee gingen aus ihrer Sicht Patriotismus und Internationalismus eine zukunftsweisende Synthese ein.[36] Die Verträge von Locarno schienen ihr den Gedanken einer Friedensgemeinschaft demokratischer Völker anzuzielen.

Auch in dieser Frage war Otto Hintze wesentlich skeptischer als seine Gattin, doch scheint sie ihn mit angeregt zu haben, sich mit der Völkerbundsidee auseinanderzusetzen und seine bisherigen Positionen zu modifizieren. Zwar sah er zunächst in der Völkerbundspolitik ein Instrument französischer und englischer Machtpolitik und äußerte sich auch später manchmal in diesem Sinne. Doch lehnte er 1924 die Idee des Völkerbundes keineswegs prinzipiell ab, schien sie ihm doch nicht ungeeignet als Mittel deutscher innenpolitischer Integration, d.h. der Überwindung der Dichotomie von nationalem und universalistischem Denken, und als ein Vehikel für den deutschen Wiederaufstieg in Europa, indem sie als geistige Waffe gegen den Imperialismus der Sieger eingesetzt wurde. Allerdings war für ihn ein „wahrhafter Völkerbund" nur als Rechtsgemeinschaft freier und gleichberechtigter Völker denkbar.[38] – Ende der zwanziger Jahre glaubte auch Otto Hintze längerfristige Tendenzen erkennen zu können, die das im Krieg gescheiterte Nationalsystem der vergangenen Jahrhunderte durch neue „föderalistische" Formen internationaler Kooperation und Abhängigkeit („föderalistischer Imperalismus") ergänzen und wandeln würden, worin man eine gewisse Konvergenz zu Positionen Hedwig Hintzes sehen mag.[39] Allerdings nahm Otto Hintze, der in dieser Phase vorrangig mit theoretisch-methodologischen Fragen beschäftigt war, eine ausgesprochen kontemplative Haltung zum Zeitgeschehen ein und verließ den Elfenbeinturm der Wissenschaft niemals, während Hedwig Hintze die politische Entwicklung unmittelbar zu beeinflussen suchte.

6. Die nationalsozialistische Machtübernahme 1933 war ein tiefer Einschnitt im Leben Hedwig Hintzes.[40] Am 2. September 1933 verlor sie ihre Lehrberechtigung an der Berliner Universi-

tät; sie wurde nach § 3 des „Gesetzes über die Wiederherstellung des Berufsbeamtentums" vom 17.4. 1933 entlassen. Ihr Ausschluß aus dem Lehrkörper wurde mit ihrer jüdischen Herkunft begründet, doch kann kein Zweifel bestehen, daß sie für die Nationalsozialisten auch politisch untragbar war.

Dies wurde auch von Friedrich Meinecke und Albert Brackmann so gesehen, die Hedwig Hintze als Mitarbeiterin der *Historischen Zeitschrift* „opferten", um die Redaktionsarbeit ansonsten in den bisherigen wissenschaftlichen Bahnen weiterführen zu können.[41] Als Antwort darauf verlangte Otto Hintze von Meinecke die Streichung seines Namens als Mitherausgeber der *Historischen Zeitschrift*; die jahrelange Freundschaft zwischen Hintze und Meinecke nahm damit ein jähes Ende. Bemerkenswert ist auch, daß Otto Hintze in den folgenden Jahren bis zu seinem Tode nichts mehr veröffentlicht hat; man mag darin so etwas wie „innere Emigration" sehen.

Hedwig Hintze versuchte, im Ausland weiter zu arbeiten.[42] Sie fand eine Beschäftigung als „Maître de Recherches" beim „Centre de Documentation Internationale Contemporaine" in Vincennes bei Paris und war nur zeitweilig in Berlin – auf jeden Fall aber über Weihnachten/Neujahr sowie an den Geburtstagen ihres Mannes. Ihre Abwesenheit von Berlin wurde ihr von manchen Freunden und Schülern Otto Hintzes übelgenommen, obwohl die Situation der Juden – auch der getauften Juden und der in Mischehen lebenden – sich nach 1933 immer weiter verschlechterte. In Urteilen über sie und ihr Verhalten wurden gleichermaßen Antisemitismus wie Antifeminismus manifest.[43] Keine Frage, daß nicht wenige ihrer Historiker-Kollegen sich schon vorher schwergetan hatten, sie als Frau in der Geschichtswissenschaft zu akzeptieren, eine Haltung, die durch politische Gegensätze noch verschärft worden war.

Otto Hintze, der 1934 73 Jahre alt war, hat wohl nicht ernsthaft erwogen, mit seiner Frau ins Ausland zu gehen. Trotz mehrfacher Aufforderung durch behördliche Stellen weigerte er sich aber, sich von seiner Frau scheiden zu lassen, und mußte wohl deshalb aus der Preußischen Akademie der Wissenschaften ausscheiden. 1939 emigrierte Hedwig endgültig in die

Niederlande, doch blieben beide in intensiver schriftlicher Kommunikation – Hintze schrieb fast täglich an seine Frau. Die Postkarten – so hat Brigitta Oestreich formuliert – „zeigen bis in Wortschöpfungen hinein die Vertrautheit einer jahrzehntelangen Lebensgemeinschaft, sie lassen gegenseitige Geborgenheit spüren, den Willen, einander Halt und Stütze zu sein und die Hoffnung nicht aufzugeben".[44] Am 25. April 1940 starb Otto Hintze, nach kurzer Krankheit, wobei ungeklärt ist, ob Hedwig versucht hat, ihn zuvor noch zu besuchen.

Hedwig Hintze bewegte sich in den Niederlanden offenbar vor allem in protestantisch-kirchlichen Kreisen. Sie hat versucht, ihre wissenschaftliche Arbeit weiterzuführen, u. a. einen Aufsatz über Mathiez fertiggestellt. Nach der Besetzung der Niederlande durch deutsche Truppen wurde ihre Lage prekär. Die Geschwister ihres Mannes weigerten sich, ihr seinen wissenschaftlichen Nachlaß auszuhändigen. Finanzielle Probleme traten hinzu; ihre Lage wurde verzweifelt. Zwar erging wohl Anfang 1941 an sie ein Ruf, als Associate Professor of History an die New School for Social Research in New York zu kommen, doch ist unklar, ob sie der Ruf erreicht hat. Am 19. Juni 1942 nahm sie sich in einer Nervenklinik in Utrecht das Leben. Sie ist an einer Vielzahl politischer und gesellschaftlicher Widerstände gescheitert, die in der NS-Politik in brutale Verfolgung umgeschlagen waren.

Hedwig Hintze wird man heute als herausragende deutsche Historikerin der Französischen Revolution in der Epoche zwischen den Weltkriegen betrachten. Ihre Biographie ist aber nicht nur deshalb bedeutsam; sie verweist vielmehr – in der persönlichen, wissenschaftlichen und politischen Dimension – auf den partiellen Aufstieg und das Scheitern emanzipatorisch-demokratischer Ideen in Deutschland in der ersten Hälfte des 20. Jahrhunderts. Am Ende dieses Jahrhunderts gibt es Grund, sich an diese Geschichte zu erinnern.

Bertha Badt-Strauss (1885–1970)
Die Lust am Unzeitgemäßen

von Barbara Hahn

1. „Sind wir Juden nicht alle ... unzeitgemäß?" – so fragt Bertha Badt-Strauss 1931 in einem offenen Brief an Georg Hermann zu dessen 60. Geburtstag.[1] Unzeitgemäße und übergangene Figuren, vergessene und verborgene Traditionen – dafür interessierte sich Bertha Badt-Strauss von ihren frühesten bis zu ihren letzten Publikationen. Und wie so viele schreibende Frauen der Zeit wechselte auch sie häufig die Form: Journalistische Arbeiten und Leseausgaben für ein breites Publikum stehen neben wissenschaftlichen Aufsätzen und philologisch aufwendigen Editionen. Ein beeindruckendes Spektrum von Themen, eine fast unüberschaubare Vielfalt von Interessen und Kenntnissen. So unzeitgemäß wie die Gegenstände ist auch die Art des Schreibens. Bertha Badt-Strauss war keine Zeitgenossin, die die Einbrüche und Katastrophen der Zeit in ihren Texten kommentiert hätte. Nur beiläufig und indirekt erfahren wir, wie sie den Ersten Weltkrieg, den Nationalsozialismus, die Flucht aus Deutschland, das Wissen um den Mord an den europäischen Juden und den Neuanfang in den Vereinigten Staaten verarbeitet hat.[2] Der Ton ihrer ersten Arbeiten, die ab 1909 erschienen, hält sich bis in die Texte, die sie nach 1945 veröffentlichte. Offenbar lebte sie selbst unzeitgemäß; sie erschrieb sich Sicherheit und einen ruhigen Ort in einer Zeit der Zerstörung. So konnte sie Traditionen und Kontinuitäten erzeugen, die durch nichts zu erschüttern waren.

Schon die junge Bertha Badt, eine der ersten Frauen, die in Preußen promovierte, in einem Land also, wo Frauen erst 1908 offiziell zum Studium zugelassen wurden, wählte sich ein ungewöhnliches Thema für ihre Dissertation: *Annette von Droste-*

Hülshoff in ihren Beziehungen zur englischen Literatur. Mit dieser Arbeit – sie wurde 1978 in den USA nachgedruckt – eroberte sie sich einen Platz in der deutschen Literaturwissenschaft.[3] Sie bekam das Angebot, an der ersten text- und quellenkritischen Ausgabe von Drostes Texten mitzuarbeiten und drei Bände herauszugeben.[4] Was der Beginn einer wissenschaftlichen Karriere hätte sein können, kam bereits 1914 zu einem Ende. Der Ausbruch des Ersten Weltkriegs unterbrach das Unternehmen für über zehn Jahre. Ein Band mit Gedichten wurde 1914 zwar noch in wenigen Exemplaren ausgeliefert, mußte nach dem Krieg aber neu zusammengestellt werden. Im Nachwort zum zweiten Band der Ausgabe, der die Epen der Droste enthält, vermerkt Bertha Badt-Strauss, daß auch dieser Band bereits 1914 „fertig ausgedruckt vorlag", aber erst 1925 erscheinen konnte.[5] Ihre Fähigkeit zu Parallelarbeit zeigt sich schon hier: Im gleichen Jahr veröffentlichte sie bei der Deutschen Buch-Gemeinschaft eine Leseausgabe von Drostes Texten für ein größeres Publikum, in deren Einleitung es heißt:

„Wir wollen uns in ihre Seele hineinfühlen, um ihr Werk im Zusammenhange seiner Wesensbedingtheit, Zeitbedingtheit und Schicksalsbedingtheit zu verstehen: die Welt mit ihren Augen sehen."[6]

Erst als die Arbeit an den Texten der Droste weit zurückliegt und sich andere Themen und Interessen in den Vordergrund geschoben haben, erzählt sie, was sie an dieser Arbeit so faszinierte. In einem Aufsatz von 1928/1929 mit dem bezeichnenden Titel *Kampf um das Bild einer Toten* heißt es:

„Nie vergesse ich jenen schwülen Sommernachmittag, als ich in der Bibliothek des Schlosses Stapel, wie mir schien, endlich am Ziel meiner Wünsche angelangt, vor einem Haufen von Droste-Manuskripten saß, auf den Ersten Blick sogleich manche lange vermißte Handschrift erkennend."[7]

Vermutlich hat Bertha Badt-Strauss ihre Leidenschaft für Archive und Handschriften bei der Arbeit an der Droste-Ausgabe entdeckt, doch bald findet sie neue Gebiete. Der Umbruch um 1800 rückt in den Vordergrund, und sie beginnt, vergessene und übergangene Figuren aus dieser Zeit auszugraben. Ein Aufsatz über Alexander von der Marwitz, den „deutschen Freiheitskämpfer", erscheint und bald darauf ein weiterer über Gustav von Schlabrendorf, den „deutschen Einsiedler in Paris", der einer Anekdote zufolge nur deshalb zur Zeit der *terreur* nicht hingerichtet wurde, weil er seine Stiefel nicht fand, als die Schergen ihn abholen wollten. Und sie entdeckt Rahel Levin Varnhagen, eine Freundin der beiden. Bereits 1912 erscheint eine Leseausgabe ihrer Briefe, für die sie auch Handschriften in Rahels Nachlaß, der Sammlung Varnhagen, konsultierte.[8] Wir wissen nicht, ob Bertha Badt-Strauss auch hier am „Ziel ihrer Wünsche" war, als sie die schwer lesbaren Blätter von Frauen und Männern in die Hand bekam, die um 1800 versuchten, sich einen Platz in der christlich dominierten deutschen Kultur zu erobern. Vielleicht hat sie die Entdeckung dieser verborgenen Tradition darin bestärkt, gar nicht erst den Versuch zu wagen, die akademische Philologie zu ihrem Beruf zu machen. Eine Frau, eine Jüdin und dazu das Interesse an deutsch-jüdischer Literatur, ein Forschungsfeld, das in der Germanistik damals nicht existierte – wäre das nicht ein völlig aussichtsloses Unterfangen gewesen?[9]

Mit der Herausgabe von Rahel Levin Varnhagens Briefen beginnt eine Arbeit, die den Schwerpunkt von Bertha Badt-Strauss' Publikationen nach dem Ersten Weltkrieg bildet: jüdische Kultur in Deutschland. Sie beschäftigte sich nun also auch schreibend mit einer Tradition, in die sie hineingeboren wurde und aus der sie sich nie löste: Sie war die älteste Tochter einer jüdischen Familie in Breslau. Ihr Vater Benno Badt (1844–1909) war klassischer Philologe und unterrichtete an einem Gymnasium, ihre Mutter Martha (1858–1929), eine „gastfreundliche und hochgebildete" Frau, erzog Bertha und die jüngeren Geschwister Hermann (1887–1946) und Lotte (1891–1957) in der jüdischen Tradition. Alle drei waren von „früh an Zionisten", wie Abraham Fraenkel in seinen Erinnerungen schreibt.[10] Hermann Badt reiste noch vor dem Ersten Weltkrieg nach Palästina, wohin beide Geschwister 1932 bzw. 1933 emigrierten.[11] Wir wissen nicht, warum Bertha Badt-Strauss ihnen nicht dorthin folgte. Wahrscheinlich im Frühjahr 1935 besuchte sie Palästina, das sie nachhaltig beeindruckte.[12] Sie kehrte jedoch nach Deutschland zurück und floh 1939 über Holland und England in die Vereinigten Staaten.

Zwei Menschen waren eng mit Bertha Badt-Strauss' Arbeit verbunden: die Mutter und der Ehemann Bruno Strauss. Aus einem kurzen autobiographischen Text, den sie 1958 für Hans Lamms Sammelband über *Jüdische Kultur in München* schrieb, wissen wir, daß Bertha Badt-Strauss auch als erwachsene Frau zumindest zeitweise mit ihrer Mutter zusammenlebte:

„Wir waren ein etwas absonderliches Trio, als wir damals [im Wintersemester 1912/13] zum Studium nach München fuhren: zwei Schwestern, die eine war Philologin und Kunsthistorikerin, die andere war Medizinerin; aber die fleißigste Studentin von uns dreien war unsre Mutter, die damals zwar schon über 50 Jahre alt war, aber geistig und körperlich noch sehr beweglich."[13]

Als diese 1929 stirbt, widmet Bertha Badt-Strauss ihre Ausgabe von Moses Mendelssohns Texten „Dem gesegneten Andenken meiner lieben Mutter".[14] In späteren Aufsätzen wird Martha Badt als gläubige und traditionsbewußte Frau gezeichnet, die die Tochter auf bedeutende Jüdinnen hinweist und so eine weibliche Tradition vermittelt:

„‚Guck Dir die Frau dort gut an!' sagte meine Mutter zu mir, als ich ein kleines Mädchen war und noch in die unterste Klasse der Mädchenschule ging, wenn wir Paula *Ollendorf* in den Straßen von Breslau begegneten, ‚Denn das ist vielleicht die *klügste* Frau, die ich je kennengelernt habe!'. – Und ich guckte, was ich nur gucken konnte. [...] Wir waren alle stolz auf sie, wir Jüdinnen aus Breslau."[15]

Berlin dagegen, der Ort, an dem Bertha Badt-Strauss bis zu ihrer Emigration lebte, war durch das Leben mit Bruno Strauss bestimmt, den sie 1913 heiratete.[16] Strauss, ein Sohn des Marburger Pädagogen Abraham Strauss,[17] war Studienrat am Berliner Leibniz-Gymnasium und nach seiner Entlassung 1933 Direktor einer privaten jüdischen Schule. Von 1939 bis zu seiner Pensionierung unterrichtete er dann Deutsch und Geschichte am Centenary College in Shreveport, Louisiana, wo er 1969 starb. Bertha Badt-Strauss starb ein Jahr später in Chapel Hill,

South Carolina, wo ihr 1921 geborener Sohn Albrecht als Professor für Englische Literatur lebte. Albrecht Strauss war bereits 1933 als zwölfjähriger nach England geschickt worden und 1940 ebenfalls in die Vereinigten Staaten emigriert.

Bruno Strauss arbeitete ähnlich wie Bertha Badt-Strauss mehrgleisig: Er gab die Schriften Hermann Cohens heraus, und für die große Jubiläumsausgabe von Moses Mendelssohns Texten und Briefen betreute er zwei Briefbände.[18] Ein Band konnte 1932 noch erscheinen, ein zweiter, bereits fertiggestellter ging auf der Flucht verloren und wurde nie wieder aufgefunden.[19] Die Arbeitsgebiete des Paares überschnitten sich also, und man kann davon ausgehen, daß sie auch *als* Paar arbeiteten: Ende der zwanziger Jahre beschäftigten sich beide mit Moses Mendelssohn, und ihre letzte Publikation in Deutschland war eine Ausgabe von Hermann Cohens Briefen, die sie gemeinsam bearbeiteten.[20] Doch diese Gemeinsamkeit war nicht so einfach benennbar wie die mit der Mutter: Bruno Strauss wird in den Texten seiner Frau nie direkt erwähnt. Als er im Sommer 1954 nach Deutschland reiste und dabei auch das zerstörte Berlin besuchte, widmete ihm seine Frau indirekt einen kleinen Text, der im New Yorker *Aufbau* erschien. Darin erinnert sie an das vergangene Leben in der „jüdischen Gelehrten-Künstler-Republik" im Berliner Hansaviertel, wo auch die Familie Strauss ihre Wohnung hatte: „Heute ist es ‚wüst und leer', Gras spriesst dort, wo einst stattliche Häuser und gepflegte Bäume standen." Eine imaginäre Wanderung durch das vergangene Berlin – sie selbst war in den Vereinigten Staaten geblieben[21] – bietet den Anlaß, von ihrem Mann zu sprechen, dem „Herausgeber des Mendelssohnschen Briefwechsels", der ebenso wie Julius Guttmann, ein gemeinsamer Freund und Herausgeber der Mendelssohn-Ausgabe, „in der Wullenweberstraße wohnte. Da war keine Stunde zu spät, wenn es sich um die Feststellung eines fraglichen Datums für einen Mendelssohn-Brief oder gar um das vielumstrittene Datum von Mendelssohns Besuch in Potsdam bei Friedrich II handelte".[22] Mögliche Stilisierungen der Gemeinsamkeiten und Arbeitsteilungen schlägt Bertha Badt-Strauss aus. Das sicherlich nicht einfache Leben, wo dem Mann der regelmäßige Unterhalt der Familie zufiel, während die Frau auf unsichere Einkünfte aus selbständiger Arbeit verwiesen war, dafür aber frei arbeiten konnte, bleibt unbeschrieben und wird in kein Bild gebannt.[23]

Auch Freunde hatten offenbar Schwierigkeiten, die recht ungewöhnliche Strauss'sche Arbeitsehe zu verstehen, bei der nicht von vornherein feststand, wem die dominante Position zukam. Denn gemessen an Umfang, Themenspektrum und Originalität der Texte von Bertha Badt-Strauss erscheint die Arbeit von Bruno Strauss eher kleinräumig und traditionell. Zwei Episoden verdeutlichen die Unsicherheit der Freunde: Als Bertha und Bruno Strauss gemeinsam Franz Rosenzweigs Einleitung zu Cohens Texten redigiert hatten, schrieb dieser, daß er die „Wullenweberstraße halachisch nur als einen zähle".[24] Eins war das Paar durchaus nicht; diese Sicht versperrte vielmehr die Möglichkeit, die Arbeit von Bertha Badt-Strauss zu würdigen. In einem Brief Rosenzweigs vom 31. März 1924 an Bruno Strauss heißt es über einen ihrer Artikel: „Ihre Frau hat genau das Prinzip auch meiner Gedichtübersetzungen formuliert."[25] Damit ist die Hierarchie zwischen Rosenzweig und Bertha Badt-Strauss präzise festgeschrieben.

„Liebe Frau Bertha und lieber Dr. Strauss!", schreibt Eduard Berend am 25. Mai 1946, „haben Sie besten Dank für Ihren lieben Doppelbrief vom 23. April d. J., in dem diesmal, abweichend vom Usus, der Mann die erste Violine spielte."[26] Daß sogar private Texte unter dem Gesichtspunkt gelesen werden, wer die erste und wer die zweite Geige spielt, ist von heute aus gesehen nicht mehr so spaßig, wie Eduard Berend es sicher meinte. Denn diese Wahrnehmung, die Unterschiede immer hierarchisch anordnet, ist einer der wesentlichen Gründe dafür, daß die Arbeiten von Bertha Badt-Strauss so weitgehend in Vergessenheit geraten sind. Es schwingt bestenfalls leises Erstaunen und schlimmstenfalls unüberhörbare Überheblichkeit mit, wenn Autoren mit Texten von „Frau Bertha" konfrontiert wurden. Man kann nur spekulieren, wie es gegangen wäre, wenn „Dr. Strauss" diese Fülle interessanter Arbeiten veröffentlicht hätte. Daß Bertha Badt-Strauss kurzen Texten den Vorrang gab – neben der Dissertation schrieb sie lediglich zwei weitere Bücher –, hat sicher mit dazu beigetragen, daß sie so weitgehend übergangen wurde.[27]

2. Jüdische Kultur in Deutschland. Nicht etwa geglückte Beispiele dieses schwierigen Verhältnisses stehen im Mittelpunkt von Bertha Badt-Strauss' Interessen, sondern die zerrissenen und zwiespältigen Figuren. Ihre besten Texte hat Bertha Badt-Strauss über die geschrieben, für die das Judesein und mehr noch Deutschland keine einfache Identität boten: Rahel Levin Varnhagen, Heinrich Heine und Rosa Luxemburg. Wie Geschwister werden sie skizziert, ähnlich in ihren Anlagen und nicht unähnlich in ihrem Lebenslauf. Alle drei haben eine „Natur von unendlicher Reizbarkeit, die jeder Windhauch trüben und jeder Sonnenstrahl erhellen konnte",[28] wie sie über Heine schreibt. Mit derselben Formulierung wird Rosa Luxemburg beschrieben, die wie ihre „Stammesschwester Rahel eine eigentümliche Empfänglichkeit für die Einflüsse der Atmosphäre besitzt; ein Windhauch kann sie trüben, ein Sonnenstrahl erhellen".[29] Rahel Levin schließlich, deren Äußerungen und deren Name sich wie ein Leitmotiv durch die Texte von Bertha Badt-Strauss ziehen, kann „ein Windhauch krank machen, ein Rosenduft gesunden".[30]

Diese Empfindlichkeit scheint diesen so unterschiedlichen Figuren eine einfache Identität, ein sich Einrichten zu verbieten. Gerade auch in einer wie auch immer bestimmten jüdischen Identität. Alle drei werden als Menschen beschrieben, die dem Judentum auf unterschiedliche Weise entkommen wollten, in ihren Texten aber unbewußt von einer Tradition sprechen, der man nicht entrinnen kann. Im Aufsatz über Rosa Luxemburg, der 1924 in der Zeitschrift *Der Jude* erschien, spricht Bertha Badt-Strauss gar von Verdrängung – ein Begriff, den sie sonst nie benutzt –, um Rosa Luxemburgs Verhältnis zum Judentum mit der Figur der Wiederkehr des Verdrängten zu erklären. Der Aufsatz selbst ist elliptisch, nach der Figur der Wiederkehr gebaut: „Einmal sah ich sie im Leben", so beginnt der Text:

„Es war im Winter 1918, einige Wochen nur vor ihrem Tode. Der große Saal im Osten Berlins war zum Bersten voll, man stand auf Stühlen, man kletterte auf Ballustraden. Mitten in diesem Menschengewühl stand auf niedrigem Podium die gebrechliche und unscheinbare Gestalt im dunklen Kleide, beherrschte mit ihrer durchdringenden, scharf betonenden Stimme, wie es schien: mühelos, den weiten Saal und zwang alle diese Menschen zu einer willensgeeinten Masse zusammen. Niemals vorher und niemals nachher hörte ich Meisterhand wie hier auf diesem schwierigsten aller Instrumente, der Menschenseele, spielen. Gefährlich war's, hier zu widersprechen, wenn man anderer Meinung war als die Rednerin. Denn die fanatisierten Hörer übernahmen selbst rasche Justiz, wenn es galt, einen Zwischenrufer aus dem Saale zu entfernen. – Aber ihre Rede war auch ganz und gar auf die Masse eingestellt. Zum Straßenkampf rief sie die Arbeiter auf gegen die verhaßten ‚Genossen': – ‚Daumen ins Auge und Faust auf die Brust!' so schloß sie. Ich höre es noch."[31]

Dann aber heißt es:

„Plötzlich, wie ein Bild von einem anderen Stern, kamen ihre Briefe zum Vorschein [...].[32] Es ist ein stilles Drama, das sich in diesen Briefen vor uns abspielt, für manchen ergreifender als das laute Geschehen ihrer öffentlichen Laufbahn. Und die Frage erhebt sich uns: Wie ist es um die Zusammensetzung dieser Natur bestellt, in der Stille und Sturm eine so seltsame Ehe eingegangen sind?"[33]

Die „merkwürdige Doppelheit", die sie Jüdinnen in ihrem großen gleichnamigen Buch generell zuschreibt, erscheint bei Rosa Luxemburg als Widerspruch zwischen Stille und Sturm, zwischen Schicksal und Abstammung, zwischen Einsamkeit und Leidenschaft. Verdrängt habe sie „einen ganz bestimmten Typus ostjüdischen Intellekts", der eher eine analytisch bohrende Wissenschaftlerin aus ihr gemacht hätte als eine Politikerin. „Zum zweiten Male greift die Verdrängung in ihr Leben", so heißt es weiter, „wo es sich um das Ziel ihres Kampfes handelt."[34] Denn noch bei ihrer Entscheidung für den Sozialismus und die Arbeiterbewegung habe unbewußt ihr Judentum eine Rolle gespielt, und so habe Rosa Luxemburg die alte Erfahrung des Exils in eine Parteinahme für alle Entrechteten und Unterdrückten überformt. Durch diese Verschiebung sei sie jedoch in ein unlösbares Dilemma geraten: Unter den Sozialisten, und längst nicht immer klar nach Parteiungen geschieden, habe es nicht nur Nationalismus, sondern auch Antisemitismus gegeben. In ihrer Ablehnung beider Tendenzen sei sie immer stärker in eine „innere Einsamkeit" geraten, die bis zur Verzweiflung führte. Gerade in Rosa Luxemburgs politischen Texten – nicht in den Briefen, wie in den meisten anderen überlieferten Leseweisen – findet Bertha Badt-Strauss eine Spur, die diese Widersprüche und Verdrängungen wieder zurückbiegt in eine Einheit, in alte Tradition und alte Heimat:

„In dieser letzten Einsamkeit reißt nun in wahrhaft metaphysischem Geschehen die uralte Macht des Vätergedankens die Widerstrebende endlich wieder zu sich. Plötzlich werden Gedanken und Bilder ihr wieder lebendig. ‚Wir gleichen wahrhaft den Juden, die Moses durch die Wüste führt', heißt es in der Juniusbroschüre. Und sicherlich ist es mehr als Zufall, daß die letzten Worte, die sie schrieb, unmittelbar an die geheimnisvolle Form der Theophanie des alten Bundes erinnern. Ihre leidenschaftliche Stimme war schon verstummt, da brachte die Rote Fahne einen letzten Aufsatz von ihr, der die Geschichte der Revolutionen und ihrer Niederlagen behandelte. Er schloß mit den Worten: ‚Die Revolution wird sich morgen schon rasselnd wieder in die Höhe richten, und zu Eurem Schrecken mit Posaunenklang sprechen: Ich war, ich bin, ich werde sein!'"[35]

Ebenso wie in Rosa Luxemburgs letztem Text testamentarisch die Jüdin spricht – mit dieser Passage endet der Aufsatz –, hört Bertha Badt-Strauss in Heinrich Heines Texten ein „instinktmäßiges Sprechen in der Sprache der Bibel", „eine geheimnisvolle Konvergenz dieses Geistes mit dem jüdischen Gedankenleben der Vorzeit".[36] Doch der Aufsatz über Heine endet nicht damit, daß „dieser verirrte Jude zurückkehrte zu dem Gotte seiner Väter".[37] Denn Judesein bedeutet hier mehr noch als bei Rosa Luxemburg nichts substantiell Faßbares, sondern eine labile Existenzweise in einem „Zwischenreich". Gerade der Einsatz dieses Wortes, das sich wie ein Losungswort durch den langen Aufsatz zieht, und ebenso der Bau des Textes und seine Bewegungen stören eine zu eindeutige Lesart des Zitierten. Heine ist der Name dessen, der zwischen allen Zeiten und Tendenzen steht: „zwischen zwei Völkern, zwischen zwei Rassen, zwischen zwei Religionen, zwischen zwei Weltepochen".[38] In diesem Zwischenreich kann er nur von denen lernen, die sich ebenso wie er nicht auf eine Seite stellen können. Er trifft auf Rahel Levin Varnhagen und sieht bei ihr, wie man aus diesem Mangel und diesem Unvermögen eine Lebensweise entwickeln kann: in „grenzenloser *Offenheit* gegen sich selbst", gepaart mit dem „hemmungslosen Mut, diese Entdeckung in der eigenen Seele nicht nur sich selbst, sondern auch den anderen zu gestehen". Dieser Mut, den Heine bei Rahel Levin gelernt habe, entferne ihn auch von den Romantikern und bilde damit gleichsam den Kern seiner Poetik. Seine Ironie, „eine freiwillige, ja mutwillige Zerstörung jeder Illusion über sich selbst und über seine eigenen Träume und Ideale",[39] werde daher vom Stilmittel zu einer „Weltanschauung": „Die Ironie regiert das All; und Gott, der große Tierquäler, wie der Heine der letzten Jahre ihn manchmal nennt, ist selbst zum Ironiker geworden."[40]

In dieser ironischen Welt, in der ein Mann das Wichtigste von einer Frau gelernt hat, winkt keine Erlösung in romantischer Liebe, „jener Seelenliebe, welche das Leben des Romantikers beherrschte": „Ironie des Lebens in Heines Schicksal: Auf diesen Dichter der Liebe hat die Frau, welcher er den größten Einfluß auf seine Entwicklung verdankte, [...] nicht als Frau und nicht erotisch gewirkt."[41] Wie seine Schwestern Rahel Levin und Rosa Luxemburg – so könnte man hieraus schließen – kann auch Heine nicht in einem Paar leben, in dem alle Unterschiede definiert und hierarchisch angeordnet auf Mann und Frau verteilt werden. Analogisierbare Gegensätze – Mann/Frau, Kunst/Leben etc. –, wie sie um 1800 festgeschrieben wurden, haben in Zwischenreichen keine Gültigkeit. Bertha Badt-Strauss' Aufsatz, der ein Mosaik unterschiedlichster, auch widersprüchlicher Sichtweisen ergibt, endet daher offen und klärt nicht, welches Bild Heines denn nun das richtige sei: „Der echte Heine, so scheint es, ist uns heute fast so unerweislich wie vor Zeiten jenem gerechten Richter der echte Ring."[42]

Rahel Levin wird von Bertha Badt-Strauss nicht in Zwischenreichen, sondern in einer „seltsamen Doppelheit" angesiedelt, die in der paradoxen Formulierung kulminiert, sie sei eine „antijüdische Jüdin". Wie Heine und Luxemburg habe sie aus dem Judentum herausgewollt, doch sei es auch ihr nicht gelungen, sich von dieser Tradition zu entfernen:

„Es ist nicht zufällig, wenn sie einer leidgebeugten Freundin rät, sie solle Goethe lesen, wie man die Bibel liest. So und nicht anders gingen die Ahnen der Rahel Levin ehrfürchtig, bedeckten Hauptes an die Bibel heran: nahmen ein Wort heraus, und wäre es das geringfügigste, und dann, wie einer von ihnen sagt, ‚drehten sie es um und um, wandten es hin und her, denn alles lag darin'. Es ist seltsam zu sagen: Rahels Goethebetrachtung erscheint als ein Atavismus."[43]

Immer wieder bezeichnet Bertha Badt-Strauss etwas als „seltsam", wenn sie über Rahel Levin schreibt. Seltsam erscheint ihr diese Bindung an eine Tradition, die nicht mehr lebendig ist; Rahel kennt sie nicht, sie ist nicht mit ihr verbunden, am wenigsten in der Religion – dem Inbegriff einer Bindung. Und doch sieht Bertha Badt-Strauss Wirkungen dieser Tradition, die sie nicht erklären kann: „Es ist ein seltsames Schauspiel, wie sie, die Tochter des ältesten Volkes, sich ganz und gar ohne Ahnen fühlt."[44] Indem sie Rahel eine „seltsame Doppelheit" zuschreibt, öffnet sie eine Lektüre, die weder erklärt noch kritisiert, weder anklagt noch beschuldigt. Bertha Badt-Strauss läßt sich vom Unerklärlichen faszinieren und opfert es nicht einer Auffassung. Auch in dem Wort „doppelt". Es bedeutet eben nicht verdoppelt und damit die Reproduktion des Gleichen, es bedeutet ebensowenig, daß sich zwei Teile konträr gegenüberstehen. Vielmehr werden Aspekte bezeichnet, die sich einer einfachen Bestimmung entziehen: Rahels Leben sei ebenfalls doppelt gewesen, einsam und gesellig zugleich, so wie ihre Geselligkeit selbst in den Salon und die Dachstube zerfiel. Doppelt auch Rahels Fähigkeit, „Selbstdenkerin" und „Menschenfreundin" zugleich zu sein. Für diese Doppelheit fand Rahel keine einfache Form der Darstellung. Auch wenn sich ihr ebenso wie Sokrates „die Gesprächsform [...] als die ihnen einzig mögliche Kunstform aufdrängt",[45] hat Rahel geschrieben und nicht nur gesprochen und in ihrem Schreiben sogar eine eigene Gattung entwickelt: „Die Briefe Rahels bilden eine eigene Kunstgattung für sich. [...] Die Briefe Werthers sind Gemälde,

Rahels Briefe sind Photographieen." Gerade weil Rahels Kunst kein „Werk" intendiert, kann sie aufzeichnen, was sich den Darstellungsweisen anderer zeitgenössischer Kunstformen entzieht: „So dient, durch das Sieb des Bewußtseins gehend, auch diese scheinbar kunstlose Kunst ihrem einzigen Talent und Beruf, ihrer Menschenkunst."[46]

1933, zu Rahel Levins 100. Todestag und vor allem 1937, in ihrem großen Buch *Jüdinnen,* schreibt Bertha Badt-Strauss noch einmal über Rahel Levin. Und nun dreht sich langsam die Perspektive; ein Einschnitt wird lesbar, der in den Texten selbst nicht thematisiert wird. Auf der Oberfläche hat sich wenig geändert, denn das Buch gruppiert sich um die Begriffe, die Bertha Badt-Strauss in ihren Texten zu Heine und Rahel bereits ausgearbeitet hatte: Doppelheit und Zwiespältigkeit. Die jüdische Frau, so heißt es im Vorwort, ist Zeichen „dieser merkwürdigen Doppelheit, die sie uns sowohl als Hüterin wie als Zerstörerin altjüdischer Volkswerte zeigt". Ein Blick in die Geschichte zeige „Jüdinnen als treueste Hüterinnen und Bewahrerinnen des Volksgutes [...] und auf der andern Seite wieder Jüdinnen als rascheste Flüchtlinge vom alten Weg und von den alten Lehren".[47] In einer Serie biographischer Porträts von Frauen der Antike bis zur Gegenwart entfaltet Bertha Badt-Strauss dann ein Spektrum der unterschiedlichsten Typen und Individuen, die nur als Jüdinnen, als unreduzierbare Vielheit gefaßt werden können. Doch von der Doppelheit und Zerrissenheit, von der im Vorwort die Rede war, wird nur in Hinblick auf deutsche Jüdinnen gesprochen. Das ist deshalb so erstaunlich, weil Deutschland als Ort jüdischer Kultur im Buch nur einen kleinen Raum einnimmt. Von zwölf Kapiteln handeln lediglich vier von deutschen Jüdinnen, die alle um 1800 lebten, mit Ausnahme von Bertha Pappenheim, von der am Ende des vierten Kapitels kurz die Rede ist. „Wir Juden von heute können nicht ohne eine gewisse Bitterkeit an jene einst viel gefeierten Jüdinnen aus der Zeit der Romantik denken; es steht um sie wie um die Hirtin aus dem Lied der Lieder – ihren Weinberg haben sie nicht gehütet" – so beginnt die Skizze zur *Tochter des Philosophen,* „Brendel mit Namen; Dorothea nannte sie sich später, als sie die Zelte Sems mit den Wohnstätten Japhets vertauscht hatte."[48] Bitter erscheint das Porträt der Dorothea, deren späterer Name Schlegel im ganzen Abschnitt nicht ein einziges Mal vorkommt. Weniger bitter dagegen das der Rahel Levin, denn diese hat im Unterschied zu Dorothea so viel Eigenständiges geschaffen, daß sie in Bertha Badt-Strauss' Text mit ihrem jüdischen Namen dafür stehen kann. Sie erscheint als Prototyp

„jener merkwürdigen Doppelheit der Jüdinnen des 19. Jahrhunderts. Grenzenlose Empfänglichkeit befähigt sie, anderen Heimat zu werden. Unbestechlicher Wahrheitsdrang treibt sie, Fragen zu stellen, die noch unsere Zeit hundert Jahre später nicht lösen konnte. Aber im innersten Herzen weiß sie, daß sie ihre eigene Heimat, die Heimat ihres Herzens verloren hat, und daß ihr wohl gegeben ist, die Frage zu stellen, aber nie gegeben war, die Antwort zu finden. Das macht die Jüdin dieser Jahrzehnte zu einer im Tiefsten tragischen Gestalt."[49]

Doch andere Jüdinnen der Zeit um 1800, die namentlich genannt und vorgestellt werden, sei es Esther Gad-Bernard oder auch Sara Levy, zeigen weder die Doppelheit, noch erscheinen sie als „tragische Gestalt". Die verallgemeinernde Formulierung paßt also nur auf Rahel Levin. Aber ist sie dann ein Typus? Warum steht sie allein für das, was bereits im Vorwort als Charakteristikum aller Jüdinnen benannt wurde? Die Antwort liegt in den folgenden Porträts, denn in diesen werden Frauen aus den unterschiedlichsten Zeiten und Regionen skizziert, für die das Jüdinsein kein Identitätsproblem aufwarf. Sei es in Osteuropa oder sei es in Blick auf die Länder, in die viele deutsche Juden nach 1933 emigrierten: die Vereinigten Staaten und Erez Israel. Deutschland als Land jüdischer Kultur, als Land schwieriger Identitäten verschwindet. Die Konfrontation mit der nationalsozialistischen Definition des Jude- bzw. Jüdin-Seins, wie sie in den Nürnberger Gesetzen fixiert wurde, zwingt zu einer Selbstdefinition, die Doppelheit und Zerrissenheit hinter sich läßt, um diesem staatlichen Zwang zu widerstehen. Damit ist auch die Basis für ein Leben in Deutschland verschwunden. Wenn der deutsche Staat festschreibt, wer Jude ist und wer nicht, kann man in Deutschland nicht mehr Jüdin sein. Der

Blick wandert lange vor der Emigration in Länder, in denen sich wieder ein Spielraum öffnet.

Und er wandert wieder zurück. Im März 1946 veröffentlichte Bertha Badt-Strauss im *Aufbau* einen Rückblick auf das Land, das einmal ihre Heimat war, bevor von ihm die Zerstörung jüdischer Kultur in ganz Europa ausging. In diesem Text spricht sie „zeitgemäß“ und nennt den Namen, in dem der Mord an den Juden kulminiert: *Purim Vincent und Purim ... Hitler,* so der Titel. Mit diesem kurzen Aufsatz löste sie ein Gelöbnis ein, das sie 1939, kurz vor ihrer Flucht aus Deutschland, abgelegt hatte: „Vor sieben Jahren ... vor dem Purim 1939 ... begann ich, eine Studie über das Purim Frankfurt [das Purim Vincent des Aufsatztitels/B. H.] zu schreiben.“ Da der Text nicht mehr erscheinen konnte, gelobte sie,

> „wenn einst der Himmel mich aus diesem Abgrund befreite, diese Erinnerung nachzuholen; auf dass jeder erkenne, um nochmals die Pessach Haggadah zu zitieren, dass ‚in jedem Geschlecht Einer aufstand, um uns zu verderben ... Und der Heilige, gelobt sei ER, befreite uns aus ihrer Hand‘.“[50]

Und so verbindet sie die Mahnung, „Gaskammern und Folterungen“ nicht zu vergessen, mit der Gewißheit, daß der Mord an den europäischen Juden nicht das Ende jüdischen Lebens ist. Indem sie von der Zeit spricht, kann sie wieder in das Unzeitgemäße eintauchen und von dem sprechen, das Menschen nicht zerstören können.

Sabina Spielrein (1885–1941)
Parallelismus und Abstinenz

von Rike Felka

Einen Brief senden ist eine gewaltsame Geste. Der Name Sabina Spielrein fällt in der psychoanalytischen Literatur zuerst in der Korrespondenz zwischen Jung und Freud. Gleich am Anfang dieses Briefwechsels, der die Geschichte eines unvollendeten Bruchs dokumentiert, tritt sie als Hysterikerin auf, über die sich Jung und Freud beraten, später als Geliebte Jungs und, nach der Trennung, die sie aus anderen Gründen als Freud zu vollziehen hat, als Analytikerin in Wien und in der Mittwoch-Gesellschaft. Patientin, Geliebte, Analytikerin: drei Zuschreibungen, drei Ausschlüsse, die sich bis in die Schriften Sabina Spielreins hinein fortsetzen, und die von ihr als ein Zugleich erlebt werden, das sie nicht vermeiden kann. Was ihr – wie Freud über das Vermeiden bemerkt – „aus allen Poren dringt", ist die Adressierung, welche die Rollengrenzen aufhebt. Adressierung und Aufheben sind Vermittlungsbegriffe. Sabina Spielreins Schriften – psychoanalytische Theorie, Tagebuchaufzeichnungen, Briefe, ein Romanfragment – sind eindeutig adressiert. Es sind Liebesbriefe nach dem Ende der Liebe, durch welche sie sich immer wieder mit dem gewaltsam Aufgegebenen verbindet. Ihre Texte zur Psychoanalyse sind an den markantesten Stellen immer zugleich autobiographische Minimalanalysen, Übersetzungen dessen, was ihr geschehen ist, auffälligerweise ohne Ressentiments.

Parallelismus

Das „Ereignis", so Derrida, hat „die Gestalt eines Bruchs und einer Verdoppelung".[1] Es ist „exemplarisch" (Cremerius),[2] weil

Sabina Spielrein mit Mutter und Schwester

in ihm das ganze System enthalten ist. Später entstehen an seiner Stelle die Schriften. Auf dieses „Ereignis", ihren „Doppelgänger", dessen „tragisches Negativ" sie abgibt, trifft die neunzehnjährige Russin Sabina Spielrein 1904, als sie von ihren Eltern in die psychiatrische Klinik bei Zürich gebracht und dort zehn Monate lang vom Oberarzt Dr. C. G. Jung unentgeltlich behandelt wird. Dieser illustriert 1907 in einem Vortrag „den Sinn der Freudschen Lehre an einem konkreten Beispiel meiner Erfahrung", zu diesem Zeitpunkt noch in der Rolle eines dem Vater ergebenen Sohnes. Wir erfahren, daß die Patientin Sabina Spielrein „genau auf das Freudsche Schema passt. Die Freudsche ‚Hysterie' existiert. Wer die Technik fleißig gelernt hat, weiß das" (C 254). „Es handelt sich um einen Fall psychotischer Hysterie bei einer intelligenten jungen Dame von zwanzig Jahren." „Die frühesten Symptome" – analer Autoerotismus, Onanie, die „Schläge des Vaters"[3] sowie ein „auffallend ablehnendes Verhalten gegen den Vater" – „fallen zwischen das dritte und vierte Lebensjahr" (C 250).

„So kam es allmählich, daß sie nicht mehr essen konnte ohne beständiges Zwangslachen, ... Pfuirufen (und) ... Abscheugebärden. Der Vater war der Gegenstand ihrer infantilen Libido-Übertragung, weshalb sich die Widerstände besonders gegen ihn richteten, während die Mutter von den Widerständen nicht betroffen wurde (...). Mit ungefähr achtzehn Jahren hatte sich ihr Zustand derart verschlimmert, daß die Patientin eigentlich nur noch zwischen tiefen Depressionen, Lach-, Wein- und Schreikrämpfen abwechselte" (C 251 f.).

„Wir verstehen, wie Freud sagen kann, daß die Hysterischen ‚ein Stück Sexualverdrängung aus der Jugend' mitbringen (...). Entsprechend der konstitutionellen Emotivität fallen alle affektiven Regungen viel stärker aus als bei Normalen. Gegenüber der Intensität der abnormen Phantasien müssen daher entsprechend starke Scham- und Ekelgefühle als Reaktion auftreten. Tritt die reale Sexualforderung an die Persönlichkeit heran und verlangt die Übertragung der Libido auf die geliebte Person, dann werden auch alle perversen Phantasien auf sie übertragen, wie wir in unserem Fall gesehen haben. Daher erhebt sich auch gegen die geliebte Person der Widerstand (...). Die Libido erschöpft sich im Kampfe gegen die mit ihr wachsenden Abwehrgefühle" (C 253).

Sabina Spielrein ist Jungs „psychoanalytischer Schulfall", wie er sagt, sie schreibt: „Ich bin Ihr erster Erfolg". „Wir haben uns kennen gelernt, wir haben uns lieb gewonnen, ohne zu merken – wie, die Flucht war zu spät, wir saßen mehrere Male ‚in inniger Umschlingung'" (C 48). Schon nach zehn Monaten kann sie die psychiatrische Anstalt verlassen und sich als Medizinstudentin an der Universität Zürich einschreiben. Die Behandlung wird weiter fortgesetzt. Auf Rückzüge von seiner Seite reagiert sie mit Rückfällen. Sie weiß, daß es dabei auch um den Pakt mit Freud geht, um „hohe Bestimmungen, die eine werdende neue Weltanschauung mir zeigt" (Jung, C 195). 1911, im Jahr ihrer Promotion, schreibt sie ihm in ihrem fehlerhaften, aber den Jungschen Ton gewandt nachahmenden Deutsch: „Mein Hauptzweck ist imer in Ihnen alles herrliche zu kultivieren und dazu ist natürlich notwendig, dass Sie mich lieben. Ihre idealsten Stimmungen fallen mit der Liebe zu mir zusamen: Ich bin Ihr erster Erfolg; Ihr Zweifel an eigenen Kräften etc. gibt sich auch in einer Abwehr mir gegenüber kund" (C 136). Ihrer Liebesstrategie ist die Möglichkeit einer unscheinbaren Rollenverkehrung implizit, die auf ihr beiderseitiges Bedürfnis reagiert, auf die andere Seite zu gelangen: von der Patientinnen- auf die Analytikerinnen-Seite und bei ihm, krank, verrückt zu werden.[4] Daraus entsteht ein „Parallelismus der Gedanken" (C 74), ein „analoges Erleben" (C 183), ein „Gleichklang" (C 203). Sie möchte sein „Schutzengel" werden, sein „inspirierender Geist" (C 43), notiert sie im Tagebuch. Auf den schicksal- und mädchenhaften Ton folgt die lakonische Wendung: „wenigstens bis ich Jemanden kriege, der mir seine Stelle vertritt" (C 43). Ihre Tagebuchnotizen verzeichnen, fast widerstandslos, so scheint es, die Schwankungen, die leisen Umschwünge und Drehungen des Bewußtseinsstroms: Höhenflüge, transparente selbstanalytische Formeln, Altklugheit, Spott, Überdruß und die Tortur. Die Selbstgespräche mit ihrem „Schutzgeist", den sie um „Rettung vor der Versimpelung" (C 44) bittet, führt sie mit anmutiger

Nüchternheit. Das Leitmotiv: ihr Leben im Aufschub. „Immer später (...) alles – später und jetzt auch sage ich – später (...) vorläufig arbeiten" (C 42, 53).

Sie selbst bezeichnet sich als „gesundes junges Mädchen" (C 40), hin- und hergeworfen zwischen Zuständen „tiefer Rührung" und „Sprachlosigkeit", zwischen „schauderhafter Einsamkeit" und dem Alleinseinwollen. „Ich bin jetzt in der Familienatmosphere und habe keinen Augenblick für mich ... Ich muß mit mir selbst reden ... Mein Gemüt ist noch jugendlich frisch, mein Intellekt bereits sehr alt und dieses Beständiges Prüfen, Erwägen, Vorsicht, Misstrauen" (C 42). Das Tagebuch fixiert die Widersprüche, die sich nicht auflösen, nur aushalten lassen. Es wird nie eine Synthese geben. „Warum? – Weil ich kein ‚Daneben' sein kann" (C 77). Sie kann nicht schließen, sich nicht begrenzen, wird immer „ein Pförtchen offen lassen".

„Als ich heute morgen zum Waschen ging habe ich den Vorhang heruntergelassen, aber, auf die Art, dass er noch einen Raum für den Einblick ins Zimmer gestattete. Das habe ich nicht absichtlich gemacht, als ich aber den Fehler beim Waschen entdeckte, so wollte ich ihn nicht weiter corrigieren" (C 40). Im selben Jahr schreibt sie: „Ein Gefühl zu unterdrücken taugt für mich nicht, denn wenn ich es Dr. Jung gegenüber tue, so kann ich Niemand mehr lieben, lasse ich hingegen das Pförtchen offen, ... kann man sich schließlich die Liebe eines anderen verschaffen resp. das Gefühl irgendwie sonst transformieren" (C 90f.). Das klingt, als würde sie selbst nicht daran glauben. Das „Pförtchen" wird später die Schrift werden, die den Ressentiments einen Ausweg bietet und um den Preis einer zunehmenden Detachierung erlaubt, aus dem Vorangegangenen die Konsequenzen zu ziehen.

„Wien! Fast ein ganzes Jahr um Wie viele schwere Zeit verflossen. Der Leser würde fragen ‚Wie ist denn der Schluß?' Es war kein Schluss, es war Vieles und noch kein Schluss. Fort von Zürich (...) – in voller Einsamkeit meine Arbeit ‚Destruktion als Ursache des Werdens' vollendet (...) und Jung abgesandt. Was wird es werden? Ich möchte nicht mehr an das Trübe denken" (C 82).

Dazwischen hat sich etwas zerschlagen. Eine Dynamik, die Übertragungsliebe, um eine andere in Gang zu setzen: die Sublimation. Mit einem Brief an ihre Mutter, daß die Analyse ab jetzt zu bezahlen sei, wird das Verhältnis von Jung reglementiert, um sich und sie abzugrenzen, aus Angst um seine Ehe, seinen Ruf, und vor Freud in Wien. Sie kommentiert: ein Kuß ohne Konsequenzen koste ab jetzt zehn Franken. Die Briefe an ihre Mutter seien so beleidigend, daß sie nicht imstande sei, sie umzuschreiben. Die langsam an die Öffentlichkeit dringende Affäre zwischen dem Analytiker und der Patientin wird es Freud ermöglichen, die Abstinenzregel zu entdecken, das, was in der analytischen Situation „verdrängt" werden muß, um sie aufrechtzuerhalten: die Realisierung jenseits der Worte. Das Sublimationsprogramm der Psychoanalyse wird präzisiert, die Differenz von Technik und Liebe auf den Begriff gebracht, die Pflicht zur Lehranalyse etabliert. Nicht die Schriften Sabina Spielreins markieren die Geschichte der Psychoanalyse, sondern die Einschreibung der Frau findet, einer klassischen Plazierung entsprechend, hinter den Kulissen statt. Sie hat die Disziplin mitbegründet, aber nicht durch ihre Beiträge zur Theorie, sondern aufgrund ihrer Erfahrung mit ihr, weil sie zu verstehen gab, was auszuschließen sei, um die Repräsentationen zu sichern und dem Unberührbaren Kontur zu verleihen. Einer alten Struktur entsprechend, die sich immer wieder herstellt, besteht Sabina Spielreins Wirkung darin, an der chronique scandaleuse der Psychoanalyse mitgeschrieben zu haben, während ihr Ort in der Geschichte der Theorie, die von ihr ausgehenden sachlichen Inspirationen vertuscht und ungebührlich verkleinert werden, auf eine Fußnote im Aufsatz „Jenseits des Lustprinzips". „Die kleine Spielrein hat wirklich einen recht feinen Kopf, und ich kann bestätigen, daß sie anspruchsvoll ist" (Freud, C 247).

Nicht umdrehen: die Transformation

Im Inneren der analytischen Situation, einem entmythologisierenden Unternehmen, das mit dem Wiederholungszwang brechen, die Schuld am Körper abtragen möchte, reproduziert sich der Mythos in seiner ganzen Ambivalenz. Lacan[5] hat die Parallele gezogen: will Orpheus Eurydike aus der Unterwelt holen, so darf er sich nicht umdrehen. „Das grausame Gebot", wie es bei Gluck heißt, besteht darin, die Versagung nicht aufzuheben, sondern sie zu prolongieren. Im Durchgang durch die Kastration, die „Dimension des Verlusts" (Lacan) – so lautet das Paradox – soll sie integrierbar, handhabbar gemacht werden. „Die Übertragung der Libido auf eine geliebte Person" (Jung) beginnt sich in der Beziehung zwischen Patientin und Analytiker zu wiederholen und mit ihr die künstliche Störung dieses Vorgangs, um bearbeitbar zu werden. Die Liebe in der Analyse ist wie jede andere auch eine Kettenbildung und eine Funktion des Widerstands gegen die Analyse der Liebe, eine Dynamik, aus der sich der Mythos erneuert. Liebe und Widerstand lassen sich nicht trennen und sind doch einander entgegengesetzt. Denn hinter jeder geliebten Person steht eine Reihe anderer, ähnlicher Personen. Das „Glück" der „Übertragung", das die „Reproduktion der infantilen Verhaltensmuster" (Freud) nach sich zieht, besteht, einer Formulierung Benjamins zufolge, im „Widerstreit", in dem „die Verzückung des Einmaligen, Neuen, noch Ungelebten mit jener Seligkeit des Nocheinmal, des Wiederhabens, des Gelebten liegt."[6]

Doch während die Begegnung zwischen Analytiker und Patientin nichts ist als der Vorschein ihrer Trennung, handelt es sich im Mythos von der zweimal verlorenen Eurydike nur scheinbar um eine Frage des Prinzips: die Entsagung ist in der mythologischen Erzählung, im Unterschied zur analytischen Situation, eine Frage der Zeit, des Tempos. Es geht nicht nur um die rätselhafte Lehre, daß sich das Begehren in der Realisierung verliert, sondern wann sich dies ereignet. Alles scheint vom Moment abzuhängen, jenem Drehmoment, der das „zu früh" in ein „zu spät“ verwandelt. Was beide zu diesem Zeitpunkt nicht wissen konnten. Deshalb gibt es keinen Ausgang aus der Unterwelt oder nur um den Preis der Trennung. Orpheus „macht aus seinem Schicksal eine Schickung“ (Derrida), den Gesang, doch in diesem Fall nicht nur Orpheus, sondern auch seine Begleiterin, und vielleicht ist das die historische Signatur der Wiederkehr des Mythos, die Transformation, die Jungs Theoriebildung bekanntlich vermissen läßt.

Now or Never

Eurydike ist die verstorbene Gattin, und sie soll es bleiben. Vielleicht besteht darin der Pakt zwischen Jung und Freud, die das Gesetz der Abstinenz erneuern. „Sublimation“ gehört zu den Begriffen der psychoanalytischen Theorie, die Freud nie genau ausgearbeitet hat. Die „Umwandlung“ ersetzt, was sich verliert, aber sie kann nicht alles ersetzen, das Opfer bleibt die Grundlage der Bedeutung. Sabina Spielrein hat nicht aufgehört, Jung und Freud immer wieder Fragen zu diesem Konzept des „Abreagierens überflüssiger Gefühle“ vorzulegen. „Nun kommt noch eine praktisch wichtige Frage: Was ist für den Patienten wichtiger (...), seine höheren oder niederen Tendenzen zu kennen?“ (C 165) Das befremdliche, in den Briefen insistierende Codewort für das Opfer der Sublimierung heißt „Siegfried“, der Name für das reale Kind, das sie von Jung nicht bekommen durfte, aber auch für das symbolische Kind, ihre Arbeit, „das Produkt unserer Liebe“ (C 138). „Siegfried“ steht für die „heldenhafte Einstellung“ (C 174), für seine Ideale zu sterben. 1918, noch im letzten vorhandenen Brief an Jung, ein Jahrzehnt nach dem abrupten Ende der Analyse, erwartet sie einen „Wink“ von ihm oder aus dem Unbewußten, ob ihre „Bestimmung“ das Sublimieren oder das Realisieren ist, ob sie ein reales oder geistiges Kind schaffen soll, obwohl Renatchen, ihre Tochter, bereits 5 Jahre alt ist (C 184). Sie stellt die scharfe Frage, ob das psychoanalytische Programm der „Verschiebung und zweckmäßigen Plazierung der Affekte“ (Freud) in ihrem

Fall nicht mit einer Aufrechterhaltung des Verdrängten einhergeht, ob die „bereits sublimierte Libido (nicht) wieder regrediert" (Spielrein, C 166). Sie regrediert, weil die Sublimation gewisse Grundbedürfnisse nicht erfaßt und mit diesem Begriff nicht unterschieden werden kann zwischen verschieb- und wiederholbaren Situationen und nicht austauschbaren, einmaligen Konstellationen, denen „ein zeitlicher Index mitgegeben ist", wie es Walter Benjamin in seinem letzten Text in einer ergreifenden Passage über den Begriff der Geschichte formuliert hat. Denn:

„Das wahre Bild der Vergangenheit huscht vorbei. Nur als Bild, das auf Nimmerwiedersehen im Augenblick seiner Erkennbarkeit eben aufblitzt, ist die Vergangenheit festzuhalten ... Denn es ist ein unwiederbringliches Bild der Vergangenheit, das mit jeder Gegenwart zu verschwinden droht, die sich nicht als in ihm gemeint erkannte."[7]

An diesem unwiederbringlichen Moment hält Sabina Spielrein fest. „Manchmal ist es ja recht einfach, da man sofort das ‚Gemeine' vom ‚Höheren' unterscheidet. Nun kann aber auch ein sexuelles Problem oft ein ‚höheres' sein, da es auch zur von Gott geforderten Lebensaufgabe gehört. (...) Das Leben hat es so gemacht, dass Siegfried auf anderm Wege gelebt wird. Siegfried wurde geschlagen. Ist er aber tot? (...) Ich blieb lange Zeit starr nach der Erkenntnis und diese war – dass man einen psychischen Inhalt durch töten nicht beseitigen kann" (C 182 ff.).

Sie betrachtet es „als eine an Wert durchaus äequivalente ‚höhere Leistung' den ‚Siegfried' als leibliches oder als geistiges Kind zu schaffen (...) Zu diesen 2 Möglichkeiten gesellt sich noch eine dritte: vielleicht ist mein Glaube an diese meine Bestimmung (...) blos ein krankhafter Überkompensationsversuch (...) denn die Wirklichkeit wäre für mich viel zu öde ohne den Glauben an Siegfried" (C 182 ff.).

Da helfen auch Freuds charmante und „schlichte Worte" kaum, dem sie „einmal rein wissenschaftlich die Analyse einer ihrer ‚Siegfriedträume' zeigte"; „er äusserte seine Freude über die gelungene Analyse und meinte dann: ‚Sie könnten es ja haben, wenn Sie es wollten, aber es wäre viel zu schade um Sie.'"

(C 164) Was Jung durch sie entdeckt hat und sie nun in ihren brieflichen Selbstanalysen einklagt, immer in der hochgespannten Erwartung, daß er darüber Bescheid wisse, ist die „prospektive Bedeutung des Unbewußten“: daß sich in den „semiotischen Zeichen“ etwas über die zukünftige „Bestimmung“ verrät. Die „Bestimmung“, „die Lebensaufgabe“ gehört zu den in den Lebensphilosophien der zwanziger Jahre kurrenten Begriffen; eine Richtung, die Freud, immer auf der Hut vor dem Okkultismus-Verdacht, nicht mitgemacht hat: er las die Äußerungen des Unbewußten lediglich retrospektiv, als aufzulösende Relikte verdrängter, infantiler Verhaltensweisen und Bedürfnisse. Am 1. September 1919 schreibt Jung an Spielrein, in einem Moment der Realisierung, einen seiner wenigen unverstellten Briefe, die seine Beziehung zu der Adressatin nicht durch Vorschiebung eines anderen Themas, Belehrungen oder einen herablassenden Ton verleugnen. Er schreibt, daß er die Erfahrung und die Theorie der prospektiven Bedeutung der unbewußten Symbolisierungen ihr verdanke. Es wechselt bei dieser aus drei Sätzen bestehenden Darstellung vom „Ich“ zum „Er“.

„Liebe Frau Doktor! ich antworte erst jetzt, da ich lange in England war. (Absatz) Die Liebe von S. zu J. hat in letzterem etwas bewusst gemacht, das er vorher nur undeutlich ahnte, nämlich eine schicksalsbestimmende Macht des Ubw. die ihn später zu den allerwichtigsten Dingen führte. Die Beziehung musste sublimiert sein, weil sie sonst in die Verblendung und in die Verrücktheit geführt hätte (Concretmachen des Ubw). (Absatz) Bisweilen muß man unwürdig sein, um überhaupt leben zu können. Mit bestem Gruss Ihr ergebener Dr Jung.“ (C 223)

Das bejahende Prinzip: der Monolog der Sabina Spielrein

1909, nach der Zäsur, die sie nie mehr wird ausgleichen können, dem Brief Jungs an ihre Mutter, schaltet sie ihrerseits eine dritte Instanz ein und schickt, im Wissen um die verwundbare Stelle

Jungs, eine Serie von Briefen an Freud, in denen sie ihre Sichtweise der Geschichte offen darlegt. Dieser Schachzug bereitet ihren Standortwechsel nach Wien vor, durch den sie ihre „Abhängigkeit" von Jung „korrigiert" (Freud) – und zugleich überträgt. Die Briefe an Freud aus dem Jahre 1909 stellen das exzentrische Element in dem vorhandenen Material. Davon ausgehend, daß auch Jung und Freud einen „Parallelismus im Denken und Fühlen" haben, fällt Spielrein, obwohl sie Freud nicht kennt, sofort mit der Tür ins Haus. Sie unterstellt, nicht zurückgewiesen zu werden, und transformiert das Briefeschreiben unmittelbar in den Diskurs der Patientin auf der Couch, ohne jede Rücksicht auf Konvention, Maß oder mögliche negative Rückwirkungen. Ihre Briefe nach Wien sind eine Art „unkontrolliertes Sprechen", ein Schwall, ein blockadefreier „stream of consciousness", auf den sie natürlich keine direkte Antwort erhält. Doch Freud duldet diese seitenlangen Darlegungen, abgefaßt ohne Kanalisierung und ohne Schuldbewußtsein, durch welche von Unbewußt zu Unbewußt zu Unbewußt kommuniziert wird, als gäbe es ein telepathisches Dreieck zwischen ihnen – Jung, Spielrein, Freud –, als hätte die Kastration nicht gerade eben stattgefunden oder vielmehr als würde die Schreiberin nicht daran glauben. „Die Frau glaubt nicht an die Kastration", sagt Derrida.[8] Und obwohl die Sprache in den Traumbereich übergeht, hat man an keiner Stelle den Eindruck, sie wisse nicht, was sie tue. Sie etabliert eine Intimität und Intensität, auf die Freud viel später, verschoben, reagieren wird: durch die Aufnahme ihrer, aus der Liebesgeschichte mit Jung gezogenen Theoriebildung in seinen Text, durch einen nur marginal ausgewiesenen Vorgang an zentralster Stelle, der eine Mischung aus Ehrung und Herabsetzung darstellt. Was im Zuge dieser verallgemeinernden Übernahme durch Freud verschwindet, ist die Verankerung des Theorems in einer bestimmten biographischen Konstellation. –

Auch Jung verhält sich in seinen Briefen an Freud „wie in Analyse", vielleicht weil der Adressat von sich selbst nichts Vergleichbares mitteilt; stellenweise findet ein (fast traumhaft funktionierender) „déclic" infantil-konventioneller Reaktions-

und Verhaltensweisen statt.[9] Die postalische Situation wird von beiden Briefeschreibern, dabei offenbar eine Strukturähnlichkeit ausnutzend, in die analytische verwandelt. Die Selbstpreisgabe oder die Aufhebung der Kastrationsangst gegenüber dem Anderen, von Jung bei Spielrein als Mangel an „Opportunität" analysiert, wird später der zentrale Topos ihrer Theorie des weiblichen Begehrens werden.

„Er meinte er habe eine Dummheit begangen; das hat mir nicht gut getan; ich will jetzt zu viel, weil er zu gut zu mir war u. s. w. Wer nur einbischen in die Seele des anderen blicken kann, der wird begreifen, dass mir die Sinne vergingen. Mir das zu sagen, da ich doch immer so stolz war, da ich mich in Briefen (einmal sogar von 40 Seiten) gegen jeden Angriff wehrte, da ich schliesslich einfach gezwungen war, als Pat. meine Liebe zu gestehen und ihn tausende von Malen von zu genauen Analysen warnte, damit das Ungeheuer nicht zugelassen wird, denn weil meine bewussten Wünsche viel zu dämonisch sind und durchgeführt werden müssen. Ich bat ihn so viele Male die ‚Ambitia' mit verschiedenen Vermuthungen nicht zu verletzen, weil ich sonst gezwungen bin bei ihm diegleichen Complexe herauszufinden. Wenn schließlich das, was geschehen musste, geschah und wenn ich noch ganz am Anfang Angst und tiefe Depression an ihm sah, so habe ich auf alles verzichtet; das weiss er. Seine tief empfindsame Seele ging mir ueber alles; von da an habe ich immer die ‚Consequenzen' abgelehnt. Meine Liebe zu ihm stand ueber der Affinität bis er es nicht aushalten konnte und ‚Poesie' wollte. Ich konnte und wollte da nicht widerstehen aus sehr vielen Gründen. Als er mich aber fragte wie ich mir denn das weitere denke (wegen der ‚Consequenzen') so meinte ich dass die erste Liebe nichts will, dass ich nichts denke und es nicht ueber einen Kuss bringen will, auf welchen ich auch eventuell verzichten könnte. Und nun sollte das heissen dass er zu mir zu gnädig war, dass ich deshalb sexuelle Geschichten von ihm verlange, die er natürlich nie wollte etc. Sie können sich das selbst ausmalen. Meine ideelle Persönlichkeit war vollkommen vernichtet, ich war vollkomen verloren; ich dachte, dass ich ihn küssen will und wollte dem garnicht wiederstehen, da ich weder zu mir noch zu ihm Achtung hatte. Ich stand mit einem Messer in der linken Hand und weiss nicht, was ich damit wollte; er hat mich an bei der Hand gefasst, ich wehrte mich; weiter weiss ich nichts. Er wurde plötzlich ganz blass, hielt sich an der linken Schläfe: ‚Sie haben mich geschlagen' Ich wusste nichts davon, sass im Trame mit zugedecktem Gesicht und weinte in Strömen" (C 94f.).

Der Unterschied zwischen Zürich und Wien

Nach dem Bruch mit Jung zieht Freud sie auf seine Seite. Sie erhält das, was er Jung, seinem „Nachfolger und Vollender", verweigert.[10] Gemäß der Logik des Dreiecks wird dem einen immer dann etwas zugeschlagen, wenn es dem anderen abgezogen wird. Die Verbindung von zweien basiert auf einem punktuellen Ausschluß des Dritten, der nie ganz gelingt, wobei alle drei immer in Gefahr sind, ihre Autonomie zu verlieren. „Mein persönliches Verhältnis zu Ihrem germanischen Heros ist definitiv in die Brüche gegangen", schreibt ihr Freud 1913. „Sein Benehmen war zu schlecht. Es hat sich in meinem Urteil über ihn viel geändert seitdem ich jenen ersten Brief von Ihnen erhielt. Die Kooperation in der Wissenschaft bleibt voraussichtlich erhalten (...) P.S. Wenn Sie uns brav Beiträge leisten, wollen wir Sie bald auf den Kopf der Zeitschrift setzen" (C 122).

Obwohl sie diese Beiträge leistet, wird ihr Name dort nie erscheinen, unter anderem deshalb, weil Freud weiß, daß ihre Adresse eine andere bleibt, sie nicht aufhören kann, am „infantilen Ideal" (C 126) festzuhalten, dessen Kehrseite nichts anderes darstelle als ihre „Vaterbekämpfung", die er endlich aufgelöst sehen möchte. Gleichzeitig ist Spielrein auch für Freud der Signifikant seiner Verbindung mit Jung. Ihre Rolle in Wien ab 1911: die Agentin, „schwankend (...) zwischen zwei Stühlen" (Freud, C 126). Ihre Arbeiten: immer noch das „Produkt unserer Liebe" (C 138), eine Mischung aus Traurigkeit und Jubilation; sie beginnt mit Übersetzungen der Schriften Jungs ins Russische, Freud fragt sofort, warum sie nicht seine

Bücher übersetze. Jung schreibt nach Wien: „Bitte verrathen Sie mich nicht" (C 203). Seine Sätze vermitteln durchgängig, was er selbst praktiziert hat, aber nicht widergespiegelt sehen will. Sie spiegelt, mit dem Unterschied der Loyalität. Sie ist in Wien, um seinen Platz auszufüllen, ihm Anerkennung[11] zu verschaffen, seine unabgegoltenen Rechnungen zu begleichen, das Unvermittelbare zu vermitteln. „Es freut mich, dass Sie mich in Wien vertreten. Die neue Arbeit wird sicher missverstanden werden" (Jung, C 208). Seine kurzen Briefe, reaktive Fetzen, beziehen sich kaum auf Spielrein selbst, vielmehr sind seine Mitteilungen und nachdrücklichen Belehrungen durch sie hindurch an Freud gerichtet. Dieser bezeichnet sie als „Retter- bzw. Opfertypus" (C 186). Ihre Autonomie besteht darin, die erste Analytikerin der Differenz Jung/Freud zu sein, einer „Auseinandersetzung, die nie auf theoretischer Ebene stattgefunden hat" (Carotenuto, C 306). Denn was beide von ihr wissen wollen, ist, was der andere denkt.[12]

Das Subjekt, dem man das Wissen unterstellt

Spielrein verharrt in Ambivalenz und glaubt nicht an die Tiefe der Unterschiede, an den Parcours der gegenseitigen Abgrenzungen, an die Grabenkämpfe, hinter denen sie einzelne Personen sieht mit ihren Idiosynkrasien, die sich weigern zu erkennen, daß sie, entgegen der eigenen Absicht, ihrem Gegenteil verhaftet sind. Sie betont das die Herren Verbindende und bemerkt, daß beide Seiten nur verschleiern, daß es sich um gegenstandslose Oppositionen oder um unausgedachte, schwer auseinanderzusetzende Gedanken handelt.[13] „Sie sagen, dass eine nicht erfüllte Lebensaufgabe zur Neurose d. h. zu Regression führt. Freud sagt, dass man infolge einer Entwikelungshemmung die Lebensaufgabe nicht findet, d. h. nicht genügend sublimieren kann. Wo sehen Sie hier einen Widerspruch?" (C 179f.) Während Jung „die Neurose als Conflikt" (Jung 1911) ansieht, behauptet Freud, sie sei ein Effekt „aufgestauter Sexualität" (Freud, C 204); Jung vergleicht die Symbolisierungen des Unbewußten mit mythologischen Darstellungen. Freud äußert Vorbehalte gegen die komparatistische Vorgehensweise, weil die Mythen, deren Original unbestimmbar sei, nicht genau der Theorie entsprächen. Es gäbe nur Entstellungen. Und vor allem: jeder wirft jedem, sie eingeschlossen, die Abhängigkeit vom biologischen Gesichtspunkt vor und damit eine Wiederholung des Verdrängten.

Geheime Durchdringung der Gedanken

In bezug auf Spielreins Aufsätze verwickelt sich das Triumvirat in Widersprüche. Ihre Arbeiten werden nicht diskutiert, sondern als „persönlich bedingt" (Freud, C 248) oder „enorm komplexbedingt" (Jung, C 249) eingestuft, weshalb Jung gegenüber Freud behaupten muß, sie seien „unabhängig von ihm". Freud erkennt an ihrer „Arbeitsweise in der Mythologie" sowie an der „biologischen Argumentation" sofort Jungs Einfluß; dieser verteidigt sich: „Wenn ich etwa ähnlich argumentiere, so geschieht dies faute de mieux." (C 246) Ihr schreibt er dagegen:

„Wenn ich sagte, es seien ‚unheimliche' Ähnlichkeiten, so haben Sie das wieder viel zu buchstäblich genommen. Ich meinte damit vielmehr, Ihnen ein Compliment zu machen (...) Die Todestendenz resp. der Todeswunsch war Ihnen früher klar wie mir, verständlicherweise! (...) Ich drücke mich in meiner Arbeit so ganz anders aus, als Sie, dass Niemand auf die Vermuthung kommen könnte, Sie hätten gewissermassen bei mir gepumpt. Davon ist ja gar keine Rede. Was die geheime Durchdringung der Gedanken betrifft, so sind diess höhere Fragen, die für das öffentliche Dasein nicht in Betracht kommen, und von denen wir auch viel zu wenig wissen, um ernstlich damit rechnen zu können. Vielleicht habe ich auch bei Ihnen gepumpt; sicher habe ich unwillkürlich einen Stück Ihrer Seele aufgeschluckt, so gut wie Sie bei mir. Worauf es ankommt, ist das, was Einer draus macht (...) Es freut mich, dass Sie mich in Wien vertreten" (Jung, C 208).

Daß ihr diese Vertretung „jenseits des Lustprinzips" geglückt ist, wird sich darin zeigen, daß Freud ihre Erfahrung, daß es eine

Strebung des Lebens zum Tode gebe, zur Hauptthese seiner Triebtheorie machen wird, in der Natur und Verdrängung sich vermischen, unabhängig und persönlich bedingt.

Auf verlorenem Posten

Die Verflochtenheit des Denkens tritt immer dort auf, wo Wissenwollen und Liebe sich nicht trennen lassen. Das Original geht im Zuge der gegenseitigen Affizierung verloren und was bleibt, sind die verschiedenen Bearbeitungen des Gedächtnisses. „ich schüttete Reste von Speisen und Getränken am Tische durcheinander, mischte alles fleißig und machte großen Schmutz, weil ich sehen wollte, was daraus entsteht. Es machte mir große Freude, wenn sich eine Farbe in eine andere verwandelte oder gar eine neue Form bzw. Konsistenz sich bildete. So kann ich das Gemisch von Freude und Angst, die mich ergriffen, nicht vergessen, als ein Stückchen Stoff durch unbekannte Kraft einer Flüssigkeit sich in Papier verwandelte" (SS 147), schreibt Sabina Spielrein über eine Szene ihrer Kindheit. Einer der Gründe, warum ihre Schriften – nach ihrer sofortigen Aufnahme in die Frühgeschichte der Psychoanalyse – an den Rand des Kanons geraten sind, ist ihre Reduktion auf Jung und die Verbundenheit ihres Denkens mit seinen Hintergründen,[14] was zugleich einer der Gründe ist für das jetzt wieder aufgeflammte Interesse an der Autorin. Dieses richtet sich jedoch in erster Linie auf die biographische Verwicklung und wiederholt damit eine klassische, als Ausschlußmechanismus funktionierende Zuordnung weiblicher Produktivität – wobei die Extravaganz der Spielreinschen Biographie und ihre elliptische Lebensweise sich der Theoretisierung eher anbietet als ihre theoretischen Schriften. Deren Grundprinzip ist autobiographisch: sie reproduziert ihr Innenleben, indem sie bei anderen Personen auf ein analoges Erleben trifft und dieses darstellt. Ihre „Erfahrungstatsachen" (SS 104) erkennt sie wieder in den Krankengeschichten ihrer Patienten, in den Aussagen der von ihr behandelten Kinder, und das Material wird so zusammengestellt, daß ihr die Wiederholung ihrer (inneren) Realität als Text ermöglicht wird. Es entsteht daraus eine Mischung aus Zwangsdenken und Analyse. Ihre so auffällige Begabung für das Verstehen des Rätselcharakters phantasmatischer Diskurse – die, wie sie in ihrer Dissertation *Über den psychologischen Inhalt eines Falles von Schizophrenie* zeigt, eine analoge Denkweise aufweisen –, beruht darauf, „gleichsam jedes Wort nachzufühlen“ (SS 12). Daraus entsteht die eigenartige Spannung ihrer Texte, die eine unverstellt erotische Komponente aufweisen und zugleich in der Gedankenführung thetisch wirken, weil sie sich nicht von ihrem Material detachiert, sozusagen nicht destruierend-kritisch vorgeht. Getrieben vom Artikulierenwollen ihres Begehrens, geht sie davon aus, daß schon der bloße Symbolisierungsvorgang der subjektiven Realität dessen „Objektivierung“ darstelle (SS 111) und keiner weiteren Deutung bedürfe, was sich phasenweise in der etwas „stickigen“ und obsessiven Atmosphäre und dem myopischen Charakter ihrer Arbeiten niederschlägt. Vor dem Hintergrund der psychoanalytischen Literatur liegt deren Reiz weniger in den entweder prekären oder aber mittlerweile klassischen, von Freud und Jung übernommenen Thesen, weniger in dem, was sie „illustrieren“ möchte, als vielmehr in den Nebenbemerkungen, den Doppelbödigkeiten und Ornamenten sowie in der Schönheit und Unbefangenheit der Schreibweise. Gleich ihre erste Arbeit, die Dissertation, ist unverkennbar in ihrem großzügigen, nuancierten und leicht faßlichen Stil geschrieben – sieben Jahre nach ihrem Aufenthalt im Burghölzli, wo sie „noch ganz Baby von 19 Jahren (war), ganz einfach gekleidet mit einem hängenden Zopfe herum (ging), da ich die Seele über den Leib erhöhen wollte“ (C 100).

Simultanübersetzer

Dem Frühstadium der psychoanalytischen Forschung entsprechend valorisiert sie in dieser Arbeit zunächst die phantasmatische Rede, indem sie deren Verständlichkeit aufzeigt und die sprachlichen Bilder als Restitution archaischer Motive exponiert. Das halluzinatorische Denken der Patienten liest sie als mythologischen, philosophischen und poetischen Text. Nicht reflektiert wird auf den Unterschied: die Abgetrenntheit der Patienten von der Bedeutung ihrer Rede. Sie rückt diese Rede vielmehr in einen kollektiven, sinnerfüllten Zusammenhang ein. „Nun zeigt mein Material, daß diese Tiefen des Ich zum Teil aus ‚Vorstellungen' bestehen, welche einer über das Individuum hinausreichenden Vergangenheit anzugehören scheinen. In diese Vergangenheit bringt Patientin ihr gegenwärtiges Erlebnis. Sie sagt nicht mehr: ‚Ich wurde beim Sexualakte verunreinigt.' Nein, sie löst gleichsam ihren Schmerz unter den vielen analogen Vorstellungen im allgemeinen Weltschmerze auf, den wir als Erbstück unserer Ahnen in uns beherbergen." (AS 91)

Es ist schwer zu sagen, wie Sabina Spielrein diesen Zusammenhang bewertet; nichts davon scheint abgetan. Offenbar nimmt sie eine Art Vorzeichentausch vor und versieht diese Wiederholung mit einem positiven, tröstlichen Akzent oder zumindest mit dem der Unvermeidlichkeit. Auch sind ihrer Theorie und einem alten platonischen Motiv zufolge Patienten, Kinder und Träume Simultanübersetzer der Rede der Götter, „hellseherisch", selbstevident, vermeintlich „wahr". In einem entzückenden, selbstironischen Traumprotokoll vom 28.11. 1911 schreibt sie:

„Entweder sind die Götter zu müde und deshalb wenig produktiv, oder mein Bewusstsein ist zu kritisch eingestellt, um auf etwas Schönes zu hören, aber an die hellseherische Kraft meines letzten Traumes kann ich kaum glauben. Die hellseherischen Träume sind viel glanzvoller und hinterlassen eine feierlich-erhabene Stimmung und dieser Traum ging wie einer unter den vielen vorüber, da er wahrscheinlich von einem kleinen Göttlein vorgeschlagen wurde, der auch irgend was zu sagen wählte und deshalb die Pause wählte, in welcher die Titanen in Ruhe Kraft sammeln und ihn deshalb beim schwatzen nicht hindern. Und dieses Göttlein sammelte alten, alltäglichen Stoff und erzählte. Die Handlung geht in der Anstalt vor sich" (C 82).

Ohne weiter in diese Richtung improvisieren zu wollen, kann man sich fragen, ob diese Theorie des Gedächtnisses nicht etwas vergißt: die Abgesprengtheit und Gottverlassenheit der Spur, die durch kein Kollektiv mehr reaktiviert und formalisiert wird aufgrund der Veränderung der Wahrnehmung in zwei Richtungen: einer zunehmenden Immunisierung auf der einen Seite und einer „Individuierung" auf der anderen, die ein Vergessen ohne Spur annehmen läßt, das die Erinnerung ausschließt. Davon auszugehen, daß alles verzeichnet ist und das rezent Verdrängte in alten, symbolischen, allen gemeinsamen Formen wiederkehre, setzt eine Solidität voraus, von der man nicht weiß, soll man ihre Verallgemeinerbarkeit wünschen oder bedauern.

„etwas zwingt uns zu dem, was man nicht will"

In *Die Destruktion als Ursache des Werdens*, ihrer zweiten Arbeit, bringt sie heterogene Belege zusammen: Nietzsche-Zitate, das Nibelungenlied, Patientenaussagen, Bibelstellen, Psychoanalyse. Zwischen Primär- und Sekundärtexten wird nicht unterschieden, was eine Verwischung der Provenienz ihrer Materialien nach sich zieht und damit deren Herleitung, Einbettung und Verständlichkeit mystifiziert zugunsten einer elementaren Darstellung, wie sie heute kaum mehr verfaßt werden. Paul Federn[15] zufolge steht diese Schrift Spielreins in der mystischen Tradition; das Vorgehen ist nicht eigentlich psychoanalytisch, sie deutet nicht. Am Beginn der Darstellung steht ein Passus von Jung, den sie an ihn rückadressiert. Aus der Bemerkung, daß die „Libido", die eine „Kraft" ist, entgegengesetzte Wirkungen zeigen kann, nämlich sowohl „verschönen" als auch „zerstören" kann, entwickelt Sabina Spielrein den paradoxen Begriff des Destruktionstriebes, den sie nicht als pathologische Erscheinung abgrenzt, sondern auf das Sexuelle bezieht. Destruktionsvorstellungen, Strebungen zum Tode, das Bedürfnis nach Selbstauslöschung und Hingabe lassen sich nicht darauf reduzieren, aufzuklärende Erscheinungsformen einer sadomasochistischen Begehrensstruktur zu sein. Sie gehören vielmehr zu einer natürlichen, notwendigen und zyklischen Dynamik der Berührung, die das „Werden" bedingt. Hinter den Begriff des „Werdens" kann nicht viel weiter zurückgefragt werden. Er wirkt im Zusammenhang der Darstellung wie ein provisorischer Essenzbegriff, eine substantivierte Blockade, und kann vielleicht nicht mehr sein als eine Anspielung, die an etwas kaum Faßbares grenzt.

Kontextabhängig unterliegt das zu Destruierende dabei wechselnden Bestimmungen: es handelt sich um Angst, Abwehr oder Ekel vor der Sexualität; später spricht sie davon, daß das überdifferenzierte Ich im Anderen untergehen möchte und dabei an das Undifferenzierte, das Einssein, rührt – welches es vermutlich ursprünglich nie gegeben hat, aber das Unterschiedensein wieder ermöglicht. Im Zuge der Destruktion scheint eine Art „pure Wesenheit" hervorzutreten, die letztlich unbestimmt bleibt, wie der „Nabel des Traums" (Freud). – Ein Zusammenhang, der sich nicht abheben läßt von biologischen Grundlagen und zugleich durch philosophische Darstellungen bestätigt wird. Sie argumentiert sowohl mit der Zelltheorie als auch mit Nietzsche. „Lieben" wird von ihr als eine Form des „Untergehens" begriffen, „daß ein Bild nicht nur Bild bleibe" (Nietzsche, SS 118) – vielleicht ohne sich genügend zu fragen, ob diese radikale Adressierung und Bejahung des Anderen, das Untergehen des Ich im Anderen, überhaupt möglich ist und beantwortet werden kann.

Den Grundgedanken dieser, mit einem doppelten Boden versehenen Arbeit, die sowohl Ausdruck ihrer Liebeserfahrung als auch ihrer Enttäuschungsgeschichte ist, hat Freud später aufgegriffen, vereindeutigt und in sein System eingebaut unter Weglassung der geisteswissenschaftlichen Referenzen, wobei er, ebenso wie Spielrein, gezögert hat, die scharfe Trennungslinie zwischen dem „Organischen" und dem Zwang zur Wiederholung zu ziehen. Stattdessen „hinkt" der Jenseits-Aufsatz, wie Freud selbst am Schluß der Abhandlung bemerkt, zwischen beiden Auffassungen. Dieses „Hinken" hängt mit dem Dilemma zusammen, daß Freud weder sagen möchte, der Zwang zur Wiederholung des Unlustvollen und Zerstörerischen sei „natürlich" und bedürfe keinerlei Aufklärung, Historisierung und Korrektur, noch setzen möchte, daß die Triebdynamik völlig unabhängig von Natur sei, was auf eine erneute Verdrängung des Körpers hinauslaufen würde; seine Rücksicht auf die naturwissenschaftliche Forschung mag dabei ebenso eine Rolle gespielt haben wie seine naturkonservative Tendenz, zwischen gesellschaftlicher und natürlicher Ordnung einen Konnex anzunehmen, der bekanntlich besonders seine Weiblichkeitstheorie bestimmt hat. – Erst Lacan[16] hat auf diskrete Weise den Unterschied zwischen dem Organischen und dem Psychischen betont, um auf einen Bezirk „außerhalb" des mythischen Wiederholungszwangs hinzuweisen, „l'amour", die nicht „l'amur" ist, während Foucault schließlich offensiv die Demarkationslinie gezogen hat, um, im Unterschied zu Lacan, jeglicher Renaturalisierungstendenz abweichender „Sexualitäten" entgegenzutreten.

Sabina Spielreins paradoxe Theorie der Hingabe, geschrieben als Liebeserklärung, ist auch ein Beitrag zur Weiblichkeitstheorie, zu der so kurrenten wie diffus diskutierten Frage des „weiblichen Begehrens", auf die schon Freud keine Antwort wußte und auf die es vielleicht keine gibt. „Reproduziert" ihre Darstellung einfach „die Ideologie einer ‚natürlichen' Heterosexualität",[17] die ein unhaltbares, auf Herrschaftsverhältnissen aufgebautes System stabilisiert? Handelt es sich bei dem, was phänomenologisch-deskriptiv als Begehren nach radikaler Passivität beschrieben wird, um ein Prolongieren und Wiederholen eines unaufgeklärten Gewaltzusammenhangs oder um eine enttraumatisierend wirkende Dynamik, die diesen Gewaltzusammenhang transzendiert?

Nach 1912 vollzieht sie einen Schwenk in die Kinderpsychologie. Die Informationen über ihre Biographie werden inkonsistent. Parallel zu ihrer Ehe, über die außer einem Traumprotokoll nichts bekannt ist, der Geburt zweier Töchter und zahlreichen Ortswechseln entstehen bis 1923 viele kurze Texte, z. B. über die unbewußte Symbolik des Automobils, der Sternschnuppen und der Briefmarken. Sie arbeitet in Genf als Analytikerin. Freud schickt ihr hier und da Patienten. Sie beginnt mit einem Studium der Komposition, gequält von der Frage nach dem für sie adäquaten Ausdrucks-„Medium" – eine späte Unsicherheit, die zeigt, daß etwas zu kurz gekommen ist, Psychoanalyse oder Musik. Die Töchter Renate und Eva studieren später Musik. Nach 1923 hat sie noch einen Vortrag auf russisch und eine Untersuchung zu Kinderzeichnungen geschrieben. Sie geht zurück nach Rostow am Don, gründet dort ein Kinderheim und eine Kinderklinik, bis 1936 die Psychoanalyse verboten wird. Zuletzt wurde sie 1941 mit ihren Töchtern in einem Zug von Juden gesehen, die in der Synagoge von Deutschen erschossen wurden.

Die nach innen gekrümmten Hände

Eine Photographie zeigt Sabina Spielrein als Mädchen, klein, mager, erhaben, in einem zu engen, gleichsam demütigenden Kindermantel mit großen Knöpfen, der den Körper flach erscheinen läßt. Ein Knopf steht offen, die nach innen gebogene Hand greift zugleich spielerisch und starr nach dem Mantelrand und klappt ihn unwillkürlich etwas um, so daß die Linie des Mantels in die des Rockes der sitzenden, seltsam massiven und steifen Mutter übergeht. Links von ihr steht die kleine Schwester Emilia, wie Sabina im Wintermantel und mit Sommerhut, der wie ein Heiligenschein aus Stroh das belustigte Gesicht umgibt. Auf Sabinas Kopf schwebt ein tellerflacher Hut, der sich als Schatten über dem Gesicht ausbreitet. Die Egypterin, nannte Jung sie. Sie schaut, mit einem Ausdruck, den die Konvention archaisch nennt, mit unbedingtem Ernst in die Kamera. – Ein anderes Photo zeigt sie im Jahr 1909 neben ihrem Vater in der Sofaecke, sie versucht zu studieren, obwohl ein Familientreffen im Gang ist, mit hochgestecktem Zopf über Papiere gebeugt, den Ellbogen aufgestützt, die nach innen gebogene Hand an die Schläfe gedrückt. Der Vater neben ihr hat spiegelbildlich die gleiche Haltung eingenommen, so daß sie gegeneinander abgedichtet sitzen und zwischen ihnen eine Lücke entsteht, umgeben von anderen, um den Tisch gruppierten Familienmitgliedern, alle mit nach innen gekrümmten Händen.

Schwerpunkt ihrer theoretischen Arbeit bleibt nach 1912 das Bilddenken, das „unterschwellige Denken“, das sich im Traum vollzieht, bei den Patienten und bei Kindern. Ausgehend von hypnagogischen Bildern, die im Ermüdungszustand entstehen, hält sie an einem Zwischenbereich zwischen dem Unbewußten und dem Bewußten fest. Ihre Texte, in denen sich viele eigenständige und abweichende Definitionen zu den Grundbegriffen der Psychoanalyse finden, lesen sich heute als eine Mischung aus überholten und überschreitenden Elementen. Die Kinderanalysen kreisen um autobiographische Motive, um Topoi wie „Schmutz“, „Verbotenes tun“, die „Scham“. Immer wieder beschäftigt sie die Frage, was „die Gegenwart“ (SS 101) sei; wie Zeit wahrgenommen wird. Sie entwickelt den Begriff einer Zeiterfassung im kindlichen Denken und im Unbewußten, wo „das Zeitliche mittels des Räumlichen“ (SS 332) dargestellt wird.

„Das Kind kennt zuerst bloß Gegenwart und unmittelbare Zukunft, die es wahrscheinlich bloß durch die Dauer voneinander trennt! Es ist ein ‚Da‘ sein. Mit der Zeit entwickelt sich die Vorstellung des ‚Nichtda‘seins. Dieses Nichtdasein wird zuerst durchaus räumlich gedacht, ‚weit, weit weg, fort‘. In der Vorstellung des Nichtdaseins liegt der Keim für den späteren Vergangenheitsbegriff. Zuerst entwickelt sich die Idee der Dauer; die Idee der Richtung folgt erst später. Die Zeitdauerschätzung kommt noch viel später (...) Der Traum und das Kind (...) (brauchen) beide zuerst bloß die finale oder Zukunftsrichtung; man könnte sagen, sie seien eins mit dieser Richtung, sie ‚leben‘ sie, daher bemerken sie sie nicht. Was man wünscht – ist eben da in Wirklichkeit oder Phantasie. Die Realität zwingt das Kind nach und nach auch, die entgegengesetzte Richtung zu leben, auch die Versagung und Vernichtung kennenzulernen. Damit bildet sich die Idee eines Antagonisten und, durch Unterdrükkung dieses Antagonisten, der Begriff einer Richtung.“ (SS 333)

Hanna Meuter (1889–1964)
„... und auf dem Soziologentag in Wien hatte ich als erste Frau ein Referat."

von Theresa Wobbe

1. Als Hanna Meuter* 1948 daran erinnerte, daß von den ehemals 150 Mitgliedern der *Deutschen Gesellschaft für Soziologie* über die Hälfte „nicht unbeeinflußt durch die Vernichtungsverfahren der Zeit, heute nicht mehr unter uns sind",[1] stellte dies etwas Ungewöhnliches dar. Sie war eine der wenigen Kollegen, darunter z. B. Heinz Maus, die von der nationalsozialistischen Verfolgung sprachen.

Die akademische Soziologie der Bundesrepublik Deutschland beschäftigte sich bis zum Ende der 50er Jahre nicht mit der nationalsozialistischen Geschichte der eigenen Disziplin bzw. mit politischen und soziologischen Fragen, die damit verkettet sind.[2] Der Vertreibung ihrer Kolleginnen und Kollegen hatte der Großteil der akademischen Welt seit 1933 gleichgültig gegenübergestanden. Nach 1945 wurde die Ungeheuerlichkeit der Massenvernichtung nicht einmal wahrgenommen.[3]

Hier setzt Hanna Meuter an mit ihrem Beitrag *Soziologie am Werk des geistigen Neubaus,* der von einer merkwürdigen Atemlosigkeit bestimmt ist, von dem Versuch, eine Geschichte der deutschen Soziologie von 1918 bis 1948 zu erzählen. Doch dieser Bericht, der auch über die eigene soziologische Arbeit Auskunft zu geben sucht, stößt an die Grenzen der Einordnung des Vergangenen. Die Fäden, die zu einer Erzählung gespannt werden sollen, zerreißen an akademischen Ausschlußverfahren und politischen Zäsuren.

Hanna Meuter gehört zu den ersten deutschen Soziologinnen. In den 20er Jahren zählt sie als einzige Frau zu den ständigen Mitarbeitern der *Kölner Vierteljahreshefte für Soziologie* und zum Kreis um die Soziologische Abteilung des Kölner Forschungsinstituts für Sozialwissenschaften.[4] Sie veröffentlicht nicht nur inzwischen für uns klassische soziologische Studien, sondern sie betritt als Pionierin auch ganz neue Terrains wie das der Literatursoziologie. Schließlich erscheint 1928 von ihr eine kenntnisreiche Einführung in die Soziologie.[5]

Doch Hanna Meuter konnte die Soziologie nicht zu ihrem Beruf machen. Ihren Lebensunterhalt verdiente sie als Studienrätin und als Bibliothekarin, ihre Karriere als Hochschullehrerin wurde verhindert. Kurz vor dem mündlichen Vortrag wurde Hanna Meuters Habilitationsverfahren ausgesetzt; ihre Habilitationsschrift, eine *Soziologie des Aufstiegs und Scheiterns* auf literatursoziologischer Basis, ist bis heute nicht publiziert worden.[6]

In der inzwischen ausführlich rekonstruierten Geschichte der Disziplin taucht sie zwar als Name, aber ohne eigenes Gesicht auf. Diese merkwürdige Gestaltlosigkeit ist erstaunlich und beunruhigend zugleich, denn die Fährten zu Hanna Meuters Person und zu ihrer theoretischen Arbeit liegen gleichsam wie ein offenes Buch vor uns: eine fast zehnjährige Publikationstätigkeit in einer akademisch anerkannten soziologischen Fachzeitschrift, eine preisgekrönte Promotionsschrift, ein Referat auf dem Wiener Soziologentag 1926, viele sozialpolitische Veröffentlichungen, die schon genannte Einführung in die Soziologie und in den ersten Jahren nach 1945 auch Beiträge auf internationalen Soziologiekongressen.

Hanna Meuter gehört zu der kleinen Schar von Frauen und Männern, die 1946 die *Deutsche Gesellschaft für Soziologie* wiederbegründen. 1948 verfassen Freunde und ehemalige Schüler eine Festschrift zu ihren Ehren.[7] Doch dann verliert sich die Spur zusehends. Bis heute ist Hanna Meuter nicht entdeckt worden.

Welche Hinweise erhalten wir auf das akademische Gedächtnis einer Disziplin, das diese Fülle von Erinnerungsanlässen nicht aufgreift? Wie ist dieses Phänomen des Vergessens mit politischen Einschnitten und institutionellen Ausschlußverfahren verknüpft, die die intellektuelle Biographie Hanna Meuters bestimmt haben und ihre Karriere als Wissenschaftlerin nachhaltig blockierten?

Hanna Meuter

2. Hanna Alma Josefa Carola Meuter wird am 30. Januar 1889 in Düsseldorf als Tochter des Ober-Postassistenten Karl Meuter und Klara Meuter geb. Oertel geboren.[8] Im Jahre 1908, als Preußen endlich als letztes Land des Reiches den Frauen den Zugang zum Universitätsstudium rechtlich erlaubt, verläßt Hanna Meuter gerade die Evangelische Höhere Mädchenschule in Köln nach der höheren Lehrerinnenprüfung. Als knapp Zwanzigjährige tritt sie ins Berufsleben ein und arbeitet bis 1914 als Lehrerin. Im März 1914 legt sie in Duisburg das Abitur ab und hat sich damit als Frau die Voraussetzung zum akademischen Studium verschafft.

Doch nicht nur beruflich ist dieses Jahr eine Wende. Der Beginn des Ersten Weltkrieges einige Monate später bedeutet für sie, die in einem pazifistischen Milieu aufgewachsen ist, die erste tiefgehende politische Zäsur, die für ihre Biographie bestimmend bleiben wird. Hanna Meuter hat sich als Zeitgenossin und in ihrer journalistischen Tätigkeit bis an ihr Lebensende pazifistisch engagiert.

Ebenfalls 1914 immatrikuliert sie sich an der Universität Bonn für die Fächer Mathematik, Physik, Chemie und Meteorologie. Die vier Semester in Bonn scheinen die einzigen Jahre zu sein, in denen Hanna Meuter ausschließlich studiert und nicht berufstätig ist. 1916 wechselt sie an die Königlich Technische Hochschule Aachen und immatrikuliert sich in den sog. „Allgemeinen Wissenschaften". Nach einem achtsemestrigen Studium legt sie an den Universitäten Bonn und Köln 1918 das Examen für Studienräte ab. Von 1916 bis 1918 ist sie 1. Assistentin und anschließend stellvertretende Direktorin des Aachener Meteorologischen Observatoriums. Es ist nicht bekannt, warum sie danach wieder in den Lehrerinnenberuf eintritt.

1918 wird Hanna Meuter als erste Frau Direktorin der Evangelischen Höheren Mädchenschule in Köln-Kalk. Mehr wissen wir allerdings darüber, warum sie diese Position im Zusammenhang mit Ereignissen um den Kapp-Putsch bald wieder verläßt. Die Schulvertretung, die nach Hanna Meuters Auskunft politisch und kirchlich der äußersten konservativen Rechten angehörte, verlangt „an besagtem Putschabende in einer grossen Schulversammlung die Ablegung eines Glaubensbekenntnisses" von ihr, „das sie hinterher als nicht auf gut evangel. Boden stehend ächteten". Im Verlaufe dieses „Schulkampfes" tritt Hanna Meuter aus der Evangelischen Kirche aus und begibt sich auf die Suche nach einer anderen Arbeitsmöglichkeit.[9]

In den folgenden Jahren, zwischen 1921 und 1928, ist sie als Fachreferentin für das Volksbildungswesen Köln in den Städtischen Volksbüchereien und der Städtischen Volkshochschule tätig. In diesem Kontext arbeitet sie auch mit ihrem Kollegen Paul Honigsheim zusammen, eine der zentralen Figuren in der Kölner Volksbildungsbewegung der Weimarer Republik. Die Briefe, die der 1933 aus Köln vertriebene Honigsheim nach 1945 aus Michigan an die Freundinnen und Freunde in Deutschland schickt, sind auch immer an seine „einstige pazifistische Mitstreiterin" Hanna Meuter gerichtet.[10]

In ihre Referentinnenzeit für das Volksbildungswesen fällt nun auch Meuters Ausbildung als Soziologin. Seit dem Wintersemester 1922/23 ist sie als Gasthörerin in Soziologie, Psychologie, Pädagogik an der Universität zu Köln eingeschrieben; vom Wintersemester 1924/25 an bis 1926 studiert sie dort ausschließlich Soziologie.

Hanna Meuter promoviert 1924 an der Philosophischen Fakultät der Universität zu Köln bei Leopold von Wiese – ihrem akademischen Mentor – über die *Heimlosigkeit. Ihr Einwirken auf Verhalten und Gruppenbildung der Menschen,* die 1925 bei Gustav Fischer in Jena erscheint.[11] In dieser Studie beschäftigt sie sich mit dem Phänomen der Heimlosigkeit, der Nichtseßhaftigkeit und Wohnungslosigkeit als Massenerscheinung. Als Kennerin der soziologischen Debatte im Umkreis der Chicago-Schule in den USA legt Hanna Meuter hiermit die erste Untersuchung in Deutschland vor, die us-amerikanische Studien über „hobos" zum Ausgangspunkt nimmt, um am Beispiel der Nichtseßhaften in Deutschland eine soziologische Typologie dieser Formen sozialer Existenz zu entwickeln. Für diese Arbeit erhält sie den Mevissen-Preis der Universität Köln.

Damit scheint Hanna Meuter sich auf dem sicheren Weg zu einer akademischen Karriere zu befinden. Seit 1923 ist sie Hauptmitarbeiterin der *Kölner Vierteljahreshefte für Soziologie*, die von Leopold von Wiese in der Soziologischen Abteilung am *Kölner Forschungsinstitut für Sozialwissenschaften* als offizielles Organ der *Deutschen Gesellschaft für Soziologie* herausgegeben werden.

Auf dem 6. Soziologentag in Wien 1926 wird sie schon als zukünftige Privatdozentin für Soziologie gefeiert, als sie in einem Hauptreferat einen Teil aus ihrer Habilitationsschrift zur *Soziologie des Aufstiegs und Scheiterns*[12] vorstellt.

Doch habilitieren lassen will man die Dame nicht. Das Habilitationsverfahren von Hanna Meuter, deren wissenschaftliche Kompetenz nicht anfechtbar ist, wird 1927 kurz vor dem mündlichen Vortrag ausgesetzt.[13] Die Veröffentlichung der Schrift, um die sich Hanna Meuter seit 1929 bemüht, wird ihr bis 1933 nicht gelingen, und danach auch nicht. Das einzige Exemplar dieser Pionierarbeit liegt in Hanna Meuters Nachlaß, einem bisher unerschlossenen Kontinent.

Da sie nicht Professorin werden kann, muß sie ihre außeruniversitäre Berufstätigkeit fortsetzen. Als Stadtbibliothekarin der Kölner Universitäts- und Stadtbibliothek wird Hanna Meuter im März 1933 aufgrund des Artikels 4 des nationalsozialistischen *Gesetzes zur Wiederherstellung des Berufsbeamtentums* zwangsweise aus dem Dienst entlassen. Sie bleibt zwar in Deutschland, doch gehört sie – wie auch schon in der Weimarer Republik – keineswegs zu den „Unpolitischen", wie Käsler fälschlicherweise und ohne irgendeinen Beleg behauptet.[14]

Im Gegenteil, Hanna Meuter beschäftigt sich mit der politischen Situation und dem Aufstieg der *Deutschen Soziologie* im neuen Deutschland. Sie schreibt an einer Studie, in der die Soziologie und die Soziologen unter dem Gesichtspunkt der sozialen Pervertierung in den Blick genommen werden. Während ihrer Arbeit an diesem Text wird Hanna Meuters Wohnung mehrmals von der Gestapo durchsucht.[15] 1935 gelingt es dem us-amerikanischen Freund und Kollegen Howard Becker – er hatte die Erlaubnis, den Nachlaß von Max Scheler in die USA zu überführen – auch ihr Manuskript aus Deutschland herauszubringen.[16]

Da sie ohne Zahlung von Ruhegeldern entlassen worden ist, muß sie von 1933 bis 1945 versuchen, vor allem durch Übersetzungen ihren Lebensunterhalt zu verdienen.[17] Leopold von Wiese, Howard Becker und Louis Wirth bemühen sich in dieser Zeit darum, ihr Übersetzungsaufträge zu vermitteln.

Nach der Befreiung vom Nationalsozialismus gründet sie mit anderen 1933 zwangsweise entlassenen Kollegen – wie z.B. Leo Hilberath – die 1. Deutsche Journalistenschule in Aachen. Angesichts ihrer Erfahrung mit dem totalitären Staat wollen sie mit dieser Gründung einen Anstoß geben, um eine demokratische Generation von Journalisten und Journalistinnen auszubilden. Gleichzeitig wird Hanna Meuter im September 1945 in der Britischen Besatzungszone in der neuen Aachener Regierung zur Oberregierungsrätin für die Wohlfahrtspflege ernannt.

Am 16. 1. 48 muß sie wegen schwerer Erkrankung, die Folge eines fatalen Sturzes, vorzeitig in den Ruhestand versetzt werden. In der deutschen akademischen Soziologie taucht sie immer seltener auf, obwohl sie auf verschiedenen internationalen Kongressen präsent ist.

Hanna Meuter beschäftigt sich zunehmend mehr mit Literatursoziologie; für die sich reorganisierende Literatur des Neuen Rheinlands spielt sie nun eine wichtige Rolle. So findet das erste deutsch-französische Literaturtreffen auf der Burg Ingenhoven, Hanna Meuters Wohnsitz, statt.
Dort ist sie am 6. 4. 1964 gestorben.

3. Hanna Meuters Laufbahn als Hochschullehrerin im Bereich der Soziologie wurde durch die Aussetzung ihres Habilitationsverfahrens 1927 verhindert. Die Habilitationsschrift setzt am Beispiel von Zolas Rougon-Macquarts den soziologisch-beziehungswissenschaftlichen Ansatz Leopold von Wieses um. Die entscheidenden theoretischen Referenzen liegen bei Georg Simmels formaler Soziologie; ihre Studie stellt einen Beitrag zur Soziologie der Über- und Unterordnung dar.

Hanna Meuter gelingt es, in dem umfangreichen Bestand der zwanzig Bände umfassenden Rougon-Macquarts die subtilen Mechanismen sozialer Anerkennungsverfahren aufzuspüren und sie im Rahmen der Simmelschen und Weberschen Soziologie sozialer Geltung und Anerkennung als Bausteine zu einer Soziologie des Aufstiegs und Scheiterns zu konzeptionieren.

Mit der soziologischen Bearbeitung literarischen Materials betrat Hanna Meuter in der deutschen Soziologie ein neues Terrain. Ihre Studie, die u.a. durch Vorschläge des us-amerikanischen Soziologen Robert Park als auch durch Arbeiten von Wieses inspiriert worden ist, stellte eine Novität dar. Sie ist auch unter dem Gesichtspunkt der ‚Drei Kulturen' interessant. Denn im Rahmen der Kontroverse um Literatur und Soziologie gehörte ja gerade die sozial engagierte Literatur eines Zola oder Ibsen zu den Produktionen, die z.B. von den Anhängern des George-Kreises verpönt als Signatur der Moderne abgelehnt wurde; die Bearbeitung soziologischer Konzepte an dieser Literatur wiederum brachte die Soziologie noch mehr ins Abseits.[18] Die Umsetzung zeugt von einer methodisch sicheren Hand der mathematisch ausgebildeten Soziologin und einer theoretisch innovativen Perspektive auf soziale Anerkennungsverfahren, für die Simmels Soziologie leitend ist.

1931 wendet sich Hanna Meuter an Leopold von Wiese und bittet ihn, Kontakte zu wissenschaftlichen Verlagen für sie herzustellen, um anläßlich des dreißigjährigen Todestages von Zola eine Veröffentlichung der Schrift zu versuchen: „Jetzt, da ich wieder in dem 1926 vorgelegten Exemplar der mit Liebe und Hoffnung geschriebenen Rougon-Macquart-Arbeit lese, habe ich den Mut zu einer Bitte, die mich schon jahrelang drückt."[19]

Nachdem sie sich mit der Referenz ihres Mentors an Duncker & Humblot gewandt hat, erhält sie im September 1931 eine Absage, die mit wirtschaftlichen Gesichtspunkten begründet wird: „Die Absatzverhältnisse des wissenschaftlichen Buches, besonders auf dem Gebiete der Soziologie, sind jetzt so ausnehmend ungünstig und für die nächste Zeit so wenig aussichtsreich, dass wir (...) neue Arbeiten nicht übernehmen können."[20] Damit war die Möglichkeit einer Veröffentlichung ihrer umfangreichen und innovativen Studie gescheitert.

4. Es stellt sich die Frage, welchen Einschnitt das Jahr 1933 nun für Hanna Meuter bedeutete, und welche biographischen und beruflichen sowie politischen Folgen dieser hatte.

Hanna Meuter unterhielt zu sehr unterschiedlichen Kreisen Verbindungen, die mit dem Nationalsozialismus unterbrochen oder verunmöglicht wurden. Wichtige Stränge der Soziologie, aber auch der Frauenbewegung und Frauenforschung gehen hier zu Ende sowie Kommunikationswege zwischen der us-amerikanischen und deutschen soziologischen Debatte, in deren Netzwerk sich auch Hanna Meuter befunden hatte. In die letzten Jahre der Weimarer Republik fallen zwei große Veröffentlichungen Hanna Meuters, die beide mit Problemfeldern und Diskursen zu tun haben, denen ab 1933 zunehmend die Möglichkeiten der Rede und des Austauschs entzogen werden.

Zusammen mit Paul Therstappen gibt sie eine Anthologie der Gedichte afroamerikanischer Frauen und Männer heraus.[21] Diese Gedichte sind von den Herausgebern ausgewählt und mit finanzieller Unterstützung des us-amerikanischen „Julius Rosenwald Fund" selbst ins Deutsche übertragen worden. Louis Wirth in Chicago hatte die Kontakte in den USA unterstützt. Der Anthologie ist eine ausführliche Einleitung vorangestellt, die sich in ihrem theoretischen Zuschnitt und der Art der Darstellung unschwer als ein Produkt aus der Feder Hanna Meuters erkennen läßt.

Ein anderes Netzwerk, in das Hanna Meuter eingebunden war, ist das der Frauenbewegung und der Frauenforschung. Ebenfalls im Jahr 1932 gibt Hanna Meuter zwei Bände über *Heimlosigkeit und Familienleben*[22] heraus; hier steht die im Zeichen der Wirtschaftskrise veränderte Situation der Familie im Mittelpunkt. Die Bände erscheinen in der Forschungsreihe über *Bestand und Erschütterung der Familie in der Gegenwart*, in der zwischen 1931 und 1933 insgesamt dreizehn Bände publiziert werden, die Auskunft über die unterschiedliche Situation von Frauen in den veränderten Familienstrukturen und

Lebensformen geben. Daß Meuter in dieser Reihe vertreten ist, weist auf die Bedeutung ihrer Person und ihrer Arbeit für die Frauenbewegung hin. Denn die Forschungsreihe wurde im Auftrage der *Deutschen Akademie für Soziale und Pädagogische Frauenarbeit* herausgegeben, die von Alice Salomon gegründet worden war. Das Anliegen Alice Salomons war es, Themen und Problemen der sozialen Arbeit in Deutschland einen professionellen, akademischen Rahmen zu geben, den sie in den USA als Universitätsfach schon lange hatten.[23] Die Akademie wurde 1933 geschlossen. Ihre Begründerin, die zum Protestantismus konvertierte Alice Salomon, mußte 1937 unter dem Druck der Nationalsozialisten Deutschland verlassen.[24]

Die beiden Veröffentlichungen Hanna Meuters aus dem Jahre 1932 lassen uns ahnen, in welchen unterschiedlichen intellektuellen Konstellationen sie sich bewegte und welche Horizonte seit 1933 geschlossen wurden.

5. Hanna Meuter ist zwischen 1929 und 1933 diejenige, die die soziologischen Vorschläge zur Theorie der Macht und der Masse [25] von Mathilde Vaerting an mehreren Orten und für verschiedene Disziplinen rezipiert. Vaerting war die Dimension dieser Resonanz, die sie selbst auf die Arbeiten Meuters nicht zu geben in der Lage war, klar: „nehmen Sie meinen innigsten Dank für Ihre Besprechung“, schreibt sie an Meuter, „ich bin wirklich dafür von Herzen froh, in Ihnen einen Menschen gefunden zu haben, der sich für meine Ideen interessiert. Es ist ein seltenes Glück, u. ich weiß es wohl zu schätzen.“[26] Meuter wiederum, von deren Briefen an Vaerting uns einige wenige Durchschläge erhalten geblieben sind, scheint eine beachtliche Energie gehabt und viele Initiativen unternommen zu haben, die Ideen Vaertings zu verbreiten. „Ich wollte Ihnen eine pochette surprise schicken, die möglichst das ganze Belegmaterial meiner Besprechung zu Ihrem neuen Buche erhielte“.[27]

Sie versuchte ebenfalls, Vaertings Bücher in den *Kölner Vierteljahresheften für Sozialwissenschaften* zu besprechen und somit auf die soziologische Debatte zu beziehen. Meuter tat dies übrigens mit einer Beharrlichkeit, die das Verhältnis zu ihrem

Mentor, Leopold von Wiese, fast gefährdet hätte. Dieser ist nicht bereit, Meuters Besprechung der *Macht der Massen*[28] in der Kölner Zeitschrift zu veröffentlichen. Eine „Verherrlichung dieser Tendenzschrift"[29] habe er gerade von Meuter nicht erwartet; sie wolle doch wohl ihren Ruf als anerkannte Rezensentin nicht verlieren.

Sie verfaßt Besprechungen in Zeitschriften der Frauenbewegung und der Schulreform. Sie versucht, im Rahmen ihrer Beiträge im Frauenfunk des *Westdeutschen Rundfunks* sowie für Kölner Zeitungen über Vaerting zu schreiben: „Ich habe einen ganzen Abend der Redakteurin der Köln. Zeitung, Frau von Klenze, von Ihren Werken vorgeredet, mit dem Ergebnis, daß man mir eine Arbeit von 180 Zeilen (...) aufgetragen hat."[30]

Die Vernetzungsleistungen kann Meuter aufgrund ihrer Verknüpfung mit so vielen verschiedenen Welten erbringen. Einen bemerkenswerten Aspekt ihrer Person stellt ja gerade das breite Spektrum ihres theoretischen Interesses und ihres sozialen Aktionsradius dar. Scheint Vaerting sich weit weg von der Welt befinden zu müssen, um intellektuell produktiv werden zu können, bewegt Meuter sich zwischen den Welten und ist so in der Welt. Das Jahr 1933 bezeichnet ebenfalls das Ende dieser sozialtheoretischen Projekte. Hier kreuzen sich die Wege Hanna Meuters und Mathilde Vaertings. Beide sind Pionierinnen und besetzen Positionen, auf denen sie jeweils die „ersten" sind, ohne Beispiel anderer Frauen. Vaerting ist eine der beiden ersten Professorinnen Deutschlands. Meuter ist die erste Frau, die auf einem Soziologentag ein Hauptreferat hält. Und gemeinsam mit Rosa Mayreder, Charlotte von Reichenau und Käthe Bauer-Mengelberg gehört sie zu den ersten Frauen, die 1926 als ordentliche Mitglieder in die *Deutsche Gesellschaft für Soziologie* aufgenommen werden.

Meuter und Vaerting, diese Namen bezeichnen zugleich sehr unterschiedliche, ja geradezu gegensätzliche Personen. Vaerting, die Außenseiterin, die fernab von der akademischen und politischen Öffentlichkeit in ihrer Berliner Wohnung an einer Soziologie der Macht arbeitet, die als Professorin einen einsamen und immer auswegloser werdenden Streit mit der Universität führt;

Vaerting, die Schreibende, in deren Texten immer nur eine zu sprechen scheint, ohne Echo.

Demgegenüber Meuter. Die Rheinländerin, die das spezifisch liberale Milieu ihrer Heimat nie verlassen hat, führt in ihrer beruflich und intellektuell produktiven Zeit ein Leben in soziologischen und politischen Kreisen, in der Friedensbewegung ebenso wie in der Frauenbewegung. Die Stadt Köln, dieser besondere Mikrokosmos, in dem über die politischen Grenzziehungen hinaus Gespräche und Koalitionen möglich sind, stellt für die Zeitgenossin Meuter den Aktionsradius ihres vielfältigen Engagements dar. Meuter, eine unentwegt Schreibende, aber auch eine Hörende und Antwortende. Ihre Texte weisen eine Fülle von Bezügen und Referenzen auf, von denen einige, wie die machttheoretischen Überlegungen, zu Vaerting führen.

Die Rezeption des Vaertingschen Konzepts durch Hanna Meuter scheint die Vermutung zu bestätigen, daß in der zweiten Hälfte der 20er Jahre intellektuelle Frauen unterschiedlicher Kreise aneinander anknüpfen, sich zu rezipieren beginnen und dadurch auch Überlieferungsmöglichkeiten schaffen. Claudia Honegger hat am Beispiel der frühen Frankfurter Soziologinnen gezeigt, wie der Nationalsozialismus eine gerade einsetzende theoretische Aufmerksamkeit intellektueller Frauen für die Soziologie und für einander weitgehend stillegte.[31]

6. Hanna Meuter hat die machttheoretischen Anstöße Vaertings für die Beschreibung und Analyse sozio-kultureller Phänomene aufgenommen und sie mit thematischen Motiven und theoretischen Figuren verknüpft, die schon in ihrer Promotion auftauchen.

An der Einleitung zur Anthologie *Amerika singe auch ich* läßt sich illustrieren, wie Meuter ihre Fragestellungen theoretisch weiter entwickelte. Diese Veröffentlichung signalisiert, daß zu Ende der 20er Jahre auch in Deutschland die Aufmerksamkeit auf Phänomene wie Rassismus und Dominanz weißer Herrschaft gelenkt wurde. Die Pointe der Einleitung Hanna Meuters liegt darin, daß sie diese Perspektive mit Fragen der kulturellen Überlieferung verbindet.

Schon in ihrer Einführung in die Soziologie, die 1928 erschien, hatte sie unter dem Gesichtspunkt des soziologischen Determinismus darauf hingewiesen, daß man nicht von einem ‚Rassendeterminismus' sprechen könne, daß es vielmehr darum gehe, die Zuschreibungen kultureller Unterschiede in ihrer Genese soziologisch zu rekonstruieren.[32]

In der Einführung zur Anthologie beschreibt sie, wie Rassenzuschreibungen funktionieren und hergestellt werden. Ausgehend von Robert Parks Feststellung, daß Fremde zumeist als Typen und nicht als Individuen wahrgenommen werden, betont sie mit Vaerting, daß gerade bei Rassenunterschieden die Individualität im Zuge der Typenzuschreibung vollkommen verschwindet. Wenn man diese Typenzuschreibung, wie etwa Emotionalität bei Schwarzen, so Meuter, nun „schlechthin biologisch, als Rasseneigentümlichkeit erklären will", dann begründe man soziale Differenzen fälschlicherweise mit einem angeblich natürlichen Charakter. Wohl aber könne das häufige Auftreten der Emotionalität bei Schwarzen als ein Effekt ihrer spezifischen sozialen Situation, nämlich als „soziologisches Produkt der Unterdrückung" beschrieben werden.[33]

1925 hatte Meuter sich in ihrer Promotion am Beispiel des Phänomens der Heimlosigkeit schon mit der Frage von Kommunikation, Mündlichkeit und sozialer Kontinuität beschäftigt. Meuter betrachtet die spezifische Geschichte der Afroamerikaner unter dem Gesichtspunkt, wie Herrschaft Traditionsstiftung verhindert. So hat das Herrschaftssystem der Sklaverei die Traditionen afrikanischer Kultur zerstört und Wege der schriftlichen Überlieferung afroamerikanischer Schöpfungen erschwert. Mit großer Klarsicht weist Meuter nun darauf hin, daß diese Zerstörung der Tradition durch die Sklaverei zu eigenen kulturellen Formschöpfungen führt. Die Mündlichkeit überhaupt und Musik im besonderen, der Rhythmus und verschiedene Formen wie Blues oder Spirituals beschreibt Meuter als Schöpfungen einer afroamerikanischen Kultur in der weißen Sklavenhaltergesellschaft. Hanna Meuter präsentierte über diese Anthologie einen kulturellen Ausschnitt afroamerikanischer literarischer Produkte. Sie machte damit für Deutschland eine

Sicht auf die Verknüpfung von Rassismus, kultureller Überlieferung und afroamerikanischer Kultur zugänglich, die kultursoziologisch erstaunliche Perspektiven einschlug und zudem theoretisch auf der Höhe der Zeit war.

Hanna Meuter beabsichtigte, einen zweiten Band zu verfassen, der die Stellung der schwarzen Frau in der Kultur ihrer Gemeinschaft zum Gegenstand haben sollte. In den 30er Jahren versuchte Louis Wirth in Chicago, ihr Kontakte zu us-amerikanischen Wissenschaftlerinnen und Wissenschaftlern zu vermitteln, um die Materialbasis für dieses Buch zu erweitern.[34] Doch das Projekt eines zweiten Bandes wurde nie verwirklicht.

7. Diese erste Rekonstruktion der intellektuellen Biographie Hanna Meuters hat gezeigt, daß es Einschnitte gab, die für ihren beruflichen Weg und ihre theoretische Arbeit von weitreichender Bedeutung waren und für die Frage der Überlieferung eine nicht zu unterschätzende Rolle spielen. Erstens wurde Hanna Meuter mit der Aussetzung des Habilitationsverfahrens die entscheidende Voraussetzung für ihre akademische Karriere als Hochschullehrerin verwehrt. Diese systematische Behinderung hatte mit Ressentiments gegen Frauen als Wissenschaftlerinnen zu tun, die durch das formale Recht auf Habilitation, das Frauen seit 1920 beanspruchen konnten, nicht aufgehoben waren. Damit gilt für Hanna Meuter, was Claudia Huerkamp als einen Trend der Zeit für die Wissenschaftlerinnen der 20er Jahre bezeichnet hat. In ihrer Untersuchung über studierende Frauen im bildungsbürgerlichen Milieu 1900–1930 sprach sie vom ‚Holzweg' zum akademischen Beruf, von dem Dilemma, daß die Frauen in der Weimarer Republik zunehmend in die Universität strömten, aber keine akademischen Positionen erlangten.[35]

Im Fall Hanna Meuters gibt es verschiedene Hinweise darauf, daß der Antifeminismus mit Vorbehalten seitens der Wirtschafts- und Sozialwissenschaftlichen Fakultät der Universität Köln gegen sie als Schülerin von Leopold von Wiese zusammenhängen, bzw. daß sich diese Vorbehalte auch gezielt gegen von Wiese gerichtet haben könnten. Dieser Aspekt ist für die Frage der Schulenbildung, aber vor allem auch für die Frage der

Institutionalisierung der Soziologie in der Weimarer Republik von großem Interesse.[36]

Zum anderen läßt sich in der Biographie Hanna Meuters das Jahr 1933 als ein Einschnitt bezeichnen, der wichtige Verbindungen zur Soziologie sowie zu sozialtheoretischen und sozialpolitischen Projekten stillegte. Ihre zwangsweise Entlassung als Bibliothekarin sowie die Auflösung der Arbeits- und Publikationszusammenhänge entzogen auch ihr das Terrain. Ebenso wie für Mathilde Vaerting läßt sich für Hanna Meuter folgendes sagen: die institutionellen Blockaden und die weiterhin existierenden sozialen Ausschließungen gegenüber Frauen erhielten durch den Nationalsozialismus, also durch politische Veränderungen, eine fatale Zuspitzung.

Der intellektuelle Aufbruch von Frauen in den 20er Jahren wurde nicht nur durch institutionelle Exklusionsmechanismen gedämpft, vielmehr beendete der Nationalsozialismus für die meisten, und vor allem für jüdische Frauen, in einer dramatischen Weise deren Versuche, aus der Wissenschaft einen Beruf zu machen. Diese Verkettung von traditionellen Verfahren, Frauen den Zugang zur Wissenschaft zu versperren, mit den 1933 neu einsetzenden Ausschließungen, nämlich den rassistisch definierten Vertreibungen von Jüdinnen und Juden aus der „deutschen" Universität, hat für die Geschichte von Frauen an der Universität eine Bedeutung, die in der Frauenforschung bisher weithin unbegriffen geblieben ist.[37] Dies auch eingedenk dessen, daß nach 1945 geschlechterspezifische Selektionsmechanismen weiterhin wirksam sind, die entscheiden, ob Wissenschaftlerinnen überhaupt im Kanon der akademischen Überlieferung auftauchen. Diese Kontinuität geschlechterspezifischer Auswahlverfahren hat nach 1945 den Bruch von 1933 gleichsam noch einmal verstärkt.

Das akademische Gedächtnis der Soziologie als Disziplin hat bisher den gewundenen und prekären Weg der Töchter, die als erste Generation aus der Soziologie einen Beruf zu machen suchten, noch nicht zur Kenntnis genommen. Die Annäherung an Hanna Meuter soll Spuren sichern, die aufzusuchen auch für andere Wissenschaftlerinnen an der Zeit ist.

Selma Stern (1890–1981)
Exzentrische Bahnen

von Michael Schmidt

Für Astrid Meyer, Schwege

Selma Stern wurde 1890 geboren. Nach einer „glücklich[...]en Kindheit im badischen Dorf Kippenheim“[1] absolvierte sie bis 1909, als erste Schülerin überhaupt an diesem Institut, das humanistische Gymnasium in Baden-Baden, das bereits ihr Vater, der Arzt Dr. med. Julius Stern, besucht hatte. Anschließend studierte sie Geschichte, Literatur und Philosophie an den Universitäten in Heidelberg und München, wo sie 1913 mit Auszeichnung als eine der ersten Historikerinnen Deutschlands promoviert wurde.

Das junge Frl. Doktor, der freilich als Frau zunächst keine wissenschaftliche Karriere offenstand, hätte leicht das kaiserliche Schlagwort vom „Platz an der Sonne“ auf sich beziehen können. Ihre ersten vierundzwanzig Lebensjahre fielen in Deutschlands kurzes ‚goldenes Zeitalter‘; das Deutsche Reich war Großmacht geworden, nachdem den Deutschen zuvor in nur etwa zwei Menschenaltern die Transformation vom Bauernvolk in eine auf vielen Gebieten führende Industrienation gelungen war. Auch Angehörigen der etwa ein Prozent der Bevölkerung umfassenden jüdischen Gruppe – wie Selma Stern – vermochte das Deutsche Reich ein „Gefühl des Geborgenseins und Daheimseins“[2] zu vermitteln. Dies lag freilich weniger an der vor allem im industrielltechnologischen Bereich modernen Politik des Kaisers, der als eine Art Happeningkünstler, in stets neue Uniformen verkleidet, das Establishment der europäischen Diplomatie provozierte.

Vielmehr hatten die in Deutschland lebenden Juden selbst – beharrlich gegenüber allen institutionellen Widerständen, men-

Selma Stern

talen Widrigkeiten und nicht zuletzt antisemitischen Widerlichkeiten im Prozeß der Zivilisation voranschreitend – als eine entschieden prosoziale Gruppe sehr viel zur Modernisierung und Blüte Deutschlands beigetragen. Die Historikerin Stern hat diesen langwierigen Prozeß später wiederholt als jüdische Assimilation, als Angleichung der jüdischen Lebensverhältnisse an die der Umwelt beschrieben. Das war bescheiden gedacht, denn es berücksichtigte nicht die Leistungen der eigenen Gruppe. In gewisser Weise war dies aber auch unhistorisch gedacht, denn die physiologische Metapher ‚Assimilation' berücksichtigte nicht die Veränderungen einer Umwelt, an die eine Angleichung zunehmend schwieriger wurde.

Rückblickend läßt sich der Antisemitismus im Deutschen Reich zwischen 1871 und 1945 als säkularer Trend beschreiben, der im christlichen Fundamentalismus des Nationalsozialismus endete. Den deutschen Juden der Generation des Vaters von Selma Stern mochte Antisemitismus eher lächerlich und dumm denn bedrohlich erscheinen; so etwa, wenn der Antisemitenführer Liebermann von Sonnenberg 1891 eine Beeinflussung seiner Jungmänner-Lyrik durch Heinrich Heine einräumen mußte. Angst verbreitete er indessen doch, wie die Gründung eines Vereins zur Abwehr des Antisemitismus, der beharrlich Ritualmordbeschuldigungen und Wuchervorwürfe widerlegte und entlarvte, bereits im Kaiserreich zeigt.

Wer die persönlichkeitspsychologische These akzeptieren mag, die „Angst kognitiv als die Einsicht darin definiert, daß Ereignisse außerhalb des eigenen Interpretationssystems liegen",[3] der könnte, polemisch knapp und pointiert verkürzt, den unverhältnismäßig großen Anteil deutscher Juden an der Genese von Interpretationswelten der Moderne als „Abwehr" auffassen: Weil sich Judentum einem traditionell antisemitischen Christentum, das sich in Deutschland zunehmend hin auf einen völkisch-faschistischen Fundamentalismus entwikkelte, gegenüber als konsequent nicht assimilierbar erwies, war gerade für deutsche Juden ein Impuls und aufgrund der industriell-technologischen Veränderungen in der deutschen Gesellschaft auch eine Basis für jene radikale Neuinterpretation von Welt gegeben, in der die modernen Naturwissenschaften, vor allem die Physik, nur ein Paradigma für fast alle anderen Künste und Wissenschaften abgaben. Die ‚Explosion der Mitte' in Deutschland war keine jüdische Verschwörung, doch waren an diesem Transformationsprozeß außergewöhnlich viele Jüdinnen und Juden beteiligt.

Jüdische Assimilation bezeichnete in dieser Hinsicht wenig mehr als die größere Visibilität jener ‚Beffchen', die Reformrabbiner nach dem Vorbild protestantischer Geistlicher als Kragen trugen, gegenüber der Relativitätstheorie Einsteins. Demgegenüber scheiterte eine Assimilation der Gesellschaft der ‚verspäteten Nation' Deutschland an die Moderne jenseits des industriell-technologisch-militärischen Komplexes zunächst vernichtend. Der Versuch, Moderne „dem deutschen Sinne angeähnlicht" (so scheinbar skurril und doch markant hatte einst Goethe, freilich nicht auf menschliche Verhältnisse, sondern auf fremde Literatur bezogen, Assimilation übersetzt)[4] zu rezipieren, endete in Barbarei. In dieser Zeit wurde übrigens auch der Assimilationsbegriff im naturwissenschaftlichen Interpretationssystem obsolet und zur Wissenschaftshistorie, sein „Anwendungsbereich fällt nahezu mit der Blütezeit der ‚klassischen' Physiologie zusammen (ca. 1810–1940)".[5]

Am 7. Juni 1914 notierte die knapp vierundzwanzigjährige, unglücklich verliebte Historikerin Selma Stern in ihr Tagebuch eine Art Lebensentwurf: „Die Frau von heute soll ein anderes Ideal haben als Männern nachahmen. Sie soll sich bewußt sein, daß sie selbst eine Kraft ist, die auf ihrem Gebiete Großes leisten kann! Ich träume von einer Verb[indung] zw[ischen] Wiss[enschaft] & Literatur, Belletristik & Philosophie, Wiss[enschaft] & Leben! Ich glaube die Bahn gefunden zu haben, auf der ich weiterschreiten kann: Ernst & langsam. Biographien großer Männer & Frauen aus der Gesch[ichte] & Literatur schreiben. Mich in sie hineinverleben [,] in ihr Leben & Denken & in ihrem Leid das Meine vergessen!"[6]

Diese Sätze wurden genau drei Wochen vor den verhängnisvollen, weltenverändernden Schüssen von Sarajevo geschrieben, dem Initial für das Ende der bürgerlichen Epoche und gerade auch der jüdisch-deutschen bürgerlichen Welt, die der jungen Frau bislang ein Gefühl von Geborgenheit und Daheimsein vermittelt hatte. Wenngleich die Tagebuchaufzeichnungen der jungen, brillanten, aber als Frau und Jüdin nicht habilitationsfähigen Doktorin aus dem Sommer 1914 die Furcht artikulieren, „an der täglichen Notwendigkeit, mit geistloser Arbeit Geld verdienen zu müssen [... und] um kümmerliche Privatstunden zu betteln, fast zu zerbrechen",[7] so gilt doch, daß sie auf ihrer Bahn weitergeschritten ist: eine exzentrische Bahn freilich aufgrund der von ihr persönlich erlebten und überlebten Geschichte.

Ihr gelangen tatsächlich bedeutende wissenschaftliche Leistungen; zu Recht wurde sie 1970 vom Leo Baeck Institut als große alte Dame der jüdisch-deutschen Geschichtswissenschaft bezeichnet. Sie hat, selbst wenn man verschiedene biographische Aufsätze, die gewiß keine Gelegenheitsarbeiten um des Geldes willen waren, nicht mitzählt, vier große Biographien geschrieben, die nicht allein aufgrund ihres früh ausgeprägten Personalstils auch ein Stück Literatur sind; sie hat überdies in der Emigration und in der Verzweiflung über die Vernichtung der europäischen Juden einen Roman in Episoden geschrieben und publiziert: *The Spirit Returneth ... A Novel*[8] handelt von den mittelalterlichen Pestpogromen. So wird deutlich, daß sie ihr in der Tagebuch-Notiz formuliertes lebensphilosophisches Konzept, historiographisches Schreiben als eine Art Therapeutikum aufzufassen, beibehalten hat. Allen Widrigkeiten zum Trotz blieb ihre eigene Biographie bis in das hohe Alter hinein geprägt von der Verbindung zwischen „Wissenschaft & Leben". Ist dieser Befund schon an sich erstaunlich, so ist er es erst recht angesichts der deutschen Geschichte in der ersten Jahrhunderthälfte.

Selma Stern blieb ihrem Lebenskonzept überdies treu, ohne dogmatisch zu sein.

Es gibt so etwas wie einen Erfahrungssatz, daß ein erstes literarisches Werk viele, gar fast alle Elemente eines späteren Gesamtwerks in sich trägt. Möglicherweise tendieren junge Autorinnen und Autoren oft nicht nur dazu, ihren Erstling vorsichtshalber zugleich als letztes Werk zu betrachten und entsprechend zu befrachten. Auch im spezifischen Zugriff auf Probleme und unter Aspekten der Darstellungsweise kann die erste größere Arbeit zum Prototyp und Modell eines späteren Gesamtwerks werden. Daß diese (ironische) Beobachtung auf Selma Sterns Werk zutreffen könnte, mag verblüffen, da die bis zum Ende des Ersten Weltkriegs veröffentlichten Arbeiten der Autorin allenfalls am Rande etwas mit der deutsch-jüdischen Geschichte zu tun haben, der doch seit etwa 1920 ihr nahezu ausschließliches historiographisches Interesse galt.

Doch läßt sich die Kontinuität gegenüber der einmal eingeschlagenen Bahn selbst an einem vergleichsweise peripheren Phänomen wie den auf den Titeleien gedruckten Widmungen ablesen: sie gelten väterlichen Männergestalten. Dem eigenen, bereits 1908 verstorbenen Vater widmete sie ihre erste, einem vergessenen Radikalaufklärer geltende Monographie;[9] die folgende eignete sie dem Direktor des Wolfenbüttler Archivs zu, der ihr diese als Auftragsarbeit über den preußischen General und braunschweigischen Herzog Karl Wilhelm Ferdinand ermöglicht hatte.[10] Ihre erste nach dem Zweiten Weltkrieg in Deutschland erschienene Monographie, eine Biographie Josel von Rosheims, des markantesten jüdischen Politikers der nachmittelalterlichen ‚Zeit der Verzweiflung', widmete sie dem kurz zuvor verstorbenen Leo Baeck als „Judaeorum Defensori Nobilissimo",[11] ihr Monumentalwerk über die preußischen Juden schließlich ihrem verstorbenen Eheman Eugen Täubler,[12] den sie stets auch als ihren Lehrer und Mentor angesehen hatte. Gegenüber ihrer Neigung, den Einfluß Täublers auf ihre wissenschaftlichen Arbeiten zur deutsch-jüdischen Geschichte zu betonen, ist die Eigenständigkeit bereits ihres – hier erstmals behandelten – Frühwerks herauszustreichen: Liebeserklärungen sind nicht nur Tatsachenaussagen.

Bereits ihre erste größere Arbeit, eine Lebensbeschreibung des preußischen Jakobiners Anacharsis Cloots, läßt einen für Selma Stern typischen Zugriff auf den Gegenstand erkennen:

Erschlossen wird „unbenutztes Material im Pariser Archiv" sowie aus dem Familienarchiv Cloots', kulturhistorische Quellen werden rezipiert: „Zeitungen, Memoiren und Flugblätter aus der Revolutionszeit".[13] Die extensive Nutzung von Archivalien, aber auch von Quellen des historischen Kollektivgedächtnisses mit der Absicht, nicht nur ein Lebens-, sondern zugleich ein strukturgeschichtliches Zeitbild darzustellen, kennzeichnet auch spätere Arbeiten der Autorin, die stets stolz darauf war, in vielen arbeitsreichen Jahren „jeden Morgen die erste in Dahlem!",[14] dem in einem Berliner Vorort gelegenen Preußischen Geheimen Staatsarchiv, gewesen zu sein. Zwecks Anschaulichkeit und den ‚historischen Tatsächlichkeiten' zuliebe brachte sie gern ausführliche Quellenzitate. Das schließt auch Quellen zur Rezeptionsgeschichte ein. So zitiert sie in der Biographie des braunschweigischen Herzogs offenbar zustimmend, aber ohne weiteren Kommentar – wohl im Versuch, das Geheimnis der Persönlichkeit hermeneutisch zu verstehen – ausführlich Wilhelm Raabes anspielungsreiche historische Erzählung *Das Odfeld* aus dem Jahre 1888: Dort erscheint der Herzog als literarische Figur.[15]

Mit ihren beiden frühen monographischen Arbeiten war Selma Stern eine ausgewiesene Absolutismus- und Aufklärungsforscherin, als die Akademie für die Wissenschaft des Judentums ihr 1920 die Arbeit an den preußischen Akten zwischen 1648 und 1812 übertrug. Soweit ich, freilich nur ein Spion im Hause der Geschichtswissenschaft, sehe, können gerade die vier großen historisch-biographischen Arbeiten Selma Sterns bis heute als von der historischen Forschung unübertroffene, im Buchhandel freilich leider längst nicht mehr greifbare Standardwerke gelten. Auf ihre Weise unübertroffen ist auch die 1929 zuerst erschienene *Jud-Süß*-Biographie,[16] obwohl gerade der Person und dem Schicksal von Joseph Süß Oppenheimer, dem 1738 nach einem sensationellen Schauprozeß liquidierten württembergischen Hoffaktor, später erhebliche Forschungsarbeit gewidmet wurde: „Diese fruchtbare Untersuchung fand nicht nur in der gleichzeitigen Fachdiskussion unmittelbaren Niederschlag, [...] sondern wirkte darüber hinaus auf Historiker nach

1945 außerordentlich anregend und formte ihre Vorstellung von Süß Oppenheimer auf das nachhaltigste."[17]

Selma Sterns gründlicher und sensibler Blick auf diese schillernde, in einer antijüdischen Mit- und Nachwelt umstrittene, als intriganter Abenteurer, viriler Verführer und ökonomischer Scharlatan denunzierte Gestalt der Frühmoderne war freilich gut vorbereitet. Denn noch ein anderes Charakteristikum ihres Frühwerks muß auffallen: Es galt Außenseitern. Dem historiographischen Blick auf den Hoffaktor vergleichbar, hatte die Geschichtswissenschaft von Cloots das „gehäßige[...]" „Bild eines exzentrischen Phantasten" und preußischen „Abenteurer[s]" entworfen. Der 1755 als Sohn eines wohlhabenden, 1756 baronisierten Vaters und einer aus holländischem Adel stammenden Mutter im rheinpreußischen Cleve geborene Cloots war, wenngleich zunächst ein begeisterter Friderizianer, vor der deutschen Leserwelt des Jahres 1914 nicht ganz einfach zu rehabilitieren: als reisender Dilettant und Schriftsteller hatte er früh für eine französische Rheinzone – und Kompensation der preußischen Verluste in Polen – plädiert. Während der Revolution in Paris lebend, erklärte er sich zum persönlichen Feind von Jesus Christus und änderte seinen Vornamen Jean Baptist in Anacharsis. Der Gegner der Farbigen-Emanzipation in der französischen Karibik trat als früher Antikommunist hervor, indem er sich gegen eine Landaufteilung aussprach. Zugleich sah er mit der französischen Revolution das „goldene Zeitalter" und den „Anfang der Revolution der Welt" hereinbrechen.[18] Er forderte eine Weltrepublik, bevor er, als Aristokrat und „Fremder",[19] 1792 geköpft wurde.

In eben diesem Jahr 1792 wurde dem Herzog von Braunschweig, der sich als friderizianischer General bewährt hatte, die Reorganisation der französischen Revolutionsheere angetragen. Er lehnte ab und zeichnete bald darauf als Heerführer der antirevolutionären Koalition für das berüchtigte Manifest zum Schutze des französischen Königspaares verantwortlich, das mit seinen maßlosen Drohungen maßgeblich zur Konsolidierung der Schreckensherrschaft beitrug. Der Herzog starb 1806 an den bei Jena-Auerstedt empfangenen Wunden; auch er eine exzentrische Gestalt, die Selma Stern, als „Repräsentant[en] seiner Epoche“ und „echte[n] Sohn seines Jahrhunderts“, aus dem „Schatten Friedrichs des Großen“ hatte hervortreten lassen.[20]

Bemerkenswert ist, wie Selma Stern die Politik des französischen Konvents in ihrer Cloots-Monographie bewertet. Angesichts der von England und Preußen als Provokation aufgefaßten französischen Kriegserklärung an Holland fragt sie „Was aber lag diesen Weltenstürmern an der Feindschaft von ganz Europa?“, und verwirft die „verwegene Annexionspolitik des Konvents.“[21] Wenn man „Welten“ durch Langemarck und Konvent durch „Großen Generalstab“ ersetzt, bezeichnen diese Sätze ziemlich genau die Situation des deutschen Kaiserreichs am Ende des Jahres 1914, in dem sie veröffentlicht wurden.

Bereits die drohende Niederlage Deutschlands hatte im Ersten Weltkrieg zu einer brutalen Fokussierung antisemitischer Traditionen geführt, die einen ersten massiven Ausdruck in der infamen Judenzählung des deutschen Heeres fand. Antisemitische Kriegsgewinnlervorwürfe, die Dolchstoßlegende, die angeblich von Juden angezettelten Revolutionen sorgten in der Frühzeit der Weimarer Republik für ein mörderisches politisches Klima, das, trotz einer Konsolidierungsphase der jungen Demokratie in der Mitte der 20er Jahre, die Nazi-Barbarei antizipierte. Die deutschen Juden bekannten sich in dieser Situation weiterhin mehrheitlich entschieden zu Deutschland. Den Kaiser-Berater und Reeder Albert Ballin trieb die deutsche Niederlage in den Selbstmord, der Unternehmer und Kriegswirtschaftsorganisator Walter Rathenau durchbrach als Außenminister die politische Isolation Deutschlands, er wurde von rechtsradikalen Offizieren ermordet. Der eigenwillige Albert Einstein verweigerte in der frühen Nachkriegszeit die Teilnahme an einer Physiker-Konferenz in Belgien, zu der er als einziger Wissenschaftler aus Deutschland eingeladen worden war. Es waren nicht zuletzt jüdische Bankiers, die die deutschen Reparationspflichten derart umschuldeten, daß ein amerikanischer Forscher unlängst die pointierte These[22] von amerikanischen Reparationen an Deutschland formulieren konnte.

Auch in diesem Zusammenhang sind die nach 1918 noch verstärkten Bemühungen zu sehen, die Geschichte der Juden in Deutschland wissenschaftlich in der deutschen Historiographie zu verankern. Als exemplarisch kann in dieser Hinsicht die Lebensarbeit des Judaisten und Althistorikers Eugen Täubler (1879–1953) angesehen werden, Lebensgefährte und seit 1927 auch Ehemann von Selma Stern. Der auch durch methodologische Interessen und als Wissenschaftsorganisator ausgewiesene Forscher hatte sich bereits vor dem Ersten Weltkrieg für eine stärkere Professionalisierung einer damals institutionell noch weitgehend ausgegrenzten ‚Wissenschaft vom Judentum' engagiert; nach 1918 war er wesentlich am Aufbau eines Forschungsinstituts an der neugegründeten Akademie für die Wissenschaft des Judentums[23] beteiligt. Diesem Institut, an dem Selma Stern seit 1920 als Wissenschaftliche Beamtin forschte, blieb er auch verbunden, nachdem er sich als fast Vierzigjähriger endlich hatte habilitieren können und, nach einem Extraordinariat in Zürich, 1925 Professor für Alte Geschichte in Heidelberg wurde, von welchem Amt er 1934 im Protest und unter Verzicht auf seine – vorläufige – Privilegierung als Frontsoldat zurücktrat.[24] In der Nazizeit unternahmen die Täublers große Anstrengungen zur Verbesserung der Situation der deutschen Juden, das Ehepaar selbst emigrierte erst im April 1941 über Schweden in die USA. Täubler wurde Research Professor am Hebrew Union College in Cincinnati, Selma Stern arbeitete als Direktorin an den dortigen American Jewish Archives. In dieser Zeit entstand der bereits erwähnte Roman über verfolgtes jüdisches Leben in der Zeit der mittelalterlichen Pestpogrome als Versuch, dem eigenen Entsetzen angesichts der Vernichtung der europäischen Juden Ausdruck zu verleihen.

Daß Bücher ihre Schicksale haben, ist ein gebildetes, aber zuweilen auch zutreffendes Stereotyp. Selma Stern arbeitete seit 1920 an einer monumentalen Edition der preußischen Akten zur Geschichte der Juden zwischen dem Ende des Dreißigjährigen

Krieges und dem Emanzipationsedikt von 1812, bis ihr 1938 die Benutzung von Archiven und Bibliotheken in Deutschland verboten wurde.

Historiker neigen dazu, diese – von ausführlichen Darstellungen zur preußisch-jüdischen Geschichte ergänzte – Quellenedition als ihr Hauptwerk anzusehen: Geschichtswissenschaftlicher Ruhm wird, wie schon Carlyle wenig selbstkritisch spottete, im ‚Dryadenstaub' der Archive erlangt. Indessen wird dieses – derzeit als einzige ihrer Arbeiten im Buchhandel lieferbare – Werk, soweit ich sehe, zwar oft erwähnt, aber – ein erstaunlicher Befund angesichts der derzeitigen Hochkonjunktur jüdischer Forschungen in der deutschen Geschichtswissenschaft – eher selten daraus zitiert.

Ein von Wilhelm Dilthey entlehntes Motto auf dem Titelblatt des ersten, 1925 erschienenen Doppelbandes, Darstellung und Quellen etwa zwischen 1650 und 1718 umfassend, nimmt den in der Tagebuchnotiz von 1914 angedeuteten Gedanken eines historischen Schreibens als lebensphilosophische Selbsttherapie spiegelverkehrt wieder auf: „Der Mensch versteht sich selbst durch keine Art von Grübelei über sich selbst; allein an dem Verständnis der geschichtlichen Wirklichkeit, die er hervorbringt, gelangt er zum Bewußtsein seines Vermögens, im Guten und im Schlimmen."

In der Neuauflage von 1962 wurde dieses Motto zugunsten der Widmung an Täubler, dem die historische Hermeneutik Diltheys selbst wichtige theoretische Anregungen geliefert hatte, gestrichen.

Das Motto von 1925 und die Widmung von 1962 bezeichnen gleichsam die Enden einer Parabel: exzentrisch ist die Bahn der Autorin und ihres Hauptwerks freilich vor allem gegenüber dem ‚deutschen Sonderweg'. Das Beharren auf der einst im letzten Sommer des bürgerlichen Zeitalters eingeschlagenen Richtung einer jüdisch-deutschen Symbiose, der individuellen Kombination von Elementen jüdischer und deutscher Kultur im Medium bürgerlicher Bildung dürfte, neben und vor anderen Gründen, unter denen ein fortgeschrittenes Lebensalter nicht unterschätzt werden sollte, dafür verantwortlich sein, daß Selma

Stern ihr nach dem Ersten Weltkrieg entwickeltes Konzept einer Quellengeschichte der preußischen Juden weder preisgab noch änderte, als sie seit Beginn der 60 er Jahre die noch ausstehenden, bereits vor 1941 erarbeiteten Bände innerhalb von zehn Jahren publizierte. Freilich sollte man diese Fixierung nicht als Dogmatismus auffassen. Die Historikerin betonte ausdrücklich, daß „sich die Welt und mit ihr mein historisches Weltbild völlig gewandelt hat".[25] Historisches Verstehen, ein an der diltheyschen Hermeneutik orientiertes „Verständnis der geschichtlichen Wirklichkeit", schien nach der weitgehenden Vernichtung der europäischen Juden nicht mehr möglich, denn Verstehen trägt, einem von Gadamer formulierten hermeneutischen Grundsatz zufolge, selbst ein Moment von Affirmation in sich. Genau dies: Affirmation, blieb der jüdischen Historikerin gegenüber den NS-Verbrechen objektiv verwehrt. Was blieb, war historiographische Faktizität, die Überzeugung nämlich, „daß die vollständig auf archivalische Quellen aufgebaute Arbeit in ihrer Tatsächlichkeit nicht überholt werden kann."[26]

Die Arbeiten zum aufgeklärt-absoluten Etatismus, also die beiden frühen Biographien, *Jud Süß* und noch das Preußenwerk, waren an den bahnbrechenden, kurz vor dem Ersten Weltkrieg erschienenen Arbeiten des Verfassungs- und Verwaltungshistorikers Otto Hintze zu Beamtentum und Bürokratie[27] orientiert. Selma Sterns Assimilationsbegriff ging mit einem Fortschrittsbegriff einher, der im modernen Verwaltungs- und Rechtsstaat sein Telos sah. Diese Denkfigur spielte nicht nur in ihrem Verständnis des frühmodernen Hoffaktorentums eine wesentliche Rolle, sondern auch in ihrer Bewertung der preußischen Bürokratie, in der sie eine Art Sachwalterin der jüdischen Assimilation sah. Beamte faßte sie „als Vertreter einer neuen besseren Zeit auf", das preußische Generalprivileg von 1730, das „für *alle* Juden der preußischen Provinzen und Länder" galt, dokumentiert für sie „die fortschreitende staatliche Entwicklung [...,] den endgültigen Sieg des absolutistischen Einheitsstaates über den ständischen Territorialstaat. Aber für die Juden selbst bedeutete die Bestimmung [§ 24] des Privilegs den endgültigen Bruch mit dem *Mittelalter.* [...] Die Juden lebten fortan nicht mehr von *Fürstenrecht*, sondern von *staatlichem* Recht."[28] Strukturgeschichtlich mag diese Einschätzung überzeugen, mentalitätsgeschichtlich zeigt sie sich freilich blind gegenüber den Pressionen und Vorurteilen, denen auch preußische Beamte Juden nicht nur im 18. Jahrhundert aussetzten. Und sie ist hilflos gegenüber der späteren Rolle einer hochorganisierten deutschen Verwaltung bei der Ausführung des Massenmordes.

Libelli habent sua fata: Der zweite Band des Werkes war zu Beginn der Nazi-Zeit ausgearbeitet, an eine Drucklegung war zunächst nicht zu denken. 1938 versuchte der berühmte Schocken-Verlag, ein Unternehmen der noch geduldeten jüdischen Kultur in NS-Deutschland, wenigstens die Darstellung zur Judenpolitik des Soldatenkönigs zu publizieren. Der Zerstörung des Verlags während des Novemberpogroms fielen die gesamte Auflage und auch das Manuskript zum Opfer. Eine unbekannt gebliebene Verlagsangestellte rettete einige Exemplare und ließ sie der Verfasserin zukommen. Als Anfang 1941 die Ausreise der Täublers ins amerikanische Exil anstand, untersagte die Reichskulturkammer Selma Stern, sowohl die eigenen gedruckten Bücher wie das in über zwanzigjähriger Arbeit gesammelte Material zur preußisch-jüdischen Geschichte in die Emigration mitzunehmen. Bevor die angedrohte Maßnahme durch Vermittlung des Goetheforschers und Heidelberger Ordinarius für neuere Geschichte, Willy Andreas (1889–1967), im letzten Augenblick aufgehoben wurde, unternahmen es Angehörige des jüdischen Widerstandes in Berlin, namentlich Mitarbeiter der von Leo Baeck und Otto Hirsch geleiteten Reichsvertretung der Juden in Deutschland und des Gesamtarchivs der deutschen Juden um Jacob Jacobson, das Verbot zu unterlaufen, indem sie Abschriften wenigstens der wichtigsten friderizianischen Akten anfertigten und konspirativ nach Schweden retteten.

Der 1971 von der inzwischen über achtzigjährigen Gelehrten publizierte letzte Band endet mit dem Tode Friedrichs des Großen, weiter war sie, die ihre Quellen forschungspragmatisch für die einzelnen, an den preußischen Thronwechseldaten orientierten Epochen erschlossen hatte, nicht gekommen, als sie das Arbeitsverbot und die Emigration trafen. Gleichsam in Fortsetzung der früheren Solidaritätsaktion fertigten Mitarbeiter des New Yorker Leo Baeck Instituts, Überlebende und Exilierte, ein umfassendes und gründliches Gesamtregister an.[29]

Wie viele Emigranten dort stand auch die Geisteswissenschaftlerin Selma Stern vor dem Problem, daß sich die amerikanische Öffentlichkeit nicht besonders für ihr Spezialgebiet interessierte. Sie fand den Blick zurück auf ein voremanzipatorisches Judentum und suchte diese neue Perspektive in ihr lebensphilosophisches Konzept einzubinden: „Nach den erschütternden Erfahrungen [...] im ‚Dritten Reich' [...] war es mir [...] nicht mehr möglich, meine wissenschaftlichen Arbeiten weiterzuführen. Noch weniger war ich imstande, die sich überstürzenden Ereignisse unserer unmittelbaren Gegenwart objektiv zu beurteilen und sie in mein historisches Weltbild einzuordnen. In dieser fast ausweglosen und niederdrückenden Situation vertiefte ich mich in die Chroniken, die literarischen Zeugnisse und die heiligen Bücher einer längst entschwundenen Epoche, in der die deutsche Judenschaft ähnlichen unbegreiflichen und zerstörerischen Mächten ausgeliefert war wie meine eigene Generation im 20. Jahrhundert. Hatte ich mich zuerst nur in die Vergangenheit geflüchtet, um die bedrohliche und gefahrvolle Gegenwart zu vergessen, so fand ich unerwarteten Trost und Zuspruch in den Aufzeichnungen der weisen Lehrer meines Volkes, aber auch in den philosophischen und religiösen Schriften christlicher Mystiker und Gelehrter. Indem ich versuchte, das gewaltige und tragische Geschehen jener Zeit innerlich nachzuerleben, begann ich auch zu erfassen, was dieser mittelalterlichen Judenschaft die Kraft gegeben hat, das über sie verhängte Unheil standhaft und tapfer zu ertragen, ja den gewaltsamen Tod in Freude und Gläubigkeit zu erleiden."[30]

In den USA entstanden ihre schönsten Bücher, ein wissenschaftlich und stilistisch souveränes Alterswerk. *The Court Jew* faßte ihre langjährigen Forschungen zum Hoffaktorentum zusammen.[31] *Josel von Rosheim,* die Geschichte des Befehlshabers der Judenschaft in der ersten Hälfte des 16. Jahrhunderts, ist eine der dichtesten historischen Darstellungen zu jener Epoche von Humanismus und Reformation, die doch zugleich ein ,Zeitalter der Angst' war.

Nach dem Tode ihres Mannes orientierte sich Selma Stern auf ihren alten Mittelpunkt hin und kehrte nach Europa zurück. Doch sie blieb im Exil. Bis zuletzt beharrlich Wissenschaft, Literatur und Leben in einer kontinuierlichen Forschertätigkeit verbindend, lebte sie seit 1960 in Basel, wohin eine ihrer Schwestern emigriert war.

Sie starb 1981.

Melitta Gerhard (1891–1981)
Die erste habilitierte Germanistin: ‚In bunten Farben schillernder Gast' und ‚uniformes Glied der Zunft'

von Gesa Dane

Melitta Gerhard war die erste Frau, die in Deutschland die venia legendi, also die akademische Lehrbefugnis, für deutsche Literaturgeschichte erhielt.[1] Sie gehörte somit zu den ersten Frauen, die eine wissenschaftliche Karriere innerhalb der akademischen Institutionen begannen. An ihrem Werdegang werden die offenen und versteckten Ausgrenzungen deutlich, mit denen Frauen bereits im Studium konfrontiert wurden, die aber besonders dann einsetzten, wenn sie die ihnen inzwischen zugänglichen institutionellen Bildungswege über das mittlere Maß hinaus nutzten.

Melitta Gerhard wurde am 22. November 1891 in Berlin geboren. Ihre Mutter war die Schriftstellerin Adele Gerhard, die selbst ein Lehrerinnenexamen in Köln gemacht hatte und nach ihrer Heirat mit Arbeiten zur Sozialpolitik und Frauenfragen an die Öffentlichkeit getreten war.[2] Später dann hat sie sich ausschließlich fiktionalen Arbeiten zugewandt, die zunehmend expressionistisch-mystisch ausgerichtet waren.[3] Stephan Gerhard, der Vater, war Jurist, Rechtsanwalt und Notar; wenige Jahre nach der Geburt von Melitta wurde der Bruder Dietrich geboren. Für die Entwicklung der Tochter ist die Einstellung der Mutter zur Bildung von Mädchen und Frauen nicht zu unterschätzen. Unter dem Titel *Mutterschaft und geistige Arbeit* publizierte Adele Gerhard zusammen mit Helene Simon eine damals vielbeachtete Studie,[4] in der sie empirisch nachwiesen, daß Mutterschaft und künstlerische, journalistische oder wissenschaftliche Arbeit einander nicht ausschließen. Gerhard und Simon geben in dieser Abhandlung auch eine Diagnose über die Stellung der Frauen im Wissenschaftsbetrieb ab: Früher hätten sie sich dort wie ein „zeitweiliger, vielfach in bunten Farben schillernder Gast bewegt", erst dem 19. Jahrhundert sei es vorbehalten gewesen, „sie der Zunft als uniformes Glied ein(zu)verleiben".[5] In der Familie Gerhard war eine gleiche Ausbildung von Tochter und Sohn offenbar selbstverständlich: Nachdem die Tochter Melitta in deutscher Literaturgeschichte 1927 habilitiert worden war, wurde der Sohn Dietrich 1932 in Geschichte habilitiert. Melitta Gerhard wuchs in Berlin auf, besuchte zunächst die städtische Luisenschule, dann die „Auguste-Victoria-Studienanstalt" in Berlin/Charlottenburg,[6] die erste reguläre Schule, an der Mädchen in Berlin nach einem sechsjährigen Unterricht die Reifeprüfung machen konnten.[7] Da die Universität in der Nähe des Elternhauses lag,[8] war der Schulweg des Mädchens wesentlich weiter als später die Wege der Studentin zu den Hörsälen der damaligen Friedrich-Wilhelm-Universität. Dort wurde sie nach der Reifeprüfung zum Wintersemester 1910 immatrikuliert, ihre Studienfächer waren ältere und neuere Germanistik sowie Philosophie. Studentinnen hatten durchaus nicht das Recht, an allen Veranstaltungen teilzunehmen, dies lag im Ermessen der jeweiligen Professoren.[9] Das Studium in Berlin wurde durch je ein Semester in Leipzig und in Heidelberg unterbrochen.[10] Wiederum in Berlin schrieb sie ihre Dissertation zum Thema *Schiller und die griechische Tragödie,* eine Arbeit, die von dem Extraordinarius und Schüler von Gustav Roethe, Hermann Schneider betreut wurde.[11] Schneider gehörte zu den Dozenten, die weibliche Studierende zu betreuen hatten, was ihm den abfällig-spöttischen Namen „der Damenschneider"[12] einbrachte.

In seinem am 9. November 1918 verfaßten Gutachten bemängelte Schneider vornehmlich die zu starke philosophische Ausrichtung der Studie, der er deshalb das Prädikat „idoneum" verlieh,[13] der Zweitgutachter Andreas Heusler unterschrieb nur mit „einverstanden".[14] Die mündlichen Prüfungen am 14. Dezember 1918 wurden mit Zensuren zwischen ‚sehr gut' und ‚befriedigend' bewertet. Nach der Abgabe der Druck-

Melitta Gerhard

exemplare am 23. Juni 1919 wurde Melitta Gerhard zum Dr. phil. promoviert.[15]

Im Anschluß an die Promotion studierte Gerhard noch evangelische Theologie, um dann 1921, ebenfalls in Berlin, auch das Staatsexamen abzulegen.[16] Damit hatte sie zwei Ausbildungen, eine wissenschaftliche und eine pädagogische. Sie lebte während dieser Zeit bei den Eltern. Das gilt auch für die folgenden Jahre, in denen sie für die Habilitationsschrift forschte und an der Arbeit schrieb. Nach einem vergeblichen Versuch, in Heidelberg überhaupt ein Verfahren zu eröffnen, reichte sie die Arbeit auf Empfehlung des Kultusministeriums in Kiel ein.[17] Das Habilitationsverfahren schloß sie mit einer öffentlichen Antrittsvorlesung ab, *Der Wandel des Schillerbildes in unserer Zeit,* die sie dort am 27. Juli 1927 frei hielt. Damit war sie in Deutschland die erste Frau mit akademischer Lehrbefugnis im Fach deutsche Literaturgeschichte.[18]

Als Privatdozentin hatte sie nun die Verpflichtung, in Kiel Lehrveranstaltungen abzuhalten, was sie vom Wintersemester 1927/28 an tat. Allerdings waren mit dieser Tätigkeit keine festen Einkünfte verbunden.[19] Um ihren Lebensunterhalt zu verdienen, unterrichtete sie zugleich an einer Berliner Schule die Fächer Deutsch und evangelische Religion, hier kam ihr die doppelte Ausbildung zugute.[20] Um einer solchen doppelten Berufstätigkeit überhaupt nachkommen zu können, mußte sie während des Semesters wöchentlich von Kiel nach Berlin reisen. Dieser zweiten Verdienstmöglichkeit wurde durch die Brüning'schen Notverordnungen ein Ende gesetzt, und Gerhard war darauf angewiesen, zum Teil von ihren Eltern unterstützt zu werden.

Fast alle habilitierten Wissenschaftler haben unter vergleichbaren Bedingungen eine Zeit lang gearbeitet, mit der Hoffnung auf einen späteren Ruf. Es ist deshalb zu vermuten, daß Gerhard auch entsprechende Hoffnungen und Pläne hatte. Doch in den fünf Jahren, die auf die Habilitation folgten, erhielt sie keine Professur, die neben anderen Rechten auch mit regelmäßigen und festen Einkünften verbunden gewesen wäre. Nach der Übernahme der Regierungsmacht durch die Nationalsozialisten wurden die Universitäten bekanntermaßen schnell nach deren Vorstellungen umgestaltet, ohne daß es zu größerem Widerstand gekommen wäre, zumal nicht an den germanistischen Seminaren.[21]

Bereits am 21. April 1933 forderte die „Freie Kieler Studentenschaft" öffentlich eine Reihe von Dozenten, darunter auch Gerhard, auf, „um ihre vorläufige Beurlaubung zu bitten", wenn die „Gewähr für einen störungsfreien Verlauf des Vorlesungsbetriebes" gegeben sein sollte. In dem Aufruf heißt es weiter, die Universität solle „die in Frage kommenden Herren <sic!> im Interesse von Ruhe und Ordnung an der Universität dringlichst darauf hinweisen, daß die Studentenschaft mit allen Mitteln Quertreibereien verhindern wird".[22] Im Juni desselben Jahres mußte Gerhard auch den „Fragebogen zur Durchführung des Gesetzes zur Wiederherstellung des Berufsbeamtentums vom 7. April 1933" ausfüllen. Sie konnte die erforderliche „arische Abstammung" nicht nachweisen.[23]

Auf die Gefahr, ihren Beruf zu verlieren, reagierte Gerhard mit einer Eingabe an den Minister für Wissenschaft, Kunst und Volksbildung, die sie dem ausgefüllten Fragebogen beifügte. Sie räumte in diesem vierseitigen maschinenschriftlichen Brief vom 30. Juni 1933 ein, sie gehöre zwar juristisch zur „jüdischen Rasse", habe jedoch immer im „schärfsten Gegenstand zu jeder marxistischen, jüdischen und internationalen Gesinnung" gestanden, diese sogar „aufs leidenschaftlichste bekämpft". Dann bittet sie darum, ihr die Lehrbefugnis nicht zu entziehen und bekundet ihre „vorbehaltlose Zugehörigkeit zum Deutschtum". Weiter bekennt sie, ihre Lehrtätigkeit an der Hochschule habe sie als seelische „Erziehung der Jugend aufgefasst, um sie (...) wieder zu einem von einem einheitlichen geistigen Ziel bestimmten Gemeinschaftserlebnis, einer heldischeren Haltung und der Wiederbesinnung auf die Aufgabe des deutschen Geistes hinzuführen". Die Schiller-Darstellung, an der sie seit Jahren arbeite, befasse sich wesentlich mit „Schillers volkserzieherischem Wirken in seinen philosophischen Schriften". Ihre finanzielle Situation sei schwierig, bei einem Wegfall der geringen Privatdozentenbezüge werde sie völlig mittellos sein.

„Dass bei meiner politischen Gesinnung und meiner unbedingten Verwurzelung im Deutschtum eine Tätigkeit im Ausland für mich nicht in Frage käme, geht aus dem vorher Ausgeführten hervor."[24]

Diese denunziatorische Eingabe konnte nicht die erhoffte Wirkung haben. Gerhard hatte offensichtlich vermutet, es ginge den Nationalsozialisten um Fragen einer kulturellen Differenz oder um Gesinnungen, und nicht um die über Blut und Abstammung geführte „Definition einer fiktiven ‚Rasse'".[25] Deren Positionen übernimmt Gerhard hier, um einer abermaligen Ausgrenzung zuvorzukommen und ihre Laufbahn zu retten. Zum 9. September 1933 wurde Gerhard dennoch die Lehrbefugnis entzogen,[26] weil das ‚Gesetz zur Wiederherstellung des Berufsbeamtentums' vom April 1933 an den Universitäten auch auf die nicht beamteten Lehrkräfte, etwa die Privatdozenten, Anwendung fand.[27]

Bereits vom folgenden Jahr an lehrte sie in den Vereinigten Staaten von Amerika, und zwar bis 1935 zunächst mit Hilfe des „Emergency Committee in Aid of Displaced German Scholars" auf Einladung des German Departments am Wellesley College,[28] einem der bekanntesten Frauen-Colleges. Im Juni 1935 kam sie wieder nach Berlin zurück, sie wollte unbedingt in Europa bleiben und versuchte, in der Schweiz und in Italien Arbeit zu finden. Nachdem diese Pläne sich nicht realisieren ließen, emigrierte sie 1937 zusammen mit der Mutter.[29] Ihr Bruder, der Historiker Dietrich Gerhard, war mit seiner Familie bereits im Jahre 1935 in die USA gegangen, der Vater war im Februar 1936 noch in Berlin verstorben. Melitta Gerhard lebte nun wieder mit ihrer Mutter Adele Gerhard zusammen.

Zunächst arbeitete sie am Rockford College/Ill. (1938–1942) und als Deutschlehrerin an der University of Missouri, Columbia (1943–1944). Während des Krieges war sie zudem noch im ‚Army Specialized Training Program' der Washington University (St. Louis) tätig. Robert Spaethling bemerkt in seinem Nachruf, Gerhard habe „so schlecht und recht von ihrem deutschen Sprachgut"[30] gelebt. Erst 1945 erhielt sie eine Stelle als Professorin am Wittenberg College/Springfield, Ohio (1946–1955).[31]

Es war für deutsche Hochschulgermanisten im amerikanischen Exil aus verschiedenen Gründen schwierig, Arbeitsmöglichkeiten an Universitäten zu finden,[32] u.a. weil es dort auch noch nach der Zeit der großen Depression kaum Vakanzen gab. Die meisten Germanisten im Exil kamen an Colleges unter, an denen kein akademischer Nachwuchs ausgebildet wurde, was sie als eine Einschränkung empfanden.[33] Für Melitta Gerhard war es vermutlich besonders schwer, ihre Anstellungen zu erhalten, da in den 30er Jahren auch in den Vereinigten Staaten Frauen in akademischen Positionen noch selten waren. Ob nach dem Ende des Krieges auch an sie, wie an einige Kollegen, etwa Richard Alewyn, die Bitte oder Aufforderung erging, nach Deutschland zurückzukommen, ist nicht bekannt.[34] Im Jahre 1955 wurde sie emeritiert und ging zusammen mit ihrer inzwischen bereits über achtzigjährigen Mutter nach Köln. Adele Gerhard verstarb dort im Jahr darauf. Melitta Gerhard kehrte, wie sie es vorher geplant hatte, in die USA zurück und ließ sich in Cambridge (Mass.) nieder. Dort nahm sie ihre Publikationstätigkeit intensiv wieder auf und reiste jährlich nach Europa, auch nach Deutschland. Anläßlich der 300-Jahr-Feier der Universität Kiel wurde ihr 1965 die „Würde einer Ehrenbürgerin der Universität" verliehen. Im Jahre 1981 starb sie in Cambridge, kurz vor der Vollendung ihres 90. Lebensjahres. Auf ihren eigenen Wunsch hin wurde ihre Urne im Grab der Eltern auf dem Alten St. Matthäi-Kirchhof in Berlin beigesetzt. Es ist nicht bekannt, ob es einen wissenschaftlichen Nachlaß gibt, ihre Tagebücher und Briefe befinden sich im Besitz ihrer Familie.[35]

Für den Bruch, den das Exil bedeutet haben könnte, finden sich nur wenige Spuren, so etwa wenn Melitta Gerhard in der Monographie über die Mutter von „der Vernichtung der Kultur, die um ihre Jugend und ihr Reifen war," schreibt. In der Einleitung zu dieser Monographie legt sie ihre Grundüberzeugungen zu Fragen des dichterischen Schaffens dar, und implizit wird auch ihre Auffassung von literaturwissenschaftlichem Arbeiten deutlich: Es sei „der überpersönliche Sinn des Daseins", der im künstlerischen Werk „ans Licht gehoben wird". Die Aufgabe literaturwissenschaftlichen Deutens sieht sie darin, die Vermittlung zwischen einem Werk, dessen „überpersönliche(m) Sinn" und einem geistigen „zeitlich-überzeitlichen Raum"[36] herzustellen. So folgt das dichterische Werk der Mutter, so wie die Tochter es liest, insgesamt einer sinnhaft-organischen Entwicklung. Auch ihrem wissenschaftlichen Arbeiten wird eine solche Entwicklung unterlegt.[37] Für sie existiert eine enge Verbindung von literarischem und interpretatorischem Schaffen,[38] eine bedeutsame Tatsache, denkt man an die Rollenverteilung zwischen Mutter und Tochter. Was Friedrich Gundolf in einer Person vereinigen wollte, ein Leben als Wissenschaftler und Künstler zugleich, ‚verteilen' Adele und Melitta Gerhard untereinander.

Adele Gerhard ist übrigens die einzige Schriftstellerin, über die Melitta Gerhard publiziert hat. Im Zentrum ihrer sonstigen Arbeiten stehen die Werke von Friedrich Schiller, Johann Wolfgang von Goethe und besonders Stefan George. Sie bleibt immer der geisteswissenschaftlichen Literaturauffassung verbunden, einem methodologischen Ansatz, der in der Zeit ihrer wissenschaftlichen Sozialisation zu den moderneren gehörte.[39] Damit steht sie weitgehend im Horizont der zeitgenössischen Literaturwissenschaft der 20er und 30er Jahre. Das zeigt auch die Tatsache, daß sie damals bereits in bedeutenden Zeitschriften publizierte, wie der *Deutschen Vierteljahresschrift,* den *Preußischen Jahrbüchern* und dem *Jahrbuch des freien deutschen Hochstifts.* Die Grenze zwischen geistesgeschichtlicher Literaturgeschichtsschreibung und der völkisch-nationalsozialistischen Terminologie, die, wie Wilhelm Voßkamp gezeigt hat, fließend sein konnte,[40] hat sie – mit Ausnahme der bereits zitierten Eingabe – nicht überschritten. Sie arbeitet allerdings distanzlos nicht nur mit einer Terminologie weiter, die aus dieser Zeit stammt. Wie wenig sie deren Voraussetzungen und Implikationen reflektiert, zeigt die Geschichte der Schillermonographie, auf die sie schon in der erwähnten Eingabe von 1933 hingewiesen hatte. Damals hatte sie betont, sie plane, den volkserzieherischen Aspekt von Schillers philosophischen Schriften herauszuarbeiten. Und dann erscheint 1950 die umfangreiche Monographie *Schiller,* mit einem programmatischen Motto von Stefan George, in dem dieser auf die erzieherische Bedeutung von Schiller verweist.[41] Ihre Lektüre von Schillers Texten bleibt unverändert: „Wohl hat sich, seit die Arbeit begonnen wurde, das Gesicht der äußeren Welt gewandelt. Daß die Aufgabe und Forderung, in deren Dienst Schillers Lebenswerk steht, von solchen Wandlungen unberührt bleibt und von allem Geschehen nur stärker bestätigt wird, ist greifbare Verkörperung des Goethewortes über die Offenbarung des Gesetzes der ‚Gott-Natur' ".[42] Nachdem sie sich zuerst mit dem Motto durch George in ihrer Schillerdeutung legitimiert hat, verschwindet Gerhard dann hinter der Autorität Goethe – den sie unhistorisch zitiert – anstatt abschließend eine eigene Argumentation für ihre unveränderte Sicht aufzubauen. Ihre Schriften sind insgesamt geprägt von der antimodernen Tendenz einer an Stefan George ausgerichteten Literaturdeutung. In dem 1975 erschienenen Aufsatz *Zeitkrisis und Neubeginn. Mahnrufe im deutschen Schrifttum von Goethe bis George* heißt es beispielsweise, daß seit dem 18. Jahrhundert „führende Männer des deutschen Geisteslebens"[43] immer wieder den Kampf gegen ihre Zeit aufgenommen hätten. „Es ist der Kampf um die Erneuerung einer immer mehr haltlos werdenden, jeder Richte verlustig gehenden Menschheit. Die Form dieses Kampfes, der um so unerbittlicher werden mußte, je tiefer die Entwurzlung des Lebens um sich fraß, die Möglichkeit der Verwirklichung dieses Zieles ist zuinnerst verflochten mit dem Entwicklungsgang der Jahrhunderte. Denn erst wenn die Zeit reif war, konnte die Stunde für eine Neugeburt gekommen sein."[44] Wie vieles andere hat sie diese Vorstellung von ‚Neugeburt' aus der Jugendbewegung und der Lebensphilosophie der 20er Jahre herübergenommen. Ihre literaturwissenschaftlichen Arbeiten sind heute nur noch unter epistemologischen, fachgeschichtlichen oder diskursanalytischen Aspekten überhaupt lesbar und von Interesse.

Melitta Gerhards erste wissenschaftliche Veröffentlichung, ein Aufsatz *Stefan George und die deutsche Lyrik des 19. Jahrhunderts* erschien noch vor der Promotion, sie stellt dort eine Traditionslinie zwischen Goethe und George her. Noch vor der Veröffentlichung las Gundolf diesen Text und nahm kritisch Stellung sowohl zur Fragestellung als auch zum Ergebnis:

„ausser dem was jeder nachgoethische Dichter unvermeidlich Goethe verdankt ist ein spezifischer Einfluß Goethes nicht nachzuweisen. (...) Innerhalb der durch diese Aufgabe gesteckten (...) Grenzen aber, als philologische Parallele zwischen zwei entscheidenden deutschen Dichtern, ist Ihre Abhandlung tüchtig und aufschlußreich, von allem was bisher philologisch-literarhistorisch über Stefan George mir vor Augen gekommen ist das weitaus beste ... wobei freilich offen bleibe ob ein lebendiger, noch nicht in die Geschichte eingegangener, sondern geschichtebildender Dichter überhaupt auf diese Weise begriffen werden kann und darf. ‚Historische Objektivität' gegenüber schöpferischen Zeitgenossen ist weder möglich noch wünschbar, und was sich dafür hält ist immer Selbsttäuschung."[45] Mit dieser letzten Feststellung äußert Gundolf einmal die grundsätzlichen Zweifel gegenüber wissenschaftlich-philologischer Erkenntnis über zeitgenössische Literatur überhaupt. Zum Element eines paradoxen Geflechts von Zustimmung und Ablehnung wird diese Feststellung im Kontext eines Briefes an eine Studentin, wenn er zuerst die Themenstellung problematisiert, anschließend aber dennoch das auf diese Weise zustande gekommene Ergebnis lobt. Insgesamt steht freilich diese Ausführlichkeit in deutlichem Gegensatz zu der Kürze, mit der er zwei Jahre später in einem Brief an Stefan George den Aufsatz kommentiert, nachdem dieser publiziert worden war: „M. Gerhards Abhandlung: sie ist tüchtig, ehrlich und gescheit – ein wenig ‚reizlos', aber wohl brauchbar für den Bereich, den sie berührt".[46] Diese abwertende Geste, die hier erscheint, hängt wohl damit zusammen, daß der Adressat dieses Briefes ein entschiedener Gegner wissenschaftlichen Arbeitens war, was zu großen Spannungen im Verhältnis zwischen George und Gundolf geführt hatte, die Gundolf mit seinem eigenen, nur zwei Jahre später publizierten George-Buch auszugleichen versuchte.[47] In den wenigen Zeilen an George begegnet uns zum ersten Mal die Herablassung, mit der Gerhards wissenschaftliche Arbeiten wiederholt bedacht wurden.

Exemplarisch läßt sich dies an Gerhards Versuch zeigen, in Heidelberg zu habilitieren. An ihrem Scheitern war Gundolf maßgeblich beteiligt. Der philosophischen Fakultät Heidelberg lag im November 1925 eine Anfrage von Melitta Gerhard vor, ob sie dort habilitiert werden könne. Gerhard hoffte übrigens, Erich Rothacker werde sich für sie einsetzen,[48] da sie bereits in der von ihm mit herausgegebenen *Vierteljahresschrift für Literaturwissenschaft und Geistesgeschichte* publiziert hatte. Auf der Tagesordnung der Fakultätssitzung vom 28. November 1925 stand an letzter Position „Vorbesprechung der Habilitation von Frl. Dr. Gerhard".[49] Von den in der Sitzung anwesenden Professoren haben in dieser Angelegenheit außer Gundolf noch Alfred Weber, Karl Hampe, Friedrich Panzer, Carl Neumann und schließlich Rothacker das Wort ergriffen. Als erster hat, laut Sitzungsbericht, Gundolf zu Gerhards Nachfrage Stellung bezogen. Er erkannte zwar „die überdurchschnittlichen Eigenschaften der vorliegenden Produktion" an, doch Gundolf war „grundsätzlich gegen eine Habilitation von Frauen (...), die keine Genies sind".[50] Nach diesem Votum enthielt er sich der Stimme.

Gundolfs Aussage zu Genie und Habilitation ist doppeldeutig; sie kann besagen, daß Frauen nur dann habilitiert werden können, wenn sie Genies sind, sie kann freilich aber auch meinen, daß Frauen grundsätzlich nicht habilitiert werden können, weil sie keine Genies sein können. Beide Deutungsmöglichkeiten laufen allerdings auf eine Diskriminierung der Wissenschaftlerin hinaus. Gundolfs Stimmenthaltung ist so zu interpretieren, daß er Melitta Gerhard, trotz zugestandener Würdigung der Abhandlung, nicht habilitieren wollte, weil sie kein Genie war. Allerdings ist ‚Genie' kein objektives, vielmehr ein höchst ungenaues und willkürliches Kriterium für eine wissenschaftliche Qualifikation.[51]

Seine Position hatte Folgen für den weiteren Gang der Verhandlung über ihr Gesuch, das schließlich abgelehnt wurde. Denn dem wichtigsten Vertreter des Faches sollte sich dann im Laufe der Sitzung niemand entgegensetzen. Und kein Wissenschaftler versuchte, über die vorliegende Abhandlung zu sprechen. Nach Gundolf bezog als nächstes Fakultätsmitglied Alfred Weber Stellung, der behauptete, daß die „Anlegung eines außergewöhnlichen Massstabes <sic!> an weibl. Habilitanden sachlich durch ihre künftige Situation gerechtfertigt" sei. Und Hampe verwies auf „die Aussichtslosigkeit einer Berufung". Der Mediävist und Parzivalforscher Panzer, der gleichzeitig Dekan der Fakultät war, „will nicht dem nächsten Fachvertreter (d.i. Gundolf, G.D.) entgegen sein, zumal die Bedürfnisfrage nicht zu bejahen" sei. Das heißt, die Fakultät brauchte nach Meinung des Dekans keine Privatdozenten im Fach Literaturgeschichte. Diesen Sachverhalt empfahl Neumann, in der Begründung zu betonen, „zur Vermeidung öffentlicher Diskussion über den grundsätzlichen Ausschluß von Frauen". Daraufhin erhielt Gundolf von der Fakultät den Auftrag, „Frl. Dr. Gerhard" über dieses Ergebnis zu informieren. Erst dann meldete sich Rothacker, auf dessen Unterstützung Gerhard gerechnet hatte, zu Wort, um noch „nachträglich für eine günstige Beurteilung der Bedürfnisfrage"[52] zu plädieren. Damit sollte offensichtlich verhindert werden, daß durch diesen Vorgang für mögliche Habilitationsgesuche von männlichen Bewerbern ein Präzedenzfall geschaffen wurde.

Im Vordergrund dieser Besprechung stand eindeutig nicht die Diskussion einer wissenschaftlichen Arbeit, Leistung und Eignung, sondern es ging um strategische Überlegungen, mit welchen Begründungen das Gesuch einer Frau auf Habilitation abgelehnt werden könnte. Diese Einwände gegen eine Habilitation von Melitta Gerhard zeigen prägnant, daß die Abhandlung einer Autorin anders gelesen wurde als die eines Autors: die Arbeit wurde von den Wissenschaftlern inhaltlich zwar positiv bewertet, doch nicht als Kriterium für die Eignung zu einer wissenschaftlichen Laufbahn ins Feld geführt.

Daß Frauen keinesfalls selbstverständlich Zugang zu höheren Positionen der Universität erhielten, kommt auch in scheinbar nebensächlichen Texten zum Ausdruck, wie etwa im Vorlesungsverzeichnis der Universität Kiel. Stehen dort neben der Ankündigung der Veranstaltung stets Doktortitel und Nachname des Dozenten, wie z.B. „Dr. Klemperer", so lautet die Angabe bei ihr „Frl. Dr. Gerhard" und später dann „Dr. Melitta Gerhard". Für wissenschaftliche Lehre völlig unwichtige persönliche Informationen, die bei keinem ihrer Kollegen zu finden sind, werden der akademischen Öffentlichkeit mitgeteilt, nämlich Geschlecht und Familienstand.

Und auch aus der Perspektive der Paratexte ihrer eigenen Arbeiten,[53] wie etwa in ihren Widmungen, spiegelt sich ihre institutionelle Außenseiterrolle wider, eine Rolle, die nicht in ihren wissenschaftlichen Leistungen oder Positionen begründet war. Mit Widmungen werden allgemein Personen bezeichnet, die zum Widmenden selbst oder zum Inhalt der Schrift in irgendeinem besonderen Zusammenhang stehen und somit von besonderer Bedeutung sind. Widmungen sind daher Kommunikationsakte, über die man sich öffentlich zu Personen in Beziehung setzt.[54] Dem Sender, „dem Widmungsgeber", sind zwei Empfänger zuzuordnen: einmal der „Widmungsempfänger"[55] selbst und zweitens die Öffentlichkeit. Männliche Wissenschaftler der Generation von Melitta Gerhard widmeten ihre Arbeiten in der Regel den akademischen Lehrern, ihren Eltern oder Frauen, ihren Freunden und manchmal den Frauen von Freunden. Dem liegt die Strategie zugrunde, sich öffentlich als Schüler, als verheirateter Mann, als Sohn sowie als Freund eines Hauses oder Kreises einzuordnen. Sie haben ein breites Spektrum an Möglichkeiten, sich zu Anderen in Beziehung zu setzen.

Anders verfährt Melitta Gerhard: In den Widmungen sowie in weiteren Paratexten nehmen ihre Eltern, besonders aber ihre Mutter, eine prominente Stellung ein. Ihre erste Qualifikationsarbeit, die Dissertation, widmet sie beiden Eltern: „Meinen Eltern/Stephan und Adele Gerhard/im Bewußtsein dessen was ich ihnen geistig und menschlich schulde". Neben der Dankbarkeit ist hier auch die intellektuelle Verbindung zu den Eltern, die beide namentlich genannt werden, von entscheidender Bedeutung. Damit bindet sie sich gegenüber einer männlich-akademischen Öffentlichkeit in ihre Herkunftsfamilie zurück. Diese Ausrichtung wird in einem weiteren Paratext bestätigt, dem der Dissertation beigegebenen Lebenslauf, der auch im ersten Teilabdruck der Arbeit erscheint und somit öffentlich wird.[56] Dort stellt sie sich als Tochter des Juristen Stephan Gerhard „und der Schriftstellerin Adele Gerhard"[57] vor, die Berufstätigkeit der Mutter wird gleichwertig mit der des Vaters angegeben. Allerdings bekommt diese im Verlaufe des Textes eine größere Bedeutung, wenn Gerhard ihre Motivation zum Studium anführt; schon früh habe sie „zur Beschäftigung mit der deutschen Literatur Neigung gefaßt, wozu wesentlich die Anregung durch die dichterische Tätigkeit meiner Mutter beitrug".[58] Erst dann werden die akademischen Lehrer aufgezählt, die während des Studiums wichtig waren, von denen sie einigen auch mit konventionellen Formulierungen dankt, einzig Gundolf wird besonders von ihr hervorgehoben: „Herrn Professor Gundolf, dessen Bücher mir ein tieferes Verständnis der Literaturgeschichte erschlossen, sei hier besonders gedankt."[59]

Mit diesen Widmungen sowie anderen Paratexten präsentiert sie sich der Öffentlichkeit weniger als Schülerin von akademischen Lehrern, sondern in erster Linie als Tochter eines Juristen und einer Schriftstellerin. In der Habilitationsschrift, der nächsten akademischen Qualifikationsstufe also, findet sich das noch gesteigert, denn die Arbeit ist mit einem beziehungsvollen Widmungstext ausschließlich Adele Gerhard gewidmet: „Meiner Mutter/Adele Gerhard/Aus deren Romandichtung Der Pflüger mir/die Anregung zu dieser Arbeit erwuchs".[60] Adele Gerhards Roman *Der Pflüger* entstand fast gleichzeitig mit der Habilitationsschrift der Tochter, *Der deutsche Entwicklungsroman bis zu Goethes ‚Wilhelm Meister'*. Außer Dankbarkeit und familiärer Rückbindung werden hier die Widmungszeilen auch zur Domestizierung einer ungewöhnlichen wissenschaftlichen Ambition, legitimiert besonders durch die dichterische Tätigkeit der Mutter. In diese Reihe Widmungen ist schließlich diejenige zu stellen, die sie – sehr viel später – der Monographie über das Werk ihrer Mutter beigab, eine ‚in memoriam Widmung': „Dem Andenken meines Vaters". Die einzige Ausnahme in Gerhards Widmungspraxis ist die veröffentlichte Fassung der Kieler Antrittsvorlesung, die sie „Julius Petersen zum 50. Geburtstag" zugeeignet hat.[61] Hier ist vielleicht eine strategisch angelegte Widmung auszumachen, war Petersen doch inzwischen einer der mächtigsten Ordinarien in der Berliner Germanistik.[62]

Insgesamt aber läßt sich an den Paratexten etwas Entscheidendes ablesen, stellen sie doch eine explizite Hierarchisierung derjenigen dar, von denen Anregung und Förderung einer akademischen Karriere ausgingen. Und da steht bei Melitta Gerhard die Familie, insbesondere die Mutter, eindeutig im Vordergrund. Man räumte ihr im akademischen Bereich lediglich die Möglichkeit ein, in wichtigen Zeitschriften zu publizieren. Innerhalb der Universität wurde sie nicht als gleichwertige und förderungswürdige Schülerin und Kollegin angesehen, besonders während der Jahre vor und nach der Habilitation. Wie hinderlich dieser Umstand ist, liegt auf der Hand, zumal in einer Institution, in der, wie Eberhard Lämmert ausführt, zu Recht „anhaltende Lehrer-Schüler-Beziehungen (...) nicht zuletzt auch für die Anbahnung und Verteidigung institutioneller Vormachtstellungen von kaum zu überschätzender Bedeutung"[63] sind. Wie also können Schülerinnen ihren Platz in einem solchen Beziehungsnetzwerk finden?

Bei Melitta Gerhard tritt an die Stelle der Lehrer-Schüler-Beziehung ein Mutter-Tochter-Verhältnis, in welchem die Intellektualität der beiden einen Ort hat. Adele Gerhard geht in ihrem Lebensrückblick nur in einigen Passagen kurz auf die wissenschaftliche Tätigkeit der Tochter ein. „Es war gewiß meine Absicht gewesen, meine Tochter, später die verständnisvollste Deuterin meines Schaffens, zu ‚gemäßigten Bahnen der Seele und des Geistes' – nach den Worten Frau von Staëls – zu lenken. Aber schon auf das junge Kind übte mein Schreibtisch mit den Bildern, Blüten und Pflanzen, die mich bei meiner Arbeit umstanden, einen geheimnisvollen Reiz aus – eine Natur, die geboren war, in der künstlerischen Sicht die Deutung des Weltgeschehens zu verehren. Ein gerader Weg führte von dem beglückten kleinen Mädchen, dessen heimliche Sehnsucht nach der Lektüre des ‚Tell' wir erraten hatten, als sie bei unserer Schweizer Reise ganz unerwartet auf dem Marktplatz bei Altdorf, der Szene des bewunderten ‚Tell'-Apfelschuß, stand, zu der Antrittsvorlesung der Dozentin (...) später."[64] Alle wichtigen Faktoren eines Mutter-Tochter- und eines Lehrerin-Schülerin-Verhältnisses werden in diesem Ausschnitt ineinander verschränkt: vom anhaltenden intellektuellen Austausch bis hin zur Hierarchie, die durch die Rollenverteilung Dichterin-Mutter und Wissenschaftlerin-Tochter gegeben sind. Indem aber die Mutter sich zuerst auf Germaine de Staël beruft,[65] erscheint in ihrem Text eine Genealogie der Mutter-Tochter-Verhältnisse, die über die private Besonderheit hinaus reicht. Das einschränkende ‚aber' von Adele Gerhard deutet hier nur an, daß von ‚gemäßigten Bahnen' bei der eigenen Tochter nicht die Rede sein kann. Zugleich stellt die Mutter in ihrem Rückblick eine Linie her: zwischen dem Erlebnis des Mädchens, das mit einer schreibenden Mutter aufwächst, den Anregungen und Förderungen durch die Eltern und dem Beginn der wissenschaftlichen Laufbahn. Hier wird von einem ‚Initiationserlebnis' der kleinen Tochter (Schillers Tell) berichtet. Zugleich hat dieser Text auch die Bedeutung eines öffentlichen Einsetzungsaktes und eines Vermächtnisses, das die Tochter dann erfüllt, wenn sie als „verständnisvollste Deuterin" eine Monographie der Werke der Mutter schreibt,[66] von ihr legitimiert.

Edith Stein (1891–1942)
Eros der Erkenntnis, Eros des Glaubens

von Hanna-Barbara Gerl

Lebenslinien

Das Schicksal Edith Steins steht im Zeichen der Aufbrüche und Erschütterungen des 20. Jahrhunderts, im Guten wie im Bösen. Am „Versöhnungstag", dem 12. Oktober 1891, wird sie in Breslau geboren. Mit sechs Geschwistern wächst sie in einer jüdischen Familie – ab ihrem zweiten Lebensjahr ohne Vater – auf, tief geprägt von der Liebe einer starken Mutter. Die begabte Jüngste wird mit 13 Jahren „Atheistin", betrachtet sich schon während ihrer Gymnasial- und dann Studienzeit in Breslau als Frauenrechtlerin, wechselt 1913 an die Universität Göttingen zu dem bedeutenden Philosophen Edmund Husserl, bei dem sie 1916 summa cum laude in Freiburg promoviert, und wird 1917 seine Assistentin – die erste deutsche (Privat)Assistentin in Philosophie!

Doch was den möglichen Beginn einer wissenschaftlichen Laufbahn zu versprechen scheint, endet bereits ein Jahr später im Bruch mit Husserl. Aufgrund seiner mangelnden Kooperation bei ihrer Assistententätigkeit kündigt sie ihm (!) im Frühjahr 1918. Husserl hatte seiner Meisterschülerin wegen der Gesetzeslage nie in Aussicht gestellt, sie bei sich zu habilitieren. Dennoch wird sie – im Wissen um die rechtlichen Hindernisse – zwischen 1920 und 1932 an den Universitäten Göttingen, Kiel, Breslau und Freiburg vier Vorstöße in diese Richtung unternehmen – vergeblich.

Das aufstrebende Leben Edith Steins erfährt nicht erst durch die fehlenden Perspektiven ihrer universitären Laufbahn einen Umschwung. 1915 leistete sie in einem Lazarett in Mähren freiwilligen Dienst als Krankenschwester. Die deutsche Patriotin leidet unter der anhaltenden, zermürbenden Kriegserfahrung, unter dem Verlust gefallener Freunde wie Adolf Reinach († 1917).

Es wachsen die Fragen. In zwei „unwirklich" gebliebenen Beziehungen zu den Husserl-Schülern Roman Ingarden und Hans Lipps wird ihr Verlangen nach Liebe verweigert: Beide erwidern nicht das Empfinden der jungen Frau.[1] Auf der Suche nach Tiefe und Intensität wendet sie sich der christlichen Literatur zu, fasziniert vor allem von Augustinus, zeitweise von Luther, und von Teresa von Avila. Der Lektüre von Teresas Autobiographie entspringt schließlich – in einer „einzigen Nacht" – im Juni 1921 der Entschluß, sich taufen zu lassen. Seit dem Empfang der Taufe am 1. Januar 1922 fühlt sie sich schmerzlich abgesondert von ihrer Familie, vor allem von der tief getroffenen Mutter.

Edith Stein wird Lehrerin am Lyzeum von St. Magdalena in Speyer (1923–31), doch in diese Jahre fallen zugleich ihre weitbeachteten Vorträge zu Frauenthemen und die Übersetzung von Thomas von Aquins *Quaestiones de veritate.* 1932 erhält sie eine Dozentenstelle am Deutschen Institut für wissenschaftliche Pädagogik in Münster, bis die Ariergesetze 1933 sie dieser Wirkungsmöglichkeit berauben. Im gleichen Jahr tritt sie schließlich unter dem selbstgewählten Namen Theresia Benedicta a cruce in den Karmel in Köln ein und wechselt von dort 1939 nach Echt in Holland. Am 2. August 1942 wird sie – nach einem Hirtenbrief der holländischen Bischöfe gegen die Judenverfolgung – von der Gestapo abgeholt. Nur wenige Tage später – wahrscheinlich am 9. August 1942 – werden Edith Stein und ihre Schwester Rosa in Auschwitz getötet und verbrannt.[2]

Spuren eines ungewöhnlichen Lebens, das in seiner ersten Hälfte steil und selbstsicher nach oben strebt, keine wirklichen Widerstände kennt; das sich in der zweiten Hälfte nach unten und innen neigt, sich seit 1933 immer mehr ins Unauffällige zurückzieht und schließlich in einem Grauen verschwindet. Ein reich begabtes und tief gedemütigtes Leben, das sich vor allem auszeichnet durch die ungewöhnliche Verbindung von Juden-

Edith Stein

tum und Christentum, durch die hohe intellektuelle Vertrautheit Edith Steins mit den denkerischen Problemen des 20. Jahrhunderts, darunter nicht zuletzt mit der Frauenfrage, und schließlich durch die Hinwendung zur christlichen Mystik, in deren Zeichen sie ihre unvollendet gebliebene *Kreuzeswissenschaft* entwickelt, ihre Einsicht in das Paradox Jesu: Heilung durch Leiden. In der Gestalt Edith Steins vereinen sich Spannungen, die anderswo zum bloßen Gegensatz auseinandergefallen wären: Judentum und Christentum, Wissenschaft und Religiosität, Intellekt und Hingabe, anspruchsvolles Denken und Demut. Um diese Vielschichtigkeit vor Augen zu führen, bedarf es eines aufmerksamen Einkreisens ihrer Gestalt. Von dem stolzen und selbstbewußten, auch selbstkritischen Bild der Göttinger Studentin bis zu der „Braut des Lammes", mit einem rätselhaft schmerzlichen und tief verinnerlichten Gesichtsausdruck, wie er von der Photographie ihrer Einkleidung her bekannt ist, führt ein langer Weg. Edith Stein ist nicht auf einen Blick zu begreifen, sondern im Verfolgen vieler und verwirrender Linien, die sich nur langsam zur Klarheit zusammenfügen. Hier sei versucht, zwei Linien nachzuzeichnen: die philosophische und die religiös-mystische Denkarbeit, beides anhand der zwei Hauptwerke: *Endliches und ewiges Sein* von 1936 und *Kreuzeswissenschaft* von 1942.

Ergreifen und sich ergreifen lassen.
Zur Philosophie Edith Steins

„Unser heutiges Bewußtsein ist gegen den Anspruch, das religiöse Leben und seine Inhalte rational zu fassen, sehr mißtrauisch. Es ist bereit, die Erscheinungen des Religiösen historisch oder psychologisch zu verstehen; bemüht sich um seine Wert- und Tatlehre. Sobald es sich aber um die rationale Durchdringung handelt, gar um die entscheidende Frage nach wahr oder nicht wahr, zieht es sich empfindlich zurück" – so Romano Guardini 1929.[3]

Was hier skizziert ist, bestimmt auch noch den prüfenden Blick der Gegenwart auf Edith Stein. In ihrem Hauptwerk *Endliches und ewiges Sein* von 1936, einer umgearbeiteten, nie eingereichten Habilitationsschrift, versuchte sie mit Hilfe einer diszipliniert-strengen Gedankenführung, von Welt und Mensch (dem endlichen Sein) auf Gott (das ewige Sein) weiterzuschließen: in einem Aufstieg, und zwar kraft der inneren Bewegung des Denkens.[4] Dazu zeichnete sie Thomas von Aquins *Summa theologiae* nach mit deren gedanklicher Durcharbeitung des Gottesbildes, aber auch Aristoteles, Augustinus und Husserl. Die Schritt für Schritt vordringende Entsprechung des Seienden zum höchsten Sein berührt damals wie heute äußerst sachlich. Auf der einen Seite erscheint die Sicherheit des Vorangehens vom Geschaffenen zu seinem göttlichen Ursprung als bewundernswert, vielleicht aber als ein wenig zu klar, für heutige religiöse Fragestellungen recht „scholastisch". Denn seit dem Spätmittelalter war durch die gesamte Neuzeit hindurch, vor allem im 19. Jahrhundert, die unvergleichliche Eigenständigkeit des religiösen Aktes herausgearbeitet worden. Insbesondere hatte Kierkegaard die elementare Sonderung zwischen dem Geschöpf und seinem Gott bis in eine gefährdende Tiefe durchlebt und die Verbindung mit Gott nur mehr in einem freien Sprung zustandegebracht. So wirkt Edith Steins Vertrauen auf die Rationalität, die streng formal von der Welt auf eine überweltliche Ursache weiterschließt, gegenüber dem als ursprünglich und frei verstandenen Mitteilen oder Sich-Verschweigen Gottes zunächst eigenartig. Diese Eigenart sei aber einmal aus heutiger Sicht geprüft.

Ohne Zweifel steht Edith Stein mit diesem Hauptwerk innerhalb der zeitgenössischen Theologie durchaus auf unzeitgemäßem Posten. Als Vertreter der protestantischen Theologie hatte der frühe Karl Barth die radikale Rückkehr zum Denken der Reformation betont: Denken stützt sich nicht auf sich selbst, sondern wird getragen allein von Offenbarung. Vom Menschen führt kein aufsteigender Weg zu Gott. Gott bricht ein oder entzieht sich – für beides gibt es keine Begründung, nur die Erfahrung, daß es sich so ereignet. Katholisches Denken in seinem weit größeren Vertrauen, daß ein solcher Weg zu Gott doch gangbar sei, wurde sogar als Verrat an der unerschließbaren

Größe Gottes, seiner unmittelbaren, vorbehaltenen Majestät aufgefaßt – Kierkegaard war absolut genommen. Gottes Anstöße in der Geschichte zeigten das anbetungswürdige Geheimnis als solches. Von Geschichte oder Schöpfung – oder der Vernunft, die beiden zugehörte – zu ihm aufzusteigen, schien Vermessenheit.

Natürlich war diese scharfe Einseitigkeit nicht durchzuhalten. Auch innerhalb des Protestantismus der dreißiger Jahre gab es die Gegenbestrebung (etwa bei Emil Brunner), das menschliche Ringen um die Erschließung höchsten Seins als „anthropologische Perspektive" ins Spiel zu bringen. Allerdings setzte dieser Versuch beim verlorenen Menschen an. Zeitgleich hatte Heidegger mit den Begriffen Angst und Geworfenheit das Bild vom Menschen existenzphilosophisch grundgelegt. Die Theologie protestantischer Prägung nutzte solche Begriffe, um darüber den Sündenfall, der bei Heidegger sozusagen philosophisch gewendet war – fern eschatologischer Verheißung –, nun ihrerseits mit der Erlösung zu beantworten. Der Weg vom Menschen zu Gott verlief aber nunmehr anders einseitig: über das Verzweifelte der menschlichen Lage, die sich nur vom Zugriff Gottes selbst aufhellen ließ.

Edith Stein nimmt, das ist ihr Kernpunkt, nicht die Verzweiflung des Menschen als einzigen Befund an, sondern nur als Teil seiner eigentümlichen Gesamtheit: sie umfaßt sowohl Angst als Geborgenheit, sowohl Auslieferung als Selbstand, sowohl Irrtum als Wahrheitsvermögen, sowohl Unbegreiflichkeit als Klarheit. Diese spannungsvolle Einsicht wird keineswegs nur im Glauben, sondern durch Erfahrung und Reflexion gewonnen. So wendet sich Edith Stein mit ihrer gedanklichen Kraft gegen die neuzeitliche Einseitigkeit und betont, Gott sei der Vernunft zugänglich, denn auch diese sei von ihm geschaffen, ein klares Abbild des göttlichen logos. Freilich bedürfe es der äußersten Schärfe des Denkens, um Gott durch eine Reflexion zu erhellen, die nicht sogleich von der Einsicht in seine Unbegreiflichkeit ad absurdum geführt wird. Vernunft wird von der Gnade nicht entmächtigt. Wahrheit muß sich vor dem Verstand ausweisen können – auch religiöse Wahrheit. So unternimmt Edith Stein gegen den damaligen (wie auch heute nicht überwundenen) Trend eine Erhellung des Religiösen durch das Denken.

Doch bleibt die neuzeitliche Frage, ob nicht zwischen Schöpfung und Gott, genauerhin zwischen Mensch und Gott bereits anfänglich ein Abgrund erscheinen müsse, der dem Verstand in seinem Vorgehen unüberwindlich ist. Wo bliebe in dem durchrationalisierten theologischen Entwurf die Erfahrung von der „Unmeßbarkeit", ja „Fremdheit" Gottes? War nicht das tiefe Leiden Kierkegaards an der Andersartigkeit Gottes überzeugender als die intellektuellen Übungen des Thomas, die trotz aller Anstrengung keinen wirklichen „Gottesbeweis" – im normalen Sinn des Wortes Beweis – geben? Wenn das Erschließen Gottes für den Verstand befriedigend ausfällt, so drängt sich doch der Verdacht auf, daß der Verstand sich hier selbst betrüge, die entscheidende Kluft vielleicht nur zudecke.

Jedoch: Edith Stein führt gerade kraft ihrer philosophischen Schulung das Experiment der Vernunft so sorgfältig durch, daß auch die Grenze der gedanklichen Bewegung mit Genauigkeit aufscheint. Die Grenze ist der Denkfähigkeit selbst eingeschrieben und für sie voller Sinn und Herausforderung. „Über die Grenze hinaus" wird kein Beweis vorgelegt: Edith Stein vollzieht vielmehr jenen „Aufstieg", der den Absoluten in seinem gesonderten, mit nichts vergleichbaren Sein, den durch alle Ähnlichkeit hindurch Unähnlichen ahnen läßt. Die Bewegung wird sogar zeigen, daß die Andersheit Gottes tatsächlich nur geahnt, nicht gesehen und nicht gewußt werden kann. Doch wird solche Andersheit, sobald sie ins Spiel kommt, die Gegenstände der normalen Erfahrung umgekehrt in eine Bewegung setzen. Wenn der Grund der Welt geahnt ist, wird auch die Welt nun anders begriffen. Das Denken wird gleichsam mit nichts mehr „fertig". Was der Rationalität zunächst so einfach erschien, verliert unter der Beunruhigung durch das Andere, das hereindrängt, seine Übersichtlichkeit und wird selbst vielfältiglebendig. Der Erkennende wird sich durch die sachliche Feststellung, die Welt nicht aus ihr selbst heraus denken zu können, einer Unbestimmtheit überantworten müssen – allerdings bedeutet sie ebenso Verlust wie Gewinn an Wirklichkeit. Die Wahrheit der Dinge erschließt sich nicht einfach im Zugriff eines gegenständlichen Habens und Wissens. Sie verlangt vielmehr den Vollzug der Anerkennung, der Wertschätzung. Ja, wenn im Grund der Welt ein persönliches Gegenüber aufscheint (nicht „bewiesen“ wird!), verlangt diese Wahrheit sogar eine Selbstübergabe. Rationales Erkennen, das als sachliches Erfassen beginnt, gerät in eine Bewegung, die den Erkennenden selbst ergreift und wandelt: Unter dem Anspruch der Wahrheit muß der Mensch mit seinem ganzen Erkenntniswillen unter die Macht der Wirklichkeit treten. Dies ist mehr als Psychologie, es ist geistige Voraussetzung von Erkenntnis.

Im Zeichen dieser Selbstübergabe wird Edith Stein in der Logik des Seienden aufsteigen bis zur Logik des Personalen, worin der Mensch wie die höchste Person, Gott selbst, einbegriffen sind. Von der Person aus wird aber die Welt noch einmal in ihrem geheimnisvollen Charakter erkennbar. Geheimnis schließt hier übrigens Klarheit nicht aus, sondern ein. Denn es liegt in der Logik der Welt, auf ihren Grund zu verweisen, und es liegt in der Logik des Grundes, das Erkennen zu einem Anerkennen herauszufordern. Distanziertes Denken wird Hingabe. Daß das Denken als notwendig, aber in letzter Konsequenz als ungenügend erfahren wird, macht die Qualität von Edith Steins Darstellung aus. Ihr Versuch überläßt die religiöse Frage nicht dem Gemüt, der inneren Erfahrung, der Erleuchtung. Wirklichkeit, gerade höchste Wirklichkeit, wird mit der Schärfe der Vernunft angegangen. Daß dieses Denken in eine Bewegung des Wagnisses, in das Eingeständnis eigener Unfähigkeit, in begründete Unsagbarkeit übergeht, steht am Ende, nicht am Anfang. Der Anfang ist selbstsicher, von der eigentümlichen Helle des geschulten denkerischen Zugriffs getragen. Das Ende hat dagegen Sicherheit verloren, dafür aber einen Reichtum von Zusammenhängen, von inneren Bezügen, von Sinn und Kraft erreicht, die in der rationalen Sprache dürr erscheinen, aber sich dieser Bescheidung nicht schämen. Hier weiß das Wissen von seiner eigenen ungemäßen Art gegenüber dem Maß, das die Wirklichkeit, an ihrem Ursprung der Wirkliche, eigentlich fordert.

So kommt Edith Stein, die Schülerin Husserls und späte Schülerin des Thomas, überraschend am Ende ihres Hauptwerkes auf Augustinus zurück: Nicht nur die Wahrnehmung der Welt, nicht nur die Prüfung des eigenen Ichs ist dem Menschen aufgegeben. Er steht unter noch höherem Anspruch: es geht um das Einbegreifen des Schauenden selbst in die Begegnung mit dem Geschauten, um die Bewährung am Geschauten. Kurz: um die Wandlung des Schauenden am Gegenüber. So läßt sich die Person nicht allein vom Sein, aber auch nicht allein vom Erkennen her aufbauen, sondern wesentlich von der Begegnung. Diese denkerische Erfahrung stellt das Dritte vor, das über Thomas' Seinsdenken, über Husserls Ichdenken sich zu Augustinus' Denken aus der Beziehung öffnet: zu Hingabe und Hinnahme. Aus dem Erfassen wird ein Sich-Ändern, Werden, Aufgetansein.[5]

Martin Heidegger, der große Herausforderer des Religiösen im 20. Jahrhundert und Kommilitone Edith Steins, hatte 1929 in dem Aufsatz *Vom Wesen des Grundes* den Selbstüberstieg als dem Denken nicht nur zugehörig, sondern im Denken immer schon vollzogen gekennzeichnet. Gemeint ist allerdings ein Übersteigen nach „Innen", dem Denken selbst zugeschlagen als seine erste, selbstursprüngliche Bewegung. Edith Stein spricht von einem Übersteigen, das dem Denken als echtes Gegenüber und deswegen als Befreundetes zukommt, als „Innen" und „Oben", ebenso tief vertraut wie anziehend-rätselhaft fern. Wo Heidegger jedes Aufsteigen in sich selbst zurückmünden läßt, formuliert Edith Stein ein dreifaches Ankommen: bei sich, bei der Welt, beim Grund.

Die Mystik der *Kreuzeswissenschaft*

Edith Stein hatte 1942 in ihrem letzten Lebensjahr zum Jubiläum ihres Ordensvaters Johannes vom Kreuz (1542–1591) seine Beschreibung vom Weg des Menschen zu Gott nachgezeichnet.[6] Dieses letzte, unvollendete Werk, die *Kreuzeswissenschaft*, entwirft einen Weg der gläubigen Wanderung, die zum Wandeln im Doppelsinn wird: zum Weitergehen und zum Sich-Wandeln. Dabei ist es die Anziehung Gottes selbst, die das Dasein in Bewegung setzt, eine Entwicklung antreibt. Sie durchläuft verschiedene Stationen: Am Anfang steht ohne Zweifel ein Ansprechen des Gefühls, eine Empfänglichkeit, eine gewisse zarte Berührung durch das Göttliche, die zu den wenigen, aber tiefen religiösen Erinnerungen wohl eines jeden gehören. Edith Stein spricht sogar von der Zartheit Gottes als von einer mütterlichen Zartheit.[7] Doch kommt es, weniger aufgrund eigenen Versagens als einer Prüfung und Absicht Gottes selbst, zu einer ebenso schmerzlichen wie langweiligen Nacht der Sinne. Sie bedeutet den Verlust des „Geschmacks“ an Gott, der bisher so vertrauten und hilfreichen Bilder, auch der religiösen Bilder, ja gerade dieser! Ausgetrocknet wird die religiöse Sinnlichkeit, Grund und Heimat aller religiösen Anlage, der Schatz an Innerlichkeit; nicht weil sie an sich schlecht wäre, sondern weil Größeres zu gewinnen ist: Leere, Freiheit, Ruhe. In einer zweiten Nacht, der Nacht des Geistes, verflüchtigen sich auch die theologischen Begriffe: das Geschäft der Wissenschaft endet, gerade weil es ein Weg ist, im „unwegsamen Land“.[8] Wieder ist die Hilfestellung des Denkens nicht falsch, sie ist nur unzureichend. Die Begriffe „stimmen“ theologisch, doch sie „greifen“ nicht ins lebendige Herz. Aber in dieser Nacht des Geistes keimt Neues, kein gewußter Gegenstand mehr, sondern Haltungen, eine offene Spannung auf den Geheimnisvollen hin. So nähert sich der Wandelnde der letzten Station: der *Nacht des Glaubens* – unheidnisch, unmagisch und auch im Christentum selbst nicht häufig durchschritten. Sie bedeutet nicht einfach, daß der Glaube Nacht aushalten muß. An dieser Station erfährt der Gläubige, den Boden religiöser Sicherheit unter den Füßen verlierend: Der Glaube erzeugt Nacht. Denn er stellt Wahrheiten vor,

„die über jedes natürliche Licht erhaben sind und allen menschlichen Verstand ohne jedes Verhältnis überragen. Daher kommt es, daß dies überhelle Licht, das der Seele im Glauben zuteil wird, für sie dunkle

Finsternis ist, denn das Größere beraubt und überwindet das Geringere."[9]

In diesem Glauben wird nicht mehr an etwas oder an jemanden geglaubt, als fasse man einen Gegen-Stand auf, der notwendig sein Maß erhält von dem, der ihn begreift. Der Glaube ist fassungslos, „für die Seele völlig dunkle Nacht".[10] Glaube ist der Zustand des Verlustes. Verlust der eigenen Maßstäblichkeit, weit über allen Bilderverlust hinaus, Umschlag des Ergreifens in ein Ergriffenwerden, Aushalten eines Abstandes zu Gott, den man selbst nicht mehr überbrückt.

Diese Auffassung steht in einem tiefen Gegensatz zur Religionskritik des 19. Jahrhunderts, die behauptete, Gott sei die angenehme oder auch betrügerische Superprojektion der eigenen Seele. Das Christentum geriet – durch Erfahrung – in einen Zustand der Blöße, dem sich die Religionskritik ihrerseits nie aussetzte, – den Verlust ihrer rationalen Potenz in dieser Tiefe hat sie nie riskiert.

„Stützt sie (die Seele) sich noch auf ihre eigenen Kräfte, so bereitet sie sich nur Schwierigkeiten und Hindernisse. Für ihr Ziel ist das Verlassen des eigenen Weges gleichbedeutend mit dem Betreten des wahren Weges. Ja, ‚das Streben zum Ziel und das Aufgeben seiner eigenen Art ist schon das Ankommen an jenem Ziel, das keine Art hat: d.i. Gott. [...] sie besitzt jetzt alle Arten zugleich, wie einer, der nichts hat und doch alles hat'."[11]

In dieser weiselosen Fülle des Ganzen sind die seelisch-selbsterstellten und die rational-begrenzten Gottesbilder aufgehoben, von der Wirklichkeit überholt. Geist, der seine eigenen Markierungen übersteigt – dahingehend sind Weg und Bewegung zu lesen, nicht unterhalb dieses Anspruchs.

In diese Leere hinein erfolgt unmittelbar die Mitteilung Gottes selbst, ohne alle – beschränkende – Eigentätigkeit des Menschen. Das Dunkel entbindet ihn zu einer Vereinigung, die dem hellen, in sich eingewurzelten Selbst undenkbar, unmöglich, vielleicht unsinnig vorkommt. Das Nichts des Einzelnen (der einzelnen Erkenntnis, des einzelnen Bildes) ist die große Bereitschaft für alles. Die tiefe, schreckliche und überaus schmerzliche Zerstörung der natürlichen Erkenntniskraft bedeutet zugleich Heilung. Genau in diesem Abgrund werden die „fremdartigen Berührungen der göttlichen Liebe“[12] empfunden. Sie sind so ursprünglich, daß alles Verlorene restlos, aber neu zurückkommt. Diese Wiedergeburt fällt genau mit dem Untergang des Natürlichen (der Bildkraft, des Verstandes, des Willens) zusammen – und darin liegt das Paradox. Was Trockenheit, Dunkel, Verlorensein, Leiden heißt, bedeutet, ganz unten angekommen oder am Boden der Entbehrung aufgeschlagen: Geborgenheit, Läuterung, Kraft, Begegnung. Gefaßt ist diese unglaubliche Spannung (unglaublich von außen gesehen) in der wunderbaren Wendung des Johannes vom Kreuz: „Im Dunkel wohl geborgen.“[13] Die zwei Seiten dieser Spannung sind beide ernst zu nehmen, sie schwächen einander nicht ab. Das Dunkel gilt in seiner Bedrohung, die Bergung gilt in ihrer Seligkeit. Beide vermischen sich nicht, sie gehören aber zueinander, man kann sogar sagen: Sie steigern sich aneinander.

In solchen Texten kommt anderes zum Ausdruck als der menschlich bestellte, aufgestellte Gott. Noch einmal: Bis zu diesem Punkt hat sich die Religionskritik nie vorgewagt. So sehr Gott seine eigene Schöpfung, auch ihre Bilder, umfaßt, so sehr ist er noch einmal das excessivum, alle Bilder, die eigene Schöpfung sprengend. Und das Erstaunliche ist, daß der den Bildern so vertrauende Mensch das heimatliche Haus trotzdem verläßt, verlassen will, wenn der Unvertraute sich wirklich meldet. Daß die in Bildern sprechende Seele diese selbst willig durchkreuzen läßt, wenn in der Leere Freiheit und Fülle warten.

„Dabei ist zu bedenken, daß die Eigentätigkeit der Seele augenscheinlich immer mehr abnimmt, je mehr sie sich dem Innersten nähert: Und wenn sie hier angelangt ist, wirkt Gott alles in ihr, sie hat nichts mehr zu tun, sondern nur noch in Empfang zu nehmen. Doch gerade in diesem In-Empfang-Nehmen kommt der Anteil ihrer Freiheit zum Ausdruck. Darüber hinaus greift aber die Freiheit an noch viel entscheidenderer Stelle ein: Gott wirkt nur darum hier alles, weil sich die Seele Ihm völlig übergibt. Und diese Übergabe ist die höchste Tat ihrer Freiheit.“[14]

Der Standpunkt, auf dem der Mensch, die Ellenbogen angewinkelt, bewegungslos steht, scheint ihm Sicherheit zu geben;

aber frei macht allein die Bewegung, die aus ihm aufsteigt und ihn gleichzeitig über ihn selbst hinaus öffnet (und deswegen auch verletzlich macht, wovor so große Scheu besteht). Freiheit läßt sich nicht in einem einfachen Bei-sich-Sein erlangen, im Beharren auf sich selbst. In der Freiheit liegen das Heraustretenkönnen, das Wagnis zur Mitteilung, ja mehr als Antwort: Überantwortung. Und was die daraus erwachsende (neue/alte) Verletzlichkeit angeht: Vollendung wird nicht in Selbstabschottung hergestellt, sie wird nur unabsichtlich eingeholt. Dies geschieht, wenn man sich „verläßt" im schönen Doppelsinn des Wortes: sich aufgeben und vertrauen. Sich finden und sich dabei verlieren auf ein Vertrauenswürdiges hin: das ist nicht in der Selbstbehauptung möglich, die sich auf sich selbst versteift. Aber aus Freiheit wird Hingabe sinnvoll – und nur dort übrigens, was zugleich den alten Verdacht ausräumt, daß Hingabe nichts anderes ist als listig umbenannte Preisgabe. Im Widerspiel von Finden und Verlassen seiner selbst liegt die Seligkeit, die freilich einen Mitspieler voraussetzt, der den Menschen herauslockt. Und sei es durch sein Verbergen, wie Edith Stein den Kirchenvater des 5. Jahrhunderts, Dionysius Areopagita, zitiert: „Gott entzieht sich, aus Lust, sich finden zu lassen."[15]

Sinnlosigkeit und Sinn

Edith Steins Leistung, gedanklich wie religiös, läßt sich so kennzeichnen: Sie lernt, ihr in vielem gestautes Leben, ja die absurde Situation, ihrer Abstammung wegen gepeinigt zu werden, auf das zu beziehen, was nach Johannes vom Kreuz „Entblößtsein, Dunkel und geistige Armut" heißt. Man muß dies deswegen eine Leistung nennen, weil sie gerade in ihren letzten Lebensjahren Zeugin und Opfer eines so sinnlosen Leidens wird, daß es aus menschlicher Sicht schwerlich auch nur mit dem ungefährsten Sinn belegt werden könnte. Edith Stein erzieht sich aber jahrelang zur Annahme des Kommenden, in welcher Gestalt auch immer. Das heißt, daß ihr selbst sehr bewußt ist, welche Paradoxie in ihrem Willen zum Opfer liegt: sich in eine Lücke zu werfen für etwas, ohne daß die Lücke damit sichtbar gefüllt wäre. Im Gegenteil: Die Erfahrung verweigert sogar einen Zusammenhang dieser einzelnen „fruchtlosen" Opfer mit irgendeiner Rettung des Ganzen, die ja nicht eintritt und auch damals nicht eintrat. Und trotzdem: Es ist Edith Steins stets wachsende, ja sie nötigende Empfindung, für eine Hingabe vorgesehen zu sein, ohne das Ergebnis ihrer Hingabe sich abzeichnen zu sehen. Die Fruchtlosigkeit, die ihr Lebensende bestimmt, das entsetzliche Schweigen, in das diese intellektuelle Frau in der letzten Woche ihres Lebens verschwand, die Tatsache auch, daß es nicht einmal ein Grab für sie gibt, können als Zeichen der Zerstörung gelesen werden. Unsichtbar, der Erfahrung nicht zugänglich ist die andere Seite dieser Zerstörung: was dadurch in Bewegung gesetzt, was verhindert, was neu aufgebaut wurde. Edith Stein hat eine solche „Rechnung" an keiner Stelle betrieben, und eben das ist die große intellektuelle Herausforderung, die sie aufgibt. Wenn die jüdische Karmelitin von einer solchen Haltung mitten in der Absurdität ihres nahenden Endes getragen ist, so läßt dies den Resonanzboden bestimmter Erfahrung erkennen. Wenn man ihre Erfahrung nicht teilt, sie sogar anzweifelt, sollte man nicht vergessen, daß sie bereit war, diese Resonanz am jähen Ende ihres 51jährigen Lebens noch einmal in einem Akt restloser Selbstübergabe zu prüfen.

Ihr zerstörtes Leben geht letztlich in eine kaum auszuleuchtende Stellvertretung über. Wie in ihrem Testament aufgezählt, sucht sie Kirche, Karmel, Judentum, Deutschland, ihre Familie und alle, „die Gott mir gegeben hat", mit ihm zu versöhnen. Man sollte sich hüten, eine solche umfassende Versöhnung in einzelne Posten aufzulösen und nach den unmittelbar greifbaren Ergebnissen zu fragen. Edith Steins Vermächtnis erwächst aus einer Einsicht, die der Denkerin offenbar war, die sich aber in ihrer Klarheit nicht mitteilen läßt. Sühne ist im Munde Edith Steins weder ein sentimentales Mißverständnis noch eine leblose theologische Vokabel. Sühne ist das unerklärlich Wirksame im Gewebe des gemeinsamen Daseins. Daß am geleerten Grund ihres Daseins ein Antlitz erschien, das der vollständigen Auslieferung einen Sinn gab, ist an ihrer Gestalt, die auch in der letzten Woche Ruhe und Ausstrahlung nicht verlor, ablesbar. Edith Stein hat ein doppeltes Zeugnis abgelegt: Sie hat Gott als den Lebensteigernden erfahren, sie hat ihn auch als den Lebenfordernden erfahren. Beides bejaht sie, mit einer nüchternen Bereitwilligkeit, die kein Besserwissen braucht, ebensowenig den sinnlosen Streit, ob sie sich für „ihr Volk" so hätte opfern müssen.

Edith Steins Gesicht ging ein in namenlose Verwüstung. Im Horizont dieses Entsetzlichen hat die Theoretikerin wie die Karmelitin versucht zu bezeugen, wodurch der Mensch geheilt wird und wie der Heilige heißt.

Alice Rühle-Gerstel (1894–1943)
Der Versuch, Emanzipation individuell zu denken*

von Ingeborg Nordmann

Alice Rühle-Gerstel ist neben Rosa Luxemburg eine der wenigen Frauen, die versucht haben, politisches Engagement und theoretische Praxis miteinander zu verknüpfen, ohne die Differenz zwischen beiden aufzuheben. Ihre theoretische Leidenschaft galt dem Marxismus, aber ihre Schriften ähneln in keiner Weise jenen gigantischen Lehrgebäuden, in denen alles Zufällige und Partielle in das eiserne Band der geschichtlichen Notwendigkeit hineingeschmiedet wird. Alice Rühle-Gerstel schreibt Denkvorschläge, die sich nicht zu einem eindeutig entzifferbaren Muster ordnen lassen. Die Vorläufigkeit ihrer Argumentationsweise ist aber keineswegs einem begrenzten theoretischen Vermögen zuzuschreiben. Sie ist Ausdruck einer skeptischen Einstellung, nämlich daß die Sicherheit zeitloser Grundsätze niemals an die Stelle von Erfahrung treten darf. Unabhängigkeit des Urteils stellt sich für sie nicht automatisch ein als Folge pädagogischer Übungen im richtigen Denken, sondern verlangt angespannte Aufmerksamkeit für die äußere Realität und die möglichen Veränderungen, die sie bereithält. In diesem leidenschaftlichen und ungebundenen Interesse an einem eingreifenden, verändernden Wissen liegt die Integrität ihres marxistischen Bekenntnisses. Wir finden es nur bei denjenigen, die sich nicht ein für allemal einer Partei oder wissenschaftlichen Karriere verschrieben haben.

Man muß Alice Rühle-Gerstels persönliches Engagement für ein Denken, das bestimmte, der Menschenwürde widersprechende Aspekte der Wirklichkeit zu verändern wünscht, unterscheiden von den verbürokratisierten Formen des Marxismus, von seiner dogmatischen Intoleranz, seinen abstrakten

Alice Rühle-Gerstel

Verallgemeinerungen und apodiktischen Behauptungen. Ihre Entscheidung für den Marxismus entsprang dem Verlangen, sich auf die Komplexität der Realität einzulassen, und vor allem die Realität in Sprachen zu übersetzen, die im wissenschaftlichen Diskurs keine Rolle spielten: die der Frauen und der Arbeiterkinder. Gegenüber dem theoretischen Anliegen, die Lebenssituation der Ausgeschlossenen und Unterdrückten zu analysieren, was ganz im Stil der Deutschen Ideologie als neue Objektivität aufgefaßt wurde, bewahrt sie sich jedoch das Recht auf eine Unmittelbarkeit, in der sie ihrer Neigung zum literarischen Blick auf die Dinge nachgibt. Der Marxismus ist strenge Wissenschaft, aber keineswegs puritanisches Glaubensbekenntnis. Sich auf marxistische Weise einen Zugang zur Realität verschaffen, heißt nicht notwendig jenem Ideal aus Selbstverleugnung und historischem Objektivismus zu folgen und das alles erschöpfende Über-Werk zu schreiben. Der Zusammenhang zwischen Sein und Bewußtsein läßt sich auf vielfältige Weise ausdeuten, zum Beispiel indem man sich in sprachliche Zwischenzonen begibt, in besondere Zonen der Spontaneität und der spielerischen Vergegenwärtigung von Beobachtungen. Das ist eine ungewöhnliche Haltung für eine Marxistin, vergegenwärtigt man sich das marxistische Selbstverständnis ihrer Zeit, in dem eine geradlinige Verbindung zwischen Wissenschaft und Moral eher dazu anhielt, Literatur als zweitrangig, wenn nicht als nutzlose Zeitverschwendung zu betrachten. Für Alice Rühle-Gerstel sind die verschiedenen Regionen der Sprache Medium, um die Vielschichtigkeit der Realität in ebenso unverwechselbare Botschaften zu übersetzen. Darin liegt die eigenwillige Genauigkeit und zugleich produktive Unbestimmtheit ihrer Vorstellungskraft. Sie führt vor, daß es nicht darauf ankommt, sich selbst zu verwirklichen, als gäbe es in jedem eine vorgängige, leicht identifizierbare Substanz, welche die Einheitlichkeit und das Fortschreiten der Erkenntnisse garantiert. Das Problem ist auf einer anderen theoretischen Ebene zu entfalten: Differenzen und Grenzen sind nicht aufzulösen, sondern zu erkennen. Auf dem Weg *von sich selbst weg* gibt es Wirklichkeiten wahrzunehmen und zu realisieren, die nicht in der

Nähe liegen. Hierzu gehört auch die Erfahrung, daß unvorhersehbare Hindernisse auftauchen können, welche die Rückkehr zum Ausgangspunkt erzwingen.

Sucht man nach den Gründen für die erstaunliche Freiheit, die Alice Rühle-Gerstel gegenüber den damaligen Vorstellungen von Arbeiterbewegung und bürgerlicher Frauenbewegung entwickelt, so wird man unabweisbar mit einer lebensgeschichtlichen Konstellation konfrontiert, die zeigt, daß sie nie ein sicheres Zuhause gefunden hat. Alice Gerstel ist 1894 in Prag geboren, als Tochter einer großbürgerlichen jüdischen Familie.[1] Ihrer gesellschaftlichen Herkunft gemäß besuchte sie zunächst ein Lyceum und Töchterpensionat und legte am deutschen Lehrerinnenseminar in Prag ein Examen ab. Um studieren zu können, holte sie privat das Abitur nach. Sie nahm an den Diskussionen in Prags literarischen Zirkeln teil, wo sie Willy Haas, den späteren Herausgeber der *Literarischen Welt*, und Egon Erwin Kisch, der durch seine Reportagen berühmt wurde, kennenlernte. Beide blieben lebenslang ihre Freunde.

Bereits in diesen Diskussionen kristallisierte sich für Alice Gerstel ein Interesse heraus, das sie von ihrem Elternhaus entfernte: das Interesse an einem Wissen, das offen für gesellschaftliche Widersprüche ist und das emanzipative Entwürfe formulieren kann, die ein Leben ohne die „Bürde" des bürgerlichen Ich vorstellbar machen. Dieses Wissen fand sie im Marxismus und in der Individualpsychologie Alfred Adlers. Nach einem Studium der Philosophie und Germanistik in München, das sie 1921 mit einer Promotion über Friedrich Schlegel und Chamfort abschloß, heiratete sie Otto Rühle, den bekannten Rätekommunisten und nonkonformistischen Theoretiker der proletarischen Kultur.[2] Es folgten Jahre eines gemeinsamen theoretischen und praktischen Engagements, um die von der Sozialdemokratischen und Kommunistischen Partei ignorierten und unterdrückten Fragestellungen des Marxismus zu entwickeln oder neu zu formulieren. Fragen, die durch unvorhersehbare Entwicklungen der Arbeiterbewegung entstanden waren. In Vorträgen und zahlreichen Aufsätzen zur sozialistischen Erziehung, die beide Ebenen der Erfahrung, die soziale und die individuelle, berücksichtigen sollte, trugen die beiden zur Entwicklung einer Forschungsrichtung bei, die an der Universität noch nicht etabliert war: der Sozialwissenschaft.[3] Zusammen gründeten sie den Verlag *Am anderen Ufer*, in dem auch Alice Rühle-Gerstels Bücher *Freud und Adler* (1924) und der *Weg zum Wir* (1927) erschienen. Beide Publikationen fanden bei den „marxistischen Adlerianern", zu denen auch Manès Sperber gehörte, ein großes Echo.[4]

Alice Rühle-Gerstels Sensibilität gegenüber den Defiziten des Marxismus ist deutlich durch die Vorstellungen der Individualpsychologie Alfred Adlers geprägt. Die Welt zwischen dem Ich und den ökonomischen und politischen Verhältnissen ist viel komplizierter, als daß sie mit der Theorie des Klassenkampfes begriffen werden könnte. Adlers Psychologie, von Freuds revolutionärer Entdeckung des Unbewußten ebenso weit entfernt wie von Marx' abstraktem Schein-Interesse an der Erziehung der Erzieher, gehört durch seine Kombination von Alltagswissen, einfühlendem Verstehen und therapeutischer Aufklärung zum praktischen Wissen. Adler führt uns das Schauspiel eines Bewußtseins vor, das der unausweichlichen Erfahrung der eigenen Minderwertigkeit, bedingt durch ein Geflecht biologischer und gesellschaftlicher Dispositionen, mit egozentrischen und schimärischen Verneinungen zu entkommen sucht. Es flüchtet in eine imaginäre Welt, dessen Funktion einzig darin besteht, die Einheit des Ich auf zwanghafte Weise wiederherzustellen. Hinter diesem kommunikationslosen oder autoritären Ich, das in der Unterwerfung anderer Befriedigung findet, steckt nach Adler mangelndes Selbstbewußtsein. Der in jedem Individuum vorhandene Entscheidungsspielraum, seine Phantasien und die Fähigkeit, sich auf ein Ziel hin zu entwerfen, können aber ebenso in eine andere Richtung gelenkt werden: in die durch gesellschaftliche Normen und Hierarchien verschütteten Möglichkeiten, „gemeinschaftlich" zu fühlen und zu denken. Eine aufklärerische und gesellschaftskritische Fragestellung, die für linke Marxisten interessant war, weil sie die komplizierten theoretischen Konstruktionen Freuds vermied und durch die pragmatische Umdeutung des unsichtbaren Orts des Unbewußten in den sichtbaren der Macht auf ein eingreifendes politisches Denken hin zu orientieren schien. Auch Alice Rühle-Gerstel erblickte in Adlers Theorie der Macht eine Loslösung vom Kausalitätsdenken Freuds:

„Man kann den Kernpunkt der beiden Lehren in zwei Schlagworten zusammenfassen. Freud lehrt: Alles kommt vom Sexuellen her. Adler lehrt: Alles kommt vom Machtwillen her. Oder vielmehr: Alles strebt zur Überlegenheit hin. Bei Freud ist es die Frage nach dem ‚Woher', bei Adler nach dem ‚Wohin'. Freud ist kausal, Adler final orientiert."[5]

Aber Adlers Theorie hat einen doppelten Boden, trotz der Handlichkeit seiner Erkenntnisse und seiner rationalistischen Abwehr von Freuds Theorie des Unbewußten („das Unbewußte ist das Unverstandene"). Ihn entdeckt Alice Rühle-Gerstel, im Gegensatz zu ihren theoretischen Mitstreitern Otto Rühle und Manès Sperber, die souverän die Widersprüche sowohl des Marxismus als auch der Psychologie Adlers zu balancieren wußten. Adlers vernünftige Einteilung der kompensatorischen Fiktionen in gute und schlechte gerät dann außer Kontrolle, wenn die vernunftwidrigen Seiten der Geschichte die Oberhand gewinnen. Dann liegt Geschichte nicht mehr erkennbar und machbar vor Augen, sondern ergreift von hinten die Macht. Die unfaßbare Niederlage der Arbeiterbewegung von 1933 und die internationale Durchsetzung des Stalinismus schaffen für Alice Rühle-Gerstel eine derartige Situation, in der alle Bilder untergehen. Sie emigriert 1932 zunächst in ihre Geburtsstadt Prag, dann nach Mexiko, wo sie und Otto Rühle zum engeren Kreis um Trotzki gehören. Während Otto Rühle trotz der Denunziationen durch den Stalinismus und beruflicher Mißerfolge weiter entlang der Linie eines undogmatischen Marxismus zu denken versucht, hört Alice Rühle-Gerstel auf, theoretisch zu arbeiten. Sie schreibt einen Roman *Der Umbruch oder Hannah und die Freiheit,* der an die Erfahrungen der Prager Exilzeit anknüpft, und ein Tagebuch über die Begegnung mit Trotzki in Mexiko.[6] An beiden Texten ist nicht nur die autobiographische Dimension interessant, auch nicht nur, daß Alice

Rühle-Gerstel wiederum Schreibweisen wählt, die der persönlichen Erfahrung nahe stehen. Bemerkenswert ist eine dritte Eigentümlichkeit: der Bruch zwischen ihr und Otto Rühle, auf den ihr Roman hindeutet, den er aber nicht endgültig ausspricht. Er betrifft die Frage, wie die Krise zu bewältigen sei. Die Differenz, die Alice Rühle-Gerstel gegenüber Trotzki in ihrem Tagebuch zum Ausdruck bringt, läßt sich ebenso auf Otto Rühle übertragen. Dort heißt es: „Man kann sich nicht vorstellen, daß er bricht – weder ausbricht noch zusammenbricht. Er ist so bruchlos."[7] Während Otto Rühle die Unbedingtheit seines marxistischen Engagements in spekulativen Alleingängen aufrechtzuerhalten vermag, versucht Alice Rühle-Gerstel völlig ungeschützt einen neuen Anfang: am Kreuzweg von persönlicher Erfahrung und Politik, die sich ihr nicht mehr in Theorie und Praxis verknüpfenden Aspekten darbietet, sondern nur noch in den übermächtigen und fratzenhaften Gestalten des Nationalsozialismus und Stalinismus und in den ohnmächtigen Gewißheiten des Dogmatismus eines Trotzki.

Als Otto Rühle 1943 unerwartet an einem Herzschlag starb, nahm sich Alice noch am selben Tag das Leben. Sie hatte diesen Schritt gegenüber Freunden häufiger angekündigt, ohne verstanden zu werden. Was ihren Freunden völlig unvereinbar und daher unerklärlich an ihr erschien, das selbstbewußte, alle Spielarten des Witzes und der Ironie beherrschende Auftreten und die wie aus dem Nichts kommende unerbittliche Einlösung ihres angekündigten Selbstmordes, erhält heute aus historischem Abstand klarere Konturen. Es ist das doppelt Unheimliche ihrer Existenzweise, die verzweifelte Isoliertheit derjenigen, die sich von ihrer Herkunft getrennt hat und keinen neuen sicheren Boden gewinnt, und andererseits aus genau dieser Traditionslosigkeit heraus zu einer spielerischen Distanz allen Meinungen und Theorien gegenüber fähig ist.

Auf dem Hintergrund dieser prekären Konstellation aus Bodenlosigkeit und Freizügigkeit ist auch das Buch *Das Frauenproblem der Gegenwart* zu sehen, das Alice Rühle-Gerstel 1932 veröffentlichte.[8] Mit diesem Buch löst sie sich von der eindimensionalen Struktur der ideologiekritischen Widerlegung, die in ihren vorhergehenden Schriften noch den starken Einfluß von Marx und Adler erkennen läßt. Zwar sind deren Argumentationsmuster durchaus weiter präsent, aber sie werden nicht zu *einem* Konzept zusammengeschlossen. Der eigenwillige und unvergleichliche Stil dieses Buches läßt sich als eine oszillierende Vielschichtigkeit beschreiben, die sich weder in der Einheit verfestigt noch in der Trennung auflöst. Immer dann, wenn die Übereinstimmung mit einer der Theorien greifbar wird, beginnt die Darstellung von der Linie abzuweichen und zur anderen Position überzugehen. Das Wechselspiel beider Theorien evoziert einen Denkraum zwischen ihnen, in dem sich die Reflexionen distanzierend gegen sich selbst wenden. Dadurch entsteht ein komplexes Geflecht verschiedener Sprachen. Die entschiedene Sprache des politischen Manifests („Innerhalb der kapitalistischen Ordnung aber sind alle Frauen der Tendenz nach Proletarierinnen") steht neben dem parodistischen Spiel mit weiblichen Rollenvorstellungen und der kleinen dramatischen Erzählung von den täglichen Maskeraden, Wunschwelten, konstruierten Wirklichkeiten; neben der zugespitzten Erkenntnis im Aphorismus („Der Charakter der Frau ist Chiffre für die Herrschaftsverteilung zwischen den Geschlechtern") und der polemischen Bilderdemontage steht die langsamere Entwicklung wissenschaftlicher Erkenntnis. Die Verknüpfung verschiedener Sprachen zeigt, wie zusammengesetzt das Thema ist. Welchen Weg Frauen auch immer einschlagen, ob sie sich der „Männerrealität wie ein Mann" angleichen oder sie „übergipfeln", ob sie die vorgeschriebene Weiblichkeit erleiden oder betonen, sie befinden sich auf fremdem Terrain:

> „Die ganze Welt, wie sie heute ist, ist Männerwelt. Der Raum, in dem sich die Lebensgestaltung und die Zielsetzungen der Frauen vollzieht, ist entliehener Raum; der Raum der Werte und der Wirklichkeit gehört den Männern."[9]

Alice Rühle-Gerstel versucht nicht den Geschlechtergegensatz aus einem Grundwiderspruch heraus zu definieren („Das Weib hat es nie gegeben"), sondern sie beschreibt ein komplexes Geflecht von realen und symbolischen Machtverhältnissen. Weibliche Subjektivität existiert nicht als manifester Kern, sondern nur in den unentwirrbaren Verzweigungen von Kultur und Macht.[10] Aber die Frauen sind keineswegs Gefangene der Männerwelt. Alice Rühle-Gerstel interessiert weniger, immer wieder den Objektcharakter weiblicher Identität zu betonen. Vielmehr richtet sie ihre Aufmerksamkeit darauf, *wie* Frauen mit ihrer Objektrolle umgehen. Sie definiert Weiblichkeit als Aktivität, als beständiges Hin und Her zwischen männlichen und weiblichen Daseinsmöglichkeiten. Im Spannungsfeld zwischen realer Welt und Ersatzwelt, zwischen weiblichem und männlichem Entwurf heißen die Möglichkeiten der Frauen nicht Eindeutigkeit, Selbstgewißheit und Identifikation, sondern Umwegigkeit, Klugheit, Parodie und Ironie. Aufgrund eines zugespitzten historischen Relativismus: „Eine Kultur von Beherrschenden gibt es nicht", kommt Alice Rühle-Gerstel zu einer Sichtweise weiblicher Subjektivität, die provozierend auf kritisches Denkvermögen und Entscheidungsfähigkeit pocht. Keine Interpretation ist zu akzeptieren, die Besitzstand der Macht werden könnte. Und die Macht greift bereits in den inneren Formierungsprozeß der Weiblichkeit ein. Daher ist Weiblichkeit erst zu erstreiten, durch die Fähigkeit zur Distanz dem eigenen Ich gegenüber und durch die geschichtliche Verantwortung der Frau. Das sind zwei Denknotwendigkeiten, die auch heute noch nicht zu den selbstverständlichen Orientierungen feministischen Denkens gehören.

Um dieser komplexen und paradoxen Situation gerecht zu werden, entwickelt Alice Rühle-Gerstel einen überaus erfinderischen erzählerischen Stil. Ihre Beschreibungen und Erklärungen folgen weder der Konkretheit der Empirie noch der strengen Logik eines theoretischen Modells. Sie konstruiert Erfahrungsfelder, welche die Mehrdeutigkeit und Offenheit von Fiktionen haben. Einige der Porträts, die sie zeichnet, die Ideale, das Kindweib, die Prinzessin und Liebesgöttin, die Dämonische und Überspannte, lassen erkennen, wie sehr ihre Fähigkeit zu differenzieren durch Literatur sensibilisiert worden ist. Diese Bilder sind für Alice Rühle-Gerstel aber nicht nur literarische Spiegelungen männlicher Projektionen. Sie dienen ihr zum

Vorwand, um typische Elemente und Perspektiven weiblichen Daseins zu thematisieren, die sich aus Übereinstimmungen zwischen literarischen und psychologischen Figuren ergeben. So entsteht ein lockeres Textgefüge, das weder den Charakter einer wissenschaftlichen Studie hat noch den einer literarischen Fiktion, das komplexe intellektuelle Formulierungen zuläßt, aber auch so weitmaschig sein kann, daß die Gedanken keinen Halt mehr finden und flüchtigen Eindrücken gleichen.

In der Wahl einer Sprache, die der „wirklichen Wirklichkeit" ganz nahe sein will und deshalb sich nicht den Raum komplizierter Erklärungen gestattet, zeigt sich ihre Distanz gegenüber Freud. Nicht das Ungewöhnliche und Schwer-Erkennbare wird aus einer verborgenen Tiefe heraufgeholt, sondern das Althergebrachte und Leicht-Zugängliche als greifbare Sedimente eines „Kristallisationsprozesses" in einer Topographie ausgebreitet. Indem sie die Oberfläche der Realität in einem Wechselspiel von psychologischem Scharfsinn und literarischem Einfall auseinanderfaltet, gewinnt sie eine Form von Differenzierung, welche die Theorie Freuds nicht kennt. Das Alltägliche und Redensartliche wird in ein inspirierendes Wissen verwandelt. Die Argumentationsweise Alice Rühle-Gerstels erinnert an das, was Benjamin und Brecht die kritische Funktion eines „plumpen" Gedankens genannt haben. Er entmythologisiert das Denken, indem er es aus der geheimniskrämerischen Zone des Tiefsinns herausholt und ihm eine wahrnehmbare und präzise Gestalt gibt. Ihre Darstellung vermittelt den Impuls, Einstellungen und Verhaltensweisen in den Kontext des Konkreten zu stellen, sie situativ zu interpretieren und jenen makroskopischen Blick zu vermeiden, der das Eigentliche immer im Ganzen, im Untergründigen und Ewigen sucht.

Das Kreuz und Quer patriarchalischer und gesellschaftlicher Machtverhältnisse, welche die Situation der Frauen determinieren, läßt die Konstruktion eines *Subjekts* ‚Weiblichkeit', unter deren kollektivem Symbol alle Frauen zu versammeln wären, nicht zu. Der Weg läuft nicht über eine Homogenisierung der Verschiedenheit, sondern über deren Entfaltung. Weiblichkeit wird für Alice Rühle-Gerstel zu einer Frage gesteigerter individueller Urteilsfähigkeit und wider sich selbst denkender Phantasie. Deshalb heißt sich emanzipieren wollen auch, der eigenen Emanzipation im Wege stehen. Nur so läßt sich Gemeinsamkeit finden, die Pluralität nicht vernichtet:

> „Denn das ist die eigentliche Frauenfrage unserer Zeit: daß Alles, bis ins letzte öde Menschenteilchen hinein, von den Geschlechtsbarrieren der Vergangenheit zerteilt ist, trotz Versachlichung; daß wir mit unseren errungenen Freiheiten innerlich nichts anfangen können, weil es männliche Freiheiten sind, und daß auch Hoffnung und Kampf um die menschliche Freiheit uns nicht über den Abgrund unserer persönlichen Gegenwart trägt. Das Weibliche ist nur noch ein Anachronismus oder erst nur eine Verheißung. Zwischen diesen beiden steht das Weibliche für uns heute, als Frage, als persönliche Frage an jede Einzelne gestellt."[11]

Wenn auch hinter ihrem Anspruch, jede metaphysische und endgültige Interpretation zurückzuweisen, selbst eine höchst spekulative Anschauung steht, nämlich daß „wahre Weiblichkeit" erst unter veränderten gesellschaftlichen Verhältnissen entstehen kann, so sind die aktuellen Diagnosen ihrer Machtkritik durchaus von unbestechlicher Realitätsnähe. Wie genau sie das Spiel der Macht zu durchschauen imstande war, zeigt ihre Haltung gegenüber der Arbeiterbewegung, deren geschichtliche Perspektive die entscheidende Antriebsfeder ihres Denkens war. Sowohl an den Strategien der Arbeiterbewegung als auch der bürgerlichen Frauenbewegung stellt sie eine ausschnitthafte Wahrnehmung der Realität fest, der auf der konzeptionellen Ebene eine stilisierte Geschlossenheit entspricht. Die Frauenbewegung ist unfähig, ihre Reflexionen über weibliche Identität gesellschaftskritischen Analysen zu verbinden, und flüchtet in mythische Konstruktionen. Die Arbeiterbewegung hat im Kampf für die formelle politische und soziale Gleichstellung der Frau die geschlechtsspezifischen Differenzen in der Kultur überhaupt noch nicht wahrgenommen. Der Zusammenhang jedoch, den sie zwischen Frauen- und Arbeiterbewegung herzustellen versucht, ist brüchig und abstrakt. Er hat die produktive Leere einer Perspektive, die den aufs Ganze gehenden Konkretismus nicht mehr wahrmachen kann und daher auf Erfahrungen angewiesen bleibt. Wenn Alice Rühl-Gerstel stellenweise auch der pathetischen Formulierung kollektiver Versicherungen nicht widerstehen kann („Innerhalb der kapitalistischen Ordnung aber sind alle Frauen der Tendenz nach Proletarierinnen"), so läuft ihre Argumentation doch auf den Appell hinaus, die Fragen weiblicher und sozialer Emanzipation probeweise anders zu denken:

„Von Stunde zu Stunde müßte die Einzelne, von geschichtlichem Augenblick zu geschichtlichem Augenblick müßten die Frauen als Ganzes den elastischen Mut aufbringen, sich jeweils neu zu entscheiden und so die Antinomie schrittweise zu überwinden."[12]

Was ihrem Buch jedoch auch abstrakte Züge verleiht, ist die völlige Nichtbeachtung des Nationalsozialismus. Daß Alice Rühle-Gerstel die Gefahren, die der Frauenbewegung durch den Nationalsozialismus drohten, nicht thematisiert, ist eine Entscheidung, die sie offensichtlich bewußt getroffen hat. Das zeigt die Konstruktion ihres Buches, das mit dem Ausblick auf die Utopie schließt. An diesem Punkt rückt in Alice Rühle-Gerstels Denken eine ihm eigene Tendenz zur Verabsolutierung in den Vordergrund: die ideologische Vorstellung, daß die Geschichte trotz aller Rückschläge auf eine Gesellschaft zuläuft, in der die Beziehungen nicht mehr entfremdet und daher transparent sind und durch die auch ihre radikale Machtkritik und die Methode der direkten Theorie-Praxis-Beziehung geschichtsphilosophisch gerechtfertigt werden. In den konkreten intellektuellen Möglichkeiten ihres Denkens bleibt sie jedoch der anderen Seite ihres Erfahrungswissens zugewandt: derjenigen, die den vereinheitlichenden Zugriff auf Realität in Frage stellt und damit sich auch zur Partialität von Erkenntnis und Methode bekennt. Ihr Tagebuch über Trotzki läßt deutlich werden, daß sie in der Frage, wie das Band zur Politik nach '33 neu zu knüpfen wäre, ganz ratlos blieb. Sie konnte nicht neben der Geschichte stehen, aber sie konnte auch nicht ihren Anspruch preisgeben: Gemeinsamkeit zu denken, in der Vielfalt und Widerspruch einen Platz haben.

Hannah Arendt (1906–1975)
Wege ins politische Denken

Von Ingeborg Nordmann

Traditionsbruch, Erfahrung und Differenz

Wenn authentisches Denken darin besteht, die Eigentümlichkeit des Jahrhunderts, in dem man lebt, zu erfassen, dann hat Hannah Arendt diese Aufgabe in außergewöhnlicher Weise wahrgenommen.[1]

Das war in der deutschen Öffentlichkeit, vor allem in den 60er und 70er Jahren, nicht unbestritten. Sie galt als Theoretikerin des Totalitarismus, welche die historischen Unterschiede zwischen Nationalismus und Stalinismus nicht ausreichend berücksichtigte. Was sie damals verdächtig machte, stellt sie heute in den Brennpunkt aktueller Diskussion. Hannah Arendt verdankt ihre hellsichtige Erkenntnis des spezifisch Neuen der totalitären Herrschaftsform einem eigenwilligen Denkstil, der radikaler als Nietzsche und Heidegger den in der Moderne offenkundigen Traditionsbruch theoretisch zu übersetzen versuchte. Diese Denkhaltung machte sie zur Non-Konformistin, im negativen und positiven Sinn. Einerseits wurde ihr Mangel an wissenschaftlicher Strenge vorgeworfen, andererseits sah man gerade darin ihre Fähigkeit zu überraschenden Beobachtungen und Erkenntnissen begründet.

Beide Lesarten verstellen jedoch eher den Zugang zu ihrem Denken. Denn der Traditionsbruch im Verständnis Hannah Arendts hat zur Folge, daß kein philosophisches System und keine Argumentationsweise mehr dem Denken ein festes Geländer bieten kann. Auch eine non-konformistische, skeptische Haltung rechtfertigt sich nicht bereits durch sich selbst. Sie

Hannah Arendt

stellt nur die am wenigsten normative Möglichkeit dar, den „Schock“ der Realität, der durch unvorhersehbare Entwicklungen hervorgerufen wird, auszuhalten und dem Verstehen zugänglich zu machen. Dieser Schock kristallisierte sich für Hannah Arendt im Totalitarismus, der eine Verwüstung des politischen und moralischen Lebens hinterlassen hatte, für die es in der Geschichte kein Beispiel gab und für die der Begriff Diktatur völlig unzureichend war. Erst der Totalitarismus realisierte im faktischen Sinn des Wortes den Traditionsbruch, erst durch den Zusammenbruch der politischen und moralischen Kultur wurde deutlich, was es heißt, wenn alle Kategorien der Tradition für das Urteilen und Handeln ihre bindende Funktion verloren haben.

Mit den Metaphern des „Aufpralls“ und „Schocks“ versucht Hannah Arendt die Wirkung von Realität auf Theorie zu denken. Jeder theoretische Anspruch auf Hegemonie und insbesondere der der Philosophie, die in ihrer Geschichte immer wieder dazu neigte, sich zur Schöpferin von Realität zu stilisieren, wird verworfen. Ob Platons göttlicher Drahtzieher, Hegels absoluter Geist, Nietzsches Wille zur Macht, Heideggers Sein oder Marx’ ökonomische Gesetze, alle diese Vorstellungen flüchten vor der Kontingenz und Flüchtigkeit der Geschichte in eine Gewißheit, welche die Theorie nicht zu bieten vermag. Kein Begriff kann die Stelle des Zusammenpralls von Bewußtsein und Realität definieren oder eine vermittelnde Funktion, welche Realität voraussehbar und planbar macht, einnehmen. Während Nietzsche und Heidegger das „Ende der Philosophie“ als Philosophen reflektieren, verläßt Hannah Arendt den Standort der Philosophie und setzt sich dem Bruch zwischen Theorie und Praxis aus.

Eine Topographie von Unterschieden wird entworfen, mit der sie die Tatsächlichkeit der Phänomene genauer zu erfassen versucht: Das Denken ist etwas anderes als die wissenschaftliche Tätigkeit, das Handeln unterscheidet sich vom Herstellen und der Arbeit; Ökonomie und Politik stehen nicht im Verhältnis der Entsprechung zueinander, sondern sind miteinander verknüpfbare Verschiedenheiten. Jede dieser Tätigkeiten versetzt uns an einen besonderen Ort, dessen Räumlichkeit zu ermessen ist.

Die Vernachlässigung der Verschiedenheit stellt für Hannah Arendt keineswegs ein nur beiläufiges Defizit der bisherigen Forschung dar. Sie betrifft eine zentrale Haltung der politischen und historischen Wissenschaft, die alles, was „neu und erschütternd" ist, durch Analogie oder durch „eine Reihe bisher bekannter Ursachen und Einflüsse" hinwegzuerklären sucht. Die Identifizierung des Totalitarismus mit Nationalsozialismus, Imperialismus oder christlichem Antisemitismus gehört in den Kontext des Versagens von Wissenschaft und Philosophie gegenüber der Spezifik des Nationalsozialismus.

Für die Denkaufgabe, die sich Hannah Arendt angesichts des katastrophalen Zusammenbruchs der Tradition stellt, gibt es kein Vorbild. Die Wege des Denkens laufen nicht über die positive Aneignung vorhandener Interpretationsmodelle, sondern über deren Destruktion. Hannah Arendt konstruiert komplexe Montagen verschiedener Diskurse und Gedankenbruchstücke, deren Möglichkeiten und Grenzen, eine Problematik zu vergegenwärtigen, ausgeschritten werden, während die Unterbrechung und der Übergang Gelegenheit bieten, den Gedanken auf einer anderen theoretischen Ebene erneut zu prüfen. In dem Zwischenraum zeigt sie sich als Autorin, die sich zur Disposition stellt. Wenn sie auf diese Weise theoretische Modelle als partielle Erklärungsmuster einsichtig macht und zu einer Lektüre von Bruch und Neubeginn anregt, ist damit keineswegs ein Ariadnefaden durch das Netzwerk der verschiedenen, miteinander verknüpften Denk-Konstellationen an die Hand gegeben. Denn was die Unterbrechung hervorruft und rechtfertigt, ist eine Kraft, die durch ihre Nähe zur Realität zu Kritik *und* Selbstevidenz zugleich disponiert ist: Erfahrung. Erfahrung verkörpert die Schaltstelle zwischen Realität und Theorie in Hannah Arendts Denken. Ihr Begriff von Erfahrung wird häufig lebensphilosophisch verkürzt als ein Vermögen aufgefaßt, das den Absolutheitsanspruch abstrakter Theorie überschreitet und zwischen der Welt und der Theorie vermittelt. Doch ihr Erfahrungsbegriff ist komplizierter. Er ist legiert mit den Lektüren von Husserl und Heidegger. Erfahrung markiert das Einfallstor von Realität, aber es führt kein direkter Weg von ihr zu einem Urteil, das Realität zu übersetzen vermag. Vielmehr verläuft dieser Prozeß über Kurzschlüsse, Verzögerungen und Umwege, zwischen der Überwältigung durch die Tradition und der eschatologischen Verstiegenheit, absolute Anfänge setzen zu wollen.

Die Lektüre Hannah Arendts fordert somit nicht nur dazu heraus, sich von der Fiktion zu trennen, daß einer in sich logisch folgerichtigen, geschlossenen Theorie der größte Wahrheitsgehalt zukommt, sondern auch, daß es überhaupt eine Theorie geben kann, die als Universalschlüssel zur Wahrheit funktioniert. Die verschiedenen Gedankenkonstellationen, die wie Wegmarken ihr Werk durchziehen, können daher weder zu einer Theorie noch zu einer Methode abstrahiert werden. Es sind Denkhaltungen, die sich nicht ohne weiteres von ihrer konkreten Funktion in der Darstellung ablösen lassen. Sie bleiben strukturell auf die Fülle des Stoffes angewiesen. Am Beispiel der Erzählung macht Hannah Arendt deutlich, wie wichtig die unendliche Ausdeutbarkeit des stofflichen Überschusses ist, um Verselbständigungstendenzen von Begriffen zu entgehen:

„Sie kennen wahrscheinlich die talmudische Geschichte von den 36 Gerechten, um deretwillen Gott die Welt nicht zerstört. Niemand weiß, wer sie sind, am wenigsten sie selbst. Jede Form der Selbsterkenntnis ist hier absolut verheerend. Wenn sie also versuchen nachzudenken, denken sie nicht über sich selbst nach, ‚vertraue nicht dem Erzähler, sondern der Geschichte'".[2]

Der Paria: Konfiguration und Spur

Eine Denkfigur, die das ganze Werk Hannah Arendts durchzieht, ist die des „Paria".[3] In ihr kreuzen sich persönliche Erfahrung und theoretische Haltung, und zugleich eröffnet der Paria *in* der Theorie mehrere, sich in verschiedene Richtungen transformierende Figurationen. Die Vieldeutigkeit des Paria oder mit einer schönen Metapher von Karl Jaspers: seine „Ineinandergewebtheit" hat ihn immer wieder zum Gegenstand von Auseinandersetzungen und Mißverständnissen werden lassen. Die Vorstellung vom Paria wird zum ersten Mal in der Biographie über Rahel Varnhagen entwickelt. Mit ihm versucht sie, der komplexen Situation von objektiver gesellschaftlicher Randstellung, bewußter Einforderung der Emanzipation und Verweigerung der Assimilation einen Namen zu geben. Der Paria markiert einen Einschnitt in Hannah Arendts Entwicklung. In ihm kristallisiert sich ihre Antwort auf die Erfahrung, daß man sich „in einer im großen Ganzen judenfeindlichen Gesellschaft (. . .) nur assimilieren (kann), wenn man sich an den Antisemitismus assimiliert".[4] Diese Antwort läßt sich nach verschiedenen persönlichen und politischen Erfahrungen aufschlüsseln. Bereits vor der Machtübernahme des Nationalsozialismus hatte sich Hannah Arendt mit der Problematik der Assimilation auseinandergesetzt. In Paris, wohin sie nach einer kurzen Verhaftung geflohen war, erhielt ihre politische Haltung durch Diskussionen mit Walter Benjamin und Heinrich Blücher, ihr späterer Mann und ehemaliger Spartakist, klarere Konturen. 1941 gelang ihr die Emigration in die USA. Die Erfahrung, daß Anpassung der deutschen Intelligenz die Regel war, motivierte Hannah Arendt zu einer Präzisierung der politischen Dimension ihrer Pariavorstellung: „Zählen werden nur die, die bereit sind, sich weder mit einer Ideologie noch mit einer Macht zu identifizieren."[5] Bis in ihren persönlichen Lebensstil hat Hannah Arendt sich dieser Haltung verpflichtet gefühlt. Sie weigerte sich lange, Professorin zu werden, und behielt eine ironische Distanz zu dieser Tätigkeit. Sie bewegte sich ungebunden zwischen linken und rechten Positionen und hat die Öffentlichkeit immer wieder mit unerwarteten Stellungnahmen überrascht und brüskiert, nicht zuletzt durch ihr umstrittenstes Buch *Eichmann in Jerusalem.* Sie verstand sich als politische Theoretikerin und behielt bis zum Ende ihres Lebens eine große Vorliebe für die Denker der europäischen Metaphysik.

Was sich wie eine einfache Wiederholung des Außenseitergedankens darstellt, ist eine komplexe Neustrukturierung dieses

Themas. Zunächst differenziert Hannah Arendt zwischen dem individuellen jüdischen Paria und der Pariasituation des jüdischen Volkes in der Diaspora. Nur der individuelle jüdische Paria ist in der Lage, der Versuchung zu widerstehen, die Situation des Ausgeschlossenseins in eine substantielle Heimat umzudeuten. Alle individuellen jüdischen Parias, die Hannah Arendt erwähnt, zeichnen sich daher durch eine genaue historische Sensibilität für die gesellschaftlichen Widersprüche aus, vor denen sie nicht in eine konstruierte Gegenidentität flüchten, sondern die sie zu erkennen und denen sie zu widerstehen suchen. Die eigentümliche Realitätsnähe, die Hannah Arendt an ihnen feststellt, resultiert daraus, daß sie noch in ihren exzentrischen Einfällen bezogen bleiben auf die Welt, der sie sich entgegenstellen. Dagegen ist die spezifische Menschlichkeit des jüdischen Volkes, die sich unter dem Druck der Verfolgung herausgebildet hat, geprägt durch einen Welt*verlust,* da der „Zwischenraum, den wir Welt nennen", und in dem sich allein Differenz und Pluralität entfalten können, verschwunden ist. Diese Menschlichkeit, betont Hannah Arendt, ist ein Vorrecht der Unterdrückten und kann von denen, „die nicht dazugehören, nicht ohne weiteres, auch nicht durch den Affekt des Mitleidens, angeeignet werden".[6] Für die politische Welt ist sie nicht nur irrelevant, sondern sogar gefährlich. Denn die Kehrseite dieser Menschlichkeit ist ein Verlust an politischer Erfahrungs- und Verantwortungsfähigkeit, daß „man in extremen Fällen, in denen das Pariatum über Jahrhunderte angedauert hat, von wirklicher Weltlosigkeit sprechen kann. Und Weltlosigkeit ist immer eine Form der Barbarei."[7] Ist der individuelle jüdische Paria durch seine Abkehr von jeder Tradition, auch der jüdischen, dagegen gefeit, seine Situation zur Gegenwelt zu stilisieren, so gilt das gleiche nicht für ein ganzes Volk. Hier entsteht die Gefahr der Verfälschung der politischen zur natürlichen Gemeinschaft.

Die Gegenüberstellung von individuellem jüdischen Paria und Paria-Volk verbirgt noch einen Gedanken, der mit ihrem Buch *Elemente und Ursprünge totaler Herrschaft* deutlicher in Erscheinung tritt und in allen ihren Büchern das diskursive Feld ihrer Argumentation strukturiert: die Destruktion aller naturalistischen Doktrinen, welche die historische Welt auf angeblich natürliche, unveränderliche Gegenstände zurückführt: auf die menschliche Natur im Naturrecht, die ökonomischen Gesetze im Marxismus, die Naturgesetze im Rassismus. Im Universum der Gesetze von Natur und Geschichte gibt es für das Individuum keinen Raum, seine Differenz, seine Freiheit und Erfindungsgabe zum Ausdruck zu bringen. Hier wird die Haltung des individuellen Paria, die eigene Randständigkeit und Unabhängigkeit gegen den Anpassungszwang und die Versprechen der Gesellschaft zu verteidigen, verknüpft mit dem freien Urteilsvermögen, das Hannah Arendt in der Fähigkeit erkennt, allen naturalistischen und zwangsgesetzlichen Metaphern in der Theorie den Rücken zu kehren.

Die Antworten, die sie auf die Erfahrung des Versagens der Intelligenz angesichts des Totalitarismus zu geben versucht, versprechen keine endgültige Lösung, sie bleiben partiell, in sich beweglich und auf ein erneutes Nachdenken angewiesen. So ist der Paria keine Abstraktion einer dem jüdischen Volk gemeinsamen Natur, und dennoch konzentriert sich in ihm Realität, die das jüdische Volk in der Diaspora betrifft. Das selbstbewußte Bekenntnis, Jüdin zu sein, ist die einzig adäquate Antwort, die der Realität des Verfolgtseins Rechnung trägt. Doch sie wird nicht als neue historische Identität verstanden, sondern als Rückgewinnung individueller Existenz in der politischen Verantwortung. Gerade weil der Paria nicht zu einem nationalen und natürlichen Volk gehört, berechtigen seine Erfahrungen zu der Hoffnung, Politik aus nationalistischen und autoritären Bezügen zu lösen und aus dem Geist individueller Verantwortung zu rekonstruieren. Und umgekehrt spiegelt seine Position am Rande der Welt in erschreckender Weise die Situation des modernen Menschen wider, seine durch die Zerstörung traditioneller Ordnungen entstandene Verlassenheit und Isoliertheit. Je nach wechselnden historischen Konstellationen betont Hannah Arendt die produktiven, die schwierigen und negativen Seiten des Paria, setzt sie neu zusammen, knüpft eine Kette von Transformationen: der Paria als homme de lettre, in der Heimat-

und Ortlosigkeit des denkenden Ich, in den spontanen Bewegungen der Räte, für die sie sich weniger wegen ihrer Basisnähe interessiert, als wegen der erweiterten Möglichkeiten zu individueller Verantwortung. Der Paria ist nicht das Paradox, das als Aporie versteinert, zum ästhetischen Diskurs reizt. Hannah Arendt macht ihn zur Spur, welche die abendländische Kultur durchzieht, Spur der Herausforderung, die der Fremde an das Leben und Denken in geschlossenen Welten stellt, Spur der Fähigkeit zum freien Urteilsvermögen und Handeln, in dem das Versprechen menschlicher Solidarität erneuert wird, Spur des furchtbaren Scheiterns und des unvorstellbaren Grauens, wenn die Verlassenheit absolut wird durch die Verweigerung, die „Erde zusammen zu bewohnen".

Totalitarismus, Geschichtsschreibung und die Wiedergewinnung des Politischen

1951 erschien Hannah Arendts erstes Buch *Elemente und Ursprünge des Totalitarismus,* das sie sofort berühmt machte und mit dem sie in unverwechselbarer Klarheit die Linien ihres Denkens entwarf. Es ist kein fertiges Buch. Durch Ergänzung, Verdichtung und methodische Erläuterungen wird es mehrmals umgearbeitet und differenziert. Mit einer für das akademische Denken unvorstellbaren Kühnheit umreißt es drei Phänomene der modernen Geschichte, um Entstehung und Funktionsweise des Totalitarismus zu erklären: Antisemitismus, Imperialismus, das Zusammenspiel von Terror und Ideologie im System totalitärer Unterdrückung. Es beschränkt sich keineswegs auf die deutsche Geschichte. Die Darstellung umfaßt ebenso englische und französische Geschichte. Die Analyse des Totalitarismus stellt umstandslos Nationalsozialismus und Stalinismus nebeneinander. Daß ihr Buch eines nicht gewährt: eine umfassende historische Erklärung der Tendenzen, die zum Nationalsozialismus geführt haben, ist Ausdruck einer bewußten Intention. Hannah Arendt hat einen konstruktiven Geschichtsbegriff, der den Überlegungen Benjamins nahesteht: Der Historiker muß das Kontinuum der Geschichte aufsprengen, um jenen Raum zu gewinnen, der ihn zu einem selbständigen und kritischen Urteil befähigt. Mit ihrem Buch will Hannah Arendt also nicht nur „die Hauptelemente des Nationalsozialismus aufspüren, sie zurückverfolgen und die zugrunde liegenden wirklichen politischen Probleme erforschen". Es ist zugleich ein kritisches Manifest gegen die Zwangsläufigkeit im Denken:

„Wer ernstlich an Kausalität in der historischen Wissenschaft glaubt, leugnet tatsächlich den eigentlichen Gegenstand seiner Wissenschaft (...) Verallgemeinerungen und Einteilungen dieser Art löschen das ‚natürliche' Licht aus, das die Geschichte selbst offenbart. Sie zerstören ebenso die tatsächliche Geschichte in ihrer Einzigartigkeit und in ihrer andauernden Bedeutung, von der jeder historische Abschnitt uns zu erzählen vermag. Innerhalb eines Systems vorgefaßter Kategorien, unter denen Kausalität die Gröbste ist, können Ereignisse in dem Sinn, daß sie etwas unwiderruflich Neues darstellen, niemals stattfinden. Geschichte ohne Ereignisse aber ist von einer toten Monotonie des Immergleichen, ohne zeitliche Struktur – Lucretius' eadem sunt omnia semper."[8]

Unter diesem Blickwinkel wird verständlich, daß wir es mit einem konzentrierten Anliegen zu tun haben. Hannah Arendt will zeigen, daß das nationalsozialistische Herrschaftssystem nicht das zwangsläufige Resultat der deutschen Rückständigkeit ist, obwohl die besonderen Umstände der deutschen Geschichte eine Rolle gespielt haben. Daß es jedoch dem Nationalsozialismus gelang, die ganze Gesellschaft einem System von Terror und Einverständnis zu unterwerfen, hat noch einen anderen Grund. Der Nationalsozialismus traf auf ein politisches und ethisches Vakuum, das durch das Aufkommen der industrialisierten und bürokratisierten Massengesellschaft entstanden war. Durch den Verlust einer selbstverständlichen öffentlichen Kultur und sozialen Ethik werden die isolierten und ohnmächtigen Individuen dazu gebracht, sich der politischen Verantwortung zu entziehen und nur noch in der Gleichschaltung an übermenschliche Gesetze der Natur und Geschichte Sicherheit zu finden und handlungsfähig zu sein. Damit rückt Hannah Arendt die Gegenwart ins Blickfeld politischer Verantwortung: in der Gegenwart wird entschieden, in welcher Weise die Vergangenheit fortdauert. Der operative, auf die Gegenwart bezogene Charakter ihres Buches ist jedoch nicht zu verwechseln mit der gängigen Auffassung von Aktualität. Die Aktualität entspringt der Analyse des Totalitarismus selbst. Er verkörpert die zerstörerischste Antwort auf die Aporien und Widersprüche der Moderne, für die die Demokratien bisher keine ausreichenden Möglichkeiten des politischen Umgangs gefunden hatten. Die neue Massenhaftigkeit des Individuums, die Hannah Arendt in einem radikalen Verlust an Verantwortungs- und Urteilsfähigkeit festmacht, bildet ebenso den Mittelpunkt ihrer an der Person Eichmanns entwickelten Vorstellung von der Banalität des Bösen.[9] Das Unvorhersehbare ihrer Beobachtungen Eichmanns während des Prozesses bestand in der vollständigen Abwesenheit „irgendwelcher tieferen Wurzeln oder Beweggründe", auf welche das „unbestreitbar Böse seiner Handlungen" hätte zurückgeführt werden können. „Die Taten waren ungeheuerlich, doch der Täter – zumindest jene einst höchst aktive Person, die jetzt vor Gericht stand – war ganz gewöhnlich und durchschnittlich, weder dämonisch noch ungeheuerlich."[10] Mit den Vernichtungslagern hatten die Nationalsozialisten etwas bewiesen, was den Niedergang ihres Regimes überlebte: daß innerhalb der Normalität alles möglich ist. Was Eichmann von uns unterscheidet, ist sein hemmungsloses Bedürfnis nach Gleichschaltung, ist das absolute Desinteresse daran, seine Vorstellungen und Handlungen überhaupt noch an der Menschlichkeit zu messen und für sie individuelle Verantwortung zu übernehmen. Was ihn in so bestürzende Nähe rückt, ist die täglich erfahrbare Haltung, die eigene Urteilsfähigkeit und Verantwortung an das System zu delegieren.

Wenn der Traditionsbruch irreversibel ist, dann kann die Frage nach der Wiedergewinnung des Politischen nicht mehr auf dem sicheren Grund einer Tradition gestellt werden. Hannah Arendt situiert sie in einem leeren Raum: der absoluten Abwesenheit des Politischen im Totalitarismus. Alle Bücher, die ihrer Totalitarismusanalyse folgen, arbeiten an der Rekonstruktion dieser Frage: *Vita activa,* in dem sie die Geschichte des Vergessens und der Überlagerung des Politischen durch die instrumentelle Logik des Herstellens darstellt; *Über die Revolution,* in dem sie die verheerenden Folgen der Usurpation des Raumes der Freiheit durch die soziale Frage schildert; das Fragment gebliebene und erst nach ihrem Tod veröffentlichte philosophische Werk *Vom Leben des Geistes,* in dem sie anhand dreier menschlicher Vermögen, des Denkens, Wollens und Urteilens, die Möglichkeiten des Individuums befragt, eine Welt der Freiheit, Gleichheit und Differenz stiften zu können.

Das Politische, die authentischste Form menschlichen Handelns, deren Sinn Freiheit und deren Grund die Pluralität der Menschen ist, muß erst durch Schichten aus Vorurteilen, Mißverständnissen, Instrumentalisierungen hindurch wieder entdeckt werden. Es gehört zu den Bruchstücken, den seltenen Erfahrungen in der Geschichte der Menschheit. Die Polis und die amerikanische Revolution sind für Hannah Arendt Glücksfälle dieser Art. Wenn jedoch der Glücksfall – das äußerste Unwahrscheinliche – den Fluchtpunkt bildet, dann kann die von Hannah Arendt begonnene Rekonstruktionsarbeit des Politischen nicht das Modell einer ausgearbeiteten politischen Theorie bilden. Deshalb verfehlt die Kritik an ihrer anachronistischen Rückkehr zu den Ursprüngen des Politischen ihre Absicht. Nicht die historische Differenz zwischen der Polis und den Problemen der modernen Massendemokratie macht die Lücken ihres politischen Denkens aus. Die Lücken sind konstitutiv. Sie führen, als Spuren gelesen, zu den Punkten, an denen die Theorie schweigt, weil das Handeln beginnt. Hierin kann auch ein Grund gesehen werden, warum das Projekt, Kants Kritik der Urteilskraft auf eine politische Theorie hin zu lesen, nie vollendet wurde. Der Bruchstückcharakter der politischen Theorie signalisiert, daß es in der Sphäre des Handelns immer eine komplexe Nicht-Entsprechung zwischen dem Gewollten und dem sich tatsächlich Ereignenden gibt.

„Ich habe einfach gemacht, was ich gerne machen wollte ...“[10] Das Private, das Politische und die Aporien der Emanzipation

Es ist mit Erstaunen und Kritik bemerkt worden, daß Hannah Arendt, die so sensibel und differenziert über die jüdische Existenz im Zeitalter des Totalitarismus nachgedacht hat, den verschiedenen Formen der Ausgrenzung der Frauen in Kultur und Politik mit Ignoranz begegnet ist. Der entscheidende Bezugspunkt ihres Denkens ist nicht die Geschlechterdifferenz, sondern die irreduzible Einzigartigkeit des Individuums. Für diese Einzigartigkeit ist die Differenz der Geschlechter Paradigma, aber nicht ontologische Vorgabe. Wie die bekannten Passagen aus *Vita activa* zeigen, können weder das Geschlechtliche noch das Soziale als Ausgangsbedingungen für politische Perspektiven gelesen werden. Die Politik wird von Hannah Arendt geradezu als Gegenwelt zum Bereich der Produktion und Reproduktion herausgestellt, wo die Individuen den rein wiederholenden Zwecken des Lebens unterworfen sind. Die strenge Trennung zwischen der Arbeit, der Tätigkeit des Herstellens und dem Handeln, zwischen privat und öffentlich hat jedoch wie jede normative Unterscheidung schematische und abstrakte Seiten, denn in der Realität gibt es komplexe Überschneidungen und Kombinationen. Doch der Gedanke, der sie zu dieser Unterscheidung motiviert hat, ist von unbestreitbarer Bedeutung. Nur im Handeln und durch das Handeln entzieht sich der Mensch der Natur, ist er frei, etwas Neues und Unvorhersehbares zu beginnen. Die Geschichte in ihrer authentischen Dimension ist nicht einfach zweite Natur. Hannah Arendts Zurückweisung jedes deterministischen Denkansatzes gilt der Rettung der Pluralität, die durch keine Berufung auf höhere Gesetze oder vorgegebene kollektive Zugehörigkeiten suspendiert werden darf. Doch andererseits bemerkt Hannah Arendt selbst, daß in der modernen Welt die Trennung zwischen privat und öffentlich komplizierter geworden ist. Die Entstehung der Gesellschaft als gigantischer Überfamilie, in der die

Differenz zwischen privat und öffentlich ausgelöscht wird, droht beide Bereiche einer Homogenisierung zu unterwerfen. In Zeiten, wo die politische Gleichheit nicht mehr auf dem der Polis entnommenen Gedanken der Pluralität beruht, sondern auf dem Konstrukt *des* Menschen, wird die tatsächliche Verschiedenheit in den privaten Raum gedrängt. Wenn Intoleranz gegen alles Fremde durch eine nur abstrakte Zustimmung zu den Menschenrechten oder durch eine nationalistische Gleichschaltung den öffentlichen Raum beherrscht, dann wird der private Raum zu einem Refugium, in dem die Verschiedenheit gerettet und wiederentdeckt werden kann. Es gibt mehrere theoretische Anhaltspunkte in Hannah Arendts Denken, an denen die Trennung zwischen privat und öffentlich modifiziert wird. Diese sind der Gedanke der Natalität, den sie Augustinus' Philosophie entnimmt, und der Gedanke der Freundschaft, den sie den Lektüren von Aristoteles und Lessing verdankt. Sowohl die Geburt, die den Menschen zu einem unverwechselbaren und anfangenden Wesen bestimmt, als auch die Freundschaft, die nur so lange Bestand hat, wie das Gespräch und die Begegnung unter Freunden andauert, sind bewegliche Existenzweisen in einem Zwischenraum. Denn sie haben an der privaten *und* öffentlichen Sphäre teil. Die Geburt ist das Privateste, doch zugleich ist sie ein Ereignis, das sich auf die Öffentlichkeit bezieht. Denn sie kommt einer Öffnung in der Zeit gleich. Sie unterbricht den Kreislauf des Lebens, indem sie das „beunruhigendste aller Wunder“ Wirklichkeit werden läßt, daß der Mensch einzeln und unverwechselbar ist. Die Freundschaft kann als das im kleinen Rahmen mögliche Experiment betrachtet werden, über die Genauigkeit im Zuhören und die Bereitschaft des Antwortens eine Balance zwischen Gleichheit und Differenz zu schaffen.

Neben diesen Differenzierungen, an denen sich der Versuch Hannah Arendts ablesen läßt, die strikte Trennung zwischen privat und öffentlich zu überwinden, gibt es eine Ebene der Argumentation, die sie häufig mit der Metapher der Selbstverständlichkeit umschreibt. Diese Vorstellung ist keine naturalistische Metapher. Mit ihr deutet sie auf jenes unvermittelte menschliche Vermögen hin, für das sie die kulturellen Zeugnisse zu einer bisher verborgenen Tradition zusammenfügt: Augustins These, daß der Mensch ein anfangendes Wesen ist, sowie Kants freies Urteilsvermögen, das imstande ist, jenseits der bekannten Regeln den Aspektreichtum eines Ereignisses und die Pluralität der Meinungen zu vergegenwärtigen. Die Selbstverständlichkeit ist ebenso wie die Spontaneität eine kulturelle Möglichkeit, die in bestimmten ontologischen Bedingungen des menschlichen Daseins verankert ist. Hannah Arendt betont gegen Vorgaben der menschlichen Existenz, die unveränderlich sind, *die* Vorgaben, welche Spielräume der Freiheit eröffnen. Im Unterschied zu der Vorstellung der Spontaneität umschließt die der Selbstverständlichkeit beides, Natur und Kultur, Unveränderbares und Veränderbares. Der Anteil der freien Selbstbestimmung ist also jeweils konkret zu erschließen. Nun fällt auf, daß Hannah Arendt bei ihrem selbstverständlichen Bekenntnis, Jüdin zu sein, zu einer genauen Formulierung dessen kommt, wie der Anteil der freien Entscheidung gegenüber dem objektiv Gegebenen zu bestimmen ist. Unter der Bedingung, daß der Antisemitismus Teil der abendländischen Kultur ist, kann die Antwort nur eine politische sein: Die uneingeschränkte Anerkennung der jüdischen Identität hat für Hannah Arendt den Stellenwert einer politischen Demonstration. Dagegen lassen Hannah Arendts Anmerkungen über ihre Existenz als Frau den politischen Raum leer. Zwar kann weder die Zugehörigkeit zum jüdischen Volk noch zum weiblichen Geschlecht eine substantielle Identität begründen. Doch für die *Frau* Hannah Arendt existiert Realität nicht in jener heterogenen und prekären Mischung, die zur Distanz gegenüber dem, was man zu sein wünscht, zwingt. Die Selbstverständlichkeit, mit der sie behauptet, sie habe immer getan, was sie wolle, läßt diese Distanz sich selbst gegenüber verschwinden und damit auch den Raum, in dem über Differenz nachgedacht werden kann. Hier macht sich ein Widerspruch geltend, der Hannah Arendts Werk in wechselnden Konstellationen durchzieht: daß zwischen Gleichheit und Differenz keine Lösung, sondern nur eine prekäre Balance herstellbar ist. Die Geschlechterdifferenz gehört zu jenem „dunklen Hintergrund" der Pluralität, den es zu bewahren und zu schützen gilt. Doch Geschlechterdifferenz und Differenz im politischen Raum sind nicht identisch. Jeder Ruf nach Gerechtigkeit, der sich wiederum durch unbeeinflußbare ethnische, kulturelle oder geschlechtliche Entitäten definiert, wiederholt den Kreislauf von Identität und Ausgrenzung. Es gibt also Widersprüche, deren Lösung darin besteht, daß wir sie hinausschieben, indem wir über sie sprechen, schreiben und auf andere Ebenen verlagern. In der Aufmerksamkeit für die Schichten in unserem Leben, deren paradoxes Beziehungsgeflecht wir nicht auflösen können und auch nicht sollten, läge vielleicht der entscheidende Beitrag Hannah Arendts zur Frauenfrage.

Anmerkungen und Bibliographien

Einleitung. „Laßt alle Hoffnung fahren ...“ Kulturwissenschaftlerinnen vor 1933

von Barbara Hahn

1 Der Text erschien allerdings erst 1919, vgl. Max Weber, Wissenschaft als Beruf, in: ders.: *Gesammelte Aufsätze zur Wissenschaftslehre,* hrsg. von Johannes Winckelmann, Tübingen [7]1988, S. 582–613, hier S. 588.

2 Elisabeth Altmann-Gottheiner, *Die Berufsaussichten der deutschen Akademikerinnen,* Halle 1921, S. 2. E. Altmann-Gottheiner promovierte 1902 in Zürich, wurde 1908 Dozentin und 1925 Titularprofessorin an der Handelshochschule Mannheim. Sie war damit die erste Frau, die an einer deutschen Hochschule lehrte; eine ordentliche Professur bekam sie allerdings nie, vgl. Elisabeth Boedeker und Maria Meyer-Plath, *50 Jahre Habilitation von Frauen in Deutschland,* Göttingen 1974, S. 243 f.

3 Diese Formulierungen finden sich in einer beliebigen Nummer der ZEIT; die erste z. B. wurde von der Münsteraner, die zweite von der Jenaer Universität gebraucht, die dritte stand in einer Anzeige der Freien Universität Berlin.

4 Vgl. die Zahlenangaben bei Nancy Wermuth, *Frauen an Hochschulen. Statistische Daten zu den Karrierechancen. Schriftenreihe Studien zu Bildung und Wissenschaft,* Bonn 1992, S. 48, wonach der Frauenanteil an den Studierenden stetig zunimmt und seit 1983 über 40% liegt, während der Anteil von Frauen an den Professoren zwischen 1981 und 1988 leicht zurückgegangen ist, nämlich von 4,5 auf 4,3 Prozent.

5 Vgl. dazu die Dokumentation von Ulla Bock, *Frauenforschungsprofessuren an Universitäten in Deutschland, Extra-Info 15 der Zentraleinrichtung zur Förderung von Frauenstudien und Frauenforschung an der Freien Universität Berlin,* Berlin 1992; und die Kritik Theresa Wobbes, Zwischen Verlautbarung und Verwaltung. Überlegungen zum institutionellen Kontext von Frauenforschung, in: *Feministische Studien* 1 (1988), S. 124–128.

6 Vgl. dazu meinen Aufsatz: Feministische Literaturwissenschaft. Vom Mittelweg der Frauen in der Theorie, in: *Neue Literaturtheorien. Eine Einführung,* hrsg. von Klaus-Michael Bogdal, Opladen 1990, S. 218–234.

7 Die folgenden Überlegungen stützen sich auf Marianne Schullers Überlegungen, vgl. Erfolg ohne Glück? Über den Widerspruch von Weib-

lichkeitsrolle und Karriere, in: diess., *Im Unterschied. Lesen, Korrespondieren, Adressieren,* Frankfurt a.M. 1990, S.173–188, vor allem S.180ff., sowie diess., Vergabe des Wissens. Notizen zum Verhältnis von ‚weiblicher Intellektualität' und Macht, in: ebd., S.189–198.

8 Vgl. Thomas Ellwein, *Die deutsche Universität. Vom Mittelalter bis zur Gegenwart,* Königstein 1985, sowie Rainer A.Müller, *Geschichte der Universität. Von der mittelalterlichen Universität zur deutschen Hochschule,* München 1990.

9 Die Variante der Geschichte, die nicht in Frauenforschung, sondern im „Kampf gegen die Klassenschranken" endet, ist mit dem Ende der DDR wohl für längere Zeit aus der Mode gekommen. Vgl. Renate Feyl, *Der lautlose Aufbruch. Frauen in der Wissenschaft,* Darmstadt/Neuwied 1983, S.21f.

10 Daten zum internationalen Vergleich in Ingrid Schmid-Harzbachs Aufsatz: Frauen, Bildung und Universität, wonach die Zulassung von Frauen zum Studium in Deutschland nicht nur nach allen europäischen Ländern, sondern auch später als in Australien, Mexiko, Indien und China erfolgte, in: dies. und Hans-Werner Prath, *Die Universität. Eine Kultur- und Sozialgeschichte,* München/Luzern 1981, S.175–213, hier S.186ff.

11 Claudia Huerkamp, Frauen, Universitäten und Bildungsbürgertum. Zur Lage studierender Frauen 1900–1933, in: *Bürgerliche Berufe,* hrsg. von Hannes Siegrist, Göttingen 1988, S.200–222, hier S.205.

12 Zur Geschichte des Frauenstudiums vgl. Laetitia Böhm, Von den Anfängen des akademischen Frauenstudiums, zugleich ein Kapitel aus der Geschichte der Ludwig-Maximilians-Universität München, in: *Historisches Jahrbuch* 77 (1958), S.298–327; Kristina von Soden, Zur Geschichte des Frauenstudiums, in: *70 Jahre Frauenstudium. Frauen in der Wissenschaft,* hrsg. von Kristina von Soden und Gaby Zipfel, Köln 1979; Gitta Benker/Senta Störmer, *Grenzüberschreitungen. Studentinnen in der Weimarer Republik,* Pfaffenweiler 1990; *Pionierinnen, Feministinnen, Karrieristinnen. Zur Geschichte des Frauenstudiums in Deutschland,* hrsg. von Anne Schlüter, Pfaffenweiler 1991; Edith Glaser, *Hindernisse, Umwege, Sackgassen. Die Anfänge des Frauenstudiums in Tübingen (1904–1934),* Weinheim 1992.

13 Einzelne Fächer wurden inzwischen untersucht, vgl. Rosemarie Kullik, *Frauen gehen fremd. Eine Wissenschaftsgeschichte der Wegbereiterinnen der deutschen Ethnologie,* Bonn 1990. In allgemeinen Studien zur Geschichte der Habilitation wird dagegen der Frage nicht nachgegangen, ob diese Prüfung für bestimmte Gruppen eine besondere Barriere bildete, vgl. *Untersuchungen zur Lage der deutschen Hochschullehrer, Bd.I. Nachwuchsfragen im Spiegel der Erhebung 1953–1955,* hrsg. von Hellmuth Plessner, Göttingen 1956; Christian von Ferber, *Die Entwicklung des Lehrkörpers der deutschen Universitäten und Hochschulen 1864–1956,* Göttingen 1956, und zuletzt: Peter J.Brenner, Habilitation als Sozialisation, in: *Geist, Geld und Wissenschaft. Arbeits- und Darstellungs-*

formen von Literaturwissenschaft, hrsg. von Peter J. Brenner, Frankfurt a. M. 1993, S. 318–356.

14 Vgl. Boedeker, *50 Jahre Habilitation von Frauen in Deutschland.* Hier werden – nach Fächern geordnet – die Karrieren von über sechshundert Frauen dokumentiert, die sich bis einschließlich 1970 habilitierten.

15 Sechs der 62 Frauen, die sich vor 1933 habilitiert hatten, waren bereits pensioniert bzw. gestorben, eine weitere hatte Deutschland verlassen.

16 Vgl. Müller, *Geschichte der Universität*, S. 96.

17 Über die fehlenden vier läßt sich auf der Grundlage der bei Boedeker gesammelten Daten keine klare Aussage treffen.

18 Charlotte Lorenz, *Entwicklung und gegenwärtige Lage des weiblichen Lehrkörpers an den wissenschaftlichen Hochschulen*, Berlin 1953.

19 Vorwort von Auguste Hoffmann in: ebd., S. 6.

20 Ebd., S. 10.

21 Wanda von Baeyer, Die Frau in der Wissenschaft, in: *Die Frau in unserer Zeit. Ihre Wandlung und Leistung*, Oldenburg/Hamburg 1954, S. 203–236, hier S. 217.

22 Ebd., S. 226 bzw. 229.

23 Vgl. dazu zuletzt Björn Wittrock, The modern university: the three transformations, in: *Fact and Idea in the History of the University*, hrsg. von Sheldon Rothblatt und Björn Wittrock, Cambridge 1993, S. 303–362.

24 Vgl. Wilhelm von Humboldt, Über die innere und äußere Organisation der höheren wissenschaftlichen Anstalten in Berlin, in: *Die Idee der deutschen Universität. Die fünf Grundschriften aus der Zeit ihrer Neubegründung durch klassischen Idealismus und romantischen Realismus*, hrsg. von Ernst Anrich, Darmstadt 1956, S. 375–386, hier S. 382.

25 Eberhard Lämmert, Marbacher Impulse für die Geschichte der Germanistik, in: *Literaturwissenschaft und Geistesgeschichte 1910–1925*, hrsg. von Christoph König und Eberhard Lämmert, Frankfurt a. M. 1993, S. 15.

26 Brenner, Habilitation als Sozialisation, S. 344.

27 Vgl. dazu Alexander Busch, *Die Geschichte des Privatdozenten. Eine soziologische Studie zur großbetrieblichen Entwicklung der deutschen Universitäten*, Stuttgart 1959, S. 151–155.

28 Vgl. den Band *Wissenschaftsgeschichte der Philologien* der Zeitschrift *Literaturwissenschaft und Linguistik* 14 (1984), in der Gerhard Sauder Georg Lukács' Heidelberger Habilitationsversuch rekonstruiert (S. 79–107), während Burkhard Lindner die „Habilitationsakte Walter Benjamin" öffnet (S. 147–165).

29 Lokal- bzw. sozialgeschichtliche Ansätze dazu finden sich in: Angelika Timm, Zur Biographie jüdischer Hochschullehrerinnen in Berlin bis 1933. Nach Materialien des Archivs der Humboldt-Universität zu Berlin, in: *Tel Aviv Jahrbuch für Geschichte* 21 (1992), S. 243–258; Claudia Huerkamp, Jüdische Akademikerinnen in Deutschland 1900–1938, in: *Geschichte und Gesellschaft* 3 (1993), S. 311–331.

30 Vgl. Dietrich Goldschmidt, Die gegenwärtige Problematik, in: *Untersuchungen zur Lage der deutschen Hochschullehrer,* hrsg. von Hellmuth Plessner, Bd. 1, Göttingen 1956, S. 49 bzw. 37.

31 Friedrich Nietzsche, Die Zukunft unserer Bildungsanstalten, in: ders., *Werke in sechs Bänden,* hrsg. von Karl Schlechta, München 1980, Bd. 5, S. 253 und 259.

32 Marianne Weber, Die Beteiligung der Frau an der Wissenschaft, in: diess., *Frauenfragen und Frauengedanken,* Tübingen 1919, S. 7.

33 Max Weber, Wissenschaft als Beruf, S. 613.

34 Karl Jaspers, *Die Idee der Universität,* Berlin 1923, S. 20.

35 Ebd., S. 37 ff.

36 Martin Heidegger, *Die Selbstbehauptung der deutschen Universität. Rede, gehalten bei der feierlichen Übernahme des Rektorats der Universität Freiburg i. Br. am 27. 5. 1933,* Frankfurt a. M. 1990, S. 13 f.

37 Vgl. Husserls Brief an Roman Ingarden vom 10. 7. 1935, zitiert in: Edmund Husserl, *Die Krisis der europäischen Wissenschaften und die transzendentale Phänomenologie,* in: Husserliana Bd VI, hrsg. von Walter Biemel, Haag ^{2}1976, S. XIII.

38 Amalie von Holst, *Über die Bestimmung des Weibes zur höheren Geistesbildung,* Berlin 1802.

39 1894 erscheint ein erstaunliches Kompendium mit einem ähnlichen Anliegen: Elise Oelsner, *Die Leistungen der deutschen Frau in den letzten vierhundert Jahren auf wissenschaftlichem Gebiete,* Guhrau bei Breslau 1894, wo es heißt: „Dass das Genie nicht nach dem Geschlechte fragt, das haben wir auf dem Gebiet der Kunst gesehen, wo sich die natürliche Begabung zur Geltung bringen kann, ohne einer eingehenden wissenschaftlichen Schulung bedürftig zu sein." (S. 2.) Und ebenso seien Frauen zu wissenschaftlicher Arbeit fähig, wie ihr Buch, eine Art kommentierter Bibliographie theoretischer Arbeiten von Frauen zeige; sie würden nur nicht angemessen tradiert.

40 Den Ausschluß von Frauen aus den modernen Wissenschaften bis ca. 1800 untersucht Londa Schiebinger in einer vergleichenden Studie zu Frankreich, England und Deutschland, *The mind has no sex? Women in the origins of modern science,* Cambridge/Mass. 1989; eine deutsche Ausgabe erschien unter dem Titel: *Schöne Geister. Frauen in den Anfängen der modernen Wissenschaft,* Stuttgart 1993. Die weitere Entwicklung wurde bislang für einzelne Länder nur in Ansätzen untersucht.

41 *Rahel. Ein Buch des Andenkens für ihre Freunde,* Berlin 1834, Bd. III, S. 10.

42 Brief vom 27. 1. 1825, ungedruckt, Kasten 78 der Sammlung Varnhagen, Biblioteka Jagiellonska, Krakau. Hier zitiert nach: Barbara Hahn, *Unter falschem Namen. Von der schwierigen Autorschaft der Frauen,* Frankfurt a. M. 1991, S. 35.

43 Vgl. Marianne Weber, *Max Weber. Ein Lebensbild,* mit einem Essay von Günther Roth, München 1989, S. 198.

44 Vgl. dazu meine Studie *Unter falschem Namen,* wo ich dies an den Paaren Paula Winkler und Martin Buber bzw. Harriet Straub und Fritz Mauthner zeige, S. 71–108.

45 Bloch hat alle seine noch in Europa veröffentlichten Bücher mit einem weiblichen Namen versehen, und zwar den *Geist der Utopie,* München/Leipzig 1918, mit dem seiner ersten Frau, Else Bloch-von Stritzky. *Thomas Münzer als Theologe der Revolution,* München 1921, ist „Margarete Susman zugeeignet", die *Spuren,* München 1930, wurden Linda Oppenheimer und die *Erbschaft dieser Zeit* von 1934 „Meiner lieben Karola Piotrkowska" gewidmet. Sein *Gedenkbuch für Else Bloch-von Stritzky* trägt die Widmung: „Für meine Frau Karola, Mann und Werk vor den Nazis rettend," vgl. Ernst Bloch, *Ergänzungsband zur Gesamtausgabe,* Frankfurt a. M. 1978, S. 13–30. Eine ähnliche Reihe bei Georg Lukács. Auf der ersten Seite von *Die Seele und die Formen* (1911) lesen wir: *Dem Andenken Irma Seidlers;* die *Theorie des Romans* (1916) nennt Jelena Grabenko und *Geschichte und Klassenbewußtsein* (1923) schließlich Gertrud Bortstieber als Adressatin. Wie man genauer zeigen könnte, ähneln die Bücher den Frauen, denen sie gewidmet sind.

46 Margarete Susman widmete ihr Buch über die Liebe Gertrud Simmel.

47 Damit ist gerade nicht eine Debatte über „männliche" Wissenschaft gemeint, wie sie bspw. in dem von Karin Hausen und Helga Nowotny herausgegebenen Sammelband *Wie männlich ist die Wissenschaft?* Frankfurt a. M. 1986, geführt wurde.

Für die vielen Anregungen und Unterstützung bei der Arbeit an diesem Buch möchte ich mich bei Birgit Bosold, Philippe Despoix, Andrea Kraus, Peter Schöttler und Marianne Schuller bedanken. Dr. Tom Pilkington, Kew Surrey, Großbritannien, danke ich für die freundliche Genehmigung, Eduard Berends zitieren zu dürfen. Die Rechtsnachfolger von Bertha Badt-Strauss und Gertrud Kantorowicz, aus deren Handschriften ebenfalls zitiert wird, konnten leider nicht ausfindig gemacht werden.

Lou Andreas-Salomé. „Nicht nur Wissen, sondern ein Stück Leben"

von Ursula Renner

1 Die umfangreichste Biographie stammt von Ursula Welsch und Michaela Wiesner, *Lou Andreas-Salomé. Vom „Lebensurgrund" zur Psychoanalyse,* 2. durchges. Aufl. München/Wien 1990. Ihr eigener *Lebensrückblick* wurde 1951 von ihrem Nachlaßverwalter Ernst Pfeiffer herausgegeben (neu durchges. Aufl. Frankfurt a. M. 1974).

2 Als solche hat sie etwa Georg Brandes, dessen Nietzsche-Aufsatz von 1888 die Nietzsche-Rezeption in Deutschland maßgeblich eröffnete,

eingeführt: „Dieselbe schwärmerische Liebe zum Leben hat Nietzsche bewegt, den *Hymnus an das Leben* von seiner Freundin Frau Andreas-Salomé für Chor und Orchester zu setzen." G. Brandes, *Menschen und Werke,* Frankfurt a. M. ^{3}1900, S. 137–203, hier S. 196. – Seine Nachschrift von 1893 würdigt dann bereits Lou Andreas-Salomés eigenen Beitrag zur Nietzsche-Forschung, ebd., S. 204–209.

3 Vgl. etwa *Hugo von Hofmannsthal – Richard Beer-Hofmann, Briefwechsel,* hrsg. von Eugene Weber, Frankfurt a. M. 1972, S. 47.

4 Arthur Schnitzler, *Tagebuch 1893–1902,* Wien 1989. Die an Andreas-Salomé geschätzte psychologische Sensibilität charakterisiert eine Gesprächsnotiz Schnitzlers vom Mai 1895: „Lou: – Richard [Beer-Hofmann. U. R.] ist kühler als Sie. Menschen, Bäume, Sachen – alles eins und gleichwerthig, während Sie von der Menschenseele aus alles schildern. Drum thut Richard dem Goldmann so wohl, der eigentlich immer Sehnsucht nach und Angst vor dem Leben hat." (S. 141).

5 Lou Andreas-Salomé, *Fenitschka. Eine Ausschweifung. Zwei Erzählungen,* hrsg. von Ernst Pfeiffer, Frankfurt a. M. u. a. 1983, S. 15.

6 Bis hin zum Opernstoff für Guiseppe Sinopoli (1981) oder einer Hommage von Lars Gustavsson, Vor einem Porträt von Lou Andreas-Salomé, in: ders., *Die Stille der Welt vor Bach. Gedichte,* München 1982, S. 73.

7 Lou Andreas-Salomé, *Das „zweideutige" Lächeln der Erotik. Texte zur Psychoanalyse,* hrsg. von Inge Weber und Brigitte Rempp, Freiburg 1990; s. a. die Arbeiten von Angela Livingstone, *Lou Andreas-Salomé. Her Life (as Confidante of Freud, Nietzsche and Rilke) and Writings (on Psychoanalysis, Religion and Sex),* London/Bedford 1984; Rose Maria Gropp, *Andreas-Salomé mit Sigmund Freud,* Weinheim/Basel 1988 (Ergebnisse der Frauenforschung 13); Biddy Martin, *Woman and Modernity. The (Life)Styles of Lou Andreas-Salomé,* Ithaca/London 1991.

8 Lou Andreas-Salomé, Grundformen der Kunst. Eine psychologische Studie, in: *Pan* 4 (1898), S. 177–182 (Seitenzahlen im folgenden in Klammern nach dem Zitat).

9 „In diesem lieben Winter sprachen wir einmal davon: ob der Schaffende von dem anderen wesentlich unterschieden ist. Gedenkst Du's? Heute erst weiß ich die Antwort. Der Schaffende ist der weitere Mensch, der, über welchen hinaus die Zukunft liegt. [...] Der Künstler ist die Ewigkeit, welche hineinragt in die Tage." Rainer Maria Rilke, *Tagebücher aus der Frühzeit,* Frankfurt a. M. 1973, S. 354 (Mai 1898). – Vgl. auch Rilkes Vortrag *Moderne Lyrik,* den er am 5. 3. 1898 in Prag gehalten hat, und seinen Aufsatz *Über Kunst* in *Ver Sacrum* (Nov. 1898, Jan. 1899, Mai 1899), beide in: Rilke, *Sämtliche Werke.* Bd. 5, hrsg. von Ernst Zinn, Frankfurt a. M. 1987, S. 360–394, S. 426–434.

10 Lou Andreas-Salomé, *In der Schule bei Freud. Tagebuch eines Jahres 1912/1913,* hrsg. von Ernst Pfeiffer, Zürich 1958, S. 160.

11 Ganz analog zur selben Zeit bei Rilke: „Alle Werke sind für den Künstler Vergangenheit [...]. Der Gewinn ist einzig die wachsende Klarheit sei-

nes Lebens, welche ich immer nur mit diesem Namen nennen kann: der Weg zu sich selbst." Rilke, *Tagebücher*, S. 36.

12 Vgl. dazu Werner Hofmann, Brunnengräber der Seele, in: *Merkur* 42 (1988), S. 788–800 (Sonderheft *Bilder der Seele*).

13 Vgl. Rilkes Kunstaufsätze und die *Tagebücher aus der Frühzeit* sowie sein Gedicht *An Stephan George.*

14 Sie hatte 1897 mit Rilke im Hause Lepsius „mit großer Andacht" George zugehört; Sabine Lepsius, *Stefan George,* 4. Tsd., Berlin 1935, S. 18. Rilke schreibt wenig später das Gedicht *An Stephan George,* das mit den einleitenden Worten beginnt: „Wenn ich, wie du, mich nie den Märkten menge / und leiser Einsamkeiten Segen suche [...]." Rilke, *Jugendgedichte,* Frankfurt a. M. 1987 (Sämtliche Werke Bd. 3), S. 596 f.

15 Die Niederschrift des Aufsatzes wurde unter dem Titel *Die Zwei als eins* begonnen; er erschien in der *Neuen Deutschen Rundschau* 10 (1899), S. 225–243. Unter dem Titel *Die in sich ruhende Frau* wurde er vollständig wiederabgedruckt in: *Zur Psychologie der Frau,* hrsg. von Gisela Brinker-Gabler, Frankfurt a. M. 1978, S. 285–311 (Zitiergrundlage; Seitenzahlen in Klammern nach dem Zitat).

16 Vgl. dazu Gropp, *Andreas-Salomé,* S. 83–111.

17 Informativ dazu – mit Querverbindungen zu Andreas-Salomé – der Katalog *Aufbruch in das Jahrhundert der Frau. Rosa Mayreder und der Feminismus in Wien um 1900,* Wien 1990. Einen guten, knappen Überblick über die Hauptrichtungen der Frauenbewegung der Jahrhundertwende mit entsprechenden Hinweisen auf die Forschungsliteratur gibt Cornelia Klinger, Déjà-vu oder die Frage nach den Emanzipationsstrategien im Vergleich zwischen der ersten und zweiten Frauenbewegung, in: *Kommune* 12 (1986), S. 57–72.

18 „Man schuf sich einen abstrakten Begriff vom Menschen, leitete daraus bestimmte sittliche Ansprüche ab und verlangte, daß diese Ansprüche [...] jedem Träger der göttlichen Vernunft gesichert würden. [...] Mit unausweichlicher Logik ergab sich dann, daß auch die Frau unter diesen Begriff Mensch falle." Gertrud Bäumer, Was bedeutet in der deutschen Frauenbewegung „jüngere" und „ältere" Richtung? In: *Die Frau* 12 (1905), S. 322.

19 Charakteristisch für die Krise durch das naturwissenschaftliche Denken am Jahrhundertende sind einige Sätze aus Andreas-Salomés wenig früherer Rezension von Bölsches *Liebesleben.* Sie rühmt dort die klare wissenschaftliche Darstellung und zugleich ihren märchenartigen Erzählgestus. Ein Hauptproblem der Gegenwart sei nämlich die „Gefühlsfremdheit" gegenüber den naturwissenschaftlichen Erkenntnissen und die „Schnelligkeit, mit der sie bergehoch vor uns aufgewachsen sind, ehe wir sie uns irgend assimilieren konnten." Physische Liebe, in: *Die Zukunft* 25 (1898), S. 218–222, hier S. 219. Der Symbolismus ist *eine* der Reaktionen auf dieses Dilemma.

20 Ganz entsprechend schließt sie ihren Artikel *Ketzereien gegen die moderne Frau* mit der Sentenz: „unsere Gedanken sind nicht das Letzte in

uns, am Wenigsten in der Frau [. . .]. Ich zähle sie zu den tiefen Brunnen und blühenden Sträuchern", in: *Die Zukunft* 26 (11.2. 1899), S. 237–240. Dieselbe Metaphorik verwendet Rilke in seinem Aufsatz *Über Kunst* (1898), der ebensogut den Titel „Der Mensch als Künstler" tragen könnte. Die Künstler, deren Wurzeln „viel weiter in die Wärme alles Werdens hinabreichen", seien wie „unmeßbare Brunnen" mit ihrer „unerforschten Tiefe".

21 Frieda von Bülow ist die erste wichtige Frauenfreundin Andreas-Salomés. Aus den Jahren 1892–1909 hat sich im Nachlaß Andreas-Salomés ein Teil der Korrespondenz erhalten. – Zu *Ketzereien gegen die moderne Frau* vgl. Anm. 20.

22 Andreas-Salomé und ihr Mann hatten Simmel in Berlin kennengelernt. Auch Rilke stand seit der Schmargendorfer Zeit mit ihm in Verbindung. Simmel hatte – wie Rilke – mit Zustimmung Andreas-Salomés Aufsatz *Jesus der Jude* (1896) gelesen; vgl. Andreas-Salomé, *Das „zweideutige" Lächeln,* S. 337f. – dort sind Teile des entsprechenden Briefes von Simmel erstmals publiziert. 1912 macht sie sich Notizen über Simmel (ebd., S. 51f.). Während sie Simmels Bändchen *Die Religion* (1906) in Martin Bubers Reihe *Die Gesellschaft,* in der sie selbst über *Die Erotik* (1910) schreibt, kritisch beurteilt, lobt sie seinen religionsphilosophischen Aufsatz *Zur Persönlichkeit Gottes* (1911).

23 Dieser Aspekt der ansonsten insbesondere von feministischer Seite zu Recht kritisch rezipierten Texte Simmels zum Geschlechterverhältnis (vgl. etwa Christa Rohde-Dachser, *Expeditionen in den dunklen Kontinent. Weiblichkeit im Diskurs der Psychoanalyse,* Heidelberg 1991, bes. S. 95–102) muß m. E. auch gesehen werden.

24 Andreas-Salomé, *Das „zweideutige" Lächeln,* S. 52.

25 Hedwig Dohm, Reaktion in der Frauenbewegung, in: *Die Zukunft* 29 (18.11. 1899), S. 279–291.

26 Vgl. Andreas-Salomé, Mißbrauchte Frauenkraft, in: *Die Frau* 5 (1898), S. 513–516.

27 Andreas-Salomé, *In der Schule bei Freud,* S. 158.

28 Andreas-Salomé, Physische Liebe, S. 219.

29 Ebd., S. 221.

30 Ebd., S. 222.

31 Freud wird Andreas-Salomés Bedürfnis nach Synthese hervorheben: „Jedesmal wenn ich einen Ihrer begutachtenden Briefe lese, verwundere ich mich über Ihre Kunst, über das Gesagte hinauszugehen, es zu vollenden und bis zu einem fernen Treffpunkt konvergieren zu machen. Natürlich gehe ich nicht gleich mit. Ich verspüre oft so wenig synthetisches Bedürfnis. Die Einheit der Welt scheint mir etwas Selbstverständliches, was der Hervorbringung nicht wert ist. Was mich interessiert, ist die Scheidung und Gliederung dessen, was sonst in Urbrei zusammenfließen würde." *Sigmund Freud – Lou Andreas-Salomé,*

Briefwechsel, hrsg. von Ernst Pfeiffer, 2. überarb. Aufl. Frankfurt a.M. 1980, S. 35 f.; Brief vom 30. 7. 1915.

32 Andreas-Salomé, *In der Schule bei Freud,* S. 198.

33 Andreas-Salomé, Psychosexualität, in: dies., *Das „zweideutige Lächeln"*, S. 154 f.

Unveröffentlichtes Material

Nachlaß Pfeiffer

Tagebücher von Lou Andreas-Salomé:
Nov. 1893–Juli 1900 („Goethekalender")
Nov. 1900–Dez. 1934

Briefe an Lou Andreas-Salomé:
5 Briefe von Karl Abraham
9 Briefe und Karten von Alfred Adler
26 Briefe und Karten von Friedrich Carl Andreas
1 Brief von Alois Biederman
32 Briefe und Telegramme von Poul Bjerre
92 Briefe von Frieda von Bülow
2 Briefe von Hedwig Bürgner-Abraham
3 Briefe von Max Eitingon
7 Briefe von Gizella Ferenczi
1 Brief von Sandor Ferenczi
211 Briefe von Anna Freud (zusammen mit 1 Brief von Martha Freud, 2 Briefen von Edith R. und ca. 5 Briefen von Anna Freud an Ernst Pfeiffer in einem Konvolut)
56 Briefe und Karten von Ellen Key
26 Briefe von Helene Klingenberg (zusammen mit 2 Briefen ihrer Tochter Gerda in einem Konvolut)
9 Briefe von Georg Ledebour
1 Brief von Otto Rank
20 Briefe und Karten von Viktor Tausk
7 Briefe von Viktor von Weizsäcker

Briefe von Lou Andreas-Salomé
25 Briefe an Frieda von Bülow
24 Briefe und Karten an Ellen Key

Deutsches Literaturarchiv, Marbach

21 Briefe von Lou Andreas-Salomé an den Verlag Cotta (z. T. von Friedrich Carl Andreas verfaßt und unterschrieben)

Staatsbibliothek Preußischer Kulturbesitz, Berlin

12 Briefe und Karten von Lou Andreas-Salomé an Gerhart Hauptmann

Universitätsbibliothek München

2 Briefe von Lou Andreas-Salomé an Professor Frohschammer

Universitätsbibliothek Wroclaw (Breslau)

65 Briefe und Karten von Lou Andreas-Salomé an Wilhelm Bölsche
1 Karte von Lou Andreas-Salomé an Bruno Wille
1 Brief von Lou Andreas-Salomé an Otto Brahm
1 Karte von Lou Andreas-Salomé an Julius Hart

Universitätsbibliothek Göttingen

2 Briefe von Fritz Mauthner an Lou Andreas-Salomé

Stadt- und Landesbibliothek Dortmund

1 Brief von Lou Andreas-Salomé an Unbekannt
4 Briefe von Lou Andreas-Salomé an Julius Hart

Landesbibliothek Wiesbaden

1 Brief von Lou Andreas-Salomé an Julius Hart

Stadtbibliothek München, Monacensia-Sammlung

2 Briefe von Ellen Delp an Nanny Wunderly-Volkart
84 Briefe von Nanny Wunderly-Volkart an Ellen Delp
17 Briefe und Karten von Rainer Maria Rilke an Ellen Delp
1 Brief von Nanny Wunderly-Volkart an Lou Andreas-Salomé

Bundesarchiv Koblenz

13 Briefe und Karten von Lou Andreas-Salomé an Maximilian Harden

Sigmund-Freud-Archiv, Library of Congress, Washington

3 Briefe von Lou Andreas-Salomé an Karl Abraham

Butler Library, Columbia University, New York

1 Brief von Lou Andreas-Salomé an Otto Rank

Houghton Library, Harvard University, Cambridge, Massachusetts

1 Brief von Lou Andreas-Salomé an Richard Beer-Hofmann

Arbeitskreis Lou Andreas-Salomé, Göttingen

diverse Briefe von Lou Andreas-Salomé an Frau Creuznacher und an Frau Kirsch (Pensionswirtinnen in Göttingen)
2 Briefe von Else Baer (ehemalige Analysandin von Lou Andreas-Salomé) an den Arbeitskreis

Gabriele von Grote, Göttingen

1 Brief von Friedrich Carl Andreas an Götz von Selle

Bibliographie

Eigenständige Publikationen*

Im Kampf um Gott (1885). Leipzig: Verlag Wilhelm Friedrich (unter dem Pseudonym Henri Lou).

Henrik Ibsens Frauengestalten. Nach seinen sechs Familiendramen. Ein Puppenheim/Gespenster/Die Wildente/Rosmersholm/Die Frau vom Meere/Hedda Gabler (1892). Berlin ²1906.

Friedrich Nietzsche in seinen Werken (1894). Wien: Carl Konegen/Frankfurt: Insel 1983 (mit einem Vorwort von Ernst Pfeiffer und einem Kommentar von Thomas Pfeiffer).

Ruth (1895). Stuttgart: J. G. Cotta'sche Verlagsbuchhandlung ²1897.

Aus fremder Seele (1896). Eine Spätherbstgeschichte. Stuttgart: J. G. Cotta'sche Verlagsbuchhandlung.

Fenitschka. Eine Ausschweifung (1898). Stuttgart: J. G. Cotta'sche Verlagsbuchhandlung/Frankfurt: Ullstein 1983.

Menschenkinder. Novellencyklus (1899). Stuttgart: J. G. Cotta'sche Verlagsbuchhandlung ³1902.

Ma. Ein Porträt (1901). Stuttgart: J. G. Cotta'sche Verlagsbuchhandlung 1921.

Im Zwischenland. Fünf Geschichten aus dem Seelenleben halbwüchsiger Mädchen (1902). Stuttgart: J. G. Cotta'sche Verlagsbuchhandlung ²1902. (Die Titelgeschichte wurde auch gesondert ediert: Im Zwischenland. Roman. Leipzig: Albert Boemier Verlag o. J. [1930].)

Die Erotik (1910). Frankfurt: Rütten & Loening (= Die Gesellschaft. Bd. 33. Hrsg. v. Martin Buber)/München: Matthes & Seitz 1979 bzw. Frankfurt: Ullstein 1985 (enthält auch die Essays „Der Mensch als Weib", „Gedanken über das Liebesproblem", „Psychosexualität").

Drei Briefe an einen Knaben (1917). Leipzig: Kurt Wolff Verlag; wieder in dies., Das „zweideutige" Lächeln.

Das Haus. Familiengeschichte vom Ende des vorigen Jahrhunderts (1919). Berlin: Ullstein ²1921, m. e. Nachwort v. Sabina Streiter. Frankfurt/Berlin: Ullstein 1987.

Die Stunde ohne Gott und andere Kindergeschichten (1922). Jena: Eugen Diederichs.

Der Teufel und seine Großmutter (1922). Jena: Eugen Diederichs.

Ródinka. Eine russische Erinnerung (1923). Jena: Eugen Diederichs/Frankfurt, Berlin: Ullstein 1985.

Rainer Maria Rilke (1928). Leipzig: Insel ²1929. Mit Fotografien der Erstausgabe. Hrsg. v. E. Pfeiffer. Frankfurt: Insel 1988.

Mein Dank an Freud (1931). Wien: Internationaler Psychoanalytischer Verlag; wieder in dies., Das „zweideutige" Lächeln.

---

* Bibliographische Angaben nach Welsch/Wiesner (Anm. 1), wo nötig korrigiert und ergänzt

Lebensrückblick. Grundriß einiger Lebenserinnerungen. Aus dem Nachlaß hrsg. v. E. Pfeiffer (1951). Zürich: Max Niehans Verlag, Wiesbaden/ Frankfurt: Insel [5]1984.

Rainer Maria Rilke. Lou Andreas-Salomé. Briefwechsel. Hrsg. v. E. Pfeiffer (1952). Wiesbaden, Frankfurt: Insel 1975/Frankfurt: Insel 1979 (verbesserte und erweiterte Ausgabe).

In der Schule bei Freud. Tagebuch eines Jahres 1912/13. Hrsg. v. E. Pfeiffer (1958). Zürich: Max Niehans Verlag/Frankfurt, Berlin: Ullstein 1983 (die Ausgabe in der Reihe „Geist und Psyche", München: Kindler 1965, enthält zusätzlich die Aufzeichnung „Die Büste").

Sigmund Freud. Lou Andreas-Salomé. Briefwechsel. Hrsg. v. E. Pfeiffer (1966). Frankfurt: Fischer.

Friedrich Nietzsche. Paul Rée. Lou von Salomé. Die Dokumente ihrer Be gegnung. Hrsg. v. E. Pfeiffer (1970). Frankfurt: Insel.

Amor. Jutta. Die Tarnkappe. Drei Dichtungen. Hrsg. v. E. Pfeiffer (1981). Frankfurt: Insel.

Eintragungen. Letzte Jahre. Hrsg. v. Ernst Pfeiffer (1982). Frankfurt: Insel.

Das „zweideutige" Lächeln der Erotik. Texte zur Psychoanalyse. Hrsg. von Inge Weber und Brigitte Rempp (1990). Freiburg: Kore (darin auch Aufzeichnungen aus dem Nachlaß).

Rainer Maria Rilke. Briefwechsel mit Ellen Key. Hrsg. von Theodore Fiedler (1993). Frankfurt: Insel (darin von Andreas-Salomé mitunterzeichnete Briefe an Key und Rilke oder an sie adressierte).

Beiträge in Zeitschriften und Büchern

Die Wildente I und II (1890). Freie Bühne, 1, 849–852, 873–875 (= das erste Kap. aus: „Henrik Ibsens Frauengestalten").

Zum Bilde Friedrich Nietzsches. Eine psychologische Studie (1891). Freie Bühne, 2, 64–68, 81–91, 109–112.

Friedrich Nietzsche (1891). Vossische Zeitung Nr. 17 vom 11. 1. 1891 und Nr. 41 vom 25. 1. 1891, Sonntagsbeilagen Nr. 2 und 4 (= Teil des ersten Kapitels von „Friedrich Nietzsche in seinen Werken").

Ein holländisches Urteil über moderne deutsche Dramen (1891). Freie Bühne, 2, 521–524, 541–546, 571–574, 592–595, 670–673, 696–701.

Der Realismus in der Religion (1891). Freie Bühne, 2, 994–1009, 1025–1030, 1057–1059, 1079–1083.

Ossip Schubin (1892). Vossische Zeitung Nr. 15 vom 10. 1. 1892 und Nr. 27 vom 17. 1. 1892, Sonntagsbeilagen Nr. 2 und 3.

Gottesschöpfung (1892). Freie Bühne, 3, 169–179.

Zum Bilde Friedrich Nietzsches (1892). Freie Bühne, 3, 249–251, 485–496.

Emil Marriot (1892). Vossische Zeitung Nr. 365 vom 7. 8. 1892, Nr. 377 vom 14. 8. 1892 und Nr. 389 vom 21. 8. 1892, Sonntagsbeilagen Nr. 32, 33, 34.

Harnack und das Apostolikum (1892). Freie Bühne, 3, 1214–1222.

Ein Apokalyptiker (1892). Das Magazin für Litteratur, 61, 753–755, 777–779.

Die Duse (1893). Freie Bühne, 4, 76–81.
Ibsen, Strindberg, Sudermann (1893). Freie Bühne, 4, 149–172.
Der Talisman (1893). Freie Bühne, 4, 323–325.
Hanna Jagert (1893). Freie Bühne, 4, 467–471.
Ein Frühlingsdrama (1893). Freie Bühne, 4, 572–577.
Ein Nachwort zu „Hanna Jagert“ (1893). Freie Bühne, 4, 607–608. (nicht bei Welsch/Wiesner)
Hartlebens „Erziehung zur Ehe“ (1893). Freie Bühne, 4, 1165–1167.
Hannele (1893). Freie Bühne, 4, 1343–1349.
Von der Bestie bis zum Gott. Über Totemismus bei den Ursemiten (1894). Neue Deutsche Rundschau, 5, 398–402.
Das Problem des Islam (1894). Vossische Zeitung Nr. 338 vom 22. 7. 1894 und Nr. 350 vom 29. 7. 1894, Sonntagsbeilagen Nr. 29 und 30.
Durch dich (Gedicht) (1894/95). Die Frau, 2, 268.
Winterlaub (Gedicht) (1894/95). Die Frau, 2, 401.
Rote Rosen (Gedicht) (1894/95). Die Frau, 2, 590.
Ricarda Huch: „Erinnerungen an Ludolf Ursleu dem Jüngern“ (1895/96). Die Frau, 3, 32–36.
Vom Ursprung des Christentums (1895). Vossische Zeitung Nr. 599 vom 22. 12. 1895, Sonntagsbeilage Nr. 51.
Kampfruf (Gedicht) (1895/96). Die Frau, 3, 297.
Jesus der Jude (1896). Neue Deutsche Rundschau, 7, 342–351.
Scandinavische Dichter (1896). Cosmopolis, 4, 552–569.
Abteilung „Innere Männer“ (1897). Cosmopolis, 5, 513–536 (auch in „Menschenkinder“).
Russische Dichtung und Kultur (1897). Cosmopolis, 5, 571–580, 872–885.
Aus der Geschichte Gottes (1897). Neue Deutsche Rundschau, 8, 1211–1220.
Ein überlebter Traum (1897). Westermanns Illustrierte Deutsche Monatshefte, 82, 644–659, 761–778 (= „Eine Ausschweifung“ im Band „Fenitschka“).
Vor dem Erwachen (1898). In E. Brausewetter (Hg.), Meisternovellen deutscher Frauen, Bd. 1 Berlin (auch in „Menschenkinder“).
Das russische Heiligenbild und sein Dichter (1898). Vossische Zeitung Nr. 1 vom 1. 1. 1898. Sonntagsbeilage Nr. 1.
Russische Philosophie und semitischer Geist (1898). Die Zeit (Wien), 14, Nr. 172 vom 15. 1. 1898.
Fenitschka (1898). Die Romanwelt, 5 (1), 7–13, 45–53, 77–81, 108–112, 137–143, 173–178 (auch in „Eine Ausschweifung“).
Ein Todesfall (1898). Cosmopolis, 10, 197–225 (auch in „Menschenkinder“).
Religion und Cultur (1898). Die Zeit (Wien), 14, Nr. 183 vom 2. 4. 1898, 5–6.
Vom religiösen Affekt (1898). Die Zukunft, 23, 149–154.
Mißbrauchte Frauenkraft (1898). Die Frau, 5, 513–516.
Mädchenreigen (1898). Cosmopolis, 10, 803–828 (auch in „Menschenkinder“).
Sant’ Ilario. Von Paul Mongré (1898). Die Zeit (Wien) 16, 157.

Physische Liebe (1898). Die Zukunft, 25, 218–222.

Leo Tolstoi, unser Zeitgenosse (1898). Neue Deutsche Rundschau, 9, 1145–1155.

Grundformen der Kunst. Eine psychologische Studie (1898/99). Pan, 4, 177–182.

Der dritte Bruder. Novellen von Adine Gemberg (1898/99). Das Literarische Echo, 1, 189.

Aphorismen. Von Paul Nikolaus Cossmann (1898/99). Das Literarische Echo, 1, 194–195.

Bilder aus der Geschichte und Literatur Rußlands. Von Fürst Sergei Wolkonskij (1898/99). Das Literarische Echo, 1, 255.

Sehnsucht, Schönheit, Dämmerung. Die Geschichte einer Jugend. Roman von S. Hochstetter (1898/99). Das Literarische Echo, 1, 248.

Stilleben. Von Adalbert Meinhardt (1898/99). Das Literarische Echo, 1, 248.

Die eherne Schlange. Von Thomas P. Krag (1898/99). Das Literarische Echo, 1, 461.

Inkognito (1898/99). Vom Fels zum Meer, 35, 545–558 (auch in „Menschenkinder").

Ein Wiedersehen (1898/99). Die Frau, 6, 257–264 (auch in „Menschenkinder").

Das Paradies (1898/99). Deutsche Dichtung, 25, 1–6, 39–44, 63–68 (auch in „Menschenkinder").

Zurück ans All (1899). Die Romanwelt, 6 (1) (auch in „Menschenkinder").

Der Egoismus in der Religion (1899). In Arthur Dix (Hg.), Der Egoismus. Leipzig: Freund und Wittig, 383–402.

Ketzereien gegen die moderne Frau (1899). Die Zukunft, 26, 237–240; neu ediert in E. Rupprecht und D. Bänsch (Hg.), Literarische Manifeste der Jahrhundertwende 1890–1900, Stuttgart 1970, 566–569.

Der Mensch als Weib. Ein Bild im Umriß (1899). Neue Deutsche Rundschau, 10, 225–243; Neuedition in dies., Die Erotik (S. 7–44). München: Matthes und Seitz 1979, Frankfurt: Ullstein 1985; auch in Gisela Brinker-Gabler (Hg.), Zur Psychologie der Frau (S. 285–311), Frankfurt: Fischer 1978.

Vom Kunstaffekt (1899). Die Zukunft, 27, 366–372; auch in Monatsschrift für Rußland, 1 (1912), 595–601.

Erleben (1899). Die Zeit (Wien), 20, Nr. 255 vom 19. 8. 1899, 120–122.

Russische Geschichten (1899). Die Zeit (Wien), 15, Nr. 271 vom 9. 12. 1899, 153.

Essais. Von Ellen Key (1899/1900). Das Literarische Echo, 2, 66–67.

Vom Bazillus zum Affenmenschen. Naturwissenschaftliche Plaudereien von Wilhelm Bölsche (1899/1900). Das Literarische Echo, 2, 584.

Die Schwester (1900). Die Romanwelt, 7 (2) (auch in „Im Zwischenland").

Gedanken über das Liebesproblem (1900). Neue Deutsche Rundschau, 11, 1009–1017; Neuedition in dies., Die Erotik (S. 45–82). München: Matthes und Seitz 1979, Frankfurt: Ullstein 1985.

Wiedersehn (Gedicht) (1900/01). Vom Fels zum Meer, 39, 952.

Alter und Ewigkeit (1901). Die Zukunft, 37, 146–150.

Wolga (1901). Deutsche Roman-Bibliothek, 657–688 (auch in „Im Zwischenland").

Abschied (Gedicht) (1901). Vom Fels zum Meer, 40, 862.

Wolga (Gedicht) (1901). Vom Fels zum Meer, 40, 954.

Ein Dank an einen Dichter. Zur Würdigung des „Michael Kramer" von Gerhart Hauptmann (1901). Der Lotse, 1, 71–79.

Vaters Kind (1901). Vom Fels zum Meer, 40, 770–776, 807–812, 842–847, 878–884, 914–919 (auch in „Im Zwischenland").

Der Graf von Charolais (1905). Die Zukunft, 50, 286–293.

Das Glashüttenmärchen (1906). Die Zukunft, 54, 399–404.

Frühlings Erwachen (1907). Die Zukunft, 58, 97–100.

Vier Kammerspiele (1908). Die Schaubühne, 4, 199–203, 225–227, 250–254 [Ibsen, Uedekind, Hauptmann, Maeterlink].

Lebende Dichtung (1908). Die Zukunft, 62, 262–267.

Die Russen (1909). Die Schaubühne, 5, 305–308.

Der Lebensbund (1910). Die Neue Generation, 6, 391–399 (ein Kapitel aus „Die Erotik").

Von Liebe und Mutterschaft (1910). Der Sozialist, 2, 13, 101–104 (zwei Kapitel aus „Die Erotik").

Im Spiegel. Autobiographische Skizzen (1911/12). Das Literarische Echo, 14, 86–88.

Das Kindlein. Von Erika Rheinsch (1911/12). Das Literarische Echo, 14, 143–145.

Eine Nacht (1912). Geistiges Leben, 120–126, 152–160 (auch in „Menschenkinder").

Elisabeth Siewert (1912). Das Literarische Echo, 14, 1690–1695.

Von Paul zu Pedro (1912). Die Neue Generation, 8, 529–533.

Realität und Gesetzlichkeit im Geschlechtsleben. Von Marie Louise Enckendorff (1912/13). Das Literarische Echo, 15, 1672–1676.

Von frühem Gottesdienst (1913). Imago, 2, 457–467; wieder in dies., Das „zweideutige" Lächeln.

Aus dem Briefwechsel Leo Tolstois (1913/14). Das Literarische Echo, 16, 1–8.

Das Bündnis zwischen Tor und Ur (1913/14). Velhagen und Klasings Monatshefte, 28, 529–540 (auch in „Die Stunde ohne Gott").

Seelchen. Eine Ostergeschichte (1913/14). Velhagen und Klasings Monatshefte, 28, 529–536.

Zum Typus Weib (1914). Imago, 3, 1–14; wieder in: Die Psychoanalytische Bewegung 3 (1931), 122–137, und in dies., Das „zweideutige" Lächeln.

Kind und Kunst (1914/15). Das Literarische Echo, 17, 1–4.

Zum Bilde Strindbergs (1914/15). Das Literarische Echo, 17, 645–653.

Bericht über einen Weihnachtsmann (1915). Velhagen und Klasings Monatshefte, 29, 509–515 (in „Drei Briefe an einen Knaben" enthalten).

„Anal" und „Sexual" (1915/16). Imago, 4, 249–273.

Angela Langer. Zur Erinnerung (1916/17). Das Literarische Echo, 19, 329–333.
„Expression“ (1916/1917). Das Literarische Echo, 19, 783–790.
Psychosexualität (1917). Zeitschrift für Sexualwissenschaft, 1–12, 49–57; neu ediert in dies., Die Erotik (S. 147–184). München: Matthes und Seitz 1979/ Frankfurt: Ullstein 1985; sowie dies., Das „zweideutige“ Lächeln.
Luzifer. Eine Phantasie über Ricarda Huchs Buch „Luthers Glaube“ (1917). Die Neue Generation, 13, 210–215.
Nadja Straßers „Russin“ (1917). Die neue Rundschau, 28, 1917, 1148–1149 (nicht bei Welsch/Wiesner).
Nadja Strasser „Die Russin“ (1917). Die Neue Generation, 13, 314–318.
Karl Nötzels' Tolstoi (1917/18). Das Literarische Echo, 20, 1260–1276.
Insekt und Krieg (zu I. H. Fabres) (1917/19). Die Tat, 9, 48–53.
Dichterischer Ausdruck (1918/19). Das Literarische Echo, 21, 325–331.
Strindberg. Ein Beitrag zur Soziologie der Geschlechter. Von Leopold von Wiese (1918/19). Das Literarische Echo, 21, 692–693.
Des Dichters Erleben (1919). Die neue Rundschau, 30, 358–367.
Tolstois Jugendtagebuch (1919/20). Der Neue Mercur, 3, 137–139.
Der geistliche Russe (1919/20). Der Neue Mercur, 3, 380–386.
Agnes Henningsen (1919/20). Das Literarische Echo, 22, 456–464.
Die Klerisei. Von Nikolaus Leskow (1919/20). Das Literarische Echo, 22, 879–880.
Im Traumland. Von Isolde Kurz (1919/20). Das Literarische Echo, 22, 1011–1012.
Spiegelzauber. Von Géza Roheim (1919/20). Das Literarische Echo, 22, 1012–1013; wieder in dies., Das „zweideutige“ Lächeln.
Diekmanns Denkwürdigkeiten – Erinnerungen Bücherei (1919/20). Das Literarische Echo, 22, 1332.
Der goldene Vogel (1919/20). Die Flöte, 2, 10.
Hymnus an das Leben (1919/20). Das Inselschiff, 1, 216.
Unser Anteil an Dostojewski und Tolstoi (1920). Vossische Zeitung Nr. 365 vom 24. 7. 1920, Sonntagsbeilage Nr. 32.
Tagebuch eines halbwüchsigen Mädchens (1920). Das Literarische Echo, 22, 1463–1464; wieder in dies., Das „zweideutige“ Lächeln.
Gott gegen Gott (1920/21). Der Neue Merkur, 4, 173–181.
Der Ruf des Philosophen (Hermann Keyserling) (1920/21). Der Neue Mercur, 4, 185–187.
Satiren. Von Michail Saltykow-Stschedrin (1920/21). Das Literarische Echo, 23, 181.
Waldemar Bonsels (1920/21). Das Literarische Echo, 23, 8–17.
Eros und die Evangelien. Von Waldemar Bonsels (1920/21). Das Literarische Echo, 23, 684–685.
Russische Romantik (1921). Romantik, 3, 67.
Kranke Liebe. Von Hans Jäger (1921/22). Das Literarische Echo, 24, 121.
Geschwister (1921). Deutsche Rundschau, 189, 24–63.

Die Diktatur der Liebe. Von Theodor Zell (1921/22). Das Literarische Echo, 24, 178.
Narzißmus als Doppelrichtung (1921). Imago, 7, 361–386; wieder in dies., Das „zweideutige“ Lächeln.
Der werdende Mensch. Von Gustav Landauer (1921/22). Das Literarische Echo, 24, 307.
Tendenz und Form russischer Dichtung (1921/22). Das Literarische Echo, 24, 398–401.
Eros (1922/23). Faust. Eine Monatsschrift für Kunst, Literatur und Musik, 1–6.
Zum 6. Mai 1926 (1927). In: Almanach des Internationalen Psychoanalytischen Verlags. Wien: Internationaler Psychoanalytischer Verlag 9–14; wieder in dies., Das „zweideutige“ Lächeln.
Was daraus folgt, daß es nicht die Frau gewesen ist, die den Vater totgeschlagen hat (1928). Almanach des Internationalen Psychoanalytischen Verlags. Wien: Internationaler Psychoanalytischer Verlag, 25–30; wieder in dies., Das „zweideutige“ Lächeln.
Rilke in Rußland (1928). Russische Blätter, 1, 14–17 (Teilabdruck von „Rainer Maria Rilke“).
Der Kranke hat immer recht (1933). Almanach des Internationalen Psychoanalytischen Verlags (S. 36–45). Wien: Internationaler Psychoanalytischer Verlag (Kapitel aus „Mein Dank an Freud“).
Paris, Wien und München (1952). Insel-Almanach 1952 (S. 26–36). Frankfurt: Insel (Auszug aus dem „Lebensrückblick“).
Lou Andreas-Salomé und Rainer Maria Rilke (1952). Briefe. Du 12 (1), 11–13.
Zu Besuch bei Freud. November 1921 (1965). Almanach des S. Fischer Verlags. Das neunundsiebzigste Jahr (S. 136–139). Frankfurt: Fischer (entspricht der Tagebuch-Eintragung, die auch im Freud-BW S. 276 ff. zitiert ist).
Miterleben: Tier und Pflanze. Alles Lebendige meinet den Menschen (1972). In: I. Buck und G. K. Schauer (Hg.), Gedenkbuch für Max Niehans (S. 129–135). Bern: A. Francke.

Marie Luise Gothein. „Weibliche Provinzen“ der Kultur

von Christine Göttler

* Einen entscheidenden Anteil am Entstehen des Textes hatten die Gespräche mit Dr. Ingrid Gilcher-Holtey, Freiburg i. Br. Wichtige Hinweise gab auch Dr. Wolfgang Braungart, Gießen. Ebenso danke ich Birgit Rudhard, Heidelberg, für viele Informationen.

1 Marie Luise Gothein an Eberhard Gothein, Heidelberg, (11. September) 1913. Universitätsbibliothek Heidelberg, Heidelberger Handschriften

3487 (Nr. 8/1913). Im folgenden sind die Briefe im Besitz der Heidelberger Universitätsbibliothek nur mit Briefnummern (falls vorhanden), jedoch ohne Fundort zitiert.

2 Marie Luise Gothein an Eberhard Gothein, Berlin, 11. Februar 1913 (Nr. 5/1913).

3 *Geschichte der Gartenkunst* (1914), Bd. 1, S. VI.

4 *Kunstgeschichtliche Anzeigen* 9 (1913), Nr. 3/4, S. 126–138 (erschien 1914). Die Besprechung wurde wiederabgedruckt in: Max Dvorák, *Gesammelte Aufsätze zur Kunstgeschichte,* München 1929, S. 361–370.

5 *Archiv für Sozialwissenschaft und Sozialpolitik* 39 (1915), S. 855–890. Die Begegnung mit Lukács erwähnt Marie Luise Gothein in einem Brief an Eberhard Gothein, Heidelberg, 16. März 1914 (Nr. 8/1914).

6 Marie Luise Gothein an Eberhard Gothein, Heidelberg, 17. März 1914 (Nr. 9/1914). Die Rezension von Leberecht Migge in: *Gartenkunst* 27 (1914), S. 90–93.

7 Dies schreibt Paul Clemen in seiner Besprechung des Buches, in: *Repertorium für Kunstwissenschaft* 37 (1915), S. 323–328, hier S. 323.

8 Zu Eberhard Gothein (nicht aber zu Marie Luise Gothein) findet sich ein Artikel in der *Neuen Deutschen Biographie,* Bd. 6, Berlin 1964, S. 654–656 (verfaßt von Arnold Bergsträßler).

9 Edgar Salin, *Um Stefan George. Erinnerung und Zeugnis,* 2., neugestaltete und wesentlich erw. Aufl. München/Düsseldorf 1954, S. 104.

10 Marianne Weber an Helene Weber (1907), zit. in: Ingrid Gilcher-Holtey, Modelle „moderner" Weiblichkeit. Diskussionen im akademischen Milieu Heidelbergs um 1900, in: *Bildungsbürgertum im 19. Jahrhundert, Teil III. Lebensführung und ständische Vergesellschaftung,* hrsg. von M. Rainer Lepsius, Stuttgart 1992 (Industrielle Welt, Bd. 47), S. 187.

11 Zur Biographie u. a.: Percy Gothein, Aus dem Florentiner Tagebuch, in: *Castrum Peregrini* 6 (1952), bes. S. 14–18. – Edgar Salin, Marie Luise Gothein, in: *Ruperto-Carola,* 15. Jg., Bd. 34, Dezember 1963, S. 81–85. – *Women as Interpreters of the Visual Arts, 1820–1979,* hrsg. von Claire Richter Sherman mit Adele M. Holcomb, London 1981, S. 42 f., 55. – Gilcher-Holtey, Modelle „moderner" Weiblichkeit, S. 187 f.

12 Erinnerungen meiner Kinderzeit, Ms. 1923, Bl. 4 r. Für die großzügige Überlassung des unveröffentlichten Manuskripts danke ich Herrn Dr. Dietrich Gothein, Überlingen.

13 Ebd., Bl. 14 v.

14 Marie Luise Gothein an Eberhard Gothein, Bonn, 7. Juni 1909 (Nr. 9/1909).

15 Vgl. dazu: Eric J. Hobsbawm, Kultur und Geschlecht im europäischen Bürgertum 1870–1914, in: *Bürgerinnen und Bürger. Geschlechterverhältnisse im 19. Jahrhundert. Zwölf Beiträge.* Mit einem Vorwort von Jürgen Kocka, hrsg. von Ute Frevert, Göttingen 1988 (Kritische Studien zur Geschichtswissenschaft, 77), S. 181.

16 Erinnerungen meiner Kinderzeit, Bl. 13 r.-v.

17 *Die Aufgaben der Kulturgeschichte,* Leipzig 1889.
18 Marie Luise Gothein, *Eberhard Gothein. Ein Lebensbild,* S. 79.
19 Ebd., S. 154.
20 Das akademische Milieu Heidelbergs hat Helene Tompert charakterisiert, *Lebensformen und Denkweisen der akademischen Welt Heidelbergs im Wilhelminischen Zeitalter,* Lübeck/Hamburg 1969 (Historische Studien, 411).
21 Salin, Marie Luise Gothein, S. 104.
22 Salin, Marie Luise Gothein, S. 85.
23 Marie Luise Gothein an Eberhard Gothein, Dresden, 15. April 1909 (Nr. 11/1909).
24 Marie Luise Gothein an Eberhard Gothein, Bonn, 7. Juni 1909 (Nr. 19/1909).
25 Marianne Weber an Helene Weber (1907), zit. in: Gilcher-Holtey, Modelle „moderner" Weiblichkeit, S. 188.
26 Marie Luise Gothein, *Eberhard Gothein. Ein Lebensbild,* S. 198.
27 *Geschichte der Gartenkunst* (1914), Bd. 1, S. VI.
28 Marie Luise Gothein an Eberhard Gothein, Florenz, (23. April) 1905 (Nr. 4/1905). – Vgl. zu Castello: *Geschichte der Gartenkunst* (1914), Bd. 1, S. 261–263.
29 Marie Luise Gothein an Eberhard Gothein, Berlin, 5. April 1909 (Nr. 7/1909). – Zu Wörlitz: *Geschichte der Gartenkunst* (1914), Bd. 2, S. 392 f.
30 Marie Luise Gothein an Eberhard Gothein, Arundel, 2. Oktober 1903.
31 Dazu: Martina Lauster, *Die Objektivität des Innenraums. Studien zur Lyrik Georges, Hofmannsthals und Rilkes,* Stuttgart 1982, bes. S. 55–62.
32 Marie Luise Gothein an Eberhard Gothein, Florenz, 26. April 1905 (Nr. 9/1905).
33 Salin, Marie Luise Gothein, S. 85.
34 Zum Streitgespräch zwischen Georg Simmel und Marianne Weber über „weibliche Kultur" vgl. den wichtigen Beitrag von Ingrid Gilcher-Holtey, Modelle „moderner" Weiblichkeit, bes. S. 180–186.
35 In: Georg Simmel, *Schriften zur Philosophie und Soziologie der Geschlechter,* hrsg. und eingeleitet von Heinz-Jürgen Dahme und Klaus Christian Köhnke, Frankfurt a. M. 1985, S. 159–176. Vgl. auch: Lewis A. Coser, Georg Simmels vernachlässigter Beitrag zur Soziologie der Frau, in: *Georg Simmel und die Moderne. Neue Interpretationen und Materialien,* hrsg. von Heinz-Jürgen Dahme und Otthein Rammstedt, Frankfurt a. M. 1984, S. 80–90.
36 Simmel, *Schriften,* S. 162.
37 Ebd., S. 170 f.
38 Ebd., S. 165 f., S. 170.
39 Ebd., S. 173 f.
40 Marie Luise Gothein an Eberhard Gothein, o. O. u. J. (Nr. 37/1909).
41 Marie Luise Gothein, *Eberhard Gothein. Ein Lebensbild,* S. 83.
42 Marie Luise Gothein, Londoner Literatengeselligkeit, S. 4.

43 Ebd., S. 31.
44 Marianne Weber, *Max Weber. Ein Lebensbild. Mit einer Einleitung von Günther Roth*, München/Zürich 1989, S. 373.
45 Zu Anna Wendt: Marie Luise Gothein, *Eberhard Gothein. Ein Lebensbild*, S. 69.
46 Marie Luise Gothein, Londoner Literatengeselligkeit, S. 25 f.
47 Dazu: Ingeborg Schnack, *Rainer Maria Rilke. Chronik seines Lebens und seines Werkes*, Bd. 1, Passau 1975, S. 267, S. 305. – Mir lag folgende Ausgabe vor: Elizabeth Barrett-Browning, *Sonette aus dem Portugiesischen.* Übertragen durch Rainer Maria Rilke, Leipzig: Insel-Verlag, [2]1911.
48 Auch Rilke war von Tagore begeistert und ließ Kurt Wolff im Dezember 1913 Gides Übertragung des *Gitanjali* zukommen. Vgl. dazu: Schnack, *Rainer Maria Rilke*, S. 449. – 1915 haben auch Hedwig Lachmann und Gustav Landauer zusammen Werke Tagores ins Deutsche übersetzt, nämlich *Das Postamt* und *Der König der dunklen Kammer.* Vgl. dazu: Barbara Hahn, *Unter falschem Namen*, Frankfurt a. M. 1991, S. 144 f.
49 Marie Luise Gothein an Eberhard Gothein, Bonn, 2. Juli 1904.
50 Marie Luise Gothein an Eberhard Gothein, Bonn, 23. Juni 1904.
51 Zum Bonner Freundeskreis: Marie Luise Gothein, *Eberhard Gothein. Ein Lebensbild*, S. 102 f.
52 Ebd., S. 151.
53 Erinnerungen meiner Kinderzeit, Bl. 2 r.–v.
54 Ebd., Bl. 15 v.
55 Marie Luise Gothein, *Eberhard Gothein. Ein Lebensbild*, S. 151.
56 Vgl. ebd., S. 145 f.
57 Marie Luise Gothein an Eberhard Gothein, o. O. u. J. (Nr. 37/1909).
58 Ebd.
59 Marie Luise Gothein an Eberhard Gothein, Bonn, 17. Juni 1909.
60 Marie Luise Gothein an Eberhard Gothein, 7. Juni 1909 (Nr. 19/1909).
61 Marie Luise Gothein, *Eberhard Gothein. Ein Lebensbild*, S. 184 ff.
62 Witkop hatte sich im Januar 1909 mit der Schrift *Die Anfänge der neueren deutschen Lyrik* in Heidelberg habilitiert und im Herbst des vorhergehenden Jahres unter dem Titel *Eros* eine eigene Sammlung von Gedichten veröffentlicht. 1910 ging er als Privatdozent an die Universität Freiburg im Breisgau, wo er bald darauf eine Professur erhielt.
63 Marie Luise Gothein an Eberhard Gothein, 7. Juni 1909 (Nr. 19/1909).
64 Helene Stöcker, Nietzsches Frauenfeindschaft, in: dies., *Die Liebe und die Frauen*, München 1905, S. VII. – Dazu auch: Wolfgang Schwentker, Leidenschaft als Lebensform. Erotik und Moral bei Max Weber und im Kreis um Otto Gross, in: *Max Weber und seine Zeitgenossen*, hrsg. von Wolfgang J. Mommsen und Wolfgang Schwentker, Göttingen/Zürich 1988, S. 666.
65 Marie Luise Gothein an Eberhard Gothein, Bonn, 17. Juni 1909.
66 Marie Luise Gothein an Eberhard Gothein, Dresden, 16. April 1909 (Nr. 11/1909).

67 Marie Luise Gothein an Eberhard Gothein, London, 24. September 1909 (Nr. 75/1909).

68 Ihre Freundin empfiehlt ihr unter anderem das 1911 erschienene Buch *Mysticism* von Evelyn Underhill, welches zahlreiche Auflagen erreichte. Alice K.-W. an Marie Luise Gothein, o. O. u. J. (1911). UB Heidelberg, Heidelberger Hss. 3490, Nr. 3.

69 Dazu auch: Marie Luise Gothein, *Eberhard Gothein. Ein Lebensbild*, S. 198 ff.

70 Friedrich Gundolf an Marie Luise Gothein, Darmstadt, 19. August 1909, in: Friedrich Gundolf, *Briefe.* Neue Folge, hrsg. von Lothar Helbing und Claus Victor Bock, Amsterdam 1965, S. 49–53.

71 Marie Luise Gothein, *Eberhard Gothein. Ein Lebensbild*, S. 199–203. Zu Friedrich Gundolf: Ulrich Raulff, Der Bildungshistoriker Friedrich Gundolf. Nachwort zur Neuausgabe: Friedrich Gundolf, *Anfänge deutscher Geschichtsschreibung von Tschudi bis Winckelmann.* Aufgrund nachgelassener Schriften Friedrich Gundolfs bearbeitet und hrsg. von Edgar Wind, Frankfurt a. M. 1992, S. 115–154. – Ernst Osterkamp, Friedrich Gundolf zwischen Kunst und Wissenschaft. Zur Problematik eines Germanisten aus dem George-Kreis, in: *Literaturwissenschaft und Geistesgeschichte 1910 bis 1925*, hrsg. von Christoph König und Eberhard Lämmert, Frankfurt a. M. 1993, S. 177–198.

72 Stefan George an Friedrich Gundolf, Bingen, 22. September 1910. In: Stefan George – Friedrich Gundolf, *Briefwechsel*, hrsg. von Robert Boehringer mit Georg Peter Landmann, München/Düsseldorf 1962, S. 204 f.

73 Marie Luise Gothein, *Eberhard Gothein. Ein Lebensbild*, S. 203 f.

74 Edith Landmann, *Gespräche und George*, Düsseldorf/München 1963, S. 104.

75 Edgar Salin, *Um Stefan George*, S. 111.

76 Marie Luise Gothein an Eberhard Gothein, 21. Oktober 1912 (Nr. 3/1912).

77 Anna Schellenberg, „Persönlichkeit" und Frauenart, in: *Preußische Jahrbücher* (1911), S. 272–297.

78 Friedrich Gundolf an Stefan George, Darmstadt, 10. Februar 1911, in: Stefan George – Friedrich Gundolf, *Briefwechsel*, S. 222.

79 Marie Luise Gothein an Eberhard Gothein, Berlin, 17. Februar 1911.

80 Salin, *Um Stefan George*, S. 109.

81 Gilcher-Holtey, Modelle „moderner" Weiblichkeit, S. 199.

82 Marie Luise Gothein an Eberhard Gothein, Heidelberg, 16. März 1914 (Nr. 8/1914).

83 Marie Luise Gothein an Eberhard Gothein, Berlin, 5. April 1909 (Nr. 7/1909), vgl. Anm. 29.

84 Marie Luise Gothein an Eberhard Gothein, Dessau, 8. Juni 1915 (Nr. 25/1915).

85 *Max Weber. Ein Lebensbild* erschien erstmals 1926. Wie Marianne Weber dort zwar Eberhard Gothein, nicht aber ihre Kollegin Marie Luise Gothein erwähnt, würdigt auch Marie Luise Gothein in ihrem Buch *Eberhard Gothein. Ein Lebensbild seinen Briefen nacherzählt* ausschließlich Max Weber, ohne ein Wort über Marianne Weber zu verlieren.

86 Erinnerungen meiner Kinderzeit, Bl. 1 r.

Nachlaß

Der Hauptteil des Nachlasses von Marie Luise Gothein findet sich als Teil des Nachlasses von Eberhard Gothein in der Universitätsbibliothek Heidelberg, Heidelberger Handschriften; unter anderem liegt dort der umfangreiche Briefwechsel Marie Luise Gothein – Eberhard Gothein (Heid. Hss. 3484 und 3487). Weitere Fundorte von Briefwechseln: Friedrich Gundolf Archives, London; Stefan George-Archiv, Stuttgart; Deutsches Literaturarchiv, Marbach (Marie Luise Gothein an Paul Ernst).

Ein unveröffentlichtes Manuskript ‚Erinnerungen meiner Kinderzeit' („Begonnen d. 23. 5. 31.") befindet sich in Privatbesitz.

Bibliographie

Bücher und Übersetzungen

William Wordsworth. Sein Leben, seine Werke, seine Zeitgenossen, 2 Bde., Halle a. S. 1893.

John Keats. Leben und Werke, 2 Bde., Halle a. S. 1897.

Elizabeth Barrett Browning, Sonette nach dem Portugiesischen. Aus dem Englischen übersetzt von Marie Luise Gothein, Leipzig 1903.

Geschichte der Gartenkunst, 2 Bde., Jena 1914. – Jena ^{2}1926. – 2 Bde. in 1 Bd., Nachdruck der Ausgaben Jena 1926, Hildesheim/New York 1977. – 2 Bde., Nachdruck der 2. Aufl. Jena 1926, München 1988. – A History of Garden Art, ed. by Walter P. Wright. Translated from the German by Mrs. Archer-Hind, M. A., London/Toronto/New York 1928. – Reprinted, New York 1966. – Reissued, second print, New York 1979.

Rabindranath Tagore, Gitanjali (Sangesopfer). Aus der von Rabindranath Tagore selbst veranstalteten englischen Ausgabe ins Deutsche übertragen von Marie Luise Gothein, Leipzig 1914. – 10. bis 13. Aufl. Leipzig 1917.

Shakespeare, Cymbelin. Nach der Übertragung Dorothea Tiecks bearbeitet von Marie Luise Gothein, Leipzig 1922 (Shakespeares Werke in Einzelausgaben).

Shakespeare, Romeo und Julia. Nach der Übertragung A. W. Schlegels bearbeitet von Marie Luise Gothein, Leipzig 1923 (Shakespeares Werke in Einzelausgaben).

Shakespeare, Viel Lärm um Nichts. Auf Grund der Baudissin-Tieckschen Übertragung bearbeitet von Marie Luise Gothein, Leipzig 1925 (Shakespeares Werke in Einzelausgaben).
Indische Gärten, München/Wien/Berlin 1926 (Die Baukunst, hrsg. v. Dagobert Frey).
Eberhard Gothein. Ein Lebensbild seinen Briefen nacherzählt, Stuttgart 1931.

Aufsätze und Rezensionen

Zahlreiche Rezensionen finden sich im Jahrbuch der deutschen Shakespeare-Gesellschaft, von denen hier nur die wichtigsten erwähnt sind.

Londoner Literatengeselligkeit in der Zeit der Romantik. Vortrag gehalten in der Versammlung des Vereins für Förderung der Frauenbildung, o. O. u. J. (frühe 90er Jahre des 19. Jahrhunderts).
John Ruskin. Besprechung von: Charlotte Broicher, John Ruskin und sein Werk. Puritaner, Künstler, Kritiker. Erste Reihe, Essays, Leipzig 1902. Und: John Ruskin, Moderne Maler, 2 Bde., im Auszuge übersetzt und zusammengestellt von Charlotte Broicher, Leipzig 1902 (= John Ruskin, Ausgewählte Werke in vollständiger Übersetzung), in: Preussische Jahrbücher 114 (1903), H. 1, S. 8–29.
Die Frau im englischen Drama vor Shakespeare, in: Jahrbuch der deutschen Shakespeare-Gesellschaft 40 (1904), S. 1–50.
Der Gottheit lebendiges Kleid, in: Archiv für Religionswissenschaft 9 (1906), S. 336–364.
Die Todsünden, in: Archiv für Religionswissenschaft 10 (1907), S. 417–484.
Besprechung von: Shakespeare in deutscher Sprache, hrsg. und zum Teil neu übersetzt von Friedrich Gundolf, Bd. 1, Berlin 1908, in: Jahrbuch der deutschen Shakespeare-Gesellschaft 45 (1909), S. 364–369.
Besprechung von: Shakespeare-Sonette, Umdichtung von Stefan George, Berlin 1909. Und: Shakespeare-Sonette, übertragen von Eduard Sänger, Leipzig (1909), in: Jahrbuch der deutschen Shakespeare-Gesellschaft 46 (1910), S. 266–268.
Der griechische Garten, in: Mitteilungen des Archäologischen Instituts, Athenische Abteilung 34 (1909), S. 100–144.
Vom malaiischen „Adat"-Haus, in: Festschrift zum sechzigsten Geburtstag von Paul Clemen, hrsg. v. Wilhelm Worringer, Heribert Reiners und Leopold Seligmann, Bonn 1926, S. 72–83.
Aus Sutschaus Steingärten, in: Gartenschönheit 8 (1927), S. 155–157.
Chrysanthemenausstellung in Tokio, in: Gartenschönheit 9 (1928), S. 457–459.
Die Stadtanlage von Peking. Ihre historisch-philosophische Entwicklung, in: Wiener Jahrbuch der Kunstgeschichte 7 (1930), S. 7–33.
Boethius, Trost der Philosophie, lateinisch und deutsch, übertragen von Eberhard Gothein, eingeleitet von Marie Luise Gothein, neu hrsg. in der Überarbeitung von Wolfgang Gothein, Zürich 1949.

Rosa Luxemburg. Leidenschaften und Verfehlungen

von Barbara Hahn

1 Rosa Luxemburg, *Gesammelte Briefe,* hrsg. vom Institut für Marxismus-Leninismus beim ZK der SED, Berlin 1984, Bd. 1, S. 103. (Im folgenden zitiert als: *Briefe*)

2 Selbstverständlich gibt es Ausnahmen, wie z. B. Hannah Arendts Text über Rosa Luxemburg, in: Hannah Arendt, *Menschen in finsteren Zeiten,* hrsg. von Ursula Ludz, München/Zürich 1989, S. 49–74; vgl. dazu Ingeborg Nordmanns Lektüre von Hannah Arendts Dialog mit Rosa Luxemburg: Erfahrungsfähigkeit und Differenz, in: *Neue Gesellschaft. Frankfurter Hefte* 5 (1993), S. 459–465.

3 Hier nehme ich einen Gedanken Marianne Schullers auf, vgl. Zum Abschied. Auch eine Erinnerung an Rosa Luxemburg, in: *Konkursbuch* 27 (1992), S. 186–194, hier S. 194.

4 Das zeigt sich an den Korrespondenzen so unterschiedlicher Briefschreiber wie Sigmund Freud, Max Weber und – besonders eindrucksvoll – Karl Jaspers, der im Briefwechsel mit Martin Heidegger den Zwängen der Autorschaft in einem theoretisierenden Briefwechsel entkommen wollte.

5 *Briefe,* Bd. 2, S. 68 f.

6 Vermutlich hatten bereits die Großeltern den Schritt vom Jiddischen zum Polnischen vollzogen und ihre Kinder in dieser Sprache und Kultur erzogen. Vgl. dazu Peter Nettl, *Rosa Luxemburg.* Aus dem Englischen von Karl Römer, Köln 1970, S. 55.

7 Zur Familiengeschichte Rosa Luxemburgs vgl. Elżbieta Ettinger, *Rosa Luxemburg. Ein Leben.* Aus dem Amerikanischen von Barbara Bortfeldt, Berlin 1990. Im Anhang werden Auszüge aus Briefen von Familienmitgliedern Rosa Luxemburgs an diese mitgeteilt, vgl. S. 309 ff.

8 Brief vom 18. 9. 1815 an Luise Kautsky; *Briefe,* Bd. 5, S. 74 f.

9 Brief vom 16. 4. 1908; *Briefe,* Bd. 2, S. 331.

10 Brief vom 13. 5. 1807; *Briefe,* Bd. 2, S. 290.

11 Rosa Luxemburg, *Gesammelte Werke,* hrsg. vom Institut für Marxismus-Leninismus beim ZK der SED, Berlin 1974, Bd. 1/1, S. 369. (Im folgenden zitiert als: *Werke*)

12 Ebd., S. 370.

13 Brief vom 19. 4. 1899 an Leo Jogiches; *Briefe,* Bd. 1, S. 307.

14 *Werke,* Bd. 1/1, S. 467 f.

15 Ebd., S. 470.

16 *Werke,* Bd. 2, S. 117.

17 *Werke,* Bd. 1/2, S. 434.

18 Ebd., S. 444.

19 An Paul Levi, zitiert nach: Sibylle Quack, *Geistig frei und niemandes Knecht. Paul Levi – Rosa Luxemburg. Politische Arbeit und persönliche Beziehung. Mit 50 unveröffentlichten Briefen*, Köln 1983, S. 233.

20 *Briefe*, Bd. 2, S. 209.

21 Der Text wurde 1921 erstmals veröffentlicht. Nachdruck in: *Werke*, Bd. 5, S. 414–523.

22 Brief vom 8. 3. 1917 an Hans Diefenbach; *Briefe*, Bd. 5, S. 187.

23 Brief vom 12. 5. 1917; ebd., S. 234.

24 Brief vom 20. 7. 1917 an Sonja Liebknecht; ebd., S. 280.

25 Brief vom 7. 2. 1917 an Luise Kautsky; ebd., S. 169.

26 Brief vom 16. 1. 1917; ebd., S. 162.

27 In demselben Brief; ebd., S. 161.

28 Brief vom 18. 11. 1918 an Marie und Adolf Geck; ebd., S. 415.

29 Zu diesen Morden vgl. Elisabeth Hannover-Drück und Heinrich Hannover, *Der Mord an Rosa Luxemburg und Karl Liebknecht. Dokumentation eines politischen Verbrechens*, Frankfurt a. M. 1967 und Erhard Lucas-Busemann, *Die Ermordung Rosa Luxemburgs und Karl Liebknechts*, Oldenburger Universitätsreden Nr. 34, Oldenburg 1990.

30 Paul Celan, Du liegst im großen Gelausche, in ders., *Gesammelte Werke*, Bd. II, hrsg. von Beda Allemann und Stefan Reichert unter Mitwirkung von Rolf Bücher, Frankfurt a. M. 1986, S. 334.

31 Als sie sich bei einer Verabredung verspätet hatten und die wartenden Männer überlegten, was sie denn auf einen Grabstein für die beiden Frauen schreiben sollten, falls ihnen etwas zugestoßen wäre, soll Rosa Luxemburg zu August Bebel gesagt haben: „Schreiben Sie: Hier ruhen die beiden einzigen Männer der deutschen Sozialdemokratie."

32 Dies und das nächste Wort in eckigen Klammern auf Russisch, d. h. in kyrillischen Buchstaben.

33 *Briefe*, Bd. 1, S. 103 f.

34 Brief vom 17. 5. 1898; ebd., S. 115.

Bibliographie

Nachlaß:

Internationales Institut für Sozialgeschichte, Amsterdam

Publikationen

Gesammelte Werke, hrsg. vom Institut für Marxismus-Lenismus beim ZK der SED, 5 Bde., Berlin 1974 ff.

Gesammelte Briefe, hrsg. vom Institut für Marxismus-Lenismus beim ZK der SED, 5 Bde., Berlin 1982 ff.

Der 6. Band erschien hrsg. und mit einer Einleitung von Annelies Laschitza, Berlin 1993.

Außerhalb dieser Ausgaben:

Quack, Sibylle, Geistig frei und niemandes Knecht. Paul Levi – Rosa Luxemburg. Politische Arbeit und persönliche Beziehung. Mit 50 unveröffentlichten Briefen, Köln 1983.

Margarete Susman. Dialogisches Schreiben

von Barbara Hahn

1 Die geistige Gestalt Georg Simmels, in: Margarete Susman, *Vom Nah- und Fernsein des Fremden. Essays und Briefe*, hrsg. und mit einem Nachwort versehen von Ingeborg Nordmann, Frankfurt a.M. 1992, S. 37.

2 Vgl. Margarete Susmans Rezensionen der beiden Bücher in: ebd., S. 15–30. Auf S. 17 spricht sie von dem „ernsten und einsamen Buch" Georg Lukács', und auf S. 29 von „der unendlichen Einsamkeit" von Ernst Blochs *Geist der Utopie.*

3 Vgl. Ingeborg Nordmanns Essays über Margarete Susman: Wie man sich in der Sprache fremd bewegt, in: *Vom Nah- und Fernsein des Fremden,* S. 227–267, hier S. 241, sowie: Der Dialog ist Bruch und Beginn. Zu Margarete Susman. Ein Porträt ihres Denkens, in: *Zur Geschichte der jüdischen Frau in Deutschland,* hrsg. von Julius Carlebach, Berlin 1993, S. 203–218.

4 *Vom Nah- und Fernsein des Fremden,* S. 75 f. Während des Ersten Weltkrieges änderte Bloch allerdings seine Meinung; im Schweizer Exil warb er um Margarete Susmans Freundschaft, und 1921 widmete er ihr sein Buch *Thomas Münzer als Theologe der Revolution.*

5 *Gustav Landauer. Sein Lebensgang in Briefen,* unter Mitwirkung von Ina Britschgi-Schimmer hrsg. von Martin Buber, Frankfurt a. M. 1929, Bd. I, S. 436. Zu dieser Diskussion um „frauenhaftes Denken" vgl. Norbert Altenhofer, *Martin Buber und Gustav Landauer,* in: *Martin Buber. Internationales Symposium zum 20. Todestag,* Bd. II, hrsg. von Werner Licharz und Heinz Schmidt, Frankfurt a. M. 1989, S. 150–173, vor allem S. 166 ff.

6 *Ich habe viele Leben gelebt. Erinnerungen,* Stuttgart 1964, S. 25.

7 *Vom Sinn der Liebe,* Jena 1912, wurde „Gertrud Simmel zugeeignet".

8 *Ich habe viele Leben gelebt,* S. 52.

9 Ebd., S. 53.

10 Ebd., S. 115.

11 Erst am Ende der Autobiographie erfährt man, daß Gertrud Kantorowicz auch selbst schrieb. Margarete Susman erwähnt das „hinterlassene schöne Buch *Vom Wesen der griechischen Kunst*", das postum erschien, vgl. ebd., S. 173.

12 Die Briefe Margarete Susmans an Gertrud Kantorowicz sind verloren gegangen, zusammen mit fast dem gesamten Nachlaß von Gertrud Kantorowicz. Über dreißig Jahre korrespondierten die beiden Frauen: Der erste überlieferte Brief wurde um 1906 geschrieben, der letzte im Juli 1938, kurz bevor die deutschen Grenzen für Juden geschlossen wurden. Einen Teil der Briefe bewahrt das Deutsche Literaturarchiv, Marbach, den größeren das Leo-Baeck-Institut, New York.

13 Undatierter Brief aus Belgien, Sommer 1913. Leo-Baeck-Institut, New York.

14 Brief vom 7.4. 34, Nachlaß Margarete Susman, Deutsches Literaturarchiv, Marbach.

15 *Ich habe viele Leben gelebt,* S.23f.

16 1901 erscheint in Berlin und Leipzig *Mein Land,* das zwei Auflagen erreicht; *Neue Gedichte* werden 1907 in München und Leipzig veröffentlicht und schließlich *Das Wesen der modernen deutschen Lyrik,* Stuttgart 1910.

17 Vgl. dazu Nordmann, Wie man sich in der Sprache fremd bewegt, S.230f.

18 Unveröffentlichter Brief, zitiert nach: *Vom Nah- und Fernsein des Fremden,* S.103.

19 Vgl. beispielsweise *Die Frauen der Romantik,* Jena 1929 und Köln [3]1960, das in vielen Aufsätzen vor- und nachgeschrieben wurde, wie aus der Bibliographie deutlich wird. Dasselbe gilt für *Das Buch Hiob und das Schicksal des jüdischen Volkes,* Zürich 1946. Auch Aufsätze, die sich nie zum Buch weiteten, schrieb Margarete Susman immer wieder um; hier sei lediglich auf ihre Texte zu Rosa Luxemburg hingewiesen, vgl. Rosa Luxemburgs Briefe, in: *Der Aufstieg* vom 19.1. 1923; Rosa Luxemburg, in: *Neue Wege. Blätter für den Kampf der Zeit* XLV, 11 (1951), S.435–440. Wiederabdruck in: *Vom Geheimnis der Freiheit. Gesammelte Aufsätze 1914–1964,* hrsg. von Manfred Schlösser, Darmstadt/Zürich 1964, S.271–283; Es darf keine Verdammten geben, in: *Neue Wege. Blätter für den Kampf der Zeit* LIII, 2 (1959), S.37–42.

20 Die Revolution und die Frau, in: *Vom Nah- und Fernsein des Fremden,* S.199ff.

21 *Ich habe viele Leben gelebt,* S.76.

22 Wandlungen der Frau, in: *Die Neue Rundschau* 44/1 (1933); S.105–124; Nachdruck in: *Gestalten und Kreise,* Stuttgart/Konstanz 1954, S.160–177; Der jüdische Geist, in: *Blätter des jüdischen Frauenbundes* IX, 11/12 (1933); Nachdruck in: *Vom Nah- und Fernsein des Fremden,* S.209–223.

23 *Ich habe viele Leben gelebt,* S.137.

24 Das Frauenproblem der Gegenwart, in: *Vom Nah- und Fernsein des Fremden,* S.143–167, hier S.143.

25 Ebd., S.159.

26 Ebd., S.145.

27 *Gestalten und Kreise,* S.161.

28 Vgl. *Vom Nah- und Fernsein des Fremden,* S. 166 f.
29 *Gestalten und Kreise,* S. 164.
30 Ebd., S. 168.
31 Ebd., S. 161.
32 Ebd., S. 163.
33 *Ich habe viele Leben gelebt,* S. 137.
34 Besonders auffallend im Vorwort zur Nachkriegsauflage von *Die Frauen der Romantik,* Köln 1960, vgl. vor allem S. 5 ff.
35 *Vom Nah- und Fernsein des Fremden,* S. 209.
36 Ebd., S. 212.
37 Ebd., S. 223.
38 Ebd., S. 216.
39 Vgl. ebd., S. 219.
40 Ebd., S. 181.
41 Ingeborg Nordmann, Wie man sich in der Sprache fremd bewegt, S. 236.
42 *Das Buch Hiob und das Schicksal des jüdischen Volkes,* Zürich 1946, 2. Auflage 1948, nach der im folgenden zitiert wird, hier S. 9. Eine Neuausgabe soll 1994 im Jüdischen Verlag bei Suhrkamp erscheinen.
43 Die neue Übersetzung der Heiligen Schrift. Zur Bibelübersetzung von Franz Rosenzweig und Martin Buber, in: *Vom Nah- und Fernsein des Fremden,* S. 207. Da Bubers Übertragung des Buchs Hiob erst 1961 erschien, konnte Margarete Susman sich nur auf eine modernisierte Version der Lutherschen Übersetzung stützen.
44 Ebd., S. 204.
45 *Das Buch Hiob und das Schicksal des jüdischen Volkes,* S. 77.
46 Ebd., S. 41.
47 Ebd., S. 137.
48 Ebd., S. 11. Gegen jegliche rassistische Bestimmung definiert auch Lévinas sehr ähnlich wie Margarete Susman, ohne jedoch explizit an ihr anzuknüpfen: „Man kann nicht instinktiv Jude sein; man kann nicht Jude sein, ohne es zu wissen". Emmanuel Lévinas, *Schwierige Freiheit. Versuch über das Judentum,* Frankfurt a. M. 1992, S. 14.
49 *Das Buch Hiob und das Schicksal des jüdischen Volkes,* S. 218 f.

Nachlaß

Margarete Susmans Nachlaß wird im Deutschen Literaturarchiv, Marbach, aufbewahrt und dort gerade geordnet. Neben Manuskripten umfaßt dieser auch eine umfangreiche, aber leider unvollständige Briefsammlung. Herauszuheben sind die Briefwechsel mit Erwin Kircher, Michael Landmann und Cecilie Gaugler, sowie die nur einseitig überlieferten Korrespondenzen mit Ilse Blumenthal-Weiss, Hanna Kaminski, Gertrud Kantorowicz, Edith Rosenzweig und Gertrud Simmel.

Bibliographie

Die folgende Bibliographie stützt sich auf die von Manfred Schlösser zusammengestellte, vgl.: Für Margarete Susman. Auf gespaltenem Pfad, Darmstadt 1964, S. 383–395.

Bücher und Herausgaben

Mein Land. Gedichte, Berlin/Leipzig 1901.

Erwin Kircher, Philosophie der Romantik, aus dem Nachlaß hrsg. von Heinrich Simon und M. S., Jena 1906.

Neue Gedichte, München/Leipzig 1907.

Das Wesen der modernen deutschen Lyrik, Stuttgart 1910.

Vom Sinn der Liebe, Jena 1912.

Die Liebenden. Drei dramatische Gedichte, Leipzig 1917.

Lieder von Tod und Erlösung. Gedichte, München 1922.

Das Kruzifix, Freiburg 1922.

Die Frauen der Romantik, Jena 1929 und Köln ³1960.

Bertha Pappenheim, Gebete, ausgewählt und hrsg. vom Jüdischen Frauenbund mit einem Nachwort von M. S., Berlin 1936.

Das Buch Hiob und das Schicksal des jüdischen Volkes, Zürich 1946, ²1948.

Deutung einer großen Liebe. Goethe und Charlotte von Stein, Zürich/Stuttgart 1951.

Aus sich wandelnder Zeit. Gedichte, Zürich 1953.

Gestalten und Kreise. Aufsätze, Stuttgart/Konstanz 1954.

Deutung biblischer Gestalten, Zürich 1956.

Die geistige Gestalt Georg Simmels, Tübingen 1959.

Vom Geheimnis der Freiheit. Aufsätze, Darmstadt 1964.

Ich habe viele Leben gelebt. Erinnerungen, Stuttgart 1964.

Vom Nah- und Fernsein des Fremden. Essays und Briefe, hrsg. und mit einem Nachwort versehen von Ingeborg Nordmann, Frankfurt/M. 1992.

Aufsätze und Rezensionen (Auswahl)

Judentum und Kultur, in: Frankfurter Zeitung (im folgenden FZ) vom 16.5. 1907.

Neue Lyrik, in: FZ vom 5.12. 1907; 6.3. 1908; 4.8. 1908; 16.2. 1909; 14.7. 1909; 17.12. 1909.

Stefan George, in: FZ vom 6.9. 1910.

Der esoterische Charakter in der heutigen Kunst, in: FZ vom 31.1. 1912.

Das Kruzifix. Eine Erzählung, in: Basler Nachrichten vom 6.8. 1912.

Die Seele und die Formen, in: FZ vom 5.9. 1912.

Zum Verständnis Nietzsches, in: FZ vom 7.12. 1912.

Sylvestergespräche, in: FZ vom 31.12. 1912.

Jean Paul – Zu seinem 150. Geburtstag, in: FZ vom 21.3. 1913.

Spinoza und das jüdische Weltgefühl, in: Vom Judentum, hrsg. von Hans Kohn, Leipzig 1913, S. 51–70.

Von der Verwirklichung, in: FZ vom 28.5. 1914.
Das Problem der Tat und das Hamletproblem, in: Die Tat 4 (1914), S.476–489.
Der Krieg und das Wort Gottes, in: Neue Zürcher Zeitung (im folgenden NZZ) vom 16.8. 1914.
Vom Krieg und von Gott, in: Zeitecho. Ein Kriegstagebuch der Künstler, Berlin 1915, S.164.
Vom Tun und Erleiden des Krieges, in: FZ vom 5.4. 1915.
Einzelmoral und Staatsmoral, in: FZ vom 17.11. 1915.
Wege des Zionismus, in: FZ vom 17. und 19.9. 1916.
Friedrich Gundolfs „Goethe", in: FZ vom 21.1. 1917.
Davids Tod, in: Der Jude 2 (1917), S.406–409.
Vom Tod und von Gott, in: Das Buch der Gottesfreunde, hrsg. von Karl J. Friedrich, Gotha 1917, S.156–163.
Von Spinozas Leben, in: FZ vom 29.7. 1917.
Grundfragen der Ästhetik, in: NZZ vom 13.10. 1917.
Fritz von Unruhs dramatisches Gedicht „Ein Geschlecht", in: NZZ vom 25.10. 1917.
Vor der Entscheidung, in: FZ vom 27.2. 1918.
Rahels geistiges Wesen, in: Neue Jüdische Monatsschrift 2 (1918), S.464–477.
Expressionismus, in: FZ vom 9.8. 1918.
Schopenhauers Erkenntnislehre, in: FZ vom 13.9. 1918.
Ausblick, in: FZ vom 15.11. 1918.
Die Revolution und die Frau, in: Das Flugblatt 4, Frankfurt a.M. 1918.
Weihnachten, in: FZ vom 25.12. 1918.
Geist der Utopie, in: FZ vom 12.1. 1919.
Gott, in: FZ vom 6.2. 1919.
Gustav Landauer, in: Das Tribunal 1 (1919), S.72–73.
Moritz von Egidy, in: Friedenswarte. Blätter für zwischenstaatliche Organisation 11 (1919), S.150–152.
Gustav Landauer, in: Masken 18 (1919), S.150–152.
Die Revolution und die Juden, in: Das Forum 3 (1919), S.921–948.
Lied von Tod und Erlösung, in: Das Forum 3 (1919), S.803–808.
Kriegsbriefe deutscher Studenten, in: NZZ vom 6. und 13.3. 1921.
Der Exodus aus der Philosophie, in: FZ vom 17.6. 1921.
Die Theorie des Romans, in: FZ vom 16.8. 1921.
Gestaltwandel der Götter, in: NZZ vom 21.10. 1921.
Osten und Westen, in: FZ vom 24.4. 1921.
Der Stern der Erlösung, in: Der Jude 6 (1922), S.259–264.
Lasalles Nachlaß, in: FZ vom 29.1. 1922.
Leo Baecks „Wesen des Judentums", in: FZ vom 2.6. 1922.
An der Grenze, in: FZ vom 24.12.1922.
Rosa Luxemburgs Briefe, in: Der Aufstieg vom 19.1. 1923.
Der Briefwechsel Lasalle-Marx, in: FZ vom 21.6. 1923.

Pole jüdischen Wesens, in: Die Tat 15 (1923), S. 385–389.
Der große Maggid, in: Die Neue Rundschau 34 (1923), S. 763–765.
Europa und Gandhi, in: Schweizer Frauenblatt vom 15. 9. 1923.
Die Brücke, in: Der Jude. Sonderheft 1, 1925, S. 76–84.
Das Problem der Unsterblichkeit bei Jean Paul, in: Jean-Paul-Jahrbuch 1 (1925), S. 55–77.
Der Pfarrer ohne Gott, in: FZ vom 22. 8. 1925.
Pontigny 1925, in: FZ vom 21. 9. 1925.
Ernst Bergs „Wohin treibt Juda?“, in: FZ vom 12. 2. 1926.
Was kann uns die Bibel heute noch bedeuten?, in: Der Morgen 2 (1926), S. 299–310.
Pontigny 1926, in: FZ vom 24. 9. 1926.
Das Frauenproblem in der gegenwärtigen Welt, in: Der Morgen 2 (1926), S. 431–452.
Die Schrift und Luther, in: ebd., S. 528–529.
Die Weltanschauung Dostojewskis, in: ebd., S. 617–618.
Martin Buber, in: FZ vom 8. 2. 1928.
Alfred Seidels „Bewußtsein als Verhängnis“, in: Der Morgen 3 (1927), S. 338–341.
Gespräch über Psychoanalyse, in: ebd., S. 342–343.
Die Botschaft der chassidischen Mystik an unsere Zeit, in: Der Jude, Sonderheft 5, 1928, S. 140–147.
Die neue Übersetzung der Heiligen Schrift, in: Basler Nachrichten vom 18. 2. 1928.
Rahel, in: Der Morgen 4 (1928), S. 118–138.
Der Bürger in Frankreich, in: FZ vom 2. 9. 1928.
Auflösung und Werden in unserer Zeit, in: Der Morgen 4 (1928), S. 335–353.
Das Hiob-Problem bei Franz Kafka, in: Der Morgen 5 (1929), S. 31–49.
Gustav Landauers Briefe, in: ebd., S. 194–198.
Die messianische Idee als Friedensidee, in: ebd., S. 375–385.
Franz Rosenzweig, in: FZ vom 22. 12. 1929.
Die Idee der Ehe und der Ehescheidung, in: FZ vom 12. 1. 1930.
In memoriam Franz Rosenzweig, in: Gedenkbuch für Franz Rosenzweig, Frankfurt 1930, S. 8–27.
Franz Rosenzweig, in: Der Morgen 5 (1930), S. 541–561.
Saul und David. Zwei ewige Gestalten, in: Der Morgen 6 (1930), S. 171–195.
Antwort auf einen „Offenen Brief an die Deutschen“, in: ebd., S. 300–302.
Der Bürger in Frankreich, in: FZ vom 16. 11. 1930.
Das Leiden am Ich, in: Der Morgen 6 (1930), S. 493–496.
Frau und Geist, in: Die literarische Welt 7 (1931), Nr. 12, S. 1–2.
Stern der Erlösung, in: Der Morgen 7 (1931), S. 379–380.
Zeenah-U-Reenah, in: ebd., S. 454–456.
Kreuz und Davidstern, in: FZ vom 20. 11. 1932.
George Sand, in: FZ vom 30. 12. 1932.
Wandlungen der Frau, in: Die neue Rundschau 44 (1933), S. 105–124.

Die Schwester, in: Goethekalender 1933, S. 47–61.
Rahel Varnhagen von Ense. Zu ihrem 100. Todestag, in: Die literarische Welt 9 (1933), Nr. 10, S. 7–8; Nr. 11/12, S. 11–12.
Trost, in: Der Morgen 10 (1934), S. 253–258.
Karl Wolfskehl. Die Stimme spricht, in: ebd., S. 471–473.
Stifters Abdias, in: Der Morgen 11 (1935), S. 27–37.
Vom Chaos unserer Zeit und seiner Überwindung, in: Neue Wege. Blätter für den Kampf der Zeit 29 (1935), S. 5–22.
Vom geistigen Anteil der Juden im deutschen Raum, in: Der Morgen 11 (1935), S. 107–116.
Hiob und unserer Zeit, in: Neue Wege 30 (1936), S. 336–350.
Die Friedensbotschaft des Alten Testaments, in: Neue Wege 31 (1937), S. 246–260.
Das Reich und die Nachfolge, in: Neue Wege 32 (1938), S. 315.
Die geistigen Tragkräfte des modernen Kollektivismus, in: Neue Wege 33 (1939), S. 305–442.
Ezechiel. Der Prophet der Umkehr, in: Neue Wege 36 (1942), S. 8–23.
Die Botschaft vom Reich Gottes, in: ebd., S. 15–21.
Friedrich Nietzsche von heute aus gesehen, in: Neue Wege 37 (1943), S. 62–74 und 114–126.
Der Chassidismus, in: ebd., S. 310–330.
Die Gleichnisse Jesu, in: Neue Wege 38 (1944), S. 151–156.
Die Bergpredigt, in: Neue Wege 39 (1945), 155–160.
Ein Bild, in: Neue Wege 40 (1946), S. 12–17.
Moses Mendelssohn und seine Entscheidung, in: ebd., S. 339–364.
Der Sinn des Anarchismus, in: Neue Wege 41 (1947), S. 5–10, 67–73, 110–120.
Das Buch über die Propheten, in: Neue Wege 42 (1948), S. 575–578.
Leo Tolstoi, in: Neue Wege 43 (1949), S. 104–120.
Entscheidung, in: ebd., S. 487–490.
Das Bibelwerk von Leonhard Ragaz, in: Neue Wege 44 (1950), S. 293–302.
Ansprache in Weesen, in: Neue Wege 45 (1951), S. 45–52.
Gerechtigkeit, in: ebd., S. 281–289.
Rosa Luxemburg, in: ebd., S. 435–440.
Otto Weininger, in: NZZ vom 10. 1. 1954.
Erinnerungen an Georg Simmel, in: Buch des Dankes an Georg Simmel, Berlin 1958, S. 278–291.
Georg Simmel. Zum hundertsten Geburtstag, in: NZZ vom 28. 2. 1958.
Es darf keine Verlorenen geben, in: Neue Wege 53 (1959), S. 37–42.

Gertrud Kantorowicz. Kunstgeschichte als Lebensentwurf

von Barbara Paul

* Ich danke den Mitarbeiterinnen und Mitarbeitern des Landesarchivs Berlin, des Deutschen Literaturarchivs in Marbach und des Stefan George-Archivs in der Württembergischen Landesbibliothek in Stuttgart, namentlich Gesa Heinrich, Victoria Fuchs und Ute Oelmann, für ihre zuvorkommende Unterstützung meiner Forschungen. Besonders herzlich danken möchte ich Barbara Hahn, die mir verschiedene Hinweise gab und mich in ihre Exzerpte der im New Yorker Leo Baeck-Institut aufbewahrten Briefe von Gertrud Kantorowicz an Margarete Susman Einsicht nehmen ließ (vgl. zu diesem Briefwechsel Barbara Hahn, Das Große Buch des Lebens. Gertrud Kantorowicz und Margarete Susman, in: *Die Jüdin Pallas Athene. Spuren einer zerstörten Kultur,* Publikation in Vorbereitung; zu Margarete Susman vgl. zudem Barbara Hahns Beitrag im vorliegenden Buch). Für weitere Hinweise und Anregungen danke ich herzlich Annette Dorgerloh, Ingrid Gilcher-Holtey, Christine Göttler, Barbara Lange und Angelika Schaser.

1 Margarete Susman, *Ich habe viele Leben gelebt. Erinnerungen,* Stuttgart 1964, S. 51.

2 Sabine Lepsius, *Ein Berliner Künstlerleben um die Jahrhundertwende. Erinnerungen,* München 1972, S. 182 f.

3 Michael Landmann, Gertrud Kantorowicz, 9. Oktober 1876 – 19. April 1945, in: Gertrud Kantorowicz, *Vom Wesen der griechischen Kunst,* hrsg. und mit einem Nachwort versehen von dems., Heidelberg/Darmstadt 1961 (Veröffentlichungen der Deutschen Akademie für Sprache und Dichtung Bd. 24), S. 93–106. Diese erste biographische Skizze ist sehr informativ und zudem mit Briefzitaten und Gedichtauszügen von Gertrud Kantorowicz versehen. Die über ihr Leben und Werk gefällten Urteile sind von männlichen Vorstellungen der 1960er Jahre geprägt (vgl. z. B. die Aussage, sie sei „keineswegs eine männliche Frau“ gewesen, ebd., S. 98). Vgl. auch ähnlich Michael Landmann, Gertrud Kantorowicz, in: *Baseler Nachrichten,* 2. Sept. 1962 und in: *Figuren um Stefan George. Zehn Porträts,* Amsterdam 1982. Zum Verhältnis Kantorowicz – Susman vgl. ausführlich Hahn, Das große Buch des Lebens.

4 Grundlegend ist das bislang einzige Buch zu Frauen als Interpretinnen von Kunst: *Women as interpreters of the visual arts, 1820–1979,* hrsg. von Claire Richter Sherman zus. mit Adele H. Holcomb, Westport/Connecticut, London 1981 (Contributions in Women's Studies, No. 18). Es berücksichtigt nicht nur Akademikerinnen, sondern prinzipiell jede Frau, die sich über Kunst äußerte, und behandelt neben den meist amerikanischen und englischen Frauen auch einige deutsche Archäologinnen und

Kunsthistorikerinnen (z. B. Margarete Bieber und Erica Tietze-Conrat). Ohne den hohen Grad des geleisteten Informationszuwachses schmälern zu wollen, ist doch zu kritisieren, daß das Buch zu weiten Teilen aus einer Aneinanderreihung von biographischem Material besteht und dabei das Bild vermittelt wird, daß Kunstgeschichte als ein Teil der Ausbildung für höhere Töchter begriffen wurde und offenbar zum Teil noch immer wird. Sozialgeschichtlichen und politischen Gründen für dic Ausprägung der spezifischen Frauenbiographien wird nur selten nachgegangen; zudem werden die Kunsthistorikerinnen in eine anscheinend für gesichert gehaltene Geschichte der Kunstgeschichte eingeordnet. – Von der aktuellen Berufssituation von Frauen an Universitäten ausgehend, ermittelt Cordula Bischoff in ihrem Artikel, Professorinnen der Kunstwissenschaft – Geschichte, Gegenwart und Zukunft, in: *Frauen Kunst Wissenschaft*, Heft 5/6, Mai 1989 (Themenschwerpunkt: *Ausbildung und Beruf im Kunst- und Kulturbereich*), S. 9–19, rein faktisch die ersten Professorinnen für Kunstgeschichte in Deutschland seit den 1920er Jahren bis in die Gegenwart.

5 Daß das Studium der Kunstgeschichte zu Beginn des 20. Jahrhunderts „noch kaum als ein Brotstudium zu betrachten" war, wurde in dem von Helene Lange und Gertrud Bäumer herausgegebenen *Handbuch der Frauenbewegung*, Bd. V: *Die deutsche Frau im Beruf. Praktische Ratschläge zur Berufswahl,* bearb. von Josephine Levy-Rathenau und Lisbeth Wilbrandt, Berlin 1906, S. 255–256, festgestellt. Vielmehr hatte im Jahre 1906 noch keine Frau an einem deutschen Museum den Posten eines Direktorialassistenten bzw. einer -assistentin inne, der – im Unterschied zur unbesoldet tätigen Volontärin und der für verschiedene Katalogarbeiten angestellten sogenannten Hilfsarbeiterin – eine Pensionsberechtigung beinhaltete.

6 Vgl. den Brief Gertrud Kantorowiczs an Stefan George vom 9. 9. 1898 [?], in dem sie ihm die später gedruckten Gedichte schickt, Stefan George-Archiv in der Württembergischen Landesbibliothek, Stuttgart. Zum Verhältnis Kantorowicz – George vgl. zudem: *Stefan George. Leben und Werk. Eine Zeittafel,* von H.-J. Seekamp, R. C. Ockenden und M. Keilson, Amsterdam 1972.

7 Vgl. den Lebenslauf in ihrer Dissertation (vgl. Bibliographie) und im Dossier Kantorowicz in der Akte U 109 b 7 des Staatsarchivs des Kantons Zürich.

8 Zur Situation des Frauenstudiums an der Universität Zürich vgl. *Ebenso neu als kühn. 120 Jahre Frauenstudium an der Universität Zürich,* hrsg. vom Verein Feministische Wissenschaft Schweiz, Zürich 1988 und Gabi Einsele, „Kein Vaterland", Deutsche Studentinnen im Zürcher Exil (1870–1908), in: *Pionierinnen, Feministinnen, Karrierefrauen? Zur Geschichte des Frauenstudiums in Deutschland,* hrsg. von Anne Schlüter, Pfaffenweiler 1992 (Frauen in Geschichte und Gesellschaft Bd. 22), S. 9–34.

9 Zu Goldschmidt vgl. vor allem Kurt Weitzmann, *Adolph Goldschmidt und die Berliner Kunstgeschichte,* Berlin 1985, zu Furtwängler: Georg Lippold, in: *Neue Deutsche Biographie,* Bd. 5, 1961, S. 738–740.

10 Zu Rahn vgl. Ursula Isler-Hungerbühler, *Johann Rudolf Rahn. Begründer der schweizerischen Kunstgeschichte,* Zürich 1956 (Mitteilungen der Antiquarischen Gesellschaft in Zürich Bd. 39) und Adolf Reinle, Der Lehrstuhl für Kunstgeschichte an der Universität Zürich bis 1939, in: *Jahrbuch Schweizerisches Institut für Kunstwissenschaft,* 1972/73 (erschienen 1976): *Kunstwissenschaft an Schweizer Hochschulen,* S. 71–88, hier S. 77–80.

11 Vgl. dazu seine einschlägigen Texte, gesammelt vor allem in: Georg Simmel, *Schriften zur Philosophie und Soziologie der Geschlechter,* hrsg. und eingel. von Heinz-Jürgen Dahme und Klaus Christian Köhnke, Frankfurt a. M. 1985.

12 Die Arbeit an der Übersetzung von Michelangelos Sonetten, die zu einem Kulttext des George-Kreises avancierten, geht mindestens bis auf das Jahr 1902 zurück, vgl. Rudolf Pannwitz an Gertrud Kantorowicz am 30. 11. 1902, Deutsches Literaturarchiv, Marbach. Publiziert wurden im Jahre 1923 nur einige wenige Gedichte (vgl. Bibliographie).

13 Gertrud Kantorowicz wurde am 6. 7. 1942 deportiert; ihr letzter Wohnsitz war Berlin W62, Lützowplatz 19, zur Untermiete bei Schuster (vgl. Landesarchiv Berlin, Rep. 92, Nr. XIX 10073).

14 Rudolf Pannwitz an Gertrud Kantorowicz am 15. 6. 1903 aus Berlin nach Zürich, Deutsches Literaturarchiv, Marbach. Wie dem Dossier Kantorowicz in der Akte U 109 b 7 des Staatsarchivs des Kantons Zürich zu entnehmen ist, promovierte Gertrud Kantorowicz mit „diligentissime et sagaciter conscripta" (vgl. die Gutachten von Johann Rudolf Rahn vom 15. 5. 1903 und von Carl Bruns vom 1. 7. 1903). Am 6. 7. 1903 schrieb sie eine Klausur zum Thema *Das Verhältnis der nordischen – deutschen und niederländischen – Malerei zur italienischen im XV. Jahrhundert* (Note 1, vgl. Rahns Notiz vom 7. 7. 1903), am 4. 8. 1903 reichte sie eine Hausarbeit ein mit dem Titel *Über den Einfluß des Orients (incl. Aegypten) auf die griechische Kunst* (Note 1).

15 Gertrud Kantorowicz an Margarete Susman am 4. 7. 1907 aus Siena, Leo Baeck-Institut, New York.

16 In: *Beiträge zur Ästhetik und Kunstgeschichte,* Berlin 1910, S. 1–89, S. 91–136. Edith Landmann-Kalischer (1877–1951) war promovierte Philosophin, Gertrud Kühl-Classen vermutlich Kunsthistorikerin.

17 Die genaue Widmung lautet: „Die folgenden Aufsätze sind zu einem Bande zusammengefügt als Ausdruck des Dankes und der Verehrung für Helene Lange." Ein das Anliegen näher erläuterndes Vorwort existiert nicht.

18 So ist mir kein Briefwechsel etwa zwischen Gertrud Kantorowicz und Helene Lange bekannt geworden, vgl. die publizierten Briefe in: *Was ich hier geliebt. Briefe von Helene Lange,* hrsg. von Emmy Beckmann, mit

einem Lebensbild von Gertrud Bäumer, Tübingen 1957 und Briefe von Helene Lange im Helene Lange-Archiv im Landesarchiv Berlin, HLA/ NHL Film 1–2[1–3].

19 Gertrud Kantorowicz an Margarete Susman am 4.7. 1907 aus Siena, Leo Baeck-Institut, New York.

20 Zum Verlag W. Moeser vgl. u. a. *Deutsche Buchhändler. Deutsche Buchdrucker,* hrsg. von Rudolf Schmidt, 6 Bde., Bd. 4, Eberswalde 1907, S. 706 f. Gemäß der Auskunft einschlägiger Archive zur Geschichte von Verlagen sind keine Korrespondenzen des bis 1950 existierenden Verlages W. Moeser mit Autoren bekannt. (Ich danke Carola Staniek von der Deutschen Bibliothek, Deutsche Bücherei/Deutsches Buch- und Schriftmuseum, Leipzig und Hermann Staub vom Börsenverein des Deutschen Buchhandels e. V., Archiv und Bibliothek, Frankfurt a. M., für ihre freundliche Unterstützung.) Zur Zeitschrift *Die Frau* vgl. vor allem Jutta Seeger, *Das Wesen der deutschen allgemeinen Frauenzeitschrift unter besonderer Berücksichtigung von „Die Frau" 1893–1944,* masch.schr. Diss. München 1953 und Ulla Wischermann, Die Presse der radikalen Frauenbewegung, in: *Feministische Studien,* Jg. 3, 1984, H. 1, S. 39–62.

21 Gertrud Kantorowicz an Margarete Susman am 4.7. 1907 aus Siena, Leo Baeck-Institut, New York.

22 Gertrud Kantorowicz, Über den Märchenstil der Malerei und die Sienesische Kunst des Quattrocento, in: *Beiträge zur Ästhetik und Kunstgeschichte,* Berlin 1910, S. 137–254, hier S. 148, S. 158.

23 Ebd., S. 225.

24 Ebd., S. 226. Innerhalb der Florentiner Malerei trifft der Märchenstil mit gewissen Einschränkungen z. B. auf Benozzo Gozzoli zu (ebd., S. 229 f.).

25 Ebd., S. 226–229.

26 Ebd., S. 234–237.

27 Ebd., S. 234 und S. 246.

28 Ebd., S. 232 und S. 229.

29 Ebd., S. 254.

30 So findet sich keine Rezension in den Jahrgängen 1910–1912 etwa von *Repertorium für Kunstwissenschaft, Zeitschrift für bildende Kunst* und *Kunst und Künstler.* Auch das letzte große Forschungsprojekt: *Painting in Renaissance Siena, 1420–1500,* bearb. von Keith Christiansen, Laurence B. Kanter und Carl Brandon Strehlke, Ausst.-Kat. des Metropolitan Museum of Art, New York 1988/89 nimmt in seiner umfangreichen internationalen Bibliographie, die auch alte Texte verzeichnet, die Arbeit von Gertrud Kantorowicz nicht auf.

31 Frida Schottmüller (1872–1936) war von 1905 bis 1935 in unterschiedlichen Anstellungsverhältnissen für die Berliner Museen tätig, wo sie vor allem zur Kunst der italienischen Renaissance arbeitete.

32 Frida Schottmüller, Frauenbeiträge zur Kunstwissenschaft, in: *Die Frau* 19 (1911/12), S. 72–77. Kurz zuvor wurde das Buch bereits als „ein

Dokument wissenschaftlicher Frauenarbeit" empfohlen (*Die Frau* 18 (1910/11), S. 183).

33 Gertrud Kantorowicz, *Vom Wesen der griechischen Kunst,* hrsg. von Michael Landmann, Heidelberg/Darmstadt 1961, S. 12 f.

34 Ebd., S. 23 f.

35 Ebd., S. 24, S. 27 f.

36 Ebd., S. 82 f.

37 Ebd., S. 83.

38 Ebd., S. 86, S. 89.

39 Ebd., S. 91.

40 Gertrud Kantorowicz an Margarete Susman, undat., wahrscheinlich Siena, Sommer 1907, Leo Baeck-Institut, New York.

41 Gertrud Kantorowicz an Margarete Susman am 17. 9. 1920 aus Überlingen, Leo Baeck-Institut, New York.

42 Gertrud Kantorowicz, Vorwort, in: Georg Simmel, *Fragmente und Aufsätze. Aus dem Nachlaß und Veröffentlichungen der letzten Jahre,* München 1923, S. V–X, hier S. V.

43 Ebd., S. VII.

44 Ebd., S. VIII.

45 Gertrud Kantorowicz an Margarete Susman, undat. aus Posen, Weihnachten 1910, Leo Baeck-Institut, New York.

Archivalien

Berlin, Landesarchiv Berlin

Rep. 92, Nr. XIX 10 073, Akte des Oberfinanzpräsidenten von Berlin-Brandenburg, Vermögenseinziehungsstelle für jüdisches Vermögen von Deportierten und Emigrierten: Gertrud Sara Kantorowicz

Marbach a. N., Deutsches Literaturarchiv

26 Briefe und 6 Brieffragmente Gertrud Kantorowicz an Margarete Susman 1918–38 und o. D., wohl ab 1909, Nachlaß Margarete Susman, A: Susman

3 Briefe Gertrud Kantorowicz an Eduard von Bendemann, Nachlaß Margarete Susman, A: Susman

1 Brief Gertrud Kantorowicz an Erwin von Bendemann, Nachlaß Margarete Susman, A: Susman

2 Karten Sabine Lepsius an Gertrud Kantorowicz 1909 und 1919, A: Lepsius

34 Briefe Rudolf Pannwitz an Gertrud Kantorowicz 1902–03 und 1915–16, A: Pannwitz

Manuskript von Letzte Gedichte

New York, Leo Baeck-Institut

42 Briefe Gertrud Kantorowicz an Margarete Susman 1905/06 ff.

Stuttgart, Stefan George-Archiv in der Württembergischen Landesbibliothek

6 Briefe Gertrud Kantorowicz an Stefan George 1898–1926

1 Briefentwurf Stefan George an Gertrud Kantorowicz, auch in der Abschrift von Carl Josef Partsch vorliegend [nach dem 9. Nov. 1898]

Manuskript der 1898 in den „Blättern für die Kunst" veröffentlichten Gedichte (s. u.) sowie weitere Gedichtmanuskripte

Übertragung von Michelangelo Buonarrotis Sonetten: Manuskript und verschiedene Abschriften, u. a. von Georg Peter Landmann

Verschiedene Materialien zu Gertrud Kantorowicz, u. a. Artur Sommer über die Familie Kantorowicz und Berthe Schlüter über die Flucht 1942

Zürich, Staatsarchiv des Kantons Zürich

U 109 b 7, Dossier Kantorowicz

Bibliographie

Unter dem Pseudonym Gert. Pauly, [Gedichte:] Einer Toten . . ., in: Blätter für die Kunst, 1899, Vierte Folge, IV. Band, S. 119–124, Nachdruck Düsseldorf/München 1968

Über den Meister des Emmausbildes in San Salvatore zu Venedig, Diss. Zürich 1903, Neu-Ruppin 1904 mit 1 Abb.

Über den Märchenstil der Malerei und die Sienesische Kunst des Quattrocento, in: Beiträge zur Ästhetik und Kunstgeschichte, Berlin 1910, S. 137–254 und Abb. 24–44

Henri Bergson, Schöpferische Entwicklung, übersetzt von Gertrud Kantorowicz, Jena 1912 und weitere Aufl., ferner Zürich 1967

Michelangelo Buonarroti, Gedichte, neu übertragen von Gertrud Kantorowicz, in: Der Obelisk. Literaturbeilage der Österreichischen Rundschau 19, H. 12 vom Dez. 1923, S. 1147–1148

Vorwort, in: Georg Simmel, Fragmente und Aufsätze. Aus dem Nachlaß und Veröffentlichungen der letzten Jahre, hrsg. von Gertrud Kantorowicz, München 1923, S. V–X und Nachdruck Hildesheim 1967; das Vorwort ins Englische übersetzt in: Georg Simmel. 1858–1918, hrsg. von Kurt H. Wolff, The Ohio State University Press, Columbus 1959

Verse aus Theresienstadt [Juni 1942–April 1945], Privatdruck o. O. o. J. [1948]; verschiedene dieser Gedichte sind wieder abgedruckt in: Merkur 2 (1948), S. 474–475; in: Ariel, 1956, H. 3, S. 8–11; in: Jüdisches Schicksal in deutschen Gedichten. Eine abschließende Anthologie, ges. und hrsg. von Siegmund Kaznelson, Berlin 1959, S. 357; in: An den Wind geschrieben, Bd. 13/14 der Schriftenreihe Agora, Darmstadt 1960

Vom Wesen der griechischen Kunst, hrsg. und mit einem Nachwort versehen von Michael Landmann, Heidelberg/Darmstadt 1961 (Veröffentlichungen der Deutschen Akademie für Sprache und Dichtung Bd. 24) mit

16 Abb.; das Kapitel „Darstellung des seelischen Ausdrucks" ist wieder abgedruckt in: Der George-Kreis. Eine Auswahl aus seinen Schriften, hrsg. von Georg Peter Landmann, Stuttgart 1980, S. 372–382

Anna Siemsen. Im Kampf um einen demokratischen Sozialismus und europäische Verständigung

von Heidi Thomann Tewarson

1 Anna Siemsen, *Die Wörter der Form in den Versen Hartmanns von Aue, ein Beitrag zu seiner Verstechnik*, Bonn 1909.

2 Stuttgart 1921, S. 8.

3 August Siemsen, *Anna Siemsen. Leben und Werk*, Hamburg/Frankfurt a. M. o. J. (1951). Mit dieser Biographie hat der Bruder der Schwester ein liebevolles Denkmal gesetzt. Er schrieb das Buch, wie er selber zugibt, unter beträchtlichen Schwierigkeiten: in wenigen Monaten, im entfernten Buenos Aires, im Besitz nur eines Teils der Bücher und Schriften Anna Siemsens, angewiesen auf Auskünfte und Abschriften der Schwester Paula Eskuchen in Hamburg. Die biographischen Fakten über Anna Siemsen stammen zum größten Teil aus diesem Text.

4 Hanno Drechsler, *Die Sozialistische Arbeiterpartei Deutschlands (SAPD). Ein Beitrag zur Geschichte der deutschen Arbeiterbewegung am Ende der Weimarer Republik*, Meisenheim am Glan 1965. Drechsler stellt Anna Siemsen als eine der wichtigen und klügsten Mitglieder der SAPD dar, die durch ihre praktische Tätigkeit besonders bei den Jungsozialisten ebenso wie durch ihre Schriften in den Zeitschriften *Der Klassenkampf*, *Jungsozialistische Blätter* und der *Jungsozialistischen Schriftenreihe* zu einer intensiven Bildungsarbeit beigetragen habe.

5 Die Gründe für die Universitätswechsel sind nicht bekannt.

6 Vgl. Siemsen, *Anna Siemsen*, S. 31.

7 Ebd., S. 33.

8 Ebd., S. 33 f.

9 Es scheint sogar redaktioneller Grundsatz gewesen zu sein, denn in der Schriftenreihe *Neue Menschen* sind alle Autoren mit ihren akademischen Titeln angegeben.

10 Anna Siemsen, *Spanisches Bilderbuch*, Paris 1937, S. 10.

11 Diese und die folgenden Angaben in: Siemsen, *Anna Siemsen*, S. 36–66.

12 Emil Julius Gumbel veröffentlichte 1924 im Malik-Verlag die überaus wichtige Dokumentation *Vier Jahre politischer Mord*.

13 Zitat bei Siemsen, *Anna Siemsen*, S. 57.

14 Vgl. Klassenkampf – Unser Programm! In: *Der Klassenkampf*, 1/1, 1927.

15 Unter den Rubriken „Kulturpolitik" und „Literatur und Kunst" finden sich Artikel von Anna Siemsen über Upton Sinclair, William Davies und

Franz Mehring. In der Rubrik „Sozialismus und Politik" erschienen von ihr: Die katholische Staatsauffassung und der Sozialismus (2/10, 1928), Demokratie und Koalition (4/1, 1930), Politischer Anschauungsunterricht. Zum Verbot des Remarque-Films (5/1, 1931), Zum päpstlichen Rundschreiben über die christliche Ehe (5/6, 1931), Von Hilferding bis Tarnow (5/14, 1931), Staat und Proletariat. Ein Beitrag zur Programmdebatte (6/6, 1932).

16 Vgl. Drechsler, *Die Sozialistische Arbeiterpartei*, S. 163, Anm. 22.

17 Ebd., S. 163.

18 Ebd., S. 107, Anm. 217.

19 Anna Siemsen, *Auf dem Wege zum Sozialismus*, S. 12 f.

20 Anna Siemsen, Staat und Proletariat. Ein Beitrag zur Programmdebatte, in: *Der Klassenkampf* (6/6, 1932), S. 180.

21 Anna Siemsen, *Auf dem Wege zum Sozialismus*, S. 50.

22 Vgl. Anna Siemsen, Staat und Proletariat, S. 186.

23 Anna Siemsen, Die dringendste Aufgabe, in: *Kampfsignal*, 8. Jan. 1932. Zitat in: Drechsler, *Die Sozialistische Arbeiterpartei*, S. 176.

24 Dies trifft für die linke Presse allgemein zu, obwohl doch so viele Juden zu ihren Mitarbeitern oder Herausgebern zählten. Eine Ausnahme bildeten die *Sozialistischen Monatshefte*. Vgl. *Ein Leben für Europa. In memoriam Joseph Bloch*, hrsg. von Anna Siemsen. Frankfurt a. M. 1956, S. 117. Blochs Einfluß, den er auf alle seine Mitarbeiter ausübte, zeigt sich bei Anna Siemsen vor allem in ihrem Denken über die europäische Zusammengehörigkeit.

25 Sie hat diese nach dem Krieg als Buch herausgegeben: *Zehn Jahre Weltkrieg. Eine Chronik in monatlichen Berichten vom Januar 1935 bis Mai 1945 mit einer Übersicht über die politische Entwicklung von 1918–1934*, Olten 1946.

26 Vgl. Anna Siemsen, *Spanisches Bilderbuch*, S. 10.

27 Ebd., S. 88.

28 Siemsen, *Anna Siemsen*, S. 87–95, 98.

29 Anna Siemsen, *Der Weg ins Freie*, Zürich 1943, S. 343.

Bibliographie

Dissertation

Die Wörter der Form in den Versen Hartmanns von Aue, ein Beitrag zu seiner Verstechnik, Bonn 1909.

Bücher und unveröffentlichte Manuskripte

Eine ziemlich vollständige Liste befindet sich bei: August Siemsen, *Anna Siemsen. Ihr Leben und Werk*, Hamburg/Frankfurt a. M. o. J. (1951), S. 221 f.

Diktaturen – oder europäische Demokratie? St. Gallen 1937.

Veröffentlichungen in Zeitschriften und Zeitungen (unvollständig)

Sozialistische Monatshefte (1921–1931)

1921 (Januar–Juni)
Zur Frage der Frauenbildung, S. 538–541.

1922 (Januar–Dezember)
Die Sozialdemokratie im Kampf um die wirtschaftliche und soziale Stellung der Frau, S. 808–809.

1923 (Januar–Dezember)
Berliner Schulverhältnisse, ein Beispiel deutscher Schulpolitik, S. 288–293.

1924 (Januar–Dezember)
Beruf und Erziehung, S. 227–232.
Die humanistische Bildung, S. 304–308.
Humanismus und Gegenwartsschule, S. 381–386.
Neudeutsche Kleinstaaterei, S. 629–633.
Grundlagen des Aufbaus, S. 756–759.

1925 (Januar–Dezember)
Eine Voraussetzung kunstgewerblichen Schaffens, S. 159–163.
Das Berufsproblem in der Literatur, S. 415–419.
Schulprobleme in England und bei uns, S. 693–697.

1926 (Januar–Dezember)
Schulaufbau oder Schulzerstörung, S. 31–35.
Sozialistischer Kulturbund, S. 231–234.
Französische Schulbücher – ein Kapitel zur Völkerverständigung, S. 757–763.

1927 (Januar–Juni)
Unsere Schullesebücher, S. 116–120.
Entstaatlichung der Schule, S. 280–285.
Eine internationale Frauenaufgabe, S. 373–375.

1928 (Januar–Juni)
Dichtung als primitive Lebensäußerung, S. 217–221.
Erziehungsillusionen, S. 391–395.

1928 (Juli–Dezember)
Die Frauenwahlen, S. 573–579.
Noch einmal Jungsozialismus und junge Generation, S. 1071–1074.

1929 (Januar–Juni)
Berechtigungswesen und Berufsausbildung, S. 29–34.
Der Arbeiter und das Buch, S. 400–403.

1929 (Juli–Dezember)
Die Berufslage der erwerbstätigen Frau, S. 581–587.
Ein Berufsbildungsgesetz, S. 801–806.

1930 (Januar–April)
Die Studentenschaft und die sozialistische Bewegung, S. 42–45.
Der Fall Tinz und seine politische Bedeutung, S. 335–338.

1931 (Januar–Juni)
Staatsbürgerliche Erziehung, S. 117–122.
Die Kunst der Anna Pawlowa, S. 458–462.

Der Klassenkampf. Marxistische Blätter (1927–1932)
1927 Sozialismus und religiöse Organisationen (1/1).
1928 Ein proletarischer Dichter (William Davies) (2/1).
Die katholische Staatsauffassung und der Sozialismus (2/10).
Upton Sinclair (2/19).
1930 Demokratie und Koalition (4/1).
Franz Mehring, der Literarhistoriker. Seine Aufgabe in unserer Zeit (4/4).
1931 Politischer Anschauungsunterricht. Zum Verbot des Remarque-Films (5/1).
Zum päpstlichen Rundschreiben über die christliche Ehe (5/6).
Von Hilferding bis Tarnow. Zur Naturgeschichte der sozialdemokratischen Parteitage (5/14).
1932 Staat und Proletariat. Ein Beitrag zur Programmdebatte (6/6).

Die Fackel. Sozialistische Wochenzeitung – Gegen Nationalismus und Kulturreaktion (1931)
1931 Das Verbrechen der Spaltung (23. Oktober).

Kampfsignal (1931–1933) Organ der SAPD – Fortsetzung der Sozialistischen Wochenzeitung der SAPD; diese war wiederum die Fortsetzung der Fackel.
1932 Die dringendste Aufgabe (8. Januar).
Widersprüche (5. Februar).

Sozialistische Arbeiterzeitung (1931–1933) Tageszeitung der SAPD
1931 Diskussion um die Zusammenarbeit mit den bürgerlichen Friedensorganisationen (29. November und 13. Dezember).
1932 Die Aufgabe der Sozialistischen Arbeiterpartei und deren Voraussetzung (1. Juni).
Entwurf einer Prinzipienerklärung (1. Juni).

Schola (1946–)
1947 Jugendbücher, eine Aufgabe der neuen Erziehung, S. 296–299.

Jugendschriftenwarte, N. F. (1949–)
1949 Internationale Jugendliteratur, Heft 3, S. 60.

Dokumentation

Diskussion Anna Siemsen, Protokoll des ersten Reichs-Parteitages der Sozialistischen Arbeiterpartei Deutschlands in Berlin 25.–28. März 1932, hrsg. vom Parteivorstand o. O. u. J. (hekt.).

Diskussion Anna Siemsen, Parteitagsbericht I–IV, in: SAZ, 27., 30., 31. März und 1. April 1932.

Mathilde Vaerting. „Es kommt alles auf den Unterschied an (...) der Unterschied ist Grundelement der Macht"

von Theresa Wobbe

* Für die freundliche Hilfe bei meinen Recherchen danke ich Frau Arnold vom Universitätsarchiv Jena, Sonngrit Fürter, Martina Hörmann, Carsten Klingemann, Maria Kottebernds, Werner Korthaase, Margret Kraul, Ilse Meyer, Rudolf Rogler, Gudrun Schwarz, Erhard Stölting.

Abkürzungen:
APZB: Archiv des Pädagogischen Zentrums Berlin
UAJ: Universitätsarchiv Jena

1 Margarethe von Wrangell, *Das Leben einer Frau 1876–1932.* Aus Tagebüchern, Briefen und Erinnerungen dargestellt von Fürst Wladimir Andromikow, München 1936, S. 283.

2 Ebd., S. 279 f.

3 Vgl. Theresa Wobbe, Zwischen Verlautbarung und Verwaltung. Überlegungen zum institutionellen Kontext von Frauenforschung, in: *Feministische Studien* 6 (1988), S. 124–128; Theresa Wobbe, Eine Frage der Tradition. Wissenschaftspolitische Überlegungen in historischer Perspektive, in: Elke Biester, Barbara Holland-Cunz, Eva Maleck-Lewy, Anja Ruf u. Birgit Sauer (Hrsg.), *Gleichstellungspolitik – Totem und Tabus. Eine feministische Revision*, Frankfurt a. M. 1994.

4 Margret Kraul gab in ihrem Aufsatz erstmals einen kursorischen Überblick ohne Auswertung von Quellen: Margret Kraul, Geschlechtscharakter und Pädagogik: Mathilde Vaerting (1884–1977), in: *Zeitschrift für Pädagogik* 33 (1987), S. 474–489. Sie verortet Vaertings Konzept im Kontext feministischer Erziehungswissenschaft: Margret Kraul, Mathilde Vaerting: Geschlechtscharakter und Pädagogik, in: *Mütterlichkeit als Profession? Lebensläufe deutscher Pädagoginnen in der ersten Hälfte dieses Jahrhunderts*, Bd. I, hrsg. von Ilse Brehmer, Pfaffenweiler 1990, S. 241–255. Der bisher ungeordnete Nachlaß: Mathilde Vaerting an der Universität Bielefeld, Fakultät für Soziologie: Georg Simmel Gesellschaft, war nicht zugänglich.
Bausteine einer biographischen Skizze mit Auswertung von Quellen finden sich in der unveröffentlichten Diplomarbeit: Martina Hörmann, *Leben und Werk von Mathilde Vaerting (1884–1977) unter besonderer Berücksichtigung ihrer Zeit als Professorin in Jena (1923–1933)*, Diplomarbeit Universität Würzburg, Würzburg 1989, in der die Jenenser Zeit und die Werk- sowie Rezeptionsgeschichte Vaertings im Rahmen der Erziehungswissenschaften untersucht werden. Informationen über Vaerting während des Nationalsozialismus stellen zur Verfügung: Margret Kraul u. Sonngrit Fürter, Mathilde Vaerting (1884–1977): Ge-

brochene Karriere und Rückzug ins Private, in: *Ariadne. Almanach des Archivs der deutschen Frauenbewegung* Heft 18 (1990). Die ersten umfassenden Veröffentlichungen der biographischen Daten, des Quellenmaterials des Archivs der Universität Jena und die Situierung Vaertings im Kontext der soziologischen Debatte gab: Theresa Wobbe, *Ein Streit um die akademische Gelehrsamkeit: Die Berufung Mathilde Vaertings im politischen Konfliktfeld der Weimarer Republik*, Berlin 1991; Theresa Wobbe, Mathilde Vaerting (1884–1977). Eine Intellektuelle im Koordinatensystem dieses Jahrhunderts, in: *Jahrbuch für Soziologiegeschichte* 1991, Opladen 1992, S. 27–67.

5 Ich gehe von diesem Geburtsdatum im Unterschied etwa zu dem vom Jahre 1894 (vgl. Internationales Soziologenlexikon) aus: Auskunft von Herrn Wiezel, Gemeinde Schönau-Schwarzwald, Schreiben vom 9.5. 1990; vgl. auch Hörmann, Leben und Werk 1989, S. 133. Vgl. für das folgende: *Messingen. Geschichte eines Dorfes. Beiträge zur geschichtlichen Entwicklung von Messingen und Brümsel*, zusammengestellt von Maria Kottebernds, Messingen 1988, S. 246–248.

6 Auskunft von Frau Kottebernds, Schreiben vom 24.5. 1990; Auskunft von Herrn Wiezel, Gemeinde Schönau-Schwarzwald, Schreiben vom 9.5. 1990; vgl. auch Friedrich Stier, *Lebensskizzen der Dozenten und Professoren an der Universität Jena 1548/58–1958*. 4 Bde., hier Bd. 4, S–Z, Universitätsarchiv Jena 1960.

7 APZB Personalnachweis Tgb. Nr. 614/23; UAJ Best. D. 2938; Stier, *Lebensskizzen*, 1960.

8 *Jahresverzeichnisse der an den deutschen Universitäten erschienenen Schriften* XXVI 15. August 1910 bis 14. August 1911, Berlin 1912, S. 89; Elisabeth Boedeker, *25 Jahre Frauenstudium in Deutschland. Verzeichnis der Doktorarbeiten von Frauen 1908–1933*, Bd. I, Hannover 1939.

9 Vgl. zu Neukölln Gerd Radde, Die Schulreformer Löwenstein und Karsen, in: *Zehn Brüder waren wir gewesen ... Spuren jüdischen Lebens in Neukölln*, hrsg. von Dorothea Kolland, Berlin 1988, S. 185–194. APZB, Jahresbericht 1912/1913, Chronik der Anstalt, S. 32; Herr Korthaase, Berlin, wies mich freundlicherweise auf diese Schule hin.

10 Brief von Frau Ilse Meyer, London, vom 13. Juni 1990.

11 Vgl. Stier, *Lebensskizzen*, 1960; vgl. z. B. Mathilde Vaerting, Die eugenische Bedeutung des Orgasmus, in: *Zeitschrift für Sexualwissenschaft* 2 (1915/16), S. 185–190; Mathilde Vaerting, Die monogame Veranlagung des Mannes, in: *Zeitschrift für Sexualwissenschaft* 3 (1916), S. 244–255.

12 Mathilde Vaerting, *Neubegründung der Psychologie von Mann und Weib*, Bd. I: *Die weibliche Eigenart im Männerstaat und die männliche Eigenart im Frauenstaat*, Karlsruhe i. B. 1921 (Nachdruck Berlin 1975).

13 Vgl. Stier, *Lebensskizzen*, 1960; Jahresbericht 1923/24; vgl. Boedecker, *25 Jahre*, 1939; vgl. von Wrangell, *Das Leben einer Frau;* Renate Feyl,

Der lautlose Aufbruch. Frauen in der Wissenschaft, Darmstadt/Neuwied, ²1983, S. 151–161.

14 Ausführliche Darstellung des Konflikts bei Wobbe, *Ein Streit;* Wobbe, Mathilde Vaerting.

15 Vaerting, Neubegründung, S. 20.

16 UAJ Best. BA 930 Bl. 181.

17 UAJ Best. BA 930 Bl. 181 a.

18 Ludwig Plate, Feminismus unter dem Deckmantel der Wissenschaft, in: *Geschlechtscharakter und Volkskraft. Grundprobleme des Feminismus,* Darmstadt/Leipzig 1930, S. 196–215; S. 197.

19 Vgl. Personalakte Best. D. 2938. Aus den Unterlagen des Document Center Berlin (DCB Personalakte Vaerting, V. 92) ergeben sich keine Hinweise auf Vaertings politische Stellungnahmen während des Nationalsozialismus; für die Zeit zwischen 1933 und 1945 vgl. Kraul u. Fürter, Mathilde Vaerting; zur Reaktion Vaertings auf ihre Entlassung vgl. ihr Schreiben an den Rektor der Universität Jena in: UAJ Best. BA, Bl 76 bei: Wobbe, Mathilde Vaerting, S. 39.

20 Ich danke Margret Kraul für diese Information, Telefongespräch vom 4. 7. 90; vgl. auch Kraul u. Fürter, Mathilde Vaerting.

21 Vgl. Mathilde Vaerting, *Europa und Amerika. Der Entwicklungsweg des Staates zum Überstaat,* Göttingen 1951, S. 223; vgl. Kraul u. Fürter, Mathilde Vaerting.

22 Information von Margret Kraul, Telefongespräch vom 4. 7. 90; vgl. auch Kraul u. Fürter, Mathilde Vaerting.

23 In der *Kölner Zeitschrift für Soziologie* ist sie als Mitglied der Deutschen Gesellschaft für Soziologie laut Stand vom 31. 5. 1950 mit einer Anschrift in Göttingen verzeichnet, vgl. KZfS 1949/50, S. 508.

24 Schreiben der Gemeinde Verwaltungsverband Schönau-Schwarzwald, Herr Wiezel, vom 9. 5. 90.

25 Alice Rühle-Gerstel, *Das Frauenproblem der Gegenwart. Eine psychologische Bilanz,* Leipzig 1932. Nachdruck unter dem Titel: *Die Frau und der Kapitalismus,* Frankfurt a. M. 1972, S. 67.

26 Ebd., S. 67.

27 Zur wissenschaftlichen Konstruktion der Differenz in den Humanwissenschaften als ‚Bezugstext' der Moderne: Claudia Honegger, *Die Ordnung der Geschlechter. Die Wissenschaft vom Menschen und vom Weib,* Frankfurt a. M. 1990; zu den Erklärungsmodellen seit der Jahrhundertwende vgl. Theresa Wobbe, *Gleichheit und Differenz. Politische Strategien von Frauenrechtlerinnen um die Jahrhundertwende,* Frankfurt a. M./New York 1989.

28 Hanna Meuter, *Erziehung zum Mitmenschen. Das Erziehungswerk Mathilde Vaertings,* Berlin 1932.

29 Ebd., S. 2.

30 Vgl. Wobbe, Mathilde Vaerting.

31 Marianne Weber, Die Beteiligung der Frau an der Wissenschaft (1904),

in: dies., *Frauenfragen und Frauengedanken. Gesammelte Aufsätze,* Tübingen 1919, S. 1–9; hierzu: Theresa Wobbe, Von Marianne Weber zu Edith Stein: Historische Koordination des institutionellen Zugangs zur Wissenschaft, in: *Denkachsen. Zur theoretischen und institutionellen Rede vom Geschlecht,* hrsg. von Gesa Lindemann u. Theresa Wobbe, Frankfurt a. M. 1994.

32 Vaerting, *Neubegründung,* S. 77.

33 Mathilde Vaerting, *Die Macht der Massen* (= Soziologie und Psychologie der Macht. Bd. I), Berlin 1928, S. 218.

34 Zu Marianne Weber vgl. Paul Honigsheim, Marianne Weber 80 Jahre, in: *Kölner Zeitschrift für Soziologie* 3 (1950/51), S. 132–138; Guenther Roth, Marianne Weber und ihr Kreis, in: *Marianne Weber, Max Weber. Ein Lebensbild,* München 1989, S. IX–LXXI.

35 Vaerting, *Neubegründung,* S. 234.

36 Vaerting, *Die Macht der Massen,* 1928, S. 283.

37 Vgl. Vaerting, *Die Macht der Massen,* 1928; Mathilde Vaerting, *Die Macht der Massen in der Erziehung. Machtsoziologische Entwicklungsgesetze* (= Soziologie und Psychologie der Macht, Bd. 3), Berlin 1929; zur Rezeption in den 20er Jahren vgl. Hanna Meuter, Mathilde Vaerting. Lehrer und Schüler, in: *Kölner Vierteljahreshefte für Sozialwissenschaften* 10 (1931), S. 120–122; Hanna Meuter, *Erziehung zum Mitmenschen. Das Erziehungswerk Mathilde Vaertings,* Berlin 1932; zur Soziologie während des Nationalsozialismus vgl. Otthein Rammstedt, *Deutsche Soziologie 1933–1945. Die Normalität der Anpassung,* Frankfurt a. M. 1986; zur Soziologie nach 1945 vgl. Johannes Weyer, *Westdeutsche Soziologie 1945–1960. Deutsche Kontinuitäten und nordamerikanischer Einfluß,* Berlin 1984. Für die Rezeption nach 1945 vgl. Wobbe, Mathilde Vaerting.

38 Vgl. Kraul, Geschlechtscharakter; vgl. Kraul u. Fürter, Mathilde Vaerting; vgl. Schreiben Vaertings vom 24. 7. 52 an die Universität Jena mit Bitte um eine Bescheinigung über ihre zwangsweise Entlassung im Jahre 1933, UAJ Tgb. Nr. 2967; vgl. Schreiben des Kurators der Universität Göttingen vom 29. 7. 52 an den Rektor der Universität Jena, UAJ Best. D. 2938, Tgb. Nr. 2967.

39 Vgl. den programmatischen Artikel: M. T. Vaerting, Staatssoziologie – ein neuer Weg zur Politik, in: *Zeitschrift für Staatssoziologie* 1 (1953), H. 1, S. 1–5; zum Institut für Staatssoziologie vgl. ebd., S. 29. Im Gegensatz zu der Information bei Elisabeth Boedeker u. Maria Meyer-Plath (*50 Jahre Habilitation von Frauen in Deutschland. Eine Dokumentation über den Zeitraum von 1920–1970,* Göttingen 1974, S. 258) hat Vaerting 1945 wohl kein *Internationales Forschungsinstitut für Soziologie und Politik* in Marburg gegründet und war dort weder an der Universität tätig noch mit einer Wohnadresse gemeldet. Im Marburger Stadtarchiv (Schreiben vom 11. 5. 90) sind über dieses Institut keine Informationen zu erhalten.

40 Vgl. Wobbe, Mathilde Vaerting, S. 49f.

Otto Willmanns und Benno Erdmanns Apperceptionsbegriff im Vergleich zu dem von Herbart (Phil. Diss.), Bonn 1911.
Die eugenische Bedeutung des Orgasmus, in: Zeitschrift für Sexualwissenschaft 2 (1915/16), S. 185–190.
Die Frau, die erblich-organische Höherentwicklung und der Krieg, in: Die neue Generation 12 (1916), S. 24–28.
Die monogame Veranlagung des Mannes, in: Zeitschrift für Sexualwissenschaft 3 (1916), S. 244–255, S. 441–444.
Die rassenhygienischen Gefahren des Frauenüberschusses nach dem Kriege und Wege zur erhöhten Vermehrung des männlichen Geschlechts, in: Zeitschrift für Sexualwissenschaft 2 (1915/16), S. 397–404, S. 445–452.
Über den Einfluß des Krieges auf Präventivverkehr und Fruchtabtreibung und seine eugenischen Folgen, in: Zeitschrift für Sexualwissenschaft 4 (1917/18), S. 137–144.
Der Einfluß der männlichen Geistesarbeit auf die biologische Höherentwicklung der Menschheit, in: Zeitschrift für Sexualwissenschaft 5 (1918/19), S. 225–234.
Die fremden Sprachen in der neuen deutschen Schule, Leipzig 1920.
Neubegründung der Psychologie von Mann und Weib. Bd. I: Die weibliche Eigenart im Männerstaat und die männliche Eigenart im Frauenstaat (Karlsruhe i. B. 1921), Nachdruck Berlin 1975.
Neue Wege im mathematischen Unterricht. Zugleich eine Anleitung zur Förderung und Auslese mathematischer und technischer Begabungen (= Die Lebensschule. Schriftenfolge des Bundes entschiedener Schulreformer, H. 6), Berlin 1921.
Erziehung zum Kulturfortschritt (Antrittsvorlesung), in: Zeitschrift für die Reform der höheren Schulen 34 (1923), 35 (1924).
Neubegründung der Psychologie von Mann und Weib, Bd. II: Wahrheit und Irrtum in der Geschlechterpsychologie, Karlsruhe i. B. 1923.
Berichtigung zu den „Kritischen Gedanken“ von Dr. Horney, in: Vierteljahresschrift Deutscher Ärztinnen 3 (1927), H. 1 S. 17–19.
Die Macht der Massen (= Soziologie und Psychologie der Macht, Bd. I), Berlin 1928.
Die Fremdsprachen, in: Kölner Vierteljahreshefte für Sozialwissenschaften 7 (1928/29), S. 45–54.
Die Macht der Massen in der Erziehung. Machtsoziologische Entwicklungsgesetze der Pädagogik (= Soziologie und Psychologie der Macht, Bd. 3), Berlin 1929.
Lehrer und Schüler. Ihr gegenseitiges Verhalten als Grundlage der Charaktererziehung, Leipzig 1931.
Europa und Amerika. Der Entwicklungsweg des Staates zum Überstaat, Göttingen 1951.
Machtzuwachs des Staates. Untergang des Menschen, Göttingen 1952.

Staatssoziologie – ein neuer Weg zur Politik, in: Zeitschrift für Staatssoziologie 1. 1. (1953/54), S. 1–5.
Verstaatlichung oder Entstaatlichung? Was haben wir von der neuen Regierung zu erwarten, in: Zeitschrift für Staatssoziologie 1. 1. (1953/54), S. 5–9.
Von der Jugendbewegung zur Bewegung der Jugend, in: Zeitschrift für Staatssoziologie 1. 1. (1953/54), S. 10–13.
Pädagogik im machtfreien Raum. Paul Geheeb zum 90. Geburtstag, in: Zeitschrift für Staatssoziologie VII. 3. (1960), S. 17–19.

Hedwig Hintze-Guggenheimer. Historikerin der Französischen Revolution und republikanische Publizistin

von Bernd Faulenbach

1 Zur Biographie Hedwig Hintzes siehe Hans Schleier, *Die bürgerliche deutsche Geschichtsschreibung der Weimarer Republik,* Köln 1975, S. 272–302; Brigitta Oestreich, Hedwig und Otto Hintze. Eine biographische Skizze, in: *Geschichte und Gesellschaft* 11 (1985), S. 397–419. Vgl. auch Robert Jütte, Hedwig Hintze (1884–1942). Die Herausforderung der traditionellen Geschichtswissenschaft durch eine linksliberale jüdische Historikerin, in: *Juden in der deutschen Wissenschaft, Jahrbuch des Instituts für deutsche Geschichte,* Beiheft 10, Tel Aviv 1986; Inge Stephan, *Das Schicksal der begabten Frau. Im Schatten berühmter Männer,* Stuttgart 1991, S. 143–156.

2 Bemerkenswerterweise hat sich Hedwig Guggenheimer schon früh mit der Mädchenbildung kritisch auseinandergesetzt; vgl.: Zur Erziehungsfrage, in: *Allgemeine Zeitung* v. 3. 2. 1903, Beilage.

3 Zu Otto Hintze vgl. *Otto Hintze und die moderne Geschichtswissenschaft,* hrsg. v. Otto Büsch und Michael Erbe, Berlin 1983; Winfried Schulze, Otto Hintze und die deutsche Geschichtswissenschaft um 1900, in: *Deutsche Geschichtswissenschaft um 1900,* hrsg. v. Notker Hammerstein, Stuttgart 1988, S. 323–339; Jürgen Kocka, Otto Hintze, in: *Deutsche Historiker,* hrsg. v. Hans-Ulrich Wehler, Bd. III, Göttingen 1972, S. 41–64.

4 Vgl. dazu Oestreich, Hedwig und Otto Hintze.

5 Vgl. Friedrich Meinecke, *Autobiographische Schriften,* Stuttgart 1969, S. 232 f.

6 Zitiert nach Schleier, *Die bürgerliche deutsche Geschichtsschreibung der Weimarer Republik,* S. 276 f., der die Akten des Universitätsarchivs in seiner Arbeit ausgewertet hat.

7 Siehe ebd.

8 *Staatseinheit und Föderalismus im alten Frankreich und in der Revolution,* Stuttgart/Berlin/Leipzig 1928; Neuauflage Frankfurt a. M. 1989. Zur Entstehung des Werkes siehe insbesondere das Vorwort S. XXIX f.

9 Vgl. Schleier, *Die bürgerliche Geschichtsschreibung der Weimarer Republik,* S. 287f.

10 Vgl. Kocka, Otto Hintze, S. 47ff.; Gerhard Oestreich, Otto Hintzes Stellung zur Politikwissenschaft und Soziologie, in: *Otto Hintze, Soziologie und Geschichte. Gesammelte Abhandlungen zur Soziologie, Politik und Theorie der Geschichte,* 2. erw. Aufl., Göttingen 1964, S. 7–67, hier S. 16ff., S. 20ff.

11 Paul Darmstädter (Rez.), Hedwig Hintze, Staatseinheit und Föderalismus . . ., in: *Historische Zeitschrift* 138 (1928), S. 643–646.

12 Vgl. die Kapitel XIV–XVIII, die mehr als 200 Seiten des knapp 500 Seiten umfassenden Textes ausmachen. – Zur deutschen Historiographie über die Französische Revolution siehe jetzt: Heinz Sproll, *Französische Revolution und Napoleonische Zeit in der historisch-politischen Kultur der Weimarer Republik. Geschichtswissenschaft und Geschichtsunterricht 1918–1933,* München 1992.

13 Vgl. *Staatseinheit und Föderalismus,* S. 485.

14 Bürgerliche und sozialistische Geschichtsschreiber der französischen Revolution (Taine – Aulard – Jaurès – Mathiez), in: *Die Gesellschaft* 6 (1929), Bd. 2, H. 7, S. 73ff. Zur Rolle von Historikerinnen in der Geschichtswissenschaft vgl. Hans-Jürgen Puhle, Warum gibt es so wenige Historikerinnen? Zur Situation der Frauen in der Geschichtswissenschaft, in: *Geschichte u. Gesellschaft* 7 (1981), S. 364–393.

15 Vgl. Hedwig Hintze, Einleitung zu Alphonse Aulard, *Politische Geschichte der Französischen Revolution. Entstehung und Entwicklung der Demokratie und der Republik 1789–1804,* Leipzig 1925, Bd. I, S. VIII–XIV, hier S. XII.

16 Vgl. Bernd Faulenbach, *Ideologie des deutschen Weges. Die deutsche Geschichte in der Historiographie zwischen Kaiserreich und Nationalsozialismus,* München 1980, insbes. S. 122ff.

17 Heinrich Ritter von Srbik (Rez.), Alphonse Aulard, Politische Geschichte der Französischen Revolution, in: *DLZ* 46 (1925), H. 47, Sp. 2302ff.; Srbik meinte: „so weit ist es mit uns Deutschen am Ende denn doch wohl noch nicht gekommen, daß wir ohne Einschränkung mit Aulard die französische Revolution als politisches und soziales, vernunftmäßiges Ideal ansehen müssen, so wenig wir uns sträuben, das positiv Wertvolle, das sie uns gebracht hat, anzuerkennen". – Hedwig Hintze antwortete in der *Frankfurter Zeitung* vom 14. 2. 1926, 1. Morgenblatt, unter der Überschrift „Geist von Locarno und historische Kritik", worauf von Srbik in der *VSWG* 19 (1926), S. 437ff., replizierte.

18 Vgl. Hedwig Hintze, Bürgerliche und sozialhistorische Geschichtsschreiber der französischen Revolution; dies., Jean Jaurès, in: *Zeitschrift für französ. u. engl. Unterricht* 29 (1930), H. 3, S. 161ff.; dies., Die Französische Revolution. Neue Forschungen und Darstellungen, in: *Historische Zeitschrift* 143 (1930), S. 288–319.

19 Vgl. zum Typus linker französischer Historiker Alice Gérard, Albert Mathiez. Sozialistischer Historiker und Robespierrist, in: *Die geteilte Utopie. Sozialisten in Frankreich und Deutschland,* hrsg. v. Marieluise Christadler, Opladen 1985, S. 173–182, insbes. S. 180 ff.

20 Vgl. Hedwig Hintze, Die Französische Revolution. Neue Forschungen und Darstellungen, insbes. S. 302 ff. Vgl. auch dies., Ökonomische Probleme der Französischen Revolution, in: *Zeitschrift für Politik* 13 (1924), S. 450–460.

21 Zur Haltung Otto Hintzes in dieser Frage siehe Kocka, Otto Hintze, S. 56; zur Kritik an der Historiographie siehe Eckart Kehr, *Der Primat der Innenpolitik,* Berlin 1965, S. 254–267. Vgl. Faulenbach, *Ideologie des deutschen Weges,* S. 88 ff.

22 Hedwig Hintze, Die Französische Revolution, S. 316.

22a Vgl. auch Hedwig Hintzes Aufsätze, die die Rolle der Frau in der Französischen Revolution thematisieren: Die Frage des Frauenwahlrechts in der Französischen Revolution, in: *Die Hilfe,* H. 11 (1919), S. 132–134; Madame Roland, in: *Historische Zeitschrift* 147 (1933), S. 32–39.

23 Hugo Preuß, *Verfassungspolitische Entwicklungen in Deutschland und Westeuropa. Historische Grundlegung zu einem Staatsrecht der Deutschen Republik,* aus dem Nachlaß hrsg. und eingeleitet von Hedwig Hintze, Berlin 1927.

24 Ebd., S. IX f.

25 Vgl. Faulenbach, *Ideologie des deutschen Weges.*

26 Zu Otto Hintzes Position in der Frage der Reichsreform siehe Gerhard Oestreich, Otto Hintzes Stellung zur Politikwissenschaft und Soziologie, S. 24. Zu Hedwig Hintze siehe auch Hedwig Hintze, Hugo Preuß. Eine historisch-politische Charakteristik, in: *Die Justiz, Zeitschrift für Erneuerung des Rechtswesens* 2 (1927), H. 3, S. 223 ff.

27 Vgl. Hedwig Hintze, Der deutsche Einheitsstaat und die Geschichte, in: *Die Justiz* 3 (1928), H. 5/6, S. 431–447.

27a Vgl. Hedwig Hintze, Ludwig Bamberger, in: *Die Justiz* 8 (1933), S. 146–157.

28 Hedwig Hintze, Einleitung zu Hugo Preuß, *Verfassungspolitische Entwicklungen in Deutschland und Westeuropa,* S. XV.

29 Ebd., S. XVI.

30 Ebd., S. XVII.

31 Vgl. Schleier, *Die bürgerliche deutsche Geschichtsschreibung der Weimarer Republik* (Schleier arbeitet allerdings mit allzu schematischen Kategorien); Faulenbach, *Ideologie des deutschen Weges.*

32 Vgl. Bernd Faulenbach, Albert Mathiez und Gustav Mayer. Geschichtsschreibung als Suche nach demokratischer Kontinuität, in: *Die geteilte Utopie,* S. 167 ff., S. 194.

33 Vgl. insbesondere Hedwig Hintze, Das heutige Frankreich, in: *Zeitschrift für die gesamte Staatswissenschaft* 92 (1932), S. 262–271.

34 Ebd., S. 267 f.

35 Ebd., S. 268.

36 Vgl. z.B. Hedwig Hintze, Einleitung zu Hugo Preuß, *Verfassungspolitische Entwicklungen,* S. XVIII ff.; dies., Einleitung zu Alphonse Aulard, *Politische Geschichte der Französischen Revolution,* S. XIII f.; dies., Nation und übernationale Bindungen im Lichte des deutsch-französischen Fragenkreises, in: *Die Hilfe* 35 (1929), H. 7, S. 165 f.

37 Vgl. Oestreich, Otto Hintzes Stellung zur Politikwissenschaft und Soziologie, S. 21 f.; Faulenbach, *Ideologie des deutschen Weges,* S. 21 ff.

38 Otto Hintze, Der deutsche Staatsgedanke, in: *Zeitschrift für Politik* 13 (1924), S. 114–131, hier insbes. S. 129 ff.; ferner ders., *Soziologie und Geschichte,* insbes. die Aufsätze: Nationale und europäische Orientierung in der heutigen politischen Welt (1925), S. 193 ff.; Liberalismus, Demokratie und auswärtige Politik (1926), S. 200 ff.; Föderalistischer Imperialismus. Betrachtungen um den Kellog Pakt (1928), S. 210 ff.

39 Vgl. z.B. Otto Hintze, Föderalistischer Imperialismus; ders., Wirtschaft und Politik im Zeitalter des modernen Kapitalismus, in: *Zeitschrift für die gesamte Staatswissenschaft* 87 (1929), S. 1–28.

40 Vgl. dazu und zum folgenden Brigitta Oestreich, Hedwig und Otto Hintze, S. 408 ff.; Schleier, *Die bürgerliche deutsche Geschichtsschreibung der Weimarer Republik,* S. 300 f.

41 Vgl. Helmut Heiber, *Walter Frank und sein Reichsinstitut für Geschichte des neuen Deutschlands,* Stuttgart 1966, S. 280, S. 294.

42 Sie publizierte nach 1933: (Unter dem Pseudonym Peregrina), Jean Jaurès und Karl Marx, in: *Tijdschrift voor geschiedenis* 51 (1936), S. 113–137; Das erste Fest der Föderation, in: *Pariser Tageszeitung* 4. Jg. Nr. 1048 v. 14./15. Juli 1939, S. 3 (Ausschnitt aus Hedwig Hintzes Habilitationsschrift).

43 Überaus bedenklich sind etwa die brieflichen Urteile von Fritz Hartung, so ein Brief an Richard Fester vom 22. Dezember 1940: „Ich glaube, daß er [Otto Hintze] die Anbeterin von Aulard nie geheiratet haben würde. Aber sie hat sich zunächst mit der Anpassungsfähigkeit ihrer Rasse ganz als hingebende Schülerin gezeigt und seine Ideen aufgenommen; auch hat wohl weniger er sie als vielmehr sie ihn geheiratet. Ihr Gedanke war dabei wohl, eine Rolle in Hintzes gelehrtem ‚Salon' zu spielen, den sie mit offenen Nachmittagen groß und elegant aufzog. Als Hintze krank wurde, ist sie dann geistig eigene Wege gegangen, zu Aulard und Henri Sée, politisch ganz zur Demokratie und zum Pazifismus. Er ist, als er sich seit 1922 wieder allmählich erholte und auf sich selbst besann, diesen Weg nicht mitgegangen und hat sich gelegentlich in ihrer Gegenwart sehr ablehnend zu ihren Ideen geäußert. Seit 1933 war sie meist getrennt von ihm, zuletzt lebte sie in Holland, wo sie auch heute noch ist. Hintzes Freunde und Schüler haben ihr nie verziehen, daß sie, statt ihren Mann in seinen Arbeiten zu unterstützen, lieber eigene Artikel schrieb und ihn allein ließ, selbst als sie noch bei ihm wohnte." Zitiert nach Brigitta Oestreich, Hedwig und Otto Hintze, S. 399.

44 Brigitta Oestreich, Hedwig und Otto Hintze, S. 412.

Bibliographie

Eine Gesamtbibliographie würde den Rahmen dieser Veröffentlichung übersteigen. Wir beschränken uns auf eine Auswahl.

(Hedwig Guggenheimer)
Zur Erziehungsfrage, in: Allgemeine Zeitung vom 3.12. 1903, Beilage.

(Hedwig Hintze)
Die Frage des Frauenwahlrechts in der Französischen Revolution, in: Die Hilfe 1919, H.11, S.132–134.
Der Untergang des Abendlandes, in: Die Hilfe 1920, H.3, S.44–47.
Deutsche Geistigkeit im Verhältnis zu Frankreich, in: Das neue Deutschland 11, 1923, H.2, S.20–22.
Ökonomische Probleme der Französischen Revolution, in: Zeitschrift für Politik 13, 1923/24, H.5, S.593–598.
Einleitung zu Alphonse Aulard, Politische Geschichte der Französischen Revolution. Entstehung und Entwicklung der Demokratie und Republik 1789–1804, Bd.I, München und Leipzig 1925, S.VIII–XIV.
Der französische Regionalismus, in: Volk unter Völkern. Hrsg. v. Karl C. von Loesch, Berlin 1925.
Die Krisis des Liberalismus in der Französischen Revolution, in: Wille und Weg 1, 1925/26, H.24, S.593–598.
Geist von Locarno und historische Kritik, in: Frankfurter Zeitung vom 14.2. 1926, 1.Morgenblatt.
Hugo Preuß. Eine historisch-politische Charakteristik, in: Die Justiz 2, 1927, H.3, S.223ff.
Einleitung zu: Hugo Preuß, Verfassungspolitische Entwicklungen in Deutschland und Westeuropa. Historische Grundlegung zu einem Staatsrecht der Republik. Aus dem Nachlaß hrsg. von Hedwig Hintze, Berlin 1927, S. V–XX.
Der deutsche Einheitsstaat und die Geschichte, in: Die Justiz 3, 1928, H.5/6, S.431–447.
Staatseinheit und Föderalismus im alten Frankreich und in der Revolution, Stuttgart, Berlin, Leipzig 1928; unveränderter Nachdruck Frankfurt/M. 1989.
Bürgerliche und sozialistische Geschichtsschreibung der Französischen Revolution, in: Die Gesellschaft 6, 1929, Bd.2, H.7, S.73–95.
Nation und übernationale Bindungen im Lichte des deutsch-französischen Fragenkreises, in: Die Hilfe 35, 1929, S.165–166.
(Rez.) Henri Sée, Matérialisme historique, Paris 1927, in: Zeitschr. f. die gesamte Staatswiss. 87, 1929, H.3, S.631–636.
Die Französische Revolution. Neue Forschungen und Darstellungen, in: Histor. Zeitschr. 143, 1930, S.298–319.
Zur politischen Ideengeschichte Frankreichs im XVIII. Jahrhundert, in: Zeitschr. f. Politik 19, 1930, S.212–217.

Jean Jaurès, in: Zeitschr. für französischen und englischen Unterricht 29, 1930. S. 161–176.

Nationale und humanitäre Gedanken in der Renaissance, in: Euphorion. Zeitschr. für Literaturgeschichte 30, 1930, H. 1/2, S. 112ff.

(Rez.) Alfred Stern, Der Einfluß der Französischen Revolution auf das deutsche Geistesleben, in: Zeitschr. f. Politik 20, 1930/31, S. 428–431.

Franz I., in: Menschen, die Geschichte machten, hrsg. von Peter Richard Rohden, Bd. II, 2. Aufl. Wien 1932, S. 41 ff.

Das heutige Frankreich, in: Zeitschr. f. die gesamte Staatswiss. 92, 1932, S. 262–271.

Jean Jaurès und die materialistische Geschichtstheorie, in: Archiv für Sozialwissenschaft u. Sozialpolitik 68, 1932, S. 194–218.

Ludwig Bamberger, in: Die Justiz 8, 1933, H. 4, S. 146–157.

Jean Jaurès und Karl Marx, in: Tijdschrift voor geschiedenis 51, 1936, S. 113–137.

Das erste Fest der Föderation, in: Pariser Tageszeitung 4. Jg. Nr. 1048 v. 14./15. Juli 1939, S. 3.

Bertha Badt-Strauss. Die Lust am Unzeitgemäßen

von Barbara Hahn

1 An den 60jährigen Georg Hermann, in: *Jüdische Rundschau* 36 (1931), S. 472.

2 Von einer Ausnahme wird unten noch die Rede sein: Ein Artikel, den sie zur Erfüllung eines Gelübdes schrieb, trägt Hitler sogar im Titel. Die Tapferkeit, mit der sie die tiefen Einschnitte ihres Lebens ohne viel Aufhebens bewältigte, zeigt sich in einem Brief aus den USA an Julius Bab vom 8.4. 1947, wo sie von Krankheiten und einem bevorstehenden Umzug in ein winziges Häuschen schreibt: „Aber wir werden uns schon mit der Zeit auch dort einrichten; wir haben ja viel Schlimmeres erduldet, so daß uns all diese Kuemmernisse gelind vorkommen." Julius-Bab-Archiv, Akademie der Künste, Berlin.

3 Die Arbeit erschien erstmals 1909 in Leipzig, der Nachdruck in Ann Arbor/Michigan.

4 Vgl. Annette von Droste-Hülshoff, *Sämtliche Werke,* 4 Bde., in Verbindung mit Bertha Badt und Kurt Pinthus hrsg. von Karl Schulte Kemminghausen, München 1925–1930. Bertha Badt hat die Bde. I/1 und I/2 (Gedichte), sowie Bd. II/1 (Epen), München 1925, bearbeitet.

5 Vgl. Band II/1, o. S.

6 Annette von Droste Hülshoff, *Gedichte, Prosa, Briefe,* ausgewählt und eingeleitet von Dr. B. Badt, Berlin o. J. (1925), S. 5.

7 Kampf um das Bild einer Toten. Aus der Entstehungsgeschichte einer Droste-Ausgabe, in: *Süddeutsche Monatshefte* 26 (1928/29), S. 619.

8 In der editorischen Notiz heißt es: „Zwei besonders bezeichnende Bekenntnisse fand ich in den bisher ungedruckten Briefen Rahels an Brinckmann (22. Febr. 1801) und an Cl. Brentano (1. Aug. 1813)“. *Rahel und ihre Zeit. Briefe und Zeugnisse,* ausgewählt von Bertha Badt, München 1912, S. 216.

9 Der Dokumentation *50 Jahre Habilitation von Frauen in Deutschland* von Elisabeth Boedeker und Maria Meyer-Plath, Göttingen 1974, zufolge konnte vor 1933 nur Melitta Gerhard in neuerer deutscher Literaturwissenschaft habilitieren, vgl. S. 201–207. In den 20er Jahren war eine Beschäftigung mit Rahel Levin Varnhagen zwar im Rahmen einer Dissertation möglich, doch die entsprechenden Frauen – und ausschließlich Frauen befaßten sich mit ihren Briefen – veröffentlichten später nichts mehr.

10 Abraham A. Fraenkel, *Lebenskreise. Aus den Erinnerungen eines jüdischen Mathematikers,* Stuttgart o. J. (1967), S. 126.

11 Ebd., wo weiter ausgeführt wird, daß Lotte Badt Medizinerin war, während Hermann Badt „durch seine außergewöhnliche Tüchtigkeit und die damalige Vorurteilslosigkeit der preußischen Regierung das höchste Regierungsamt (erlangte), das je ein – überdies gesetzestreuer – Jude in Deutschland bekleidet hat. Er wurde Ministerialdirektor im Preußischen Ministerium des Inneren und Bevollmächtigter Preußens im Deutschen Reichstag“. Eine autobiographische Aufzeichnung Hermann Badts über seine Freundschaft mit Rosenzweig findet sich in: *Franz Rosenzweig. Ein Buch des Andenkens,* Berlin 1930.

12 Zwei 1935 erschienene Artikel beginnen mit Erinnerungen an Palästina: „Als ich vor ein paar Wochen in Jeruschalajim war“, heißt es in: Der „Große Maggid“ erzählt sein Leben (Shmarya Levin), in: *Jüdische Rundschau* 40 (1935), S. 2. Vgl. ebenso Franz Rosenzweigs Weg. Zur Ausgabe seiner Briefe, in: ebd., S. 9.

13 Studententage in München, in: *Vergangene Tage. Jüdische Kultur in München,* hrsg. von Hans Lamm, München 1982, S. 197. Für den Hinweis auf diesen Text danke ich Hiltrud Häntzschel.

14 Vgl. *Moses Mendelssohn, Der Mensch und das Werk. Zeugnisse, Briefe, Gespräche,* hrsg. und eingeleitet von Bertha Badt-Strauss, Berlin 1929.

15 Paula Ollendorff, in: *Jüdische Rundschau* 43 (1938), Nr. 84, S. 5. Paula Ollendorff war „eine Vorkämpferin für Frauenbildung und Frauenarbeit“ und gründete in Breslau verschiedene soziale Einrichtungen; sie starb 1938 78jährig in Palästina. Eine ähnliche Szene mit der Mutter in: Beate Guttmann. Zum 80. Geburtstage am 4. September, *Jüdische Rundschau* 41 (1936), Nr. 71, S. 16, wo ebenfalls auf eine bedeutende Breslauer Jüdin hingewiesen wird.

16 Die folgenden Angaben über Bruno Strauss nach: *International Biographical Dictionary of Central European Emigrés 1933–1945,* hrsg. von Herbert A. Strauss und Werner Röder, München/New York/London/Paris 1983, Bd. II, Teil 2, S. 1137.

17 In einem Text von 1924, Übertragungen Hebräischer Gebete, in: *Der Jude. Eine Monatsschrift* 8 (1924), S. 113, heißt es „sein Andenken werde zum Segen".

18 Vgl. *Hermann Cohens Jüdische Schriften,* mit einer Einleitung von Franz Rosenzweig hrsg. von Bruno Strauss, 3 Bde., Berlin 1924; Hermann Cohen, *Religion der Vernunft aus den Quellen des Judentums,* nach dem Manuskript des Verfassers neu durchgearbeitet und mit einem Nachwort versehen von Bruno Strauss, Frankfurt a. M. 1929.

19 Das berichtet Alexander Altmann, der den Band neu zusammenstellte und bearbeitete: „Band II wurde ursprünglich von Bruno Strauss, dem verdienstvollen Herausgeber des ersten Briefbands [...] bearbeitet und war im Manuskript für den Druck fertiggestellt, als die Verhältnisse in Deutschland ihn 1939 zur Auswanderung nötigten. Bei seiner nicht viel später erfolgten Flucht aus Holland ging das Manuskript verloren." Moses Mendelssohn, *Jubiläumsausgabe,* Bd. 12/1, Stuttgart 1976, S. VII.

20 Zu Mendelssohns 200. Geburtstag erschien die bereits genannte Ausgabe von Mendelssohns Briefen und Gesprächen sowie zwei Aufsätze von Bruno Strauss; 1939, im Jahr der Flucht, erschien: Hermann Cohen, *Briefe,* ausgewählt und herausgegeben von Bertha und Bruno Strauß, Berlin 1939.

21 Daß Bruno Strauss allein nach Deutschland reiste, entnehme ich einem Brief Eduard Berends an Bertha Badt-Strauss in die USA vom 10. 7. 54, in welchem dieser versucht, eine Verabredung mit Bruno Strauss zu treffen, die wohl nicht zustande kam. Ob Bertha Badt-Strauss jemals nach Deutschland zurückkehrte, ist mir bislang nicht bekannt.

22 Eine jüdische Gelehrtenrepublik. Erinnerungen an das Hansa-Viertel, in: *Aufbau* 21 (1955) vom 28. 10. 1955, S. 32.

23 In einer „eidesstattlichen Erklärung" von Eduard Berend, die sicher im Rahmen der „Wiedergutmachung" entstand, heißt es über diese Zeit: „Sie übte damals eine rege schriftstellerische Tätigkeit aus. Es erschienen häufig Artikel von ihr in angesehenen Zeitungen und Zeitschriften wie der Vossischen Zeitung, Berliner Tageblatt, Westermanns und Velhagen & Klasings Monatsheften, besonders auch in jüdischen Blättern, über literarische, soziale, jüdische, Frauenfragen u. dgl. Über die Höhe ihrer Einkünfte aus dieser keineswegs nebenberuflichen Tätigkeit kann ich natürlich keine bestimmten Angaben machen, bin aber überzeugt, daß ein wesentlicher Teil ihrer damaligen Lebenskosten davon bestritten wurde." Beilage zum Brief vom 4. 12. 57. Nachlaß Berend, Deutsches Literaturarchiv, Marbach.

24 Franz Rosenzweig, *Briefe,* hrsg. von Edith Rosenzweig, Berlin 1935, S. 493 f.

25 Vgl. ebd., S. 497. Rosenzweig bezieht sich hier auf den Artikel: Übertragungen Hebräischer Gebete, in: *Der Jude. Eine Monatsschrift* 8 (1924), S. 112–115, in dem Bertha Badt-Strauss Scholems Übersetzungspraxis kritisiert und sich positiv auf die von Rosenzweig bezieht.

26 Brief von Eduard Berend, Nachlaß Berend, Deutsches Literaturarchiv Marbach.

27 Bisher war nur ein kurzer Artikel aufzufinden, der die Arbeit von Bertha Badt-Strauss würdigt, vgl. den mit dem Kürzel ck. gezeichneten Aufsatz: Bertha Badt-Strauss – 70 Jahre, in: *Aufbau* 21 (1955), vom 2.12. 1955, S.19.

28 Heinrich Heine, *Dichtungen,* eingeleitet von B.B.-S., 4 Bde., Berlin 1923, Bd.1, S.VII.

29 Rosa Luxemburg, in: *Der Jude* 8 (1924), S.186–189, hier S.187.

30 Vgl. *Rahel und ihre Zeit,* S.9.

31 Rosa Luxemburg, S.186.

32 Bertha Badt-Strauss bezieht sich hier auf folgende Erstausgaben von Rosa Luxemburgs Briefen: *Briefe aus dem Gefängnis,* Berlin 1920 (An Sophie Liebknecht), sowie *Briefe an Karl und Luise Kautsky (1896–1918),* hrsg. von Luise Kautsky, Berlin 1923.

33 Rosa Luxemburg, S.186.

34 Ebd., S.187.

35 Ebd., S.189.

36 Heine, *Dichtungen,* Bd.1, S.XXIV.

37 Ebd., S.XXV.

38 Ebd., S.VII.

39 Ebd., S.IX.

40 Ebd., S.XI f.

41 Ebd., S.XII f.

42 Ebd., S.XXX.

43 *Rahel und ihre Zeit,* S.28 f.

44 Ebd., S.13.

45 Ebd., S.14.

46 Ebd., S.33 f.

47 *Jüdinnen,* Berlin 1937, Vorwort, ohne Seitenzählung.

48 Ebd., S.69.

49 Ebd., S.79.

50 Purim Vincent und Purim ... Hitler, in: *Aufbau,* vom 22.3. 1946, S.16. Aus einem Brief an den Herausgeber des *Aufbau,* Manfred George, vom 14.5. 1963 wird deutlich, wie wichtig ihr diese Zeitschrift, die größte deutschsprachige in den Vereinigten Staaten war: „Lassen Sie mich Ihnen noch sagen, wie sehr uns der Aufbau half, die Eingewöhnung ins neue Leben zu erleichtern." Nachlaß Manfred George, Deutsches Literaturarchiv, Marbach.

Archivalien

Briefe an Julius Bab, Akademie der Künste, Berlin
Briefe an Manfred George und Hulda Hofmiller sowie Briefe von Eduard Berend, Deutsches Literaturarchiv, Marbach
Briefe an David Baumgardt, Leo-Baeck-Institut, New York

Bibliographie

zusammengestellt unter Mitarbeit von Andrea Kraus

Eine unvollständige Bibliographie ihrer Schriften findet sich in: Archiv Bibliographia Judaica. Lexikon deutsch-jüdischer Autoren, Bd. I, hrsg. von Renate Heuer, München/London/New York 1992, S. 285–289.

Bücher und Herausgaben

Annette von Droste-Hülshoff in ihren Beziehungen zur englischen Literatur, Breslau 1908. Buchpublikation Leipzig 1909, Reprint Ann Arbor/Michigan 1978.

Rahel und ihre Zeit. Briefe und Zeugnisse, ausgewählt von Bertha Badt, München 1912.

Gertrud Marx, Jüdische Gedichte, ausgewählt von Bertha Badt, Berlin 1919.

Die Lieder des Süsskind von Trimberg, hrsg. und übertragen von Dr. B. Badt, Berlin 1920.

Profiat Duran. Sei nicht wie Deine Väter, Berlin 1920.

Leona da Modena, Eldad und Meddad, oder: Der belehrte Spieler, Berlin 1920.

Heinrich Heine, Dichtungen, eingeleitet von B. B.-S., 4 Bde., Berlin 1923.

Annette von Droste-Hülshoff, Sämtliche Werke, 4 Bde., in Verbindung mit Bertha Badt und Kurt Pinthus hrsg. von Karl Schulte Kemminghausen, München 1925–1930, Bd. I/1 und I/2 (Gedichte), sowie Bd. II/1 (Epen), München 1925.

Annette von Droste-Hülshoff, Gedichte, Prosa, Briefe, ausgewählt und eingeleitet von Dr. B. Badt, Berlin o. J. (1925).

Rahel Varnhagen. Menschen untereinander, hrsg. und mit einem Nachwort versehen von Dr. Bertha Badt, Berlin o. J. (1928).

William Rosenau, Jüdische Sitten und gottesdienstliche Gebräuche, ins Deutsche übertragen von Dr. Bertha Badt-Strauss, Berlin ^{3}1929.

Fanny Lewald, Prinz Louis Ferdinand. Ein Zeitbild, neu herausgegeben und mit einem Nachwort versehen von Dr. B. Badt-Strauss, Berlin o. J. (1929).

Moses Mendelssohn. Der Mensch und das Werk. Zeugnisse, Briefe, Gespräche, hrsg. und eingeleitet von Bertha Badt-Strauss, Berlin 1929.

Jüdinnen, Berlin 1937.

Hermann Cohen, Briefe, ausgewählt und hrsg. von Bertha und Bruno Strauß, Berlin 1939.
White Fire. The Life and Works of Jessie Sampter, New York 1956.

Aufsätze

Neue und alte Briefe (Sammelrezension), in: Das literarische Echo 12 (1909/10), S. 1085–1089.
Feind der Frauenbewegung (William Blake), in: Die Frau 17 (1910), S. 356.
Miltons „Comus" und Peeles „Old wife's tale", in: Archiv für das Studium der neueren Sprachen und Literaturen (1910), Bd. 123, S. 305.
Von romantischer Liebe (Clemens Brentano und Sophie Mereau), in: Westermann's illustrierte deutsche Monatshefte (November 1910), S. 301–304.
Zur Frage nach der Verfasserschaft des Athenäumfragments 253, in: Euphorion 17 (1910), S. 660–661.
Und Gerhard Hauptmann las ... Eine Impression, in: Xenien 3/1 (1910), S. 27–33.
Ein ungedrucktes Loblied auf Westfalen von Droste-Hülshoff, in: Rheinisch-Westfälische Zeitung Nr. 1442 (30. 12. 1911).
Was Theodor Storm erlebte, in: Pester Lloyd (13. 9. 1913).
Annette von Droste-Hülshoff, das verschleierte Bild der Dichterin. Zu einer neuen Ausgabe der Werke, in: Berliner Tageblatt (1. 6. 1914).
Levin Schücking, in: München-Augsburger Abendzeitung (5. 9. 1914), auch in: Weser-Zeitung (5. 9. 1914).
Aus Goethes Hause, in: Vossische Zeitung (22. 3. 1914).
Georg Forsters Briefe, in: Das literarische Echo 18 (1915/16), S. 1059–1064.
Ein deutscher Freiheitskämpfer (Alexander von der Marwitz), in: Westermann's illustrierte deutsche Monatshefte (Juni 1917), S. 521–25.
Graf Gustav von Schlabrendorff, der deutsche Einsiedler in Paris, in: Zeitschrift für Bücherfreunde 9 (1917/18), S. 211–226.
Romantische Brautschaft (Achim von Arnim, Bettine Brentano), in: Der Türmer. Monatsschrift für Gemüt und Geist 12 (1919), Bd. II, S. 123–129.
Die Welt Theodor Fontanes, in: Der Türmer 22 (1919/1920) Bd. I, S. 349–354.
Dickens. Zur Erinnerung an seinen 50. Todestag, in: Der Türmer 22 (1920), Bd. II, S. 246–249.
Charles Dickens, in: Vossische Zeitung (7. 6. 1920).
Übertragungen Hebräischer Gebete, in: Der Jude 8 (1924), S. 112–115.
Rosa Luxemburg, in: Der Jude 8 (1924), S. 186–189.
Jüdisches bei Georg Hermann, in: Jüdische Rundschau 30 (1925), S. 811.
Jarno Jessen, in: Der Kunstwanderer 8 (1926), S. 379.
Ellen Key und Rahel Levin, in: Jüdische Rundschau 31 (1926), S. 244–245.
Richard Dehmel und die Juden, in: Jüdische Rundschau 31 (1926), S. 382–383.
Franz Werfels „Paulus unter den Juden", in: Jüdische Rundschau 31 (1926), S. 623.

Disraeli und Palästina, in: Menorah. Jüdisches Familienblatt für Wissenschaft, Kunst und Literatur 5 (1927), S. 640–643.
Das Nachleben des Benjamin Disraeli, in: Jüdische Rundschau 32 (1927), S. 592.
Der Aufstieg der Rothschilds, in: Menorah 6 (1928), S. 314–317.
Der Weg des Arnold Zweig, in: Menorah 6 (1928), S. 624–630.
Die Frauen der Biedermeierzeit, in: Frauengeneration in Bildern, hrsg. von Emmy Wolff, Berlin 1928, S. 70–77. [unter dem Pseudonym Beate Berwin]
Kampf um das Bild einer Toten. Aus der Entstehungsgeschichte einer Droste-Ausgabe, in: Süddeutsche Monatshefte 26 (1928/29), S. 618–621.
Der Kämpfer Moses Mendelssohn, in: Bayrische Israelitische Gemeindezeitung 5 (1929), S. 273.
Franz Rosenzweig, in: Jüdische Rundschau 34 (1929), S. 657.
Edmund Fleg. Jüdisches Erwachen in Frankreich, in: Bayrische Israelitische Gemeindezeitung 6 (1930), S. 203.
Neue Erinnerungen Helen Kellers, in: Neue Züricher Zeitung (1.6. 1930).
Helen Keller. Gruß zum 50. Geburtstage – 27. Juni 1930, in: Die Frau 37 (1929/1930), S. 591–593.
Ein Heldenleben aus unserer Zeit (Zum 50. Geburtstag Helen Kellers am 27.6. 1930), in: Berliner Börsenzeitung (27.6. 1930).
Hamanns Gewissensehe (Zum 200. Geburtstag des nordischen Magus), in: Vossische Zeitung (26.8. 1930).
Lessings Kampfgenossin (zum 125. Todestag der Elise Reimarus 2.9. 1930), in: Allgemeine Thüringer Landeszeitung. Weimar (1.9. 1930).
Aus unbekannten Briefen von Elise Reimarus, in: Die Frau 38 (1931), S. 232–236.
George Eliot und das Judentum, in: Bayrische Israelitische Gemeindezeitung 7 (1931), S. 5.
Aus der Geschichte der jüdischen Frau, in: Menorah 9 (1931), S. 119–124.
An den 60jährigen Georg Hermann, in: Jüdische Rundschau 36 (1931), S. 472.
Robinsons Vater (Zu Daniel Defoe's 200. Geburtstag), in: Vossische Zeitung (25.4. 1931).
Das Rätsel Kaspar Hausers ist gelöst, in: Basler Nachrichten (20.10. 1931).
Goethe und seine Prophetin (Rahel Levin), in: Menorah 10 (1932), S. 178.
Eine Rückkehr (Ludwig Lewisohn), in: Bayrische Israelitische Gemeindezeitung 8 (1932), S. 8.
Das Werk der Virginia Woolf, in: Die Literatur. Monatsschrift für Literaturfreunde 34 (1932), S. 607–609.
Jüdische Familien, in: Der Morgen 8 (1932), S. 225–231.
Elise Reimarus und Moses Mendelssohn (nach ungedruckten Quellen), in: Zeitschrift für die Geschichte der Juden in Deutschland 4 (1932), S. 173–189.
Juden um Stefan George, in: Jüdische Rundschau 38 (1933), S. 1001.

Salomon Schechter, Forscher und Führer, in: Der Morgen 9 (1933), S. 274.
Rahel Levin und wir Jüdinnen, in: Blätter des jüdischen Frauenbundes, März 1933.
Heimkehr aus der Fremde. Zum 100. Todestage der Rahel Levin, in: Gemeindeblatt Berlin, April 1933.
Moses Mendelssohns Tod, in: Der Morgen 9 (1933), S. 470.
Jakob Wassermann, in: Jüdische Rundschau 39 (1934), S. 1.
Salomon Schechter, in: Bayrische Israelitische Gemeindezeitung 10 (1934), S. 61.
Jüdisches Rom, in: Bayrische Israelitische Gemeindezeitung 10 (1934), S. 292.
Margarethe Susmann. Ein Dank zu ihrem 60. Geburtstag, in: Bayrische Israelitische Gemeindezeitung 10 (1934), S. 478.
Das Leben der Christine von Schweden, Königin, in: Bayrische Israelitische Gemeindezeitung 10 (1934), S. 522.
Karl Wolfskehl, in: Der Morgen 10 (1934), S. 326.
Der „Große Maggid" erzählt sein Leben (Shmarya Levin), in: Jüdische Rundschau 40 (1935), S. 2.
Franz Rosenzweigs Weg. Zur Ausgabe seiner Briefe, in: Jüdische Rundschau 40 (1935), S. 9–10.
Jugendbriefe von Jacques Bernays, in: Der Morgen 11 (1935), S. 354–64.
Moses Mendelssohns Gegenwartsbedeutung, in: Bayrische Israelitische Gemeindezeitung 11 (1935), S. 1–3.
Esther Liebmann, in: Central-Verein-Zeitung. Blätter für Deutschtum und Judentum 15 (1936) Nr. 24, 2. Beiblatt, S. 1–2.
Ein Kampfgenosse Theodor Herzls. Zum 80. Geburtstag des Chachams Dr. Moses Gaster, in: Jüdische Rundschau 41 (1936), Nr. 68, S. 3.
Die Welt des Jizchok Leib Perez. Zur Aufführung der „Goldenen Kette" im Kulturbund, in: Jüdische Rundschau 41 (1936), Nr. 69, S. 7.
Beate Guttmann. Zum 80. Geburtstage am 4. September, in: Jüdische Rundschau 41 (1936), Nr. 71, S. 16.
„Maftir Jonah" oder die Geschichte vom widerspenstigen Propheten, in: Jüdische Rundschau 41 (1936), Nr. 77, S. 7.
Ein Dichter in der Werkstatt. Zur Neuausgabe von Karl Wolfskehls Gedichten, in: Der Morgen 12 (1936), S. 282–283.
Der Typenwandel der Jüdin seit hundert Jahren, in: Der Morgen 12 (1936), S. 459–463.
Zum 100. Geburtstag von Samuel Zuckermandel, in: Bayrische Israelitische Gemeindezeitung 12 (1936), S. 221–222.
Haggadoth schel Peßach. Vorgestern, gestern, heute, in: Jüdische Rundschau 42 (1937), Nr. 24/25, S. 6.
Eine amerikanische Zionistin. Emma Lazarus (gest. 19. 4. 1887), in: Jüdische Rundschau 42 (1937), Nr. 32, S. 5.
Neue Frauendichtung in Palästina, in: Bayrische israelitische Gemeindezeitung 13 (1937), S. 123–124.

Meyer Isler, ein jüdisches Gelehrtenleben, in: Der Morgen 13 (1937), S. 337–343.
Ein Judenstaat vor 100 Jahren in Buffalo USA, begründet durch Major Noah, in: Bayrische israelitische Gemeindezeitung 13 (1937), S. 372.
Das Weltkind und die Propheten (Margot Asquith), in: Der Morgen 14 (1938), S. 172.
Der Am Haarez, in: Der Morgen 14 (1938), S. 246–252.
Paula Ollendorff, in: Jüdische Rundschau 43 (1938), Nr. 84, S. 5.
Dichter jüdischen Schicksals. Ein Wort des Denkens für Karl Wolfskehl, in: Aufbau 53 (31. 1. 1943).
Karl Wolfskehl. Interpreter of Jewish Fate, in: Jewish Frontier 11 (1943), S. 18–22.
Neue Kunde von Karl Wolfskehl, in: Aufbau (12. 1. 1945).
Thomas Mann and the Midrash, in: The Reconstructionist 11 (1945) H. 5, S. 12–16.
Thomas Mann und der Midrasch, in: Jüdische Rundschau 1 (1946), Nr. 3, S. 22–23.
The Offenbach Haggadah, in: The Reconstructionist 12 (1946).
Purim Vincent und Purim ... Hitler, in: Aufbau (22. 3. 1946), S. 16.
Franz Rosenzweig, in: Jüdische Rundschau 2 (1947), Nr. 16/17, S. 28–29.
Droste-Hülshoff-Renaissance in Germany, in: American-German Review 17 (1951), Nr. 6, S. 17–18.
A Gottfried Keller letter in Louisiana, in: American-German Review 19 (1953), Nr. 3, S. 22–23.
Die blinde Königin von Charleston (Penina Moise), in: Aufbau (23. 9. 1955), S. 5–6.
Eine jüdische Gelehrtenrepublik. Erinnerungen an das Hansa-Viertel, in: Aufbau (28. 10. 1955), S. 32.
Drei unvergeßliche Frauen (Hannah Karminski, Cora Berliner, Martha Wertheimer), in: Bulletin des Leo-Baeck-Instituts 1 (1957), S. 103–107.
Studententage in München, in: Vergangene Tage. Jüdische Kultur in München, hrsg. von Hans Lamm, München [2]1982, S. 197–200.

Sabina Spielrein. Parallelismus und Abstinenz

von Rike Felka

Abkürzungen:
C: Aldo Carotenuto (Hg.), Tagebuch einer heimlichen Symmetrie, Freiburg 1986 (im Anhang befindet sich ein vollständiges Schriftenverzeichnis).
SS: Sabina Spielrein, Sämtliche Schriften, Freiburg 1987.
AS: Sabina Spielrein, Ausgewählte Schriften, Berlin 1986.
Ihre Schriften sind vollständig im Kore-Verlag Freiburg veröffentlicht.

1 Jacques Derrida, Die Struktur, das Zeichen und das Spiel im Diskurs der Wissenschaften vom Menschen, in: *Die Schrift und die Differenz*, Frankfurt a. M. 1972, S. 422.

2 Johannes Cremerius, Vorwort, in: *Tagebuch einer heimlichen Symmetrie*, hrsg. von Aldo Carotenuto, Freiburg 1986, S. 9.

3 Carotenuto läßt dieses Detail in seiner Analyse Spielreins weg.

4 Am 4. XII. 1908 schreibt er: „Geben Sie mir in diesem Augenblicke etwas zurück ... Jetzt bin ich krank ..." (Jung, C 196).

5 Jacques Lacan, *Die vier Grundbegriffe der Psychoanalyse, Das Seminar*, Buch XI, S. 31, Olten 1978.

6 Walter Benjamin, Agesilaus Santander (Zweite Fassung), in: *Gesammelte Schriften* Bd. VI, S. 523.

7 Walter Benjamin, Über den Begriff der Geschichte, in: *Gesammelte Schriften*, Bd. I, S. 695.

8 Jacques Derrida, Sporen. Die Stile Nietzsches, in: *Nietzsche aus Frankreich*, hrsg. v. Werner Hamacher, Frankfurt a. M./Berlin 1986, S. 139.

9 Vgl. die Briefe Jungs an Freud vom 7. und 11. 3. 1909 (C 232 und 234).

10 Emma Jung, Brief vom 6. 11. 1911, in: Sigmund Freud/C. G. Jung, *Briefwechsel*, Frankfurt a. M. 1974, S. 504.

11 „Daß Sie denken, Sie leisten nichts Rechtes, wenn ich nicht anerkannt werde, will heißen, daß Sie noch zu sehr an mich gebunden sind ..." (Jung, C 204).

12 Vgl. Spielreins Brief vom 27./28. 1. 1918, S. 177 ff.

13 Carotenuto bemerkt dazu: „Unter dem Schein einer wissenschaftlichen Differenz verbirgt sich immer das Problem der Überlegenheit." (C 312)

14 Vgl. den so vielfältigen Aufsatz von Eva Meyer, dessen Ausgangspunkt ein positiver Übertragungsbegriff bildet, der zugleich als Spezifikum weiblichen Denkens figuriert: Eva Meyer, Liebe Übertragung, in: *Die Autobiographie der Schrift*, Frankfurt a. M. 1989, S. 121 ff.

15 Paul Federn bemerkt: „Die Gefahr bei der von Spielrein angewandten Methode ist, daß man komplizierte, spät entstandene psychische Formationen auf die entfernteste mögliche Ursache zurückführt, und die näheren Determinierungen nicht anerkennt. Diese Methode ist am meisten gegensätzlich zu allen rationalisierenden Erklärungen und erinnert dadurch in ihren weitausholenden, vielsagenden Gedankengängen – wahrscheinlich ohne Wissen des Autors – an die Werke der großen Mystiker." (Paul Federn, Sabina Spielrein: Die Destruktion als Ursache des Werdens, in: *Int. Zschft. f. Psychoanalyse* 2/1913, S. 89–93.)

16 Vgl. zum Unterschied der Triebtheorie bei Freud und Lacan das Kapitel *Ökonomie des Todes*, in: Rike Felka, *Psychische Schrift. Freud-Derrida-Celan*, Wien/Berlin 1991.

17 A. D. Deuber-Manokowsky und U. Konnertz, in: *Die Philosophin, Weibliches Begehren*, 3. Jg., H. 6, Oktober 1992, S. 5.

Hanna Meuter. „... und auf dem Soziologentag in Wien hatte ich als erste Frau ein Referat."

von Theresa Wobbe

* Bei der Recherche für diesen Beitrag habe ich viele Hinweise und freundliche Unterstützung erhalten. Danken möchte ich Frau Schütz vom Universitätsarchiv der Universität Köln, Herrn Wahl vom Nordrhein-Westfälischen Hauptstaatsarchiv Düsseldorf, Abteilung Schloß Kalkum, Frau Meyer-Rogmann und Herrn Dr. Rehm vom Kreisarchiv Viersen, Herrn Dr. Lepper vom Stadtarchiv Aachen, Frau Nyassi vom Historischen Archiv der Stadt Köln, Frau Hollfelden vom Internationalen Zeitungsmuseum der Stadt Aachen. Gerdien Jonker und Erhard Stölting haben meine Suche nach Hanna Meuter aufmerksam verfolgt und wichtige Orientierungen gegeben.

Abkürzungen:

NL Meuter: Nachlaß (ungeordnet) Dr. Hanna Meuter, Kreisarchiv Viersen, 45 Kartons.

PA Meuter: Personalakte Dr. Meuter „PA 99388", Bestand: ehemalige Regierung Aachen, Nordrhein-Westfälisches Hauptstaatsarchiv, Zweigarchiv Schloß Kalkum.

PrA Meuter: Promotionsakte Meuter, Universitätsarchiv Köln, Bestand Nr. 237.

KZfS: Kölner Zeitschrift für Soziologie.

1 Hanna Meuter, Soziologie am Werk des geistigen Neubaus, in: *Studien zur Soziologie,* hrsg. von L. H. Ad. Geck, Jürgen v. Kempski, Hanna Meuter, Mainz 1948, S. 61.

2 Vgl. René König, Die Situation der emigrierten deutschen Soziologen in Europa, in: *KZfS* 11 (1959), S. 113–132; Heinz Maus, Bericht über die Soziologie in Deutschland 1933 bis 1945, in: *KZfS* 11 (1959), S. 72–99. Zur weiteren Diskussion über die Frage nach Kontinuität und/oder Bruch der Soziologie seit 1933; Rainer M. Lepsius, Die Entwicklung der Soziologie nach dem Zweiten Weltkrieg 1945 bis 1967, in: *Deutsche Soziologie seit 1945,* hrsg. von Günther Lüschen, KZfS, Sonderheft 21, S. 25–71.

3 Vgl. Erhard Stölting, Kontinuität und Brüche in der deutschen Soziologie 1933/34, in: *Soziale Welt* 35 (1984), S. 84 f.; vgl. auch Johannes Weyer, *Westdeutsche Soziologie 1945–1960. Deutsche Kontinuitäten und nordamerikanischer Einfluß,* Berlin 1984.

4 Zum Kölner Forschungsinstitut vgl. Heine von Alemann, Leopold von Wiese und das Forschungsinstitut für Sozialwissenschaften in Köln 1919–1934, in: *Geschichte der Soziologie. Studien zur kognitiven, so-*

zialen und historischen Identität einer Disziplin, hrsg. von Wolf Lepenies, Bd. 2, Frankfurt a. M. 1981, S. 349–389; Irmela Gorges, *Sozialforschung in der Weimarer Republik 1918–1933. Gesellschaftliche Einflüsse auf Themen- und Methodenwahl des Vereins für Sozialpolitik, der Deutschen Gesellschaft für Soziologie und des Kölner Forschungsinstituts für Sozialwissenschaften,* Frankfurt a. M. 1986. Für die Kölner Zeitschrift vgl. Karl-Franz Kaltenborn, *Die ‚Kölner Zeitschrift für Soziologie und Sozialpsychologie' und ihre Vorläufer.* Fachhochschule für Bibliotheks- und Dokumentationswesen in Köln, (Assessorarbeit) Köln 1985.

5 Hanna Meuter, Einführung in die Soziologie, in: *Die neue Volkshochschule,* hrsg. von K. Krause/K. Sewering, Bd. 4, Leipzig [8]1928.

6 Hanna Meuter, Die Rougon-Macquart, ein Beitrag zur Erkenntnis des Aufstiegs und Scheiterns, in: NL Meuter, 16. Karton. Verlauf und Umstände dieses zum Scheitern gebrachten Habilitationsverfahrens werden in meiner wissenssoziologischen Studie über *Frühe deutsche Soziologinnen (1920–1960)* ausführlich dargestellt.

7 Leo Hilberath, *Festschrift für Hanna Meuter.* Zum 60. Geburtstag am 30. Januar 1949 von Freunden und Schülern dargebracht (hrsg. als Heft des Archivs für Publizistik), Aachen 1949.

8 Nach: NL Meuter, PA Meuter, PrA Meuter, *Kürschners Deutscher Gelehrtenkalender,* Berlin 1961; *Kürschners Deutscher Literatur-Kalender,* Berlin 1967; Karl Rembert, Dr. Hanna Meuter zum 65. Geburtstag, in: *Die Heimat* (1954), Heft 1 und 2, S. 35–36.

9 Brief (Durchschlag) vom 13. 8. 29 an Mathilde Vaerting, NL Meuter, 1. Karton.

10 So z. B. im Brief vom 19. 11. 59 an Kollegen, Freunde, Verwandte, in: NL Meuter, 3. Karton; Honigsheim hat Meuter immer sorgfältig mit seinen neuesten Sonderdrucken versorgt. Für die Volksbildungsbewegung vgl. Martha Friedenthal-Haase, *Erwachsenenbildung im Prozeß der Akademisierung. Der staats- und sozialwissenschaftliche Beitrag zur Entstehung eines Fachgebiets an den Universitäten der Weimarer Republik unter besonderer Berücksichtigung des Beispiels Köln,* Frankfurt a. M./Bern/New York/Paris 1991.

11 Hanna Meuter, *Die Heimlosigkeit. Ihr Einwirken auf Verhalten und Gruppenbildung der Menschen,* Jena 1925.

12 Hanna Meuter, Zolas Rougon-Macquarts als literarische Quelle für beziehungswissenschaftliche Analysen, in: *Verhandlungen des Fünften Deutschen Soziologentages vom 26.–29. September in Wien,* Tübingen 1927, S. 198–212.

13 Vgl. Anmerkung 6.

14 Dirk Käsler, *Die frühe deutsche Soziologie 1909 bis 1934 und ihre Entstehungs-Milieus. Eine wissenschaftssoziologische Untersuchung,* Opladen 1984, S. 500; auf weitere falsche Zuordnungen von Wissenschaftlern wies schon René König hin: Kontinuität oder Unterbrechung

– Ein neuer Blick auf ein altes Problem, in: ders., *Soziologie in Deutschland. Begründer/Verächter/Verfechter,* München/Wien 1987, S. 399.

15 Ebd., S. 72.

16 Vgl. Meuter, Soziologie am Werk, S. 82.

17 Vgl. PA Meuter.

18 Vgl. Wolf Lepenies, *Die Drei Kulturen. Soziologie zwischen Literatur und Wissenschaft,* München 1985, hierzu S. 316.

19 Brief (Durchschlag) vom 28. 1. 31 an Leopold von Wiese, NL Meuter, 17. Karton.

20 Duncker & Humblot im Brief vom 21. 9. 31 an Meuter, NL Meuter, 16. Karton.

21 *Amerika singe auch ich. Dichtungen amerikanischer Neger,* hrsg. und ins Deutsche übersetzt von Hanna Meuter und Paul Therstappen, Dresden 1932.

22 *Heimlosigkeit und Familienleben* (Bd. VIII und IX der Forschungen über „Bestand und Erschütterung der Familie in der Gegenwart“), hrsg. von Hanna Meuter, Eberswalde 1932.

23 Vgl. für den Zusammenhang von Sozialarbeit und der ersten Generation us-amerikanischer Soziologinnen: Ellen Fitzpatrick, *The Endless Crusade. Women Social Scientists and Progressive Reform,* New York/Oxford 1990.

24 Alice Salomon, *Charakter ist Schicksal. Lebenserinnerungen,* Weinheim/Basel ^{2}1984, S. 295 ff.

25 Vgl. zu Vaertings machttheoretischen Konzepten Theresa Wobbe, Mathilde Vaerting (1884–1977). Eine Intellektuelle im Koordinatensystem dieses Jahrhunderts, in: *Jahrbuch für Soziologiegeschichte* 1991, Opladen 1992, S. 27–67, sowie meinen Beitrag zu M. Vaerting in diesem Band.

26 Vaerting im Brief vom 4. 5. 30 an Meuter, NL Meuter, 1. Karton.

27 Brief (Durchschlag) vom 22. 5. 31 an Vaerting, NL Meuter, 9. Karton.

28 Mathilde Vaerting, Die Macht der Massen (= Soziologie und Psychologie der Macht. Bd. I), Berlin 1928.

29 Von Wiese im Brief vom 23. 6. 29 an Meuter, NL Meuter, 9. Karton.

30 Brief (Durchschlag) vom 22. 5. 31 an Vaerting, NL Meuter, 9. Karton.

31 Vgl. Claudia Honegger, Die ersten Soziologinnen in Frankfurt, in: *Die mindestens zwei Sozialwissenschaften in Frankfurt und ihre Geschichte.* Ein Symposium des Fachbereichs Gesellschaftswissenschaften aus Anlaß des 75 Jahre Jubiläums der Johann Wolfgang Goethe Universität Frankfurt 11.–12. Dezember 1989, hrsg. von Heinz Steinert (Studientexte zur Sozialwissenschaft. Sonderband III), Frankfurt a. M. 1990, S. 88–99; zu jüdischen Akademikerinnen vgl. Claudia Huerkamp, Jüdische Akademikerinnen 1900–1938, in: *Geschichte und Gesellschaft* 19 (1993) Heft 3, S. 309–329.

32 Meuter, Einführung in die Soziologie, S. 27 f.

33 *Amerika singe auch ich,* S. 20.

34 Im Nachlaß befinden sich einige wenige Hinweise, die auf Kontakte

schließen lassen, die über von Wieses Vermittlung durch Louis Wirth hergestellt wurden; vgl. Jessie W. Parkhurst (aus Chicago, die an einem Projekt über „The Role of Negro Women in American Life" arbeitete) im Brief vom 28.2. 36 an Hanna Meuter, NL Meuter, 42. Karton; handschriftlich vorgeschriebene Antwort Meuters vom 6.5. 36 an Jessie W. Parkhurst, in: NL Meuter, 42. Karton.

35 Claudia Huerkamp, Frauen, Universitäten und Bildungsbürgertum. Zur Lage studierender Frauen 1900–1930, in: Hannes Siegrist (Hg.), *Bürgerliche Berufe,* Göttingen 1988, S. 200–222. Edith Stein, auf deren Protest der Erlaß zur Habilitation von Frauen zurückgeht, konnte selbst trotz fünfmaliger Versuche nicht habilitieren. In ihrer intellektuellen Biographie sowie in der von Emmy Nöther zeigt sich, auf welche fatale Weise der Antisemitismus und der Antifeminismus in den institutionellen Kontexten der deutschen Universität und bei Wissenschaftlern zur Wirkung kamen; vgl. Cordula Tollmien, „Sind wir doch der Meinung, daß ein weiblicher Kopf nur ganz ausnahmsweise in der Mathematik schöpferisch sein kann." – Emmy Nöther 1882–1935 –. Zugleich ein Beispiel zur Habilitation von Frauen an der Universität Göttingen, in: *Göttinger Jahrbuch,* Bd. 38 (1990), S. 153–219; vgl. Theresa Wobbe, „... offenes Auge für alles, was ‚Gegenstand' heißt ..." Aspekte einer Phänomenologie des Sozialen bei Edith Stein, in: *Against Patriarchal Thinking.* Proceedings of the Vth Symposium of the International Association of Women Philosophers in Europe (IAPh), hrsg. von M. Pelikaan, Amsterdam 1992; Theresa Wobbe, Von Marianne Weber zu Edith Stein: Historische Koordinaten des institutionellen Zugangs zur Wissenschaft, in: *Denkachsen. Zur theoretischen und institutionellen Rede vom Geschlecht,* hrsg. von Gesa Lindemann u. Theresa Wobbe, Frankfurt a. M. 1994.

36 Vgl. den konzeptionellen Rahmen: Erhard Stölting, *Akademische Soziologie in der Weimarer Republik,* Berlin 1986; vgl. ebd. auch den Teil zu Leopold von Wieses Strategien der Institutionalisierung. Für die Schulenbildung im Umkreis von Leopold von Wiese vgl. von Alemann, Leopold von Wiese.

37 Vgl. Theresa Wobbe, Zwischen Verlautbarung und Verwaltung. Überlegungen zum institutionellen Kontext von Frauenforschung, in: *Feministische Studien* 6 (1988); zu den spezifisch deutschen Koordinaten des Ausschlusses vgl. Theresa Wobbe, Eine Frage der Tradition. Wissenschaftspolitische Überlegungen in historischer Perspektive, in: Elke Biester, Barbara Holland-Cunz, Eva Maleck-Lewy, Anja Ruf u. Birgit Sauer (Hg.): *Gleichstellungspolitik – Totem und Tabus. Eine feministische Revision.* Frankfurt a. M. 1994, S. 122–140; zum hohen Anteil jüdischer Wissenschaftlerinnen vgl. Huerkamp, Jüdische Akademikerinnen.

Die Heimlosigkeit. Ihr Einwirken auf Verhalten und Gruppenbildung der Menschen, Jena 1925.

Die Rougon-Macquart, ein Beitrag zur Erkenntnis des Aufstiegs und Scheiterns, Habilitationsschrift eingereicht bei der Wirtschafts- und Sozialwissenschaftlichen Fakultät der Universität zu Köln 1926, in: Nachlaß Dr. Hanna Meuter, 16. Karton.

Zolas Rougon-Macquarts als literarische Quelle für beziehungswissenschaftliche Analysen, in: Verhandlungen des Fünften Deutschen Soziologentages, vom 26.-29. September in Wien, Tübingen 1927, S. 198–212.

Abteilung „Die soziale Stellung der Frau", im: Reichsmuseum für Gesellschafts- und Wirtschafts-Kunde (Düsseldorf), Katalog, Köln 1927.

Einführung in die Soziologie, in: Die neue Volkshochschule, hrsg. von K. Krause/K. Sewering, Bd. 4, Leipzig [8]1928.

Mathilde Vaerting. Lehrer und Schüler, in: Kölner Vierteljahreshefte für Soziologie 10 (1931), S. 120–122.

Erziehung zum Mitmenschen. Das Erziehungswerk Mathilde Vaertings, Berlin 1932.

(Hrsg.), Heimlosigkeit und Familienleben (Bd. VIII und IX der Forschungen über „Bestand und Erschütterung der Familie in der Gegenwart"), Eberswalde 1932.

Amerika singe auch ich. Dichtungen amerikanischer Neger, hrsg. und ins Deutsche übersetzt von Hanna Meuter und Paul Therstappen, Dresden 1932.

Soziale Pervertierung in Nazi-Deutschland, 2 Bände (wurde 1935 als Typoskript von Howard Becker an die Madison-Universität USA gebracht), unveröffentlicht.

The Negro Sings a New Heaven, in: American Journal of Sociology 37 (1931/32).

Die Bedeutung des Verantwortungsgefühls und seine Wirkung im sozialen Leben, besonders in der Wirtschaftsordnung (deutsch u. französisch), in: Université Libre de Bruxelles, Enquete Sociologique II: Le Sens de la Responsabilité dans la vie sociale, Contributions: J. A. Hobson (Prof. London School of Economics)/Herman Finer (Université à London)/Hanna Meuter (Prof. à Université Cologne), Institut des Sociologie Solvay, Bruxelles, S. 339–494 (deutsch), S. 495–617.

Soziologie am Werk des geistigen Neubaus, in: Studien zur Soziologie, hrsg. von L. H. Ad. Geck, Jürgen v. Kempski, Hanna Meuter, Mainz 1948, S. 69–86.

Hat das deutsche Volk der Welt noch etwas zu sagen? In: Rheinischer Jahrweiser, Aachen 1948.

Abhängigkeit und Selbständigkeit bei den Behörden, in: Abhängigkeit und Selbständigkeit im sozialen Leben. Schriften der Soziologischen Abtei-

lung des Forschungsinstituts für Sozial- und Verwaltungswissenschaften in Köln, Bd. 1., hrsg. von Leopold von Wiese, Köln/Opladen, S. 418–28.
Probleme und Methoden einer Literatursoziologie an Hand eigener Arbeiten aus den 30er Jahren, in: XVIème Congrès Beaume 1954, S. 269–280.
Soziologie und Dichtung – das soziale Polaritätsphänomen Alfons Paquet/Paul Therstappen, in: Institut Internationale de Sociologie, Akten des XVIII Internationalen Soziologenkongresses (Nürnberg, 10.–17. September 1958) Bd. II, Meisenheim a. Glan 1962, S. 295–301.

Selma Stern. Exzentrische Bahnen

von Michael Schmidt

1 Uri R. Kaufmann, Stern Täubler, Selma. In: *Badische Biographien* Bd. 5, hrsg. von Bernd Ottnad, Stuttgart 1994 (im Druck). Ich danke Dr. Kaufmann ganz herzlich für die liebenswürdig-großzügige Überlassung eines Preprints seines Artikels.

2 Brief Selma Sterns an Willy Andreas, Basel 15. Juni 1962 (Generallandesarchiv Karlsruhe, Nachlaß Andreas), hier zitiert nach Christhard Hoffmann, Zerstörte Geschichte. Zum Werk der jüdischen Historikerin Selma Stern, in: *Exilforschung. Ein internationales Jahrbuch*, Bd. II, 1993, S. 203–215, hier S. 215. Dr. Hoffmann hat mir liebenswürdigerweise ein Preprint seines Aufsatzes und eine (weiter unten zitierte) Kopie aus dem Tagebuch Selma Sterns überlassen, wofür ich mich auch hier freundschaftlich bedanken möchte.

3 Ferdinand Fellmann, *Lebensphilosophie. Elemente einer Theorie der Selbsterfahrung*, Reinbek 1993, S. 200. Dort auch eine Abgrenzung gegenüber der Position Heideggers.

4 Johann Wolfgang von Goethe, *Aus meinem Leben. Dichtung und Wahrheit*, in: ders., *Sämtliche Werke*, hrsg. von Ernst Beutler, Band 10, München 1977, S. 621.

5 H. Reznik, Assimilation/Dissimilation I, in: *Historisches Wörterbuch der Philosophie*, hrsg. von Joachim Ritter, Bd. 1, Basel 1971, Sp. 544–546, Sp. 545. Vgl. auch Axel Horstmann, Das Fremde und das Eigene – ‚Assimilation' als hermeneutischer Begriff, in: *Archiv für Begriffsgeschichte*, 30. Jg. 1986/87, S. 7–43.

6 Nachlaß Selma Stern-Täubler, Tagebücher, Heft 5, 7. Juni 1914, Archiv des Leo Baeck Instituts, New York. Die Tagebuchstelle ist auszugsweise auch abgedruckt bei Hoffmann, Zerstörte Geschichte, S. 213 und – zuerst! – bei Hiltrud Häntzschel, Der Exodus von Wissenschaftlerinnen. ‚Jüdische' Studentinnen der Münchener Universität und was aus ihnen wurde, in: *Exil. Forschung, Erkenntnisse, Ergebnis*, 12. Jg. 1992, S. 43–52, S. 46.

7 Häntzschel, Der Exodus, S. 46.

8 Selma Stern, *The Spirit Returneth ... A Novel,* Philadelphia 1946. Leicht überarbeitete deutsche Fassung: *Ihr seid meine Zeugen. Ein Novellenkranz aus der Zeit des Schwarzen Todes 1348/49,* München 1972.

9 Selma Stern, *Anacharsis Cloots, der Redner des Menschengeschlechts. Ein Beitrag zur Geschichte der Deutschen in der französischen Revolution,* Berlin 1914.

10 Selma Stern, *Karl Wilhelm Ferdinand Herzog zu Braunschweig und Lüneburg,* Hildesheim/Leipzig 1921. Der Geheime Archivrat Paul Zimmermann hatte den einschlägigen Artikel in der *Allgemeinen Deutschen Biographie* verfaßt: Bd. 15, 1882, S. 275 ff.

11 Selma Stern, *Josel von Rosheim. Befehlshaber der Judenschaft im heiligen Römischen Reich Deutscher Nation,* Stuttgart 1959.

12 Selma Stern, *Der preußische Staat und die Juden.* 4 Teile in 8 Bdn., Tübingen 1962–1975.

13 Stern, *Anacharsis Cloots,* Vorwort.

14 So in einem Brief von Jacob Jacobson an Selma Stern, Brighton, 19. Mai 1947 (Universitätsbibliothek Basel, Nachlaß Selma Stern, Bestand D 10, 5), hier zitiert nach Hoffmann, Zerstörte Geschichte, S. 20.

15 Stern, *Herzog zu Braunschweig,* S. 262.

16 Selma Stern, *Jud Süß. Ein Beitrag zur deutschen und zur jüdischen Geschichte,* Berlin 1929. Nachdruck: München 1973.

17 Barbara Gerber, *Jud Süß. Ein Beitrag zur historischen Antisemitismus- und Rezeptionsforschung,* Hamburg 1990, S. 24 f.

18 Stern, *Anacharsis Cloots,* S. 162.

19 Ebd., S. 242.

20 Stern, *Herzog von Braunschweig,* S. XIII, S. 350.

21 Stern, *Anacharsis Cloots,* S. 197, S. 218.

22 Stephen A. Schuker, *American „Reparations" to Germany, 1919–1933. Implications for the Third-World Dept Crisis,* Princeton, N. J. 1988.

23 Vgl. die Beiträge des Sammelbandes *Wissenschaft des Judentums. Anfänge der Judaistik in Europa,* hrsg. von Julius Carlebach, Darmstadt 1993.

24 Vgl. Christhard Hoffmann, *Juden und Judentum im Werk deutscher Althistoriker des 19. und 20. Jahrhunderts,* Leiden/New York/København/Köln 1988, S. 200 ff.

25 Selma Stern, *Der preußische Staat,* 1. Teil, 1. Abt., Tübingen 1962, S. XVI.

26 Ebd.

27 Vgl. Otto Hintze, *Beamtentum und Bürokratie,* hrsg. von Kersten Krüger, Göttingen 1981.

28 Stern, *Der preußische Staat,* 2. Teil, 1. Abt., Tübingen 1962, S. 10, S. 20.

29 Selma Stern, *Der preußische Staat,* 4. Teil. Gesamtregister zu den sieben Bänden der Teile 1–3, hrsg. von Max Kreutzberger, Tübingen 1975.

30 Stern, *Ihr seid meine Zeugen,* S. 291 f.

31 Selma Stern, *The Court Jew. A Contribution to the History of the Period of Absolutism in Central Europe,* Philadelphia 1950.

Nachlaß

Selma Sterns Nachlaß liegt in der Universitätsbibliothek Basel; vgl. das Verzeichnis des Nachlasses von Selma Stern-Taeubler (1890–1981), bearbeitet von Thomas Zuberer, Basel 1986. Dieses Verzeichnis ist zugleich das beste verfügbare Hilfsmittel für eine Bibliographie Selma Sterns, da nicht nur die von ihr verfaßten Bücher und Aufsätze verzeichnet werden, sondern auch sowohl ihre Rezensionen wie die zahlreichen ihren Arbeiten gewidmeten Besprechungen. Ein Teil-Nachlaß wird vom Leo-Baeck-Institute in New York verwahrt.

Bücher:

1 Selma Stern, Anacharsis Cloots, der Redner des Menschengeschlechts. Ein Beitrag zur Geschichte der Deutschen in der französischen Revolution, Berlin 1914.

2 Selma Stern, Karl Wilhelm Ferdinand Herzog zu Braunschweig und Lüneburg, Hildesheim/Leipzig 1921.

3 Selma Stern: Jud Süß. Ein Beitrag zur deutschen und zur jüdischen Geschichte, Berlin 1929. Nachdruck: München 1973.

4 Selma Stern, The Spirit Returneth ... A Novel, Philadelphia 1946. Leicht überarbeitete deutsche Fassung: Ihr seid meine Zeugen. Ein Novellenkranz aus der Zeit des Schwarzen Todes 1348/49, München 1972.

5 Selma Stern, The Court Jew. A Contribution to the History of the Period of Absolutism in Central Europe, Philadelphia 1950.

6 Selma Stern, Josel von Rosheim. Befehlshaber der Judenschaft im heiligen Römischen Reich Deutscher Nation, Stuttgart 1959.

7 Selma Stern, Der preußische Staat und die Juden. 4 Teile in 8 Bdn., Tübingen 1962–1975.

8 Selma Stern, Der preußische Staat und die Juden. 4. Teil. Gesamtregister zu den sieben Bänden der Teile 1–3, hrsg. von Max Kreutzberger, Tübingen 1975.

Aufsätze

Die folgende Liste ist unvollständig, insbesondere verschiedene in den USA erschienene Artikel konnten in der zur Verfügung stehenden Zeit bibliographisch nicht erfaßt werden.

Der britische Imperialismus, in: Die Frau. Monatsschrift für das gesamte Frauenleben unserer Zeit, 21. Jg. 1914, S. 95–104.

England und die Neutralen in den napoleonischen Kriegen, in: Die Grenzboten. Zeitschrift für Politik, Literatur und Kunst, 73. Jg. 1914, S. 392–397.

Sophie, Kurfürstin von Hannover: Zu ihrem 200. Todestag am 8. Juni 1914, in: Die Frau, 21. Jg. 1914, S. 609–618 und S. 675–683.

Der italienische Irredentismus, in: Die Grenzboten, 74. Jg. 1915, S. 258–265.

Die Friedensziele von 1815, in: Die Grenzboten, 74. Jg. 1915, S. 104–115.

Ein Kampf um die Pressefreiheit in Braunschweig zur Zeit der französischen Revolution, in: Braunschweigisches Jahrbuch 1915/16, S. 27–87.
Juliane von Krüdener: Eine Erinnerung an die Tage der Heiligen Allianz 1815, in: Deutsche Rundschau, 42. Jg. 1915, S. 233–260.
Die Orientpolitik Friedrichs des Großen, in: Die Grenzboten, 75. Jg. 1916, S. 360–370.
Frau von Staëls Deutschland, in: Die Frau, 23. Jg. 1916, S. 666–673.
Das Wartburgfest der deutschen Burschenschaften: Eine Jahrhunderterinnerung, in: Berliner Abendpost, Beiblatt, Donnerstag, 18. 10. 1917.
Der preußisch-amerikanische Freundschafts- und Handelsvertrag von 1785, in: Die Grenzboten, 76. Jg. 1917, S. 231–240.
Heinrich von Sybel: Zu seinem 100. Geburtstag am 2. Dez. 1917, in: Neue Zürcher Zeitung, 1. Sonntagsblatt, Sonntag, 2. 12. 1917 und 1. Morgenblatt, Montag, 3. 12. 1917.
Geschichte und Völkerbund: Zum Thema Völkerbund, in: Frankfurter Zeitung Nr. 272, 1. 10. 1918.
Der Völkerbund in der Geschichte, in: Die Frau, 26. Jg. 1919, S. 174–183.
Die politischen Frauen der französischen Revolution, in: Frankfurter Zeitung, 28. 5. 1919.
Eine linksrheinische Republik vor hundert Jahren, in: Frankfurter Zeitung, 6. 9. 1919.
Jeanette Wohl: Zu ihrem 60. Todestage, 27. November 1921, in: Ost und West. Illustrierte Monatsschrift für das gesamte Judentum, 21. Jg. 1921, Sp. 311–320.
Der Staat des Großen Kurfürsten und die Juden, in: Korrespondenzblatt des Vereins zur Gründung und Erhaltung einer Akademie für die Wissenschaft des Judentums [fortan = Korrespondenzblatt] 3. Jg. 1922, S. 4–20.
Der Wandel des jüdischen Frauentypus seit der Emanzipation in Deutschland, in: Ost und West, 22. Jg. 1922, Sp. 59–72 und Sp. 127–140.
Herzog Karl Wilhelm Ferdinand von Braunschweig und Prinzessin Augusta von Württemberg: Ein Briefwechsel, in: Braunschweigisches Magazin, Juli/August 1924, Sp. 49–61.
Die Entwicklung des jüdischen Frauentypus seit dem Mittelalter, in: der Morgen, 1. Jg. 1925, S. 324–337, S. 496–516, S. 648–657, 2. Jg. 1926, S. 71–81.
Das Judentum im Wandel der Staatsreformen, in: Gemeindeblatt der Israelitischen Gemeinde Frankfurt am Main, 4. Jg. 1926, S. 3–18.
Joseph Süss Oppenheimer, in: Korrespondenzblatt, 7. Jg. 1926, S. 23–40.
Zeitbild vom Judentum in: Central-Verein-Zeitung, 30. 8. 1929, S. 456–457.
Das Judenproblem im Wandel der Staatsformen, in: Zeitschrift für die Geschichte der Juden in Deutschland [fortan = ZsGJD], 2. Jg. 1930, S. 1–13.
Die Judenpolitik Friedrich Wilhelms I. von Preußen, in: Korrespondenzblatt, 11. Jg. 1930, S. 14–29.
Probleme der Emanzipation und der Assimilation, in: Der Morgen, 7. Jg. 1931, S. 423–439.

Die Vertreibung der Juden aus Wien und ihre Einwanderung in Preußen, in: Der Orden Bne Briss, 1933, H. 9, S. 109–112.
Eine kulturgeschichtliche Skizze, in: Der Morgen, 9. Jg. 1933, S. 30–41.
Moses Mendelssohn und das emanzipierte Judentum, in: Gemeindeblatt der jüdischen Gemeinde zu Berlin, 1933, H. 1, S. 12–13.
Die Juden in der Handelspolitik Friedrich Wilhelms I. von Preußen, ZsGJD, 5. Jg. 1933/34, S. 207–215.
Die Judenfrage in der Ideologie der Aufklärung und Romantik, In: Der Morgen, 11. Jg. 1935, S. 339–348.
Die geistigen Strömungen des 18. Jahrhunderts und das Judenproblem, in: ZsGJD, 7. Jg. 1937, S. 71–76.
The jew in the transition from ghetto to emancipation, in: Historia Judaica, vol. 2 (1940), p. 102–119.
The jews in the economic policy of Frederick the Great, in: Jewish social studies, vol. 11 (1949), p. 129–152.
Der literarische Kampf um die Emanzipation in den Jahren 1816–1820 und seine ideologischen und soziologischen Voraussetzungen, in: Hebrew Union College annual, vol. 23 (1950/51), p. 171–196.
Die Vorstellung vom Juden und vom Judentum in der Ideologie der Reformationszeit, in: Essays presented to Leo Beack, in occasion of his eighteeth birthday, London 1954, S. 194–211.
Principles of German policy towards the jews at the beginning of the Modern Era, in: Year book I of the Leo Baeck Institute of Jews from Germany [fortan = Year book], 1956, S. 15–27.
Ernst Taeubler and the ‚Wissenschaft des Judentums', in: Year book III, 1958, p. 40–59; dass. deutsch in: Bulletin für die Mitglieder der Gesellschaft der Freunde des Leo Baeck Institute, 1959, S. 1–19.
Befehlshaber der Judenschaft, in: Bulletin for sponsoring and contributing members of the Leo Baeck Institute, 1959, S. 180–186.
The first generation of emancipated jews, in: Year book XV, 1970, S. 8–48.

Melitta Gerhard. Die erste habilitierte Germanistin: „In bunten Farben schillernder Gast" und „uniformes Glied der Zunft"

von Gesa Dane

1 Vgl. *50 Jahre Habilitation von Frauen in Deutschland. Eine Dokumentation über den Zeitraum von 1920–1979,* hrsg. von Elisabeth Boedecker, Göttingen 1974, S. 206 f.

2 *Lexikon deutschsprachiger Schriftstellerinnen 1800–1945,* hrsg. von Gisela Brinker-Gabler, Karola Ludwig, Angela Wöffen, München 1986, S. 107 f.

3 Ilse Auer, Adele Gerhard, in: *Literaturlexikon. Autoren und Werke deutscher Sprache,* Bd. 4, hrsg. von Walther Killy, München 1991, S. 123.

4 Adele Gerhard u. Helene Simon, *Mutterschaft und geistige Arbeit. Eine psychologische und soziologische Studie. Auf Grundlage einer internationalen Erhebung mit Berücksichtigung der geschichtlichen Entwicklung,* Berlin 1901.

5 Ebd., S. 199 f.

6 Vom Herbst 1897 bis Ostern 1904.

7 Da der Schulzweig erst am 1.4. 1903 eröffnet wurde, gehörte Melitta Gerhard zum zweiten Jahrgang. – Vgl. Helgard Ulshoefer, *Wie das Bildungsrecht für Mädchen und Frauen in der Berliner Schule verwirklicht wurde,* Berlin 1990, S. 7; freilich entsprach die Abschlußprüfung nicht dem humanistischen Abitur, schloß es das Latinum, nicht aber das Graecum ein, dies mußte Gerhard 1917 vor der Promotion nachholen.

8 Die Adresse der Familie Gerhard war Berlin, Wilhelmstraße 90; der Garten grenzte an den Park des Kriegsministeriums. Vgl. Adele Gerhard, Das Bild meines Lebens, (entstanden 1937/1941) als Anhang in: *Das Werk Adele Gerhards als Ausdruck einer Wendezeit,* Bern/München 1963, S. 232, S. 248. Aus diesem Haus mußte die Familie 1934 ausziehen und wohnte dann in Berlin, Lennéstraße 6.

9 In Berlin war Roethe dafür bekannt, Frauen weitgehend auszugrenzen; vgl. dazu: Wolfgang Höppner, Eine Institution wehrt sich. Das Berliner Germanische Seminar und die deutsche Geistesgeschichte, in: *Literaturwissenschaft und Geistesgeschichte 1910–1925,* hrsg. von Christoph König und Eberhard Lämmert, Frankfurt a. M. 1993, S. 367.

10 Sie studierte während des Sommersemesters 1915 in Leipzig, das folgende Sommersemester 1916 in Heidelberg.

11 Gerhards Promotionsverfahren fiel in eine Zeit, in der der seit Jahren vakante Lehrstuhl von Erich Schmidt wieder besetzt werden sollte. Dabei ging es nicht nur um Personalpolitik, sondern auch um Forschungspositionen. Roethe versuchte zu verhindern, daß Nicht-Philologen berufen würden, er äußerte seine Ablehnung gegenüber allem, was philosophisch oder historisch orientiert sein könnte; vgl. Wolfgang Höppner, Eine Institution wehrt sich, S. 366.

12 Vgl. den maschinenschriftlichen Lebenslauf zu Melitta Gerhard, verfaßt von Frau Grete Gerhard, den Robert Spaethling mir dankenswerterweise zur Verfügung stellte.

13 Laut Promotionsordnung vom 28.8. 1903 war ‚idoneum' (= genügend) die unterste Bewertung, es folgten ‚laudabile' (= gut), ‚valde laudabile' (= sehr gut) und ‚eximium' (= ausgezeichnet). Diese Aufschlüsselung verdanke ich Dr. W. Schultze vom Universitätsarchiv der Humboldt-Universität.

14 Universitätsarchiv der Humboldt-Universität zu Berlin, Philosophische Fakultät, Dekanatsjahr 1918/19, Doktorandenbuch No. 2, Journal 17, Bl. 373 ff.

15 Ebd., Bl. 383 ff.

16 Vgl. *Professoren und Dozenten der Christian-Albrechts-Universität zu Kiel, 1665–1933. Nebst Angaben über die Lektoren, Sprachkursleiter, Lehrer der Künste und Universitätsbibliothekare sowie über die Rektoren,* begonnen von Dr. Friedrich Vollbehr, 3. neubearb. Aufl. von Dr. Richard Weyl, Kiel 1934, S. 258.

17 Maschinenschriftlicher Lebenslauf zu Melitta Gerhard.

18 Zwischen 1908 und 1933 promovierten im Deutschen Reich insgesamt 10595 Frauen, 54 von ihnen wurden Dozentinnen, was erst seit 1918 möglich war; nur 24 Frauen hatten eine Professur; vgl. Christine von Soden, Zur Geschichte des Frauenstudiums, in: *70 Jahre Frauenstudium in Deutschland. Frauen in der Wissenschaft,* hrsg. von Christine von Soden und Gaby Zipfel, Köln 1979, S. 25.

19 Auf die materielle Situation von Privatdozenten besonders im Zeitraum 1918–1939, die von Hörergeldern, unsicheren Beihilfen (ca. 1000 RM p.a.) gekennzeichnet ist, weist Busch hin. Vgl. Alexander Busch, *Die Geschichte des Privatdozenten. Eine soziologische Studie zur großbetrieblichen Entwicklung der deutschen Universität,* Stuttgart 1959, S. 135 ff.

20 Maschinenschriftlicher Lebenslauf zu Melitta Gerhard.

21 Vgl. Wilhelm Voßkamp, Kontinuität und Diskontinuität. Zur deutschen Literaturwissenschaft im Dritten Reich, in: *Wissenschaft im Dritten Reich,* hrsg. von Peter Lundgreen, Frankfurt a. M. 1983.

22 *Kieler Neueste Nachrichten* vom 25. April 1933.

23 Weder in der Autobiographie der Mutter Adele Gerhard noch in irgendeinem anderen Zusammenhang wird der jüdische Hintergrund der Familie auch nur mit einem Wort erwähnt.

24 Geheimes Staatsarchiv Preußischer Kulturbesitz – Dahlem, Sign. Rep. Va Sekt. 9 Tit. IV Nr. 22 Bd. 1, Blatt 24–27.

25 Christina von Braun, Antisemitismus und Misogynie. Vom Zusammenhang zweier Erscheinungen, in: *Von einer Welt in die andere. Jüdinnen im 19. und 20. Jahrhundert,* hrsg. von Jutta Dick und Barbara Hahn, Wien 1993, S. 181.

26 Vgl. *Professoren und Dozenten der Christian-Albrechts-Universität zu Kiel, 1665–1933,* S. 258.

27 Vgl. Peter Lundgreen, Hochschulpolitik und Wissenschaft im Dritten Reich, in: *Wissenschaft im Dritten Reich,* S. 12 f.

28 Vgl. maschinenschriftlicher Lebenslauf zu Melitta Gerhard; vgl. ferner: *Vertriebene Wissenschaftler der Christian Albrecht Universität zu Kiel (CAU) nach 1933: Zur Geschichte der CAU im Nationalsozialismus.* Eine Dokumentation, hrsg. von Ralf Uhlig, Frankfurt a. M./Bern/New York/Paris 1991, S. 26.

29 Vgl. maschinenschriftlicher Lebenslauf zu Melitta Gerhard.

30 Robert Spaethling, In memoriam Melitta Gerhard (22. November 1891 – 10. November 1981), in: *Christiana Albertina,* H. 18 (NF), 1983, S. 409.

Den Hinweis auf diesen Nachruf verdanke ich Dr. Christel Steffen von der Universitätsbibliothek der Christian-Albrechts-Universität/Kiel.

31 Diese Angaben verdanke ich Frau Grete Gerhard/Konstanz; abweichend: *Kürschners Deutscher Gelehrter Kalender. Bio-bibliographisches Verzeichnis deutschsprachiger Wissenschaftler der Gegenwart,* Berlin/New York [16]1992, S. 998.

32 Einen Eindruck von der schwierigen Situation der deutschen exilierten Germanisten vermitteln die autobiographischen Aufzeichnungen von Bernhard Blume; vgl. ders., *Narziß mit Brille. Kapitel einer Autobiographie,* aus dem Nachlaß zusammengestellt und herausgegeben von Fritz Martini und Egon Schwarz, Heidelberg 1985, S. 238 ff.

33 Vgl. ebd., S. 238.

34 Vgl. Regina Weber, Zur Remigration des Germanisten Richard Alewyn, in: *Die Emigration der Wissenschaften nach 1933. Eine Disziplingeschichtliche Studie,* hrsg. von Herbert A. Strauss, Klaus Fischer, Christhard Hoffmann, Alfons Söllner, München/London/New York/Paris, 1991, S. 235 ff.

35 Diesen Hinweis verdanke ich ebenfalls Frau Grete Gerhard.

36 Melitta Gerhard, Das Werk Adele Gerhards, S. 10 f.

37 „Mit dem Stoff hatte mich zum Teil schon meine Berliner Doktorarbeit (...) vertraut gemacht. Aber erst spät erschloß sich mir die Bedeutung von Schillers Gesamthaltung und Weltsicht von einem weiteren Zusammenhang aus, der mir eine neue Schillerdarstellung wünschbar erscheinen ließ." Melitta Gerhard, *Schiller,* Bern 1950, S. 445 f.

38 Beide sind an intensives Erleben gebunden: „Vor mir erwacht wieder die Begeisterung der Zehnjährigen beim Lesen des *Tell* und dem ihm folgenden Besuch der Tellstätten am Vierwaldstättersee – die freilich lebensbestimmende Wirkung, die die erste Berührung mit einem dichterischen Werk auslöste." Ebd., S. 446.

39 Vgl. dazu insgesamt: *Literaturwissenschaft und Geistesgeschichte 1910–1925.*

40 Vgl. Wilhelm Voßkamp, Kontinuität und Diskontinuität, S. 144 f.

41 Das Motto der Schillermonographie lautet „‚... Aber als schönheitslehrer und erzieher · als verfasser der Ästhetischen Erziehung · der seinem volk auch heute noch fremd ist und vermutlich auch lange bleibt · wird Schiller nocheinmal eine glänzende Auferstehung feiern.'" Stefan George, Das Jahrhundert Goethes, in: Melitta Gerhard, *Schiller,* S. 5 (unpag.).

42 „‚Wie sie das Feste lässt zu Geist verrinnen,/Wie sie das Geisterzeugte fest bewahre!'", zitiert von Melitta Gerhard, ebd., S. 446.

43 Melitta Gerhard, Zeitkrisis und Neubeginn. Mahnrufe im deutschen Schrifttum von Goethe bis George, in: dies., *Auf dem Wege zu neuer Weltsicht. Aufsätze zum deutschen Schrifttum vom 18. bis 20. Jahrhundert,* Bern 1976, S. 124.

44 Ebd.

45 Friedrich Gundolf an Melitta Gerhard, am 28.2. 1916; dieser Brief befindet sich im Nachlaß von Melitta Gerhard und wurde mir freundlicherweise von Frau Grete Gerhard zur Verfügung gestellt, der ich dafür sehr danke.

46 Friedrich Gundolf an Stefan George, am 22.11. 1918, in: *Stefan George – Friedrich Gundolf. Briefwechsel* hrsg. von Robert Boehringer mit Georg Peter Landmann, München/Düsseldorf 1962, S. 315.

47 Die schwierige Position Gundolfs zeichnet Osterkamp nach: Ernst Osterkamp, Friedrich Gundolf zwischen Kunst und Wissenschaft, in: *Literaturwissenschaft und Geistesgeschichte 1910–1925*, S. 177–198.

48 Vgl. maschinenschriftlicher Lebenslauf zu Melitta Gerhard.

49 Universitätsarchiv Heidelberg – Philosophische Fakultät, Sign. H-IV-102/149, Nr. 6a.

50 Ebd., Nr. 6 (S. 4).

51 Gundolfs „idealistisch-irrationalistischen" Genie-Begriff skizziert Schmidt kurz im Kontext von dessen Shakespeare-Studie; vgl. Jochen Schmidt, *Die Geschichte des Genie-Gedankens in der deutschen Literatur, Philosophie und Politik 1750–1945*, Band 1: *Von der Aufklärung bis zum Idealismus*, Darmstadt 1985, S. 175 (Anm. 78), vgl. auch ebd., S. 151 (Anm. 3).

52 Universitätsarchiv Heidelberg – Philosophische Fakultät, Sign. H-IV-102/149, 6 (S. 4).

53 Gérard Genette, *Paratexte. Das Buch vom Beiwerk des Buches*, Frankfurt a. M./New York 1989, S. 115 ff.

54 Arnold Rothe, *Der literarische Titel. Funktionen, Formen, Geschichte*, Frankfurt a. M. 1986, S. 366 f.

55 Ebd. S. 377.

56 Dieser Lebenslauf wurde mir von Dr. W. Schultze vom Universitätsarchiv der Humboldt-Universität/Berlin zur Verfügung gestellt.

57 Ebd., S. 62.

58 Ebd.

59 Ebd., S. 63.

60 Der Roman erschien 1925 in Leipzig; er schildert den Entwicklungsgang des Protagonisten Melchior Pflüger, der aus den gesicherten Verhältnissen, die ihm sinnlos geworden sind, aufbricht. „Das ‚Finden' dieses ‚Weges' durch Wirren und Gefahren, durch Abirrungen und Klüfte, das immer nähere Ahnen und endliche Ergreifen des lang gesuchten Ziels ist der Gehalt des ‚Pflüger'." Melitta Gerhard, *Das Werk Adele Gerhards*, S. 121 f.

61 Petersen wurde bereits im Vorwort (Berlin 1927) der Druckfassung der Habilitationsschrift „für so manchen gütigen Rat während der Entstehung des Werkes" gedankt; vgl. Melitta Gerhard, *Der deutsche Entwicklungsroman bis zu Goethes ‚Wilhelm Meister'*, Halle/Saale 1926, S. IX.

62 Julius Petersen, der seit dem 1. Oktober 1920 die Nachfolge von Erich Schmidt angetreten war, gehörte inzwischen zu den einflußreichsten

Germanisten in Berlin. Vgl. Wolfgang Höppner, Eine Institution wehrt sich; vgl. ferner Petra Boden, Über Julius Petersens Konzept einer Philologie als Geistesgeschichte. Zum Beitrag von Wolfgang Höppner, in: *Literaturwissenschaft und Geistesgeschichte 1910–1925*, S. 381 ff.

63 Eberhard Lämmert, Marbacher Impulse für die Geschichte der Germanistik, in: ebd., S. 15.

64 Adele Gerhard, Das Bild meines Lebens, S. 237.

65 Ebd.; dieser Satz von Germaine de Staël wurde bereits in der von ihr mitverfaßten Studie über die Vereinbarkeit von Mutterschaft und geistiger Arbeit paraphrasiert, vgl. *Mutterschaft und geistige Arbeit. Eine psychologische und soziologische Studie. Auf Grundlage einer internationalen Erhebung mit Berücksichtigung der geschichtlichen Entwicklung*, S. 276.

66 Dies ist in der deutschen literarischen Tradition eine höchst seltene Konstellation, vgl. dazu Barbara Hahn, *Unter falschem Namen. Von der schwierigen Autorschaft der Frauen*, Frankfurt a. M. 1991, S. 109 f.

Bibliographie

Stefan George und die deutsche Lyrik des 19. Jahrhunderts, in: Preußische Jahrbücher, 1918, S. 205–225.

Schiller und die griechische Tragödie, Weimar 1919 (= Forschungen zur neueren Literaturgeschichte, 54).

* Goethes Erleben der französischen Revolution im Spiegel der ‚Natürlichen Tochter', in: Deutsche Vierteljahrsschrift für Literaturwissenschaft und Geistesgeschichte 1 (1923), S. 281–308.

Der deutsche Entwicklungsroman bis zu Goethes ‚Wilhelm Meister'. Halle/Saale 1926 (= Deutsche Vierteljahrsschrift für Literaturwissenschaft und Geistesgeschichte. Buchreihe 9) (2. unv. Aufl. Bern 1968).

Die Wandlung des Schiller Bildes in unserer Zeit, in: Deutsche Vierteljahrsschrift für Literaturwissenschaft und Geistesgeschichte, 1929, S. 123–136.

* Die Redaktion der ‚Italienischen Reise' im Lichte von Goethes autobiographischen Gesamtwerk, in: Jahrbuch des freien deutschen Hochstifts, 1930, S. 131–150.

Verlauf und Bedeutung von Schillers und Goethes Begegnung im Juli 1794, in: Journal of English and Germanic Philology, 1940, S. 115–123.

(Rezension zu): Robert Boehringer: Briefwechsel zwischen Stefan George und Hugo von Hofmannsthal, Berlin 1938, in: The Germanic Review XV, New York 1940, S. 226–228.

* Chaos und Kosmos in Goethes „Hermann und Dorothea", in: Monatshefte. A Journal Devoted to the Study of German Language and Literature, 1942, S. 415–424.

Schillers „Götter Griechenlands" und ihre geistesgeschichtliche Bedeutung, in: Monatshefte. A Journal Devoted to the Study of German Language and Literature, 1946, 32–43.

Schiller, Bern 1950.

Der Briefwechsel zwischen Schiller und Goethe: Ein Denkstein ihres Erziehungswerkes an der Mitwelt, in: Germanic Review, 1955, S. 243–251.

* Goethes „geprägte Form" im romantischen Spiegel. Zu Friedrich Schlegels Aufsatz „Über Goethes Meister", in: On Romanticism. Studies in honor of Edwin Hermann Zeydel, hrsg. von Gottfried Felix Merkel, Princeton 1956, S. 29–46.

** Schillers Zielbild der Ästhetischen Erziehung und das Wirken Stefan Georges, in: Monatshefte. A Journal Devoted to the Study of German Language and Literature, 1959, S. 275–282.

Schillers Lehre von der erzieherischen Bedeutung des „Spiels" – Eine Aufgabe auch für unsere Zeit, in: German Quarterly, 1959, S. 293–301.

** Antike Götterwelt in Wielands und Schillers Sicht: Zur Entstehung und Auffassung der „Götter Griechenlands", in: Schiller 1759/1959, hrsg. von John R. Frey, Urbana/Illinois 1959, S. 1–10.

Stefan George. Dichtung und Kündigung, Bern/München 1962.

Das Werk Adele Gerhards als Ausdruck einer Wendezeit. Mit einem Anhang: Adele Gerhard, Das Bild meines Lebens, Bern/München 1963.

* Götter-Kosmos und Gesetzes-Suche: Zu Goethes Versuch eines Achilleis-Epos, in: Monatshefte. A Journal Devoted to the Study of German Language and Literature, 1964, S. 145–159.

Leben im Gesetz. Fünf Goethe-Aufsätze, Bern/München 1966. (Der Band enthält bereits publizierte Aufsätze, die hier mit * gekennzeichnet sind.)

** Auf dem Weg zu neuer Weltsicht. Zur Entwicklung der deutschen Lyrik von Klopstock bis zum 20. Jahrhundert, in: The German Quarterly, 1969, S. 629–664.

** Die Gesetzmäßigkeit alles Lebens als Erkenntnis und Forderung Goethes, in: Jahrbuch des freien deutschen Hochstifts, 1969, S. 194–214.

** Goethes Sturm-und-Drang-Epoche in der Sicht des alten Goethe. Zu ‚Dichtung und Wahrheit', in: Jahrbuch des freien deutschen Hochstifts, 1970, S. 190–202.

** Das Zielbild „Hoher Jugend". – Ein Leitgedanke von Winckelmann bis George, in: Jahrbuch des freien deutschen Hochstifts, 1971, S. 448–455.

** Wirklichkeitsstoff und Mythos. Zum Werk Stefan Georges, in: Castrum Peregrini, 1972, S. 49–61.

** Formprobleme oder Fragen des Weltganzen? Auseinandersetzung im Schiller-Goethe-Briefwechsel, in: Jahrbuch des freien deutschen Hochstifts, 1973, S. 87–96.

** Wahrheit und Dichtung in der Überlieferung eines Zusammentreffens von Goethe und Schiller im Jahr 1794. Eine Klarstellung, in: Jahrbuch des freien deutschen Hochstifts, 1974, S. 17–24.

** Zeitkrisis und Neubeginn. Mahnrufe im deutschen Schrifttum von Goethe bis George, in: Jahrbuch des freien deutschen Hochstifts, 1975, S. 346–361.

** Patriarchalisches Leben in Voß' „Luise" und Goethes „Hermann und Dorothea", in: Wandlungen. Studien zur antiken und neuen Kunst. Ernst Homann-Wedeking gewidmet, hrsg. vom Institut für Klassische Archäologie der Universität München, Waldsassen 1975, S. 302–305.

Auf dem Weg zu neuer Weltsicht. Aufsätze zum deutschen Schrifttum vom 18. bis 20. Jahrhundert, Bern 1976. (Der Band enthält bereits publizierte Aufsätze, die hier mit ** gekennzeichnet sind.)

Rom in seiner Bedeutung für Goethe – eine „neue Welt", in: Jahrbuch des freien deutschen Hochstifts, 1977, S. 83–91.

Die „unterstrichene Stelle". Zur Frage der Berechtigung einer Trennung von „Schicksal" und „Charakter" im dichterischen Werk, in: Deutsche Vierteljahrsschrift, 1978, S. 63–70.

„Faust" – Die Tragödie des „neuen Menschen", in: Jahrbuch des freien deutschen Hochstifts, 1978, S. 160–164.

„Ästhetische Erziehung" und Zukunftsausblick. Zu Goethes und Schillers Stellung gegenüber ihrer Epoche, in: Jahrbuch des freien deutschen Hochstifts, 1980, S. 169–176.

Ursache und Bedeutung von Goethes „Entsagung", in: Jahrbuch des freien deutschen Hochstifts, 1981, S. 110–115.

Edith Stein. Eros der Erkenntnis, Eros des Glaubens

von Hanna-Barbara Gerl

1 Vgl. ESW XIV, Briefe an Roman Ingarden, Freiburg 1991.

2 Da Edith Steins Lebensgeschichte weithin bekannt ist, sei hier zur Vertiefung nur hingewiesen auf Hanna-Barbara Gerl, *Unerbittliches Licht. Edith Stein – Philosophie, Mystik, Leben,* Mainz 1991, sowie auf: ESW VII und ESW X.

3 Romano Guardini, Logik und religiöse Erkenntnis, in: *Die Schildgenossen* 9 (1929), S. 179.

4 Dazu im einzelnen: Gerl, *Unerbittliches Licht,* Kap. IX–XI.

5 Vgl. ebd. Kap. XII.

6 Vgl. Elisabeth Otto, *Welt – Person – Gott. Eine Untersuchung zur theologischen Grundlage der Mystik bei Edith Stein,* Vallendar 1990.

7 Edith Stein, *Kreuzeswissenschaft. Studie über Johannes a cruce,* hrsg. v. L. Gelber und R. Leuven, Druten/Freiburg [3]1983, ESW I, S. 43.

8 Ebd., S. 47.

9 Ebd., S. 49 f.

10 Ebd., S. 50.
11 Ebd., S. 51.
12 Ebd., S. 115.
13 Ebd., S. 123.
14 Ebd., S. 145.
15 Edith Stein, *Wege der Gotteserkenntnis. Dionysius der Areopagit,* hrsg. von W. Herbstrith und V. E. Schmitt, München 1979, S. 65.

Bibliographie

Edith Steins Werke (ESW) werden kontinuierlich veröffentlicht vom Herder Verlag Freiburg u. a.; von rund 20 geplanten Bänden liegen bisher 16 Bände unterschiedlicher Herausgeber vor. Der noch ungedruckte Nachlaß befindet sich im Archivum Carmelitanum Brüssel sowie im Archiv des Karmels Köln; der Briefwechsel wird laufend vom Karmel Köln gesammelt, Inedita werden demnächst ediert.

ESW I Kreuzeswissenschaft. Studie über Johannes a cruce, hrsg. von L. Gelber und R. Leuven, Druten/Freiburg ^{3}1983.

ESW II Endliches und ewiges Sein. Versuch eines Aufstiegs zum Sinn des Seins, hrsg. von L. Gelber und R. Leuven, Freiburg ^{4}1989.

ESW III und ESW IV enthalten die Übersetzung von Thomas von Aquin, De veritate.

ESW V Die Frau. Ihre Aufgabe nach Natur und Gnade, hrsg. von L. Gelber und R. Leuven, Freiburg/Louvain 1959.

ESW VI Welt und Person. Beitrag zum christlichen Wahrheitsstreben, hrsg. von L. Gelber und R. Leuven, Freiburg/Louvain 1962.

ESW VII Aus dem Leben einer jüdischen Familie. Das Leben Edith Steins: Kindheit und Jugend, vollständige Ausgabe, hrsg. von L. Gelber und R. Leuven, Druten/Freiburg 1985.

ESW VIII Selbstbildnis in Briefen. Erster Teil 1916–1934, hrsg. von L. Gelber und R. Leuven, Druten/Freiburg 1976.

ESW IX Selbstbildnis in Briefen. Zweiter Teil 1934–1942, hrsg. von L. Gelber und R. Leuven, Druten/Freiburg 1977.

ESW X Romaeus Leuven, Heil im Unheil. Das Leben Edith Steins: Reife und Vollendung, Druten/Freiburg 1987.

ESW XI Verborgenes Leben. Hagiographische Essays, Meditationen, geistliche Texte, hrsg. von L. Gelber und M. Linssen, Druten/Freiburg 1987.

ESW XII Ganzheitliches Leben. Schriften zur religiösen Bildung, hrsg. von L. Gelber und M. Linssen, Freiburg 1990.

ESW XIII Einführung in die Philosophie, mit einem Nachwort von H.-B. Gerl, hrsg. von L. Gelber und M. Linssen, Freiburg 1991.

ESW XIV Briefe an Roman Ingarden, mit einer Einleitung von H.-B. Gerl, hrsg. von M. Amata Neyer, Freiburg 1991.

ESW XV Erkenntnis und Glaube, hrsg. von L. Gelber und M. Linssen, Freiburg 1993.
ESW XVI Der Aufbau der menschlichen Person, hrsg. von L. Gelber und M. Linssen, Freiburg 1994.

Außerhalb von ESW erschienen

Beiträge zur philosophischen Begründung der Psychologie und der Geisteswissenschaften, 1922, Tübingen [2]1970.
Eine Untersuchung über den Staat, 1925, Tübingen [2]1970.
Theoretische Begründung der Frauenbildung, in: Wochenschrift für katholische Lehrerinnen 1932/33, S. 136.
Christliches Frauenleben, in: Mädchenbildung auf christlicher Grundlage 28, 7 (1932), S. 193–205 (enthält in ESW V nicht abgedruckte Passagen).
Diskussion zum Vortrag von Dr. Edith Stein „Grundlagen der Frauenbildung" am 9. November 1930 bei der Tagung der Bildungskommission des Katholischen Deutschen Frauenbundes (Diskussionsleitung Dr. Gerta Krabbel). Maschinenschriftlich im Archiv des Katholischen Deutschen Frauenbundes, Köln.
Zum Problem der Einfühlung (Diss. 1917), Annweiler 1991.

Alice Rühle-Gerstel. Der Versuch, Emanzipation individuell zu denken

von Ingeborg Nordmann

* Die folgende Darstellung ist die überarbeitete Fassung eines Aufsatzes, der 1988 im Freibeuter 38, Berlin, erschienen ist.

1 Eine ausführliche biographische Einführung vermittelt das Vorwort von Ingrid Herbst und Bernd Klemm zu ihrem Roman *Der Umbruch oder Hannah und die Freiheit,* Frankfurt a. M. 1984.

2 Über Otto Rühles umfangreiche politische und publizistische Tätigkeit informiert das Buch von H. Jacoby/I. Herbst, *Otto Rühle zur Einführung,* Hamburg 1985.

3 Vgl. dazu den Nachdruck: Alice Rühle und Otto Rühle, *Erziehung und Gesellschaft,* Berlin 1972.

4 Manès Sperber, Alice Rühle-Gerstel. Vorwort, in: Alice Rühle-Gerstel, *Der Weg zum Wir. Versuch einer Verbindung von Marxismus und Individualpsychologie,* Nachdruck München 1980.

5 Alice Rühle-Gerstel, *Freud und Adler. Elementare Einführung in Psychoanalyse und Individualpsychologie,* Dresden 1924, S. 69.

6 Alice Rühle-Gerstel, *Der Umbruch oder Hannah und die Freiheit; Kein Gedicht für Trotzki. Tagebuchaufzeichnungen aus Mexico,* Frankfurt a. M. 1979.

7 Alice Rühle-Gerstel, *Kein Gedicht für Trotzki,* S. 19.

8 Alice Rühle-Gerstel, *Das Frauenproblem der Gegenwart. Eine psychologische Bilanz,* Leipzig 1932; zit. wird nach dem Nachdruck: *Die Frau und der Kapitalismus,* Frankfurt a. M. 1972. Das Buch fand bei seinem Erscheinen große Beachtung, u. a. wurde es von Hannah Arendt rezensiert: Hannah Arendt, Dr. Alice Rühle-Gerstel. Das Frauenproblem der Gegenwart. Eine psychologische Bilanz, in: *Die Gesellschaft* 10 (1933), S. 177–179.

9 Alice Rühle-Gerstel, *Das Frauenproblem der Gegenwart,* S. 83.

10 Über den gemeinsamen Bezugspunkt Nietzsche lassen sich Ähnlichkeiten mit Foucaults Analytik der Macht feststellen. Macht ist für Alice Rühle-Gerstel nicht allein im Rahmen eines monistischen Modells von oben-unten erklärbar. Sie entsteht über komplexe Identifikations- und Klassifikationsprozesse.

11 Alice Rühle-Gerstel, Die neue Frauenfrage, in: *Die literarische Welt* 5 (1929), Nr. 11, S. 19.

12 Alice Rühle-Gerstel, *Das Frauenproblem der Gegenwart,* S. 143.

Bibliographie

zusammengestellt von Andrea Kraus

Bücher

Friedrich Schlegel und Chamfort. Phil. Diss. Universität München 1921.

Freud und Adler. Einführung in Psychoanalyse und Individualpsychologie, Dresden 1924.

Selbstbewußtsein und Klassenbewußtsein, Dresden 1926.

Das Stiefkind, Dresden 1927.

Der Weg zum wir. Versuch einer Verbindung von Marxismus und Individualpsychologie, Dresden 1927. Reprint mit einem Geleitwort von Manès Sperber und einer biographischen Skizze von Henry Jacoby, München 1980.

Das Frauenproblem der Gegenwart. Eine psychologische Bilanz, Leipzig 1932. Nachdruck unter dem Titel: Die Frau und der Kapitalismus, Frankfurt a. Main 1972.

Kein Gedicht für Trotzki. Tagebuchaufzeichnungen aus Mexiko, Frankfurt a. Main 1979.

Der Umbruch oder Hanna und die Freiheit, Frankfurt a. Main 1984.

Aufsätze (Auswahl)

Friedrich Schlegel und Chamfort, in: Euphorion 24 (1922), S. 809–860.

Individualpsychologie und Klassenkampf, in: Internationale Zeitschrift für Individualpsychologie (im folgenden zitiert als IZIP) 2 (1924) H. 5, S. 18–22.

Bolschewistische Romane, in: Die literarische Welt (im folgenden zitiert als: DLW) 1 (1925), Nr. 8, S. 6.
Über die Eifersucht als weibliche Sicherung, in: IZIP 3 (1925), S. 314–320.
Der Marxismus im Lichte des Marxismus (Ein Diskussionsartikel), in: Die Aktion 15 (1925), Sp. 256–260.
Der Marxismus im Lichte des Marxismus [Eine Replik] in: ebd., Sp. 497–501.
Zur Psychologie des Marxismus und der „radikalen" Linken, in: DLW 3 (1927), Nr. 19, S. 7.
Die drei Salavinbücher, in: IZIP 5 (1927), S. 284–292.
Die neue Frauenfrage, in: DLW 5 (1929), Nr. 11, S. 1–2.
Gibt es heute eine proletarische Kunst, in: ebd., Nr. 28, S. 1–2.
Analyse der Psychoanalyse, in: IZIP 7 (1929), S. 264–269.
Autoritätsproblem, in: Technik der Erziehung. Ein Leitfaden für Eltern und Lehrer, hrsg. von Sofie Lazarsfeld, Leipzig 1929, S. 291–300.
Beruf und Gesellschaft, in: Beruf, Mensch und Schule. Tagungsband der Entschiedenen Schulreformer, hrsg. von Paul Oestreich und Erich Viehweg, Frankfurt a. Main 1929, S. 21–31.
Individualpsychologische Autodidaktik, in: IZIP 8 (1930), S. 52–61.
Die entthronte Libido. Bemerkungen zu Freuds „Das Unbehagen in der Kultur", in: ebd., S. 558–566.
An die unpolitischen Frauen, in: DLW 6 (1930), Nr. 13, S. 6.
Untergang der Ehe, in: ebd., Nr. 24, S. 1–2.
Frauen und Liebesgeschichten. Ein kleiner Bericht, in: DLW 7 (1931) Nr. 12, S. 9–10.
Was man mit Enttäuschungen und Unglück anfangen soll, in: ebd., Nr. 38, S. 3–4.
Bilanz der Frauenbewegung, in: DLW 8 (1932), Nr. 10, S. 3–4.
Zeitwende in Frauenbücher, in: ebd., Nr. 11, S. 5.
Mann und Frau von heute. Die Frau wird losgesprochen, in: ebd., Nr. 41/42, S. 7.
Die literarische Welt der Frauen, in: DLW 9 (1933), Nr. 4, S. 5–6.

Hannah Arendt. Wege ins politische Denken

von Ingeborg Nordmann

1 Ausführliche bibliographische Angaben über ihre Biographie, ihr Werk und ihren Nachlaß befinden sich bei: Young-Bruehl, *Hannah Arendt. Leben, Werk und Zeit,* Frankfurt a. M. 1986; Wolfgang Heuer, *Hannah Arendt. Mit Selbstzeugnissen und Bilddokumenten,* Reinbek 1987; ders., *Citizen. Persönliche Integrität und politisches Handeln,* Berlin 1992.

2 Hannah Arendt an O'Grady, 16. Juli 1975, zitiert nach Young-Bruehl, *Hannah Arendt*, S. 516.

3 Der Begriff Paria ist von Max Weber übernommen, mit dem er die gesellschaftliche Randstellung einer bestimmten Gruppe bezeichnet. Hannah Arendt, die durch die Diskussionen mit Kurt Blumenfeld und die politischen Schriften Bernard Lazares motiviert wurde, den Paria in den Kontext ihrer Auseinandersetzung mit dem Antisemitismus zu stellen, macht den Paria zu einer beweglichen Denkfigur, deren Spielräume es ihr ermöglichen, feststehende Wahrheiten umzudenken.

4 Hannah Arendt, *Rahel Varnhagen. Lebensgeschichte einer deutschen Jüdin aus der Romantik*, München 1975, S. 210.

5 Hannah Arendt an Karl Jaspers, 29. Januar 1946, in: *Briefwechsel 1926–1969*, hrsg. von Lotte Köhler und Hans Saner, München/Zürich 1985, S. 65.

6 Hannah Arendt, *Von der Menschlichkeit in finsteren Zeiten. Gedanken zu Lessing.* Anläßlich der Verleihung des Lessingpreises 1959 in Hamburg, München/Zürich 1960, S. 33.

7 Ebd., S. 31.

8 *Understanding and politics*, in: Partisan Review 4 (1953), S. 389.

9 Hannah Arendt, *Eichmann in Jerusalem. Ein Bericht von der Banalität des Bösen*, Reinbek 1964; München/Zürich 1992.

10 Hannah Arendt, *Vom Leben des Geistes*, Bd. 1: *Das Denken*, München/Zürich 1977, S. 14.

11 Vgl. dazu Ronald Beiner, Hannah Arendt über das Urteilen, in: *Hannah Arendt. Das Urteilen. Texte zu Kants politischer Philosophie*, hrsg. von Ronald Beiner, München/Zürich 1982.

Nachlaß

Library of Congress, Washington D. C.

Bibliographie

Vollständige Bibliographien ihrer Schriften in:

Wolfgang Heuer, Hannah Arendt. Mit Selbstzeugnissen und Bilddokumenten, Reinbek 1987, S. 135–144.

Delbert Barkley, Hannah Arendt. Einführung in ihr Denken, Freiburg 1990, S. 204–214.

Über die Autorinnen und Autoren

GESA DANE, Dr. phil. Studium der deutschen Philologie und Soziologie in Göttingen, wissenschaftliche Mitarbeiterin am Studienzentrum der University of California.
Veröffentlichungen: „Die heilsame Toilette". Kosmetik und Bildung in Goethes „Der Mann von fünfzig Jahren". 1994; Die Dichterin als Rabbinerin: Geschichte und Erinnerungen in Else Laskers-Schülers „IchundIch". 1994.

BERND FAULENBACH, Dr. phil. Historiker am Forschungsinstitut für Arbeiterbildung (an der Ruhr-Universität) und an der Fakultät für Geschichtswissenschaft, Germanistik, Politikwissenschaft und Philosophie; Lehrtätigkeit an der Fachhochschule Dortmund, Assistent an der Ruhr-Universität Bochum; seit 1981 Tätigkeit am Forschungsinstitut für Arbeiterbildung. 1991/92 Vorsitzender der Kommision „Gedenkstätten" des Landes Brandenburg, seit 1991 Mitglied der Enquête-Komission des Deutschen Bundestages zur Aufarbeitung der DDR-Vergangenheit und ihrer Folgen.
Zahlreiche Veröffentlichungen zur Geschichte der Geschichtswissenschaft und des Geschichtsbewußtseins, zur deutschen Geschichte des 19. und 20. Jahrhunderts, insbesondere zur Frage des „deutschen Sonderweges", zur Geschichte der Arbeiterbewegung und Arbeiterkultur, zur Regionalgeschichte sowie zur Didaktik der Geschichte in der Erwachsenenbildung.

RIKE FELKA, Dr. phil. Zur Zeit Lehrtätigkeit im In- und Ausland, Übersetzungen; Arbeit an der Habilitation.
Veröffentlichungen: Psychische Schrift. Freud, Derrida, Celan. 1991; Aufsätze zur Weiblichkeitstheorie, Rilke, Duras, Jelinek und Beaudelaire.

HANNA-BARBARA GERL, Dr. phil. Studium der Philosophie, Germanistik und Politik in München; 1975-1984 Studienleiterin auf Burg Rothenfels am Main; 1979 Habilitation; 1980-1989 Privatdozentin an der Universität München; Lehrstuhlvertretungen (München, Bayreuth) und Gastprofessorin (Eichstätt); 1989-1992 Professorin für Philosophie an der PH Weingarten; 1993 Professorin für Religionsphilosophie, TU Dresden.
Wichtigste Veröffentlichungen: Romano Guardini (1885-1968). Leben und Werk. ³1987; Die bekannte Unbekannte. Frauen-Bilder aus der Kultur- und Geistesgeschichte. ²1989; Einführung in die Philosophie der Renaissance. 1989; Unerbittliches Licht. Edith Stein – Philosophie, Mystik, Leben. 1991; Wider das Geistlose im Zeitgeist. 20 Essays zu Religion und Kultur. ²1992; Nach dem Jahrhundert der Wölfe. Werte im Aufbruch. 1992.

CHRISTINE GÖTTLER, Wissenschaftliche Mitarbeiterin am Kunsthistorischen Institut der Freien Universität Berlin. Ausbildung zur Bildhauerin; Studium der Kunstgeschichte, Germanistik und Kirchengeschichte in Zürich.
Veröffentlichungen: Gabe und Gegengabe. Zur Kunstgeschichte des Fegefeuers (erscheint 1994); Aufsätze u.a. zum reformatorischen Bilderstreit und zu Peter Paul Rubens.

INGEBORG NORDMANN, Dr. phil. Publizistin und Literaturwissenschaftlerin.
Veröffentlichungen u.a.: Margarete Susmann. Das Nah- und Fernsein des Fremden. Essays und Briefe. 1992; Porträt zu Hannah Arendt. Besuch in Deutschland. 1993.

BARBARA PAUL, Dr. phil. Wissenschaftliche Mitarbeiterin am Kunsthistorischen Institut der Freien Universität Berlin. Forschungsschwerpunkte: deutsche und französische Kunst des 19. und 20. Jahrhunderts unter besonderer Berücksichtigung von Rezeptionsfragen, Wissenschaftsgeschichte und Frauenkunstwissenschaft.
Veröffentlichungen u.a.: Hugo von Tschudi und die moderne französische Kunst im Deutschen Kaiserreich. (Berliner Schriften zur Kunst Bd. 4) 1993.

URSULA RENNER, Dr. phil. Studium der Germanistik, Anglistik, Philosophie und Kunstgeschichte. Visiting Assistant Professor in den USA, Assistentin an der Universität Freiburg im Breisgau. Zwei Kinder.
Veröffentlichungen insbesondere zur österreichischen Jahrhundertwende (Hofmannsthal, Andrian, Joseph Roth, Musil) und zur produktiven Rezeption bildender Kunst in der Literatur. Mitarbeiterin an der kritischen Hofmannsthal-Ausgabe und Mitherausgeberin des Hofmannsthal-Jahrbuchs.

MICHAEL SCHMIDT, Dr. phil. Professor für deutsche Literatur in Tronsø/ Norwegen.
Veröffentlichungen: Aufsätze zur Literatur- und Kulturgeschichte; Genossin der Hexe. 1985; Antisemitismus und jüdische Geschichte. 1987 (mit Rainer Erb); Judenbilder. 1991 (mit Stefan Rohrbacher).

HEIDI THOMANN TEWARSON. Professorin für deutsche Sprache und Literatur, Oberlin College, Ohio (USA).
Veröffentlichungen: Rahel Varnhagen mit Selbstzeugnissen und Bilddokumenten. 1988; Aufsätze über Alfred Döblin, Marieluise Fleißer, Bertolt Brecht, Rahel Levin Varnhagen, jüdisches Selbstverständnis um 1800, ästhetische Fragen der Moderne.

THERESA WOBBE. Hochschulassistentin am Institut für Soziologie der Freien Universität Berlin, veröffentlichte zuletzt über Nationalsozialismus, Frauen und Erinnerung; sie arbeitet an einer wissenssoziologischen Studie über „Die frühen deutschen Soziologinnen (1920-1960)“.

Abbildungsverzeichnis

Buchanzeigen

Frauengeschichte

Mary R. Lefkowitz
Die Töchter des Zeus
Frauen im alten Griechenland
Aus dem Amerikanischen übersetzt von Holger Fliessbach
unter Mitarbeit von Axel Haase
1992. 192 Seiten. Gebunden

Ferruccio Bertini (Hrsg.)
Heloise und ihre Schwestern
Acht Frauenportraits aus dem Mittelalter
1991. 259 Seiten mit 13 Abbildungen. Gebunden

Margaret L. King
Frauen in der Renaissance
Aus dem Englischen von Holger Fliessbach.
1993. 364 Seiten mit 25 Abbildungen im Text. Leinen

Heide Wunder
„Er ist die Sonn', sie ist der Mond"
Frauen in der Frühen Neuzeit
1992. 368 Seiten mit 75 Abbildungen. Leinen

Gerda Marko
Das Ende der Sanftmut
Frauen in Frankreich 1789–1795
1993. 392 Seiten mit 29 Abbildungen. Leinen

Ute Benz (Hrsg.)
Frauen im Nationalsozialismus
Dokumente und Zeugnisse
1993. 247 Seiten. Paperback
Beck'sche Reihe Band 1038

Verlag C. H. Beck München